Anonymus

Schweizersches Museum

Anonymus

Schweizersches Museum

ISBN/EAN: 9783742890542

Hergestellt in Europa, USA, Kanada, Australien, Japan

Cover: Foto ©Thomas Meinert / pixelio.de

Manufactured and distributed by brebook publishing software
(www.brebook.com)

Anonymus

Schweizersches Museum

Schweitzersches

Museum.

1789.

1-6.
Stück.

Fünfter Jahrgang.

Zürich,
bey Orell, Geßner, Füßli und Comp.

I.

Beſchreibung einer Reiſe durch die Sevennen.

(S. des vierten Jahrg. XII. Heft. S. 913. u. f.)

(Beſchluß des vierten Briefes.)

Die Kernmaſſen des Gebürges haben überhaupt eine gemeinſchaftliche Richtung von Oſten nach Weſten; viele Berge aber vom zweyten und dritten Range ſitzen in verſchiedenen andern Richtungen um die erſtern herum. Wenn man dieſe Bergkette von Süden gen Norden durchreiſet, ſo entdeckt man mit Vergnügen die regelmäßige Anlage in den verſchiedenen Bergreihen die man in vier parallele Regionen, von der Ebene an bis an die höchſten Gipfel eintheilen kann.

Der Boden der Ebene des Untern Langedokes beſtehet aus einer leichten gelben Sanderde beynahe durchaus kalkſteinartig, und hie und da durch etwas Oker oder durch aufgelöſte Vegetation geröthet. In dieſer Ebene liegen unterſchiedene kleine Hügel zerſtreuet, von denen die meiſten aus zermalmten Muſcheln beſtehn, andere aber ganze Bänke wohlbehaltner Schalen enthalten. In den erſtern bricht man einen gelben Stein, der ſich leicht hauen und ſägen läßt, und nach und nach an den Gebäuden verhärtet; ganz Montpellier iſt von dieſem Stein gebaut. Er iſt dem Sandſtein in verſchiedenen Abſichten um vieles vorzuziehn, weil er um vieles welcher aus den Gruben kömmt, und nach und nach eine Härte erhält, die allem Einfluße der Witterung widersteht, ohne sich vom Salpeter zerfressen, oder von der Kälte abblättern zu lassen.

Von der Ebene an machen die Garigen die zweyte Region aus. Garigo heisset in der Landessprache ein wüstes unfruchtbares Land. Man giebt diesen Namen der ganzen Reihe von Kalksteinbergen, die sich nordwerts über den Ebenen des Unter Langedoks wegziehn, und sich ununterbrochen vom Rhone-Strom an bis in das Roußillon erstrecken, wo sie sich an die Pyrenäen anhängen. Diese Berge verdienen den Namen Garigen in der ganzen Ausdehnung seiner Bedeutung. Man kann sich wirklich nicht leicht etwas wüsteres, etwas trauriges vorstellen als diese Gegend. Man sieht da nichts als nackte von den Elementen ausgenagte, zerwitterte und zerbröckelte Kalkfelsen, oft ganze Strecken weit ohne die geringste Vegetation, zuweilen mit Haydekräutern, Zwerggebüschen und Steinmoosen sparsam bewachsen. Hie und da befindet sich mitten in diesen Wüsteneyen ein kleines Thälchen, wo das Regenwasser das Sand zusammenschleppt, das es von den Steinen an den Bergen abgespült hat. Diese Thälchens sind dann etwas mit Gras oder Ackerfeld angebaut; aber da es der ganzen Gegend der Garigen an lebendigem Quellwasser fehlet, so kömmt selten ein Oelbaum oder Fruchtbaum auf; und im Sommer verdorren die Pflanzen in diesen Thälchens so gut, als die so sich in den Felsritzen und zwischen den Steinbröckeln der Anhöhen angelegt haben. Die Einwohner der wenigen Dörfchens die in den um ein geringes begünstigtern Gegenden der Garigen entstanden sind, befinden sich daher in einem Zustande von Armuth und Elende, die ihre Anhänglichkeit an einen so ungütigen Boden beynahe zum Räthsel macht.

Die südlichsten Reihen der Garigen längs der fruchtbaren Ebene des Untern Langedokes sind aber um vieles fruchtbarer als die obern; man findet sie hier und
da mit Gesträuche bewachsen, und einige Arme derselben, die sich in die Ebenen hinaus erstrecken, sind mit
Reben bepflanzet, die den besten rothen Wein dieser
ganzen Provinz tragen; unter denselben verdienen die
Hügel von Saint Dorseri und der von Saint George
den Vorzug, deren Weine die Tafeln der reichen Bewohner von Montpellier zieren. Ueberhaupt findet man
noch manchen schönen fruchtbaren Fleck zwischen den
untersten Garigen; je höher man aber gegen Norden in
denselben hinaufkömmt, je unfruchtbarer, trockener, er-
denloser werden sie, bis sie endlich das Aussehn der
elendesten Wüsteney haben.

Indessen sind auch die wüstesten Garigen nicht ganz
ohne Ertrag. Das Gewild und das Geflügel das sich
in dieser Gegend aufhält, hat einen vortreflichen Geschmack.
In den meisten trift man, wenigstens im Frühling und
Herbst, einige Kräuter an, die zwischen den Felsritzen und
Steinbröckeln etwas Feuchtigkeit und etwas Nahrung
finden. Man läßt diese Kräuter von den Schaafen ab-
waiden, die sich vortreflich darauf verstehen, die kleinern
Gesteine wegzuscharren, und die Kräuter aus den Rit-
zen wo sie sich versteckt halten hervorzulangen. Diese
Pflanzen der Garigen sind das feinste Naturprodukt
das sich nur denken läßt; sie werden weder vom Dünger noch von treibenden Salzen fett, noch von Feuchtigkeit aufgeschwollen; die Natur nähret sie mit dem
reinsten Aether in einem Grade von Hitze die der Hitze
der heißesten Länder gleichkömmt, indem die nackten
Steine und Felsstücke, zwischen welchen sie sich hervor-
drängen, die Würkung der Sonnenstrahlen von allen
Seiten verdoppeln. Der Rosmarin, der Majoran, die

Myrthe, der Thymian und das Lavendelstäudelchen, machen den vorzüglichsten Theil dieser Garigen=Pflanzen aus, und füllen gewöhnlich die ganze Gegend mit ihren Wohlgerüchen an. Das Fleisch der Schaafen die in den Garigen erzogen werden, ist bey einer solchen Nahrung vom vortreflichsten Geschmacke. Du weißt, mein Bruder! wie sehr wir in der Schweitz das Fleisch der Schaafen schätzen, die aus den Gegenden am Jura bey Biel herkommen, wo sie auf den Kaffelsbergen des Münster= und St. Immerthals erzogen werden; und kannst dir nun vorstellen, wie sehr die Langedokschen unsere beßten Schweitzer=Schaafe übertreffen, da die Natur hier ungleich feinere Säfte, und ungleich feinere Pflanzen für sie auskochet. Ihre Wolle ist dabey sehr schön, und giebt der feinsten Spanischen an Feinheit wenig nach

Ein anderes Produkt dieser Garigen ist der grüne Eichstrauch, (Ilex aculeata cocciglandifera) der drey bis vier Schuhe hoch wachset, krumm verdrehete knottichte Aeste hat, die oft mehr als Armdicke erhalten, und ein äußerst hartes und zähes Holz giebt. Dieser Strauch liefert den Bewohnern des Untern Langedokes die einzige Feurung die sie besitzen, indem die ganze Provinz keine Wälder von hochstämmigem Bau= oder Brennholz hat. Was aber den grünen Eichstrauch vorzüglich schätzbar machet, ist der Kermes; ein gewisses Gallinsekt, welches sich nur auf diesem Strauche befindet, und im Maymonathe gesammelt, getröcknet, und so an die Färbereyen verkauft wird, wo man eine rothe Farbe daraus bereitet, die für die schönste gehalten ward, ehe man in Europa die Koschenille kennen gelernt hatte. *).

*) Ueber die Natur und Bereitung des Kermes s. in den Mem. de L'Academie des Sciences de Paris, Ann. 1714. p. 434. eine Abhandlung von Herrn Nissole, mit zwey Kupfern. Auch die Pharmazie wandte ehemals dieses Gallinsekt zur Alkermes=

Das Verwittern der Kalfsteine der Garigen würde diese Gegend in kurzer Zeit mit einer baubaren Erdrinde bedecken, wenn nicht das Regenwasser, das hier in den Herbst-Tagen so häufig und so gewaltsam fällt, in einem einzigen Regengusse so viel Erde wegspülte, als die Natur in einem ganzen Jahre bereiten konnte. Man muß daher auf alle Hofnung einer bessern Benutzung der Garigen so lange Verzicht thun, bis man die Mittel gefunden hat, die Erde, welche die Bäche und Flüsse uns ausgesetzt in die See längs den Küsten hinabführen, an ihrem Geburtsorte festzuhalten.

Die dritte Region besteht aus einer Reihe Bergen die mit den Garigen parallel von Osten nach Westen sich ziehn. Diese Berge sind mittlerer Höbe, schifstartig, und hie und da mit Quarzadern durchbrochen. Zuweilen haben sie einen Kern von Granitfelsen; und oft beträchtliche Thonlagen an ihrem Fusse. Sie sind um vieles fruchtbarer als die Kalffelsen der Garigen; und gewöhnlich mit einer Rinde zerbröckelten und verwitternden Schistes überdeckt, der sich nach und nach in gute Erde auflöset. Schöne fruchtbare Thäler wechseln in dieser Gegend mit bebauten Bergseiten ab; aber da diese letztern meistens ausserordentlich steil sind, so können sich die Pflanzen auf ihrem lockern Grunde nicht leicht festwurzeln, und bey etwas anhaltender Nässe gleitet oft alle Erde, die eine Bergseite bedecket in das Thal hinab. Man siehet daher nicht selten schwarze nackte

Konfession an; ein Hülfsmittel das wahrscheinlich von der Arabisch-Sarazenischen Arzneykunde auf unsre Väter gekommen ist; wenigstens scheint der Name es zu beweisen, wenn schon Astruck das Wort Hermes aus dem Zeltischen herleiten will. Indessen ist der Kermes für die Besitzer der Garigen, die mit dem Eichstrauche bewachsen sind, noch immer ein beträchtliches Einkommen.

Bergfelten, die das herrlichste Thälchen begränzen. Der
Kastanienbaum und Maulbeerbaum gediehen hier vorzüglich, der Weinstock und Oelbaum kommen nur in einigen begünstigtern Winkeln fort; aber niemand ausser den
Sevenolen ist geneigt, den Wein und das Oel, das die
Sevennen liefern, vorzüglich gut zu finden. Das Obst
ist hingegen durchgängig von der besten Art, und schlägt
selten fehl. Der Buchsstrauß gefällt sich vorzüglich in
den Bruchstücken des verschiefernden Schistes; man
siehet oft ganze Berge mit demselben überwachsen. Der
wichtigste Ertrag dieser Gegend ist der Seidenwurm,
die Kastanien, die Baumfrüchte, der Wieswachs und
die Schaafzucht: Der Kornbau reicht kaum zum Bedürf-
niße der Bewohner zu, und zur Hornviehzucht sind die
Wiesen nicht hinlänglich; die Berge sind zu steil und zu
trocken, und die Thälchens zu enge: Die Sevenolen
halten daher nicht mehr Lastvieh als zum Landbaue nöthig ist, und in manchem Dorfe das keinen Ackerboden
besitzet, trift man kein Hornhaupt an.

Die vierte Region, noch immer mit der ersten in
der gleichen Richtung, enthält das Hauptgebürge, den
eigentlichen Mons Kemmenus. Ein blaßgrauer Grani-
tell macht den Hauptstoff dieser Bergen aus; ich sah aber
hie und da auch Massen von würklichem großkörnichtem
Granit; unter anderm fand ich ein Stück welches regelmäßige Parallelipipeden von Spath von zwey Zoll bis
dreyßig Linien enthielt. Die Granitberge dieser Gegend
haben überhaupt den Fuß mit Vorbergen von Schist
und Schieferstein bedeckt; der Granit liegt gewöhnlich
erst an der halben Höhe des Berges am Tage; der Pos
perou macht aber eine besondere Ausnahme von dieser
Bemerkung, indem sein Gipfel meistens aus Schistfelsen
besteht. Unter allen diesen Bergen habe ich keinen gesehen der noch entschiedene Spuren der Urforme an sich

trägt, welche die Natur der groſſen Kriſtalliſation der
Granitgebürge gegeben hat; keine der ſenkrecht aus den
tiefſten Thälern aufgethürmten Felswänden; keine der
ungeheuern Felspfeiler, an deren Fuß die kühnſte Einbildungskraft erſtarrt. Alles iſt hier abgeſtumpft, alles
abgerundet, alle Abgründe ausgefüllt. Das Aug ſtürzt
nirgends über die Felsmauern in die ſchwarze Nacht
der tiefen Alpthäler hinab; es gleitet ohne Schauer über
den ſtillen Abhang ins Thälchen herunter. Vergebens
würde alſo der Wanderer hier den Sturz der Alpbäche,
den Fall der Bergſtröme ſuchen. Die Natur hat ſich
all' dieſe majeſtätiſchen Hauptzüge, zum Schauſpiel ihrer ernſten ſchauerhaften Herrlichkeit vorbehalten, daß ſie
in unſerm Vaterland anordnen wollte.

Die Elemente haben den Stoff an dieſen Bergmaſſen
ſchon ſo gewaltig zerarbeitet, daß die erſtern urſprüng-
lichen Formen gänzlich verwiſcht ſind. Die häufigen
Vulkanen mit denen die ganze Gegend von Auvergne,
gerade über den Sevennen angefüllt iſt *), von denen mancher Arm bis mitten in die Sevennen-Gebürge hinabreichet,
und manche andre, deren Fußſtapfen man von da bis ans
Meer hinab entdecket **), haben nothwendiger Weiſe

*) Academie Royale des Sciences de Paris Ann. 1752. p. 27.
Memoire ſur quelques Montagnes de France qui ont été des
Voleans per Mr. *Guettard*; vorzüglich aber Année 1771. p. 705.
Memoire ſur l'origine & la nature du Baſalte á grandes colon-
nes polygones, determinée par l'hiſtoire naturelle de cette pierre,
obſervée en Auvergne par Mr. *Desmaret*, wo der Verfaſſer
eine ſchöne Karte von dieſen Vulkanen giebt.

**) Beweiſe davon ſind der Berg von Montferrier eine Meile
über Montpellier, der Berg St. Martin von Agbe, und
der Borio über Pezenas. Academie des Sciences de Paris.
Ann. 1779. zu Ende des Bandes eine Abhandlung von Herrn
von Joubert und Ann. 1778. auch am Ende des Bandes eine
Abhandlung des Herrn Montet über die Mineralogie des Bis-

diese Bergkette in den Jahrtausenden, welche die Nacht
der vorhistorischen Zeit decket, gewaltig zerrüttelt, und ihre
Massen in kleine Bruchstücke zerrissen, die nun allmählig
am würksamen Einfluß der nahen Meeresluft und der
Wass.rfluthen die der dunstbeladene Südostwind an diesen Bergen zusammenführt, in Sand zerfallen, oder sich
in Thon auflösen. Ich fand überall eine so grosse Friabi-
lität in den Granitfragmenten dieser Berge, daß ich die,
welche eine Zeit her in der freyen Luft gelegen hatten,
meistens mit meinen Fingern in Staub zerreiben konnte.

Der reichste Ertrag dieser vierten Region bestehet in
den Viehwaiden, und dem Bau- und Brennholze mit
denen die meisten Berge bedeckt sind. Zuweilen auch siehet man an begünstigtern Orten noch schöne Fruchtfelder,
und reichen Obstwachs. Ueberhaupt aber nähert sich der
Bewohner von der Viehzucht. — Diese Gegend der Sevennen ist nicht minder reichhaltig an mineralischen Pro-
dukten. Man findet Bley bey Dürfort, Silber und
Bley bey St. Sauveur, Alaun und Steinkohlen an verschiedenen Orten; und neulich hat Herr Chaptal, besol-
deter Professor der Chemie, für die Landesstände von
Langedock eine Mine von Manganese entdeckt, die in
der Chemie merkwürdig werden wird, indem sie durch
eine leichte Behandlung, beynahe ohne Kosten, eine uns
gleich grössere Menge dephlogistisierter Luft (Air vital nach
des Markis von Kondorcet Benennung, und Gazoxyge-
ne nach der neuen chemischen Nomenklatur der Herren
Morveau, Lavoisier, Bertholet und Fourkroy) hervorbringt, als man bisher mit beträchtlichen Kosten aus
Pflanzen, Salzen und verschiedenen mineralischen Sub-
stanzen gezogen hatte.

Der Esperou enthält gegenwärtig noch eine ziem-
thums Sobete, so wie schon Ann. 1760. eine Abhandlung von dem
gleichen Verfasser.

liche Masse Schnees, der sich in einer Vertiefung im Schatten eines Fichtenwaldes versteckt hat. Der Lirou, der nächste Berg nordwerts am Esperou, der wiewohl weniger hoch als der letztere um vieles kälterer Natur ist, zeigte uns noch ganze Strecken von Schneelagen. Der Heumonath schmelzt aber gewöhnlich all' den Schnee gänzlich weg, den der Frühling und der erste Sommermonath übriggelassen; indessen giebt's Leuthe die behaupten wollen, noch im Augstmonathe ganze Ladungen Schnee vom Esperou nach Montpellier abführen gesehn zu haben. Wahrscheinlich ist dieser Schnee von den Anwohnern des Berges in tiefen Gruben mit Fleiß erhalten worden, nicht um Montpellier, sondern um die nächsten Städtchens mit diesem in heissen Gegenden so unschätzbaren Erfrischungsmittel zu versehen. — Die Armuth all' der Flüssen die aus den Sevennen kommen, den ganzen Sommer über, läßt wenigstens keine grossen und keine dauernden Schneebehältnisse in diesen Bergen vermuthen.

Man hat schon verschiedene Projeckte zum Nutzgebrauche des Holzes in den Sevennen gemacht. Man hat von Kanälen gesprochen, das Holz ins Meer hinabzustossen, um es zum Schiffsbaue in den Seehäfen des Königes anzuwenden; man hat sogar vorgeschlagen, das Holz auf den Plaze zu verbrennen, um Potäsche aus der Asche zu sieden. Ich dachte daher unermeßliche Wälder in den Gebürgen der Sevennen zu finden; und jetzt, da ich die erste, zweyte, dritte Bergreihe ganz nackt und soviel als holzlos angetroffen habe, und vom Gipfel des Esperou aus kaum hier und da einen der nördlichen Berge mit Holz oben an bewachsen sehe, glaube ich mich berechtigt zu wünschen, daß man sich mit Vorschlägen zur Aeufnung des Holzwuchses in dieser Gegend beschäftigen möchte, anstatt daran zu denken, das wenige Holz, das auf diesen Bergen zerstreuet ist, auszurotten. Die lächerliche Unbe-

scheidenheit der gewöhnlichen Projectmacher würde oft
unerklärbar seyn, wenn nicht der Eigennuß den Schlüssel
zur Aufschliessung ihrer Luftgebäuden hergäbe. Gewöhnlich beschliessen sie ihre patriotischen Vorschläge mit der
bescheidenen Foderung irgend eines Monopols, an dem
sie ihr Glück machen wollen; der Staat mag sich dann
dabey befinden wie er immer will. Es ist also ganz natürlich, daß es Leute genug giebt, welche berechnen können,
wie viel es sich bey Ausrottung eines Waldes, mit einem
ausschliessenden Rechtsbrief in der Tasche, gewinnen
lasse; und eben so natürlich, daß viele ihr Glück auf eine
solche Rechnung hin zu wagen versuchen. Wenn nun die
Anpflanzung der Wälder eben so viel, und eben so nahen
Gewinnst für den Unternehmer verspräche, so würde man
wahrscheinlich auch eben so viel Projeckte für den Holzbau
zu sehen bekommen; aber die Wälder wachsen langsam;
kaum daß die zweyte Generation da niederhauen kann,
wo die gegenwärtige gepflanzt hat. Wer wollte sich nun
mit dergleichen Vorschlägen schleppen? Der Projeckmacher
will gleich geniessen — und überläßt es dem Patrioten,
für die Nachwelt zu sorgen.

Doch es wird einmal Zeit seyn, an meinen Weg zu
denken; ich habe noch eine halbe Tagreise ehe ich unter
Dach komme. In der Hütte wo wir abgestiegen, fanden
wir weder Heu noch Stroh für unsere Thiere; sie mußten sich mit dem Schirm gegen den Gewitterregen, der
uns bis unter die Thüre verfolgt hatte, begnügen, und
ihren Hunger mit einer Handvoll Spreuer täuschen. Auch
die Bewirthung, welche wir für uns fanden, war nicht
viel besser, als die so unsern armen Pferden zu theil wurde. Ich wollte also jedem Reisenden, der über den Esperou zu steigen gedenkt, wohlmeinend rathen, sich im
Vigand mit einer gebratenen Hammelskeule für sich selbst,
und mit einem Bündel Heu für seine Thiere zu versehen,

um nicht in der Baraque des Esperou, wie man diesen
lieben Gasthof nennet, über die Mittagsstunde fasten zu
müssen: denn zwischen Viganb und Merweys, also in
einer Strecke von zwanzig Meilen, befindet sich kein anderer Gasthof, um den hungrigen Reisenden zu erquicken.

Die Baraque liegt in einer Ebene zwischen den zwey
Hauptgipfeln des Bergstockes. Den erstern hatten wir
nun bestiegen; unsere Reisekarte vom Bißthume Alais
giebt dem zweyten, den wir noch zu besteigen hatten, den
Namen Bekenkles; ein Name, der mir etwas verdäch-
tig vorkömmt, obschon ich bisher auf dieser Karte die
Form und Richtung der Berge, die Entfernung der
Oerter, und die Namen auch der geringsten Landgüt-
chens aufs genaueste richtig befunden habe. Ich kenne die
Landessprache noch wenig; aber dennoch glaube ich mein
Ohr genugsam an den Hauptton dieser ehemals so süssen,
so sanft tönenden Sprache der Troubadours gewöhnt zu
haben, um diesem Wort seine Unächtheit anzufühlen! —
Unser Weg führte uns gerade auf diesen Berg zu; wir
sahen ihn von der Ebene an, sich Meilenlang an der steilen Seite desselben hinaufziehn. Das Flüßchen Trevezet,
das in dieser Ebene seinen Ursprung nimmt, stürzte sich
ehemals am Ende derselben über einen beträchtlichen Felsen in eine tiefe Kluft.*) hinab. Gegenwärtig versinkt er
beym Dörfchen Kampriou in die Erde, und kömmt einige tausend Schritte von da unten in der Kluft aus einer
Felsenhöhle wieder hervor, zu der er sich selbst den Zugang

*) Ravin. Ich wünschte daß dieses Wort, das schon im Schweizer-
schen Volks-Dialekt aufgenommen ist, auch in der deutschen Sprache Platz fände; denn eine Kluft ist nicht bestimmt genung, indem
man jedes grosse tiefe Loch von welcher Form es immer seyn
und durch welche Ursache es auch entstanden seyn mag, eine Kluft
nennt. Der Schweizer nennet ein Ravin die Vertiefungen, welche sich ein Bach oder ein Fluß zwischen Bergen und Felsen gegraben hat.

gegraben hatte. Sein altes Bett ist noch ganz unterscheidbar; man säet jetzt Korn in demselben. Diese Erscheinung hat wahrscheinlich dem Dörfchen seinen Namen gegeben, in dem Kan im Langedokschen einen Acker, und Riou eine Wässerung bedeutet. Kanpriou (Campus irriguus) ein an einem wässerichten Ort befindlicher Acker, bezeichnet also vortreflich diesen Ort. Man sagt, daß das innere Aussehn der Felshöhle, aus dem das Wasser hervorkömmt, und das Toben des Trevezet in derselben, wenn er nach langem Regen angeschwollen ist, einen ganz schauerhaften Anblick ausmache. Ich fand aber für gut, mich mit dem Anblicke der äussern Oefnung dieser Felshöhle von der Höhe des Bergs herab zu begnügen; und das um so viel mehr, da wir eben nicht nöthig hatten das Schauerhafte so ferne zu suchen. Unser Weg führte uns immer höher an den Berg hinauf, die Kluft neben uns ward immer tiefer, und vor unsern Füssen giengs so steil, so steil hinab, daß uns auf dem schmalen Fußsteig ohne Brustwehr, bey dem gewaltigen Wind, der hartnäckig mit unsern Mänteln stritt, auf unsern Pferden nicht ganz behaglich ward. Glücklicherweise war uns ein guter Seneole von der Baraque her nachgefolgt, der sich äusserst dienstfertig anbot, eines unserer Pferden an der Hand zu führen. Auf diese Weise war immer wechselsweise einer von uns frey genung, um das schöne Schauspiel, das sich vor uns hinab ausdehnte, ohne Gefahr und ohne Schauer zu geniessen.

Nach einer Meile Weges an dem Berg hinauf sahn wir auf das Schloß St. Sauveur hinab, das, wie ich hoffe, ausschliessend unter allen Baronien im ganzen Französischen Reich den unbeneideten Vorzug geniesset, in der wildesten, rohesten, unzugänglichsten Lage zu sitzen.

In dieser Gegend gerade an dem Fuß des Berges sahen wir die Hütten und Gebäude eines Bergwerkes, das seit ungefähr zwey Jahren nicht mehr bearbeitet wird. Es lieferte Silber und Bley, aber in einem solchen Verhältniß des Ertrages zu den Kosten der Bearbeitung, daß die Unternehmer, so entschlossen sie auch lange Zeit auf Hoffnung arbeiteten, endlich nach einem beträchtlichen Verluste (man schätzt denselben auf 600,000. Livr.) ermüden mußten. — Diese Unternehmer waren der Erzbischof Dillon von Narbonne, Herr von Joubert Schatzmeister der Landesstände von Langedok, und der Baron von St. Sauveur. Bey diesem Geschäfte gewann der Baron beynahe so viel, als seine beyden Gesellschafter verloren. Er verrechnete mit ihnen seine Holzung, die er in seinem Leben nie hätte aus den Bergklüften hervorbringen können; und als sich die Gesellschaft zertrennte, so fielen ihm die Gebäude derselben als Eigenthum zu.

Nachdem wir die Höhe erreicht hatten, zog sich unser Weg eine Zeit lang über einen schmalen Bergrücken hin, und dann an der entgegengesetzten Seite ettliche Meilen lang in das Thälchen von Merweys herunter.

Am Eingang in dieses Thälchen stehet, in einer eben nicht reitzenden Lage, das Schloß Roquedols, ein Gebäude von einer gefälligen Form und so frischem Aussehn, als ob es erst von gestern her gebauet wäre, da es doch, nach seiner Bauart zu urtheilen, wenigstens über ein Jahrhundert stehen muß. Es bestehet aus einem ansehnlichen länglichgevierten Hauptgebäude, mit zwey runden Thürmen an die Ecken der Hauptfassade angebauet. An der Hinterseite befindet sich ein Hof mit hohen Mauern umschlossen, und an den beyden Ecken derselben zwey andre runde Thürme, um einen Dritttheil weniger hoch als die zwey erstern. Ich habe die gleiche Form mit Vergnügen schon an verschiedenen andern Edelsitzen dieser Gegenden bemerkt, wo sie ein Denkmal eines sich verbessernden Geschmackes ausmachen, der vielleicht, so wie es sich hier

zeiget, mit der heutigen Bauart der gewöhnlichen Landhäuser des Adels um den Vorzug streiten könnte. In den
alten Bergfesten der unglücklichen Fehdezeit, wo man Graben und Mauern, vielfache Wehren, gevierte und runde,
hohe und niedrige Schutz- und Wartthürme unförmlich
zusammengepaart, find' ich ein trauriges Bild von den
Sitten, der Lebensart und dem Schicksal ihrer Erbauer.
Hier ist das alles gemildert. Das Schloß ist keine Feste
mehr, um die Feinde aller Welt gegen alle Welt zu verthaidigen; aber es behält alle Würde des oberherrlichen
Ranges seines Bewohners. Die heutigen lanternenmäßi-
gen Wohnhäuser, die sich der Adel auf dem Land bauet,
an denen man nach dem neuesten Geschmacke vor lauter
Fenstern keine Mauern mehr siehet, characterisieren den
leichten unfesten Sinn der gegenwärtigen Generation, welcher sich in allen ihren Werken, selbst bis auf die ernst-
haftesten Gegenstände der Kunst abgezeichnet. Man hätte,
besonders in diesen Gegenden, nicht leicht auf eine unge-
reimtere Bauart fallen können. Anstatt der Hitze so viel
möglich den Zugang zu wehren, sperrt man ihr, wie
man zu sagen pflegt, Thür und Thore auf. Auch sind,
dieser Bauart zufolge, die neuesten Landhäuser im Untern
Langedock alle Sommer unbewohnbar, und man ist
genöthigt zu Anfang der Sommermonathe in die Städte
zurückzukehren. Eine Fensteranlage in Pitts Manier
könnte vielleicht dazu dienen, den guten Geschmack in der
Bauart der Landhäuser aus dem Zeitalter der Mediäer
wieder herzustellen.

Von Roquedols kamen wir durch ein angenehmes
Thälchen, in anderthalb Meilen, nach Merweys. — Ich
beschließe hier diesen Brief, um dir meine Bemerkung
über dieses artige Städtchen, und das angenehme Thälchen in dem es lieget in einem künftigen mitzutheilen.

Dein Bruder
Georg.

II.

Beschreibung des Domleschgerthals.

(Fortsetz. S. des vierten Jahrg. X. Heft.
S. 738. u. ff)

Gränzen.

Die Gränzen des Domleschger-Thales, oder vielmehr des Hochgerichts Fürstenau und Ortenstein sind: Gegen Morgen eine meilenlange Kette von waldreichen Kuh- und Schaafalpen, und mit Lerchen- und Tannenwäldern bekleideten Felsgebirgen, die an das Gebiet von Chur, Churwalden, Malix, Parpan und Obervatz stossen, und deren westliche Seiten den Domleschger-Gemeinden zuständig sind. Die Dörfer Feldis, Scheid, Purz, Trans, Scharans und verschiedene Privatpersonen besitzen hier bey 500. Stössen. — Gegen Mittag liegt der Muttner-Berg, der sehr waldreich ist, und verschiedene schöne Wasserfälle hat; dann der Felsen Hohen-Rhetien oder St. Johannsenstein, und einige nach Schams gehörige Wälder. — Gegen Abend gränzt es an die Gemeinden von Tusis und Kätzis, und den prächtigen Heinzen-Berg den der grosse Herzog von Rohan allemal mit Bewunderung betrachtete, und zu seinem Begleiter sagte: „In meinem Leben hab' ich keinen schönern „Berg gesehn„. — Gegen Mitternacht endlich machen die Herrschaft Razüns und das Gebiete der Gemeind Erns die Gränzen.

Der Rhein scheidet im Thale selbst den Obern Grauen Bund und den Gottshaus-Bund, zu welchem letztern eigentlich dasselbe gehöret.

Straſſen.

Auf beyden Seiten des Rheins führen von Mitternacht her zwo Straſſen ins Thal, und eben ſo auch gegen
Süden wieder zwo andre hinaus. — Die erſtre, linker
Hand des Rheins, iſt die Hauptſtraſſe von Chur nach
Italien. Man geht beym Schloſſe Reichenau über den
Hintern und Vordern Rhein, und kömmt über Razüns,
Bonaduz und Rätzis auf Tuſis, welches am äuſſerſten
ſüdlichen Ende des Thales liegt. Dieſe Straſſe nehmen
die Säumer und Reiſende, ungeachtet ſie weder die nähere, noch die bequemere, noch die am leichteſten zu unter-
haltende iſt. Freylich würden durch den Gebrauch einer
andern der Herr Freyherr von Buol jährlich 1000. fl.
Brücken-Zoll zu Reichenau verlieren, die übrigen an
dieſer Landſtraſſe liegenden Orte keine Frachtgelder verdienen, und jährlich 300. Saum Weins weniger aus-
ſchenken. Deswegen haben ſich dieſe Gemeinden allen
Vorſchlägen zur Abänderung ſolcher Straſſe jederzeit unter
dem Beyſtande des Obern Bundes kräftigſt widerſetzt,
und bis jetzt, wegen der Stimmenüberlegenheit dieſes
Bundes, auch immer den Sieg davongetragen.

Brücken.

Die Communication zwiſchen den Gemeinden dieſ-
und jenſeits des Rheins wird durch drey Brücken unterhalten; denn die, zufolg eines An. 1767. erhaltenen Pri-
vilegiums, unter Ortenſtein erbaute iſt ſchon wieder ein-
gegangen. Die Hauptbrücke befindet ſich über den mit
der Albula vereinigten Rhein bey dem Hofe Bruck oder
Fürſtenauer-Zollbruck, welcher aus ungefehr 15. Häuſern und einigen Ställen beſteht, und von dem unten das
mehrere folgt. Die andere geht über die Albula gerade
bey dem Schloſſe Baldenſtein und führt nach Sils, und

über

über den Muttner-Stein, einen sehr steilen und gefährlichen Weg nach Mutta und ins Oberhalbstein. Die
dritte befindet sich zwischen dem Dorfe Sils und dem
Flecken Tusis nur über den Rhein. Die erstere allein
hat Zollgerechtigkeit; und diese ist der Gemeinde Fürstenau
von den Bischöfen von Chur schon vor Entstehung des
Bundes verliehen, und i. J. 1644. vom Bischofe Johann
Flugi aufs neue bestätiget worden. Als die sämtlichen
in Gemeinen III. Bünden Zollgerechtigkeiten besitzenden
Gemeinden, auf ein den 28. August 1750. zu Jlanz er-
gangenes Decret, ihre Urkunden vorzeigen mußten, und
auf dem Bundstag 1751. zu Chur die Gemeinden Tin-
zen, Kätzis, Tiefenkasten, Chur, Bergell, Ober-
Engadin, Unter-Engadin, Schuols, Süß, Pusch-
lav, Misar, Zernetz, Ortenstein, Rheinwald, Schams,
Thusis, Razins, Damins, Reichenau, Jlanz, Lug-
netz, Disentis, dann auch der Fürst von Chur als Besitzer des Lanquart-Zolls, und das Haus Planta als
Innhaber des Zolls an der Monteller-Brücke wirklich
damit erschienen, so producierte Herr Landvogt Andreas
von Salis-Sils, Namens der Gemeinde Fürstenau die
Original-Briefe, welche den 31. August St. V. bestätiget
wurden. Dieser Brief giebt der Brücke zu Fürstenau
das Recht, von allen denen, die zwischen dem St. Jörgen-
Stein und St. Johannes-Stein durch den Rhein fahren, reiten oder waten, sie mögen Brücken pasieren oder
nicht, den Zoll zu beziehen. Niemand ist frey als die
Gemeinsleuthe *), ihre Dienstboten, der Bischof von
Chur und seine Beamtete. Wer den Zoll zu betriegen
sucht, giebt dem Zoller das Recht, alles zu confiscieren.
Niemand darf ohne Vorwissen des Zollers Brücken oder

---

*) Selbst der Gemeinsmann muß sein Pferd verzollen, wenn es ein
Lehnpferd ist; auch die Waaren mit denen er handelt. Alles
pasierende Flößholz giebt von 20. Stücken eins ab.

Stege anlegen. Die Tariffe ist übrigens sehr geringe.
Ein Mann zu Pferde bezahlt 3. Pfenning. Eine Person
zu Fuß 1. Pf. Ein geladenes Pferd 3. Pf. Ein Felds
roß ohne Stange 1. Kreutzer. Ein gleiches in Stangen
2. Kr. Jedes Stück Kaufmannsgut, schwer oder leicht,
2. Pf. Ein Paar Ochsen und Wagen 5. Kr. Zwey
Paar Ochsen, oder Pferd und Wagen, 10. Kr. Ein
Ochs und Wagen 2. Kr. 2. Pf. Eine Spuse oder Braut
1. Gulden. Eine Leiche 1. Gulden. Grosses Vieh vom
Haupt 3. Pf. Schmales Vieh auch 3. Pf. oder einen
Blutzger. Zu diesem Fürstenauer-Rhein-Zoll gehört
auch noch ein Weggeld, daß zu Scharanß von denen
bezogen wird, die durch den Schyn oder Müras reisen,
der jedoch sehr geringe ist; nämlich von Pferd und Mann
oder Rindvieh, laut dem 1. Jun. 1639. vom L. Gottes
hausbund der Gemeind ertheilten Privilegio, 1. Blutz
ger. Schon i. J. 1578. ertheilte man ihr eben diese
Freyheit, doch nur auf drey Jahre lang. An. 1688.
ward sie derselben bestäthigt. An. 1719. durfte sie den
Zoll vier Jahre lang erhöhen.

Wenn man nun den Zoll zu Fürstenau, mit dem zu
Reichenau vergleichet, so wird man bald finden, daß es
für die Kaufmannschaft in dieser Rücksicht wenigstens zu
träglicher wäre, die Fürstenauer-Strasse der Reichenauer
vorzuziehen. z. B.

Ein Mann zu Pferde zahlt zu Fürstenau.	Zu Reichenau.
	3. Pf. — 6. Pf.
Ein Fußgänger.	1. — — 2. —
Ein geladen Roß.	3. — — 6. —
Feldroß.	4. — — 6. —
Stangenroß.	8. — — 9. —
Kaufmannsgüter pr. Stück.	2. — — 4. —
Korn und Salz.	2. — — 12. —
Ein Paar Ochsen oder Pferde.	5. Kr. — 5. Kr.

Die Spusen und Leichen bezahlen hingegen zu Reichenau nur 30. Kr. und von 50. Stück Flößholz fällt nur Eines.

Also bey so sichtbaren Vortheilen, die der Kaufmann hätte, der zu Razünß und Rätzis noch obenein Fuhrleute bezahlen muß, zwingt man ihn dennoch den Reichenauer-Weg zu wählen; und heißt es in der i. J. 1756. bestätigten Zollfreyheit: „Letzlichen sollen alle und jede „die in den VI. Dörfern seyn, wie auch alle Ausländische, „den Reichenauer-Zoll schuldig seyn zu geben, es seye „gleich, daß sie über die Reichenauer-oder Fürstenauer-„Brugg fahren würden; und die welche anderstwo fahren, „die Reichenauer-Brugg abzuweichen, und sich wider-„gen den Zoll zu erlegen, die mögen in den nächsten „Gemeinden, wo sie betreten würden, verarrestiert und „verhaft werden; und sind selbige Gemeinden schuldig, „dem Reichenauer-Zöllner bestmöglich darzu zu helfen, „damit er den Zoll und die Buß von ihnen könne ein-„bringen „. Hinwieder aber muß man gestehen, daß der Weg über Fürstenau, so wie er jetzt ist, auch seine Beschwerlichkeiten habe: Denn bey grossen Wassergüssen kann man die Brücke nicht allemal paßieren, die überhaupt und gemein schlecht unterhalten wird; und in der Gegend von Razünß, an der nordlichen Spitze des Thales, giebt's dem Rhein nach sogenannte Schlüpfe, oder Massen von Erde und Steinen, die den Berg herabrollen, und den Weg zuweilen unsicher machen. Doch diesem allem wäre mit wenigen Kosten abzuhelfen.

Ueberhauptliche Verfassung.

Das Domleschgerthal begreift ein ganzes Hochgericht unter dem Namen von Fürstenau und Ortenstein in sich, welches eine vollkommene, wenn schon kleine, unabhängige democratische Republik vorstellt, die nach eigenen

Gesetzen oder Statuten regiert wird, und ihre ganz besondre Staatsverfassung hat. Diese kleine Republik genießt in der größern gleiche Freyheiten und Rechte; ist
aber dennoch unter sich wieder so getheilt, daß jedes von
den beyden Gerichten Fürstenau und Ortenstein sein eigenes Civil-Criminal-und Ehe-Gericht *) hat, seine Obrigkeit auf ganz verschiedene Art erwählt, im Oekonomi-
schen gar nichts gemeinschaftliches besitzt, im Civil bloß
eins zum andern appelliert, und im Criminal erst bey Fällung
der Sentenz einen Zuzug von einander fodern. Beyde sind
nicht zu gleicher Zeit, und dennoch als Eins, mit gleichen
Rechten, den Vorsitz ausgenommen, in den Bund getreten,
haben wirklich fast nichts gemein als die Statuten, und sind
dennoch Eins.

Das Gericht oder die Gemeinde Fürstenau macht den
südlichen, die Gemeind Ortenstein den nördlichen Theil
des Thales aus; und der aus dem Schallertobel herab-
fließende sogenannte Rietbach oder auch Almenser-Tobel
scheidet beyde Gemeinden von einander. Ehe ich aber
von dem nähern Detail ihrer Verfassung selbst rede, wird
es nöthig seyn, die in jeder Gemeinde liegenden Orte
und Dorfschaften topographisch zu beschreiben.

Topographie.

Gleich jenseits des erwähnten Baches gegen Süden
von Rotels aus liegt das alte Jäcklinsche Haus, welches
jetzt ein Battaglia besitzet, und das den Waidgang zu Rotels
hat. Ohngefehr 400. Schritte von demselben weiter gegen
Süden findet man den noch aus 6. Häusern bestehenden Hof
Pratval, Praa d' Val (Pratum Vallis) der Sitz der
ganz verbauerten Nachkommenschaft des ehemals so berühmten Ritters Pompejus von Planta, der i. J.

*) In eigentlichen Ehesachen stehen übrigens die Katholicken unter
dem Bischofe von Chur, und die Reformirten pflegen die Geistlichen ihrer Gemeinde als Beysitzer zum Chorgerichte zu berufen,
verstatten ihnen aber keine Stimme.

1621. im Schloſſe Rietberg von ſeinen Feinden, und be
ſonders dem berüchtigten Obriſt Jenatſch, erſchlagen
wurde, und die, wegen ihrem gänzlichen Herunterkommen, das ihnen zuſtändige Erbmarſchalls. Recht des Bisthums von Chur, dem Herrn Geſandten von Planta haben abtreten müſſen, ob ſie gleich noch ein Landgut von
25000. fl. beſitzen, das ihnen aber nur 300. fl. abwirft.
Die Hofleuthe gehören in die Nachbarſchaft Almens. —
Ein Paar hundert Schritte unter dieſem Hofe gegen Weſten
ſieht man auf einem Hügel die Rudera des alten Schloſſes
Haſenſprung, welches anfänglich ſo wie Pratval ſeinen
eigenen Adel hatte, nachgehnds an die Freyherren von
Vatz, und bey ihrer Erlöſchung an die Grafen von Werdenberg kam, bis es endlich in der Mitte des XV. Jahrhunderts vom Volke zerſtöret wurde. Ohngefähr 300.
Schritte ob dem Hofe Pratval gegen Morgen, liegt das
alte noch jetzt bewohnte Schloß
Rietberg (Rhietherga) auf einer hohen Felſenwand, dicht
am Rietbach, in deſſen obern Zimmern, und beſonders
in dem ſehr dicken Thurme, man eine der ſchönſten Aus
ſichten genieſſen kann. Gegen Mitternacht ſieht man auf
den meilenlangen Rücken der Flimſſer. Berge ungeheure
Eismaſſen ruhen. Die Sonne wirft die ſchönſten Schattierungen darauf, und giebt ihnen die größte Mannichfaltigkeit. Indem die eine Hälfte von ihren Strahlen beglänzt wird und das daran verweilende Auge blendet,
liegt die andre im tiefen Dunkelblau. Gegen Abend
ſteht der ſchon oben angeführte prächtige Heinzenberg
(Mons Heinſelianus) der mit Dörfern, Ställen, Höfen
und Alphütten gleichſam beſäet iſt, und den ich weiter
unten näher zu beſchreiben verſuchen werde. Gegen Mittag erblickt man den mit dicker Waldung bedeckten Muttner. Berg, deſſen Gipfel la Furca (die Gabel) genannt
wird; ſüdweſtwärts den majeſtätiſchen Beverin, deſſen

mit Nebel umhülltes Haupt ein sicherer Wetterprophete
ist, und den Einwohnern von Tschapina zur Sonnenuhr
dienet; und zwischen beyden den Felsen St. Johann
und die in das Schamser-Thal führende Landstrasse Via
Mala genannt. Mitten durch die Ebene des Thales
wälzt sich der Rhein in schlangenartigen Wendungen gegen Norden fort. Am Fusse des Schlosses brauset ein
Bach. Auf allen Seiten wird man Kornfelder, Matten,
Baumgärten die nie ruhen, und brüllende Heerden gewahr. Kurz, Schönheiten ohne Zahl liegen da zur Er-
gözung des Besitzers dieser Burg verbreitet; und wenn es
wahr ist, daß das Glück des Menschen auf seinen Vorstellungen beruhet, so ist der Ueberfluß von schönen Gegenständen, mit denen man hier immer umgeben ist, ein
nicht zu verachtender Beytrag. Gegen Morgen, jedoch
ein starke Viertelstunde vom Schlosse entfernt:

Hinc atque hinc vastæ rupes, geminique minantur
In cœlum scopuli, quorum sub vertice late
Aequora tuta silent, tum sylvis scena coruscis
Desuper, horrentique atrum nemus imminet umbra.

Dieses so schön gelegene Schloß nennen einige auch
Rhetus-Berg, und wollen, daß es von ihm oder doch
wenigstens ihm zu Ehren von den Tuscieren bald nach
ihrer Niederlassung im Domleschg erbaut worden sey.
Ehedem hatte es seine eigenen Freyherren dieses Namens,
welche auch eigene Unterthanen hatten, die aber, man
weiß nicht wenn, erloschen sind. J. J. 1340. erkaufte Ulrich von Lenzburg, mit dem Zunamen Scul-
tetus, LXII. Bischof von Chur, ein kriegerscher, tapferer
und auf die Vergrösserung des Bisthums sehr bedachter
Herr, dasselbe samt allen Leuthen und Gütern um 25000.
Goldkronen von einem Edeln von Landau. Als es vom
Bisthume veräussert wurde, brachte es Anton von Travers zu Anfange des XVI. Jahrhunderts an sich; i. J.

1572. kam es durch Heyrath an die Familie Salis; ferners an den wackern, wenn schon ein wenig rachsüchtigen Ritter Pompejus von Planta, der auch i. J. 1621: hier mit einem Beil erschlagen, aber von seinen Kindern gerochen wurde; dann an die Familie von Buol; und dermalen ist es wieder in den Händen der Herren Grafen von Salis-Zitzers, und wird 20000. fl. werth geschätzt. Ohngefehr 400. Schritte ob demselben gegen Morgen, dicht am Fusse des Schallerberges, der ehedem auch bewohnt war, liegt das ansehnliche Dorf

Almens (Allmenium) welches einige von amœnus, angenehm, also genannt glauben; vielleicht aber ist es kurz und gut das deutsche Allmeine, da dieß Dorf eine Nachbarschaft der Gemeinde Fürstenau ausmacht, deren Einwohner theils der reformirten, theils der katholischen Kirche zugethan sind, und wo die Geistlichen beyder Religionen, so wie ihre Heerde, in der liebenswürdigsten Verträglichkeit, beyeinander wohnen. Der katholische Gottesdienst wird von zwey Kapuzinern in der dem H. Andreas gewidmeten Kirche versehen, doch so daß die Hauptmesse alle vierzehn Tage zwischen Almens und der Kirche St. Christofel zu Rotels in der Gemeind Ortenstein umwechselt. Das Bad zum Rothenbrunnen ist ein Filial des reformirten Pfarrherrn, der alle vierzehn Tage einmal hier predigen muß, auch die Seelsorge der Reformirten zu Tomils, Dusch und Rotels auf sich hat; so daß der reformirte Geistliche zu Almens der einzige Seelsorger der Reformirten der Gemeind Ortenstein im Boden, und der katholische hingegen aller Katholiken der Gemeinde Fürstenau ist. An diesem Orte fand die Einführung der Reformation den heftigsten Wiederstand (wie ich vielleicht bey einer andern Gelegenheit erzählen werde); und nur der Klugheit und dem Eifer der Herren von Jäcklin von Hohen Realta haben die Reformirten ihre Kirche zu

danken, welche i. J. 1694. größtentheils auf ihre Unkosten und unter ihrem Schutze erbaut wurde, keinen
Heiligen zum Patron erhalten hat, einzig Gotte geweiht
(Deo sacrum) ist, wie die Ueberschrift am Eingange besa-
get, und unter dessen Schirm und Jäcklinischen Flügeln
ruht. Diese Familie vermachte ansehnliche Legate dort-
hin; doch waren die Testatoren so klug und vorsichtig, es in
den freyen Willen ihrer Nachkommen zu stellen, ob sie
solche Vermächtnisse, bey sich eräugnenden streitigen Pfarr-
herren-Wahlen oder andern Zwistigkeiten mit den Kirch-
genossen, dieser Pfründe lassen, oder dieselbe an eine andre
Kirche übertragen wollten. Da diese Kapitalien sehr an-
sehnlich sind, so macht jener Vorbehalt die Herren von
Jäcklin gleichsam stillschweigend zu Kollatoren der Pfründe.
Der Gottesdienst wird wechselsweise in der deutschen und
romanschen Sprache gehalten. Das Dorf ist groß, aber
schlecht gebaut; die Einwohner sind klein und unansehn-
lich und fast insgesamt mit ungeheuern Kröpfen versehen,
welches man gewöhnlich dem schlechten Wasser zuschreibt.
Auch befinden sich eigentliche Cretins hier, welche stumm
und gehörlos, öfters sogar unvermögend sind, irgend ein
Zeichen zu verstehen, oder sich durch ein solches verständlich zu machen, und sich wie das Vieh im Staub und
Kothe wälzen. Die Unreinlichkeit und Vernachläßigung
schon in der physischen Erziehung, nebst der schlechten
Nahrung, haben indessen, meines Erachtens, einen eben
so grossen Antheil an dem unglücklichen — oder glücklichen Zustande dieser gedankenlosen Geschöpfe, als Luft
und Wasser. Der Ort hatte ehedem seinen eigenen Adel,
dessen Wohnsitz in eine Bauershütte umgeschaffen worden;
und in der katholischen Kirche liegt Ritter Pompejus
von Planta begraben. Die noch daselbst befindlichen Geschlechter sind: Bieler, Buchli, de Caminada, Flisch,
Hosang, Linard, Mark, Thaler, Schal, Schaber,

und Daniel de Soiſſon, ein Hügenotten-Geſchlecht. Eine kleine Stunde ob einem am Dorfe ſtehnden Felſengebirge, (deſſen brüchige Steine dem Ort ſeinen Untergang drohen) lag ehedem das Dörfchen Schall, welches in der Peſt i. J. 1629. ausgeſtorben und ſeitdem in Mayenſäſſe iſt verwandelt worden, auch der daran ſtoſſenden, groſſen, 144. Haupt ernährenden, Kuhalp den Namen gegeben hat, deren Haupteinrichtung ich hier anzuführen nicht vorbey laſſen kann. Dieſe Alpordnung wurde i. J. 1614. errichtet. Man theilte die Alp in die Obere und Untere Hütte, und verlegte in jede 72. Haupt Viehes. Beyde wurden unter verſchiedenen Partikularen zerſtückt, und es ward jedem beſtimmt, wie viel Stöß er beſitzen ſollte. Nun

1.) Derjenige, der mehr als ſeinen Antheil an Vieh in die Alp ſchicken will, ſoll 2. Kronen Buß geben, und keine Molken beziehen.

2.) Auf jede Kuh darf man ein Schwein geben, oder muß der Geſellſchaft 7. 1/2. Batzen bezahlen.

3.) Beym Verkauf eines Waldrechts hat der Alpgenoſſe vor allen andern den Zug.

4.) Anſtatt einer Kuh kann man ein Galtli laden.

5.) Für jede Kuh giebt man dem Hirten 2. Krinnen oder 96. Loth, und für jedes Schwein 1. Krinne Brod.

6.) Für jedes Haupt bezahlt man 2. Batzen Salzgeld.

7.) Ein Waldrecht kann, jedoch dem Alpgenoſſen vorzugsweiſe, um 1. 1/2. fl. verliehen werden.

8.) Alle Alpgenoſſen ſollen an einem Tage meſſen; und die Kuh welche zum Ebnen am erſten gemelken worden, ſoll auch zum Meſſen am erſten gemolken werden.

9.) Niemand ſoll den Kühen bis nach dem Melken Salz geben.

10.) Einer kranken Kuh ſoll 8. Tage Zeit gegeben werden zum Meſſen.

11.) In der Alp ſoll nicht gemähet werden.

12.) Für jede Kuh soll der Besitzer eine Gebse *) liefern, und auf 10. Kühe ein Leinlachen oder Decke.

13.) Es sollen von der Alpgesellschaft 2. Alpmeister erwählt werden, welche das Dingen der Sennen und die
Beobachtung dieser Gesetze besorgen sollen.

14.) Den Sennen soll es erlaubt seyn, fremdes Vieh,
Ziegen und Schaafe zu pfänden.

Eine kleine halbe Stunde südwärts von Almens in
gleicher Linie und Höhe, doch nicht so nahe am Fuße des
Berges, liegt das größte, wie in einem Zirkel gebaute
Dorf dieser Gemeinde:

Scharans, Tschiraun, (Scarantia) in einer sehr angenehmen und fruchtbaren Gegend, wo im vorigen Jahrhundert ein guter Wein gepflanzt wurde, der aber jetzt
nicht mehr gebauet wird **). Im Dorfe liegt ein Hügel,
auf dem ehemals ein Schloß stand, jetzt aber ein Wirthshaus befindlich ist, dessen Bewohner die lachendste Aussicht
genießen. Zwanzig Pfarrdörfer liegen in einem Kreise
von anderthalb Stunden, nebst vielen Höfen und 18. alten
Schlössern rings umher, und stellen sich dem Blicke auf
einmal dar. Die Kirche ist ein altes ehrwürdiges Gebäude; sie verwahrt die Gebeine vieler Adelichen in ihrem
Schoosse; ist Allen Heiligen gewidmet, und der in der
Bündtner-Geschichte so berüchtigte, aber lange noch
nicht genug bekannte Georg Jenatsch, war hier eine
kurze Zeit Pfarrherr. Man erzählt von ihm: Daß er,
so oft er bey derselben in der Folge vorbey geritten, stille
gehalten und ausgerufen habe: „O wie oft und viel hab'
„ich doch in dieser Kirche gelogen„! Die vornehmste
Zierde derselben ist das Grabmal des vortreflichen Ul-

*) Ein Milchgeschirr.
**) Es ist wahrscheinlicher Weise von den Tusciern oder Römern
erbaut; denn man findet im Tyrol einen Ort unter gleichem Namen (das heutige Schärnitz.)

richs von Marmels, der hier i. J. 1531. begraben wurde, und nebst seinem Nachfolger Philipp Gallicius das meiste zur Reformation in Bündten beygetragen hat. Eine Merkwürdigkeit ist die neben der Kirche stehnde grosse Linde, welche ein Rhetus-Bild von Holz geschnizt umhalset. Unter ihrem Schatten werden alle Nachbarschaftssachen in Ueberlegung genommen und die Dorfversammlungen gehalten. Schon i. J. 1403. wurde, laut eines vorhandenen pergamentenen Briefes, von Dorfmeister (Ludwig) und Nachbauern zu Scharans, unter der Linde neben der Kirche gemehret. In dem auf dem Kirchthurn befindlichen Knopfe sind einige merkwürdige historische Nachrichten aufbehalten. Der Ort hat gesunde Luft und ziemlich gutes Wasser, und dennoch viel Kröpfe und manchen Stummen. Die beßten Geschlechter daselbst sind: Von Jäcklin, Dat, Battaglia, Nauli, Patzen, Bundi, Cajoeri, Cuonrad, Clo, Caflisch, Caschnider, Duff, Flisch, Fluri, Gredig, Jerkmaun, Kadisch, Kieni, Lutzi, Muretzi, Maruck, von Mundt, Markees, Pitschen, Pedret, Padrut, Risch, Schimun, Seeli, Tschur, Wazau, u. a. m.

Von Scharanß gehet ein 1. 1/2. Stunde langer, meistentheils sehr jäher, hin und wieder wegen der darauf befindlichen steinernen Platten und unabsehbaren Präcipizien gefährlicher, durch dunkle Waldung und Felsenwände gehauener Weg, durch ein gegen Osten sich erstreckendes, enges, sich bald ein wenig ausdehnendes, bald wieder zusammenziehendes Thal, rechter Hand der Albula (die sich in einer dem Auge öfters unsichtbaren Tiefe schäumend über Klippen und Felsen hinwälzt, und sich ein wenig unter dem Schlosse Baldenstein bey St. Agatens Kirche in den Rhein ergiesset); welcher Weg heut zu Tage der Schyn, in alten Documenten aber Müras, d. i. Mauer, genannt wird. Die Gemeinde Fürstenau erhebt

zur Unterhaltung deſſelben einen ſchon weiter oben erwähnten Zoll , der ihr i. J. 1578. zugeſtanden wurde , weil
die damals noch nach Vatzerols reiſenden Bundsboten
ſich dieſer Straſſe zum öftern bedienten. In einer Felſenwand, wo der Weg kaum drey Schuhe breit hinüberge-
ſprengt iſt , ſiehet man die Gränzmarke zwiſchen Fürſtenau und Obervatz eingehauen; und in dieſer Gegend
wäre der bündtnerſche Zſoka in den letzten bürgerlichen
Unruhen i. J. 1764. durch einen Fehltritt ſeines Buce-
phals beynahe ums Leben gekommen. Ein wenig weiter
iſt ein hölzernes Kreutz zum Angedenken eines unglücklichen
Hirten errichtet, der hier zu Tode fiel. Die Felſenwände
ſchwitzen häufig Salpeter aus , den ein kriegerſches Volk
beſſer, als die unthätigen, in langer Ruhe eingewiegten
Fürſtenauer, benutzen würde. Dieſe Straſſe dient heut
zu Tage faſt nur zur Kommunication zwiſchen den Gemeinden Fürſtenau, Obervatz und Tiefenkaſten. Nur ſelten bringen im harten Winter die Oberhalbſteiner Wein
ins Thal, und von fremden Reiſenden iſt dieſer Grauſen
erweckende Weg, gegen den die ſo fürchterlich beſchriebene
Via mala eine Chauſſee genannt werden kann, vielleicht
noch nie geſehen worden. Ein fürchterliches Tobel nennt
man das Bura-Tobel, über welches eine elende Brücke
geſchlagen iſt. Hin und wieder ſieht man Schiefergebirge.
Warum giebt man ſich doch nicht Mühe, ſolche Gruben
zu eröfnen und damit dem immer mehr einreiſſenden Holz-
mangel abzuhelfen, der mit durch den Gebrauch der Schin-
deln verurſacht wird. Doch wir wollen dieſe häßliche
Gegend verlaſſen, und in das angenehme Domleſchg zurückkehren. Gleich hinter Scharanß ſüdoſtwerts , doch
ein wenig tiefer, liegt der Hof
Parnel, der nur aus wenigen Häuſern beſteht, ſo wie
der noch weiter gegen Südoſt faſt an der Albula gelegene Hof

Prün, die Residenz eines Marktschreyers, die man leider auch hier noch duldet, und die unbekannte Wohnung einiger Fleischer von ganz eigener Art, die sich nämlich von den Häuten erschoßener Jagdhunde nähren, welche sie nach Tusis zu Markte bringen.

Zwischen Almens und Scharanß, jedoch in der Tiefe des Thales am Ufer des Rheins, so daß es mit diesen zwey Dörfern gleichsam ein Dreyeck formieret, Katzis gegen über, liegt das heutige Dörfchen, ehemals ziemlich beträchtliche Städtchen Fürstenau, Fürstnow, welches der ganzen Gemeinde seinen Namen gegeben hat. Die daselbst befindliche Kirche ist ein Filial von Scharanß, und der Gottesdienst wird in derselben wechselsweise deutsch und romansch, und eben so auch zu Scharanß, Almens und Sils gehalten. Das daselbst in diesem Jahrhunderte zum zweytenmal neu erbaute schöne Fürstlich-Churische Schloß, ward zum erstemal i. J. 1262. von dem LIII. Bischofe zu Chur, Heinrich IV. Grafen von Montfort, der auch die Schlösser Aspermont und Reambs an das Bisthum brachte, erbauet, und dienet zuweilen den Bischöfen zum Sommer-Aufenhalt. Ein ehemaliger vom Bischofe belehnter Landvogt von Fürstenau war in allen Kriminalfällen dieser Gemeinde, wie auch zu Ortenstein, Ebervatz, Tusis und Heinzenberg, präsidirender Blutrichter, und bezog im Namen des Fürsten die confiscirten Güter, den Zehnten und andere zum Schloß gehörigen Gefälle, welche Gerechtsamen diese Gemeinden nach und nach käuflich an sich gebracht haben; so daß der Bischof heut zu Tage bloß noch einen Mayer oder Pachter daselbst hält, welcher Stiftsammann genennet wird, dabey aber außer der Viehzucht seines Herrn nichts zu verwalten hat. Jetzt gehören zum Schloße noch so viel Matten, als zu 60. Klafter Heu erfodert werden, ein Stückchen Baumgarten, und

Kornland für acht Tage zu dreschen. Kurz die ganze Domaine wirft dem Fürsten nicht über 300. fl. ab. Ein ansehnliches, doch noch nicht ganz ausgebautes Schloß oder Landgut hat der Herr Gesandte von Planta um 20000. von der Familie Stampa an sich gebracht, das ihm, weil er einen wackern Mann zum Schafner daselbst hingesetzt, jährlich über 300. fl. abwirft. Das von Juvalitische Haus verdient noch angemerkt zu werden; die übrigen etliche 20. Häuser sind Hütten, und ihre Bewohner, die Familien Tscharner und Juvalta ausgenommen, meist arme Leuthe. Der Umfang dieses ehemaligen Städtchens muß groß gewesen seyn; denn man hat in dem 11. Mannsmatt haltenden, gleich am Dorfe liegenden Baumgarten des Herrn Gesandten von Planta, Morus genannt, hin und wieder Ueberbleibsel von Gebäuden gefunden. Der Ort soll durch Feuersbrünste so herabgekommen seyn. So viel ist gewiß, man findet in alten noch vorhandenen Urkunden, daß es einen eigenen Bürgermeister und Rath hatte, Märkte daselbst gehalten wurden, eine Susta oder Waaren-Niederlage dort angeleget war, und von einem Obern und Untern Thore geredet wird. Noch jetzt ist es der Versammlungsort der Landsgemeine, oder der Besatzungsplatz, davon ich weiter unten reden werde. In gerader Linie mit Fürstenau ohngefehr 7. bis 800. Schritte entfernt liegt der Hof Fürstenauer-Zollbruck, welcher anjetzt die Marktfreyheit von Fürstenau an sich gebracht hat, und wohin auch das Rathshaus der Gemeinde ist verleget worden. Es ist das neben die Wohnung des jeweiligen Zollers, der zu gleicher Zeit wirthet. Was daraus für mannigfaltiges, zumal ökonomisches Unheil entsteht, ist leicht zu erachten. Ein ehrlicher Geistlicher hatte daher einsmals den wohlgemeinten Einfall, in der Litaney einrücken zu wollen:

Für Fürstenauer-Zollbruck,
Behüt uns lieber Herr Gott!

Nicht mehr als 300. Schritte südwärts vom Zoll-
hause ergießt sich die Albula in den Rhein; und an dem
Ufer derselben in ähnlicher Entfernung steht der Hof
Zur St. Acten, nebst den Ueberbleiseln einer ehemaligen
Kapelle gleichen Namens. Von hier bis zur Zollbrücke
hatten die Kaiserlichen Truppen unter dem Kommando
des Grafen Merode und des General Gallas i. J.
1629. eine Schanze unter dem Namen
Sieh dich vor, aufgeworfen, von der man noch jetzt
Rudera gewahr wird. Die Besatzung hausete schrecklich,
ward aber durch die Pest so sehr geschwächt, daß sie i.
J. 1630. diese Schanze verlassen mußte. Die Seuche
raffete damals mehr als die Hälfte der Einwohner des
Thales weg. Zu Scharanß starben bey 400. Personen,
zu Fürstenau 86. zu Almens 75. zu Sils 136. und zu
Rotels von 158. Seelen etliche 90. Vierzehn Monathe
lang mußte der Gottesdienst unter freyem Himmel verrichtet, und die Todten auf offenem Felde begraben
werden.

Gleich hinter dem Hofe St. Acten südostwerts gehet
man einen kleinen Stoß oder Anhöhe hinunter, da denn
linker Hand der Strasse einige dem Herrn von Salis-
Sils und Herrn Obrist Donatz von Polom zugehörige
Mannsschnitz Weinreben liegen, deren Gewächs süß getrunken und niemals eingeleget wird, und die nur noch
allein von den ehedem so häufig gebaueten Weingärten
übrig geblieben sind. Rechter Hand der Strasse dicht
an der Albula liegt die so genannte
Albula-Mühle, bey der sich auch eine Säge befindet.
Die Herren von Buol von Parpa hatten hier ehedem
zur Präparirung des im Schamser-Thal gebrochenen
und geschmolzenen Eisens einige Eisenhämmer angelegt.

welche vom Waſſer getrieben wurden. Nicht weit davon
an einer Felſenecke hat die Gemeinde Sils eine hölzerne
unbedeckte Brücke über die Albula ſchlagen laſſen, die
etwas über 100. Schritte lang iſt, und gerade dem
Schloß'

Baldenſtein gegenüber liegt. Dieſes auf einer ſenk=
rechten Felſenwand ſtehnde, mit Quellwaſſer verſehe=
ne, nach alter Manier gut befeſtigte Schloß hatte ſei=
nen eigenen Adel, kam bey ſeiner Erlöſchung an die
Rinken von Rinkenberg, eine noch jetzt in Schwaben
blühnde Familie, welche es an die von Ruinelli ver=
kauften, von denen es erbsweiſe an die von Ludewig
XIII. in den Adelſtand erhobene Familie Roſenroll zu
Tuſis und von dieſer wieder erbsweiſe an das Haus
Salis=Sils fiel, und nun in den Händen eines ehrli=
chen Bauersſohns iſt, der das unerwartete Glück ge=
habt hat, eine Baroneſſe von Salis=Baldenſtein zur
Gemahlin zu erhalten, weil er 100000. fl. beſitzet. Das
Schloß hat eine reitzende Ausſicht, ungemein dicke Mauern
und in Felſen geſprengte Keller. Die dazu gehörigen
Güter ſind nicht ſehr beträchtlich. Ein wenig höher ſüd=
oſtwerts lieget die nach Sils gehörige Kirche
St. Caſan, welche zum Begräbnißorte der Dorfleuthe
von Sils dienet, und in der auch, vor Erbauung der
Kirche im Dorfe, ſelbſt der Gottesdienſt gehalten wurde.
Ein ſehenswürdiges Grabmahl hat die Familie Salis in
derſelben errichten laſſen. Oſtwärts von derſelben liegt
das nun verfallene Schloß
Campo bello (Campel) und einige Bauerhäuſer ohn=
weit davon unter dem Namen
Campi, die nach Sils gehören. Ich muß mich bey
dieſem Schloſſe um ſo viel eher ein wenig aufhalten,
weil Tſchudi und Stumpf daſſelbe in ihren Verzeich=
niſſen vergeſſen, und ich viele Urkunden theils geſehen

habe

habe theils selbst besitze, die von der Macht, dem Ansehn und dem Reichthume der Herren dieses Namens unleugbare Beweise enthalten. Einer derselben bekam im XIV. Jahrhunderte eine Fehde mit den Freyherren von Razünß. Diese überfielen ihn unvermuthet in seiner Burg, zündeten dieselbe an, zerstörten sie gänzlich, und nöthigten ihn, samt Frau und Kindern ins Exilium zu wandern. Er begab sich ins Untere Engadin; und einer seiner Enkel war der so berühmte, und dennoch auswerts so wenig gekannte vortrefliche Bündtnersche Geschichtschreiber Campell. Das Schloß ward bald darauf von einem seiner ehemaligen Edelknechte von Wazau wieder aufgebaut, und in der Mitte des XVI. Jahrhunderts an die Schauenstein von Ehrenfels verkauft, die dieses, so wie Ehrenfels und ihr Stammhaus Suwenstein am Heinzenberg eingehen liessen, als sie die Herrschaft Baldenstein an sich brachten.

Von hier aus führt ein sehr jäher, zum Theil in Felsenwänden gehauener Fußweg, bey dem Hof Ramplaus nas vorbey, den Muttner-Berg hinauf nach Motta; der Muttnerstein genannt. Ungeachtet dieser Weg selbst für Fußgänger gefährlich ist, und von Leuthen, denen es leicht schwindelt, gar nicht kann betreten werden, so gehet die Dreistigkeit der Muttner dennoch so weit, daß sie Rindvieh auf diesem steilen Wege nach Tusis zu Markte führen, indem ein Mann das Thier beym Schwanz, den man Stiel nennet, hält; ja ein besoffener, höchst verwegener Säumer wagte sich sogar mit zwey Saumpferden, davon er das eine ritt und das andre nachführte, durch diesen Weg, und kam zu jedermanns Erstaunen glücklich herunter.

Südwestwärts von Baldenstein liegt in einer angenehmen und fruchtbaren Gegend, gerade Tusis gegenüber, am Fuße des Muttner-Berges, das ansehnliche Dorf

Schw. Muf. V. Jahrg. I. Heft.　　C

Sils (Sallgias) welches nicht mit Sils oder Seilg im Obern Engadin verwechselt werden muß. Auch dieses Dorf ist ganz reformirt, und der Herr Landshauptmann Rudolf von Salis-Sils hat erst vor wenig Jahren die alte finstre Kirche nach seinem Plane erweitern und ausschmücken lassen, und sich zum Beschützer derselben erkläret, indem er ihr ansehnliche Kapitale geschenkt. Seine recht niedliche und wohl meublirte Wohnung, und das im italienischen Geschmacke, mit allen nur möglichen Bequemlichkeiten versehene, angenehm gelegene, von Herr Marschall von Donatz von Polom aufgeführte, und von seinem Neffen dem königlich Sardinischen Obristen von Donatz bewohnte schöne Gebäude, samt den daranstossenden Gärten und Terassen, gereichen diesem Orte zu nicht geringer Zierde. Dieses im Viereck angelegte Gebäude zeichnet sich durch äussere und innere Schönheit, Festigkeit, Simmetrie und Bequemlichkeit für allen andern in Bündten diesseits den Bergen aus, und macht seinem Erbauer eben so viel Ehre, als der Patriotismus und unumschränkte Menschenliebe seinem jetzigen Besitzer. Ohngefehr 200. Schritte westwärts von diesem Pallaste geht eine Brücke über den Rhein, vermittelst welcher man nach Tusis und Rätzis kommen kann. Aus den Gärten hat hat man südwärts an einer schönen, grasreichen, jedoch jähen Halde, eine artige Perspective auf das in seinem Schutte liegende alte Schloß

Ehrenfels, welches noch im vorigen Jahrhunderte der Wohnsitz einer Schauensteinischen Linie war, die sich daher Schauenstein genannt Ehrenfels schrieb, und welche erst vor wenig Jahren erloschen ist. Eine andre Linie bewohnte das am Heinzenberg liegende Schloß Surwenstein, war zu Chur verbürgert, und erlosch in der Person Jacobs von Schauenstein, der t. J. 1554. in der Schlacht bey Siena sein Leben einbüßte. Diese

Familie hat grosse Männer hervorgebracht, die sich sehr
um ihr Vaterland verdient gemacht haben; und sie war
mit eine von den ersten, die sich freywillig ihrer Rechte
begab und mit ihren Unterthanen Bündnisse schloß, um
sie der Sclaverey zu entreissen. Schon i. J. 1423. trat sie
mit einigen Gemeinden des Gottshausbundes in Verträge, die nur wenigen Forschern der mittlern Geschichte
bekannt sind. Damit ihr Angedenken nicht ganz erlöschen
möchte, so hat die Familie Buol sich das Prädicat von
Schauenstein zugeeignet, welches in Bündten gar nichts
neues ist. Neben diesem Schlosse gehet man vorbey, um
nach dem schon beschriebenen Hohenräthien zu kommen.
Ostwärts von diesem letztern führt ein Fußweg in die
Silsser-Mayensässe Carschenna genannt, und in demselben liegt eine ehedem für die Sennen erbaute Kapelle
St. Albin, wo aber keine Messe gelesen wird. Nächst bey
dem St. Johannsen-Stein, d. i. wo der Rhein ins
Thal tritt und der Nolla sich hineinstürzet, liegt noch
eine Mühle.

Das mag nun von der Topographie dieser Gemeinde
genug seyn. Itzt will ich versuchen, meinen Lesern auch
eine genaue Beschreibung von der politischen Verfassung
derselben mitzutheilen.

Die Fortsetzung nächstens.

III.

Auszüge aus der Lebensgeschichte eines armen Mannes.

(Geschrieben i. J. 1781 — 85.)

(Fortsetzung. S. das vorhergehnde Heft, S. 921. u. ff.)

LIV.

Die Schlacht bey Lowosiz.

(1. Oktobr. 1756.)

Früh Morgens mußten wir uns rangiren, und durch ein enges Thälchen gegen dem grossen Thal hinuntermarschiren. Vor dem dicken Nebel konnten wir nicht weit sehen. Als wir aber vollends in die Plaine hinunterkamen, und zur grossen Armee stiessen, rückten wir in drey Treffen weiter vor, und erblickten von Ferne durch den Nebel, wie durch einen Flor, feindliche Truppen auf einer Ebene, oberhalb dem Bömischen Städtchen Lowosiz. Es war Kaiserliche Kavallerie; denn die Infanterie bekamen wir nie zu Gesicht, da sich dieselbe bey gedachtem Städtchen verschanzt hatte. Um 6. Uhr gieng schon das Donnern der Artillerie sowohl aus unserm Vordertreffen als aus den Kaiserlichen Batterien so gewaltig an, daß die Kanonenkugeln bis zu unserm Regiment (das im mittlern Treffen stuhnd) durchschnurrten. Bißher hatt' ich immer noch Hofnung, vor einer Bataille zu entwischen; jetzt sah' ich keine Ausflucht mehr weder vor noch hinter mir, weder zur Rechten noch zur Linken. Wir rückten inzwischen immer vorwärts. Da fiel mir vollends aller Muth in die

Hofen; in den Bauch der Erde hätt' ich mich verkriechen
mögen, und eine ähnliche Angst, ja Todesblässe, las' man
bald auf allen Gesichtern, selbst deren, die sonst noch so
viele Herzhaftigkeit gleichsneten. Die gelärten Brann-
fläschgen (wie jeder Soldat eines hat) flogen unter den
Kugeln durch die Lüfte; die meisten soffen ihren kleinen
Vorrath bis auf den Grund aus, denn da hieß es: Heute
braucht es Courage, und Morgens vielleicht keinen Füsel
mehr! Jetzt avanzierten wir bis unter die Kanonen, wo
wir mit dem ersten Treffen abwechseln mußten. Potz
Himmel! wie sausten da die Eisenbrocken ob unsern Köpfen
weg — fuhren bald vor bald hinter uns in die Erde, daß
Stein und Rasen hoch in die Luft sprang — bald mitten
ein, und spickten uns die Leuthe aus den Gliedern weg,
als wenn's Strohhalme wären. Dicht vor uns sahen wir
nichts als feindliche Cavallerie, die allerhand Bewegungen
machte; sich bald in die Länge ausdehnte, bald in einen
halben Mond, dann in ein Drey- und Viereck sich wieder
zusammenzog. Nun rückte auch unsre Kavallerie an; wir
machten Lücke, und ließen sie vor, auf die feindliche los-
galoppieren. Das war ein Gehagel, das knarrte und
blinkerte, als sie nun einhieben! Allein kaum währte es
eine Viertelstunde, so kam unsre Reuterey, von der Oester-
rischen geschlagen, und bis nahe unter unsre Kanonen
verfolgt zurücke. Da hätte man das Specktackel sehen sollen:
Pferde, die ihren Mann im Stegreif hängend, andre die
ihr Gedärm der Erde nachschleppten. Inzwischen stuhnden wir noch immer im feindlichen Kanonenfeuer bis gegen
11. Uhr, ohne daß unser linke Flügel mit dem kleinen
Gewehr zusammentraf, obschon's bereits auf dem rechten
sehr hitzig zugieng. Viele meinten, wir müßten noch auf
die Kaiserlichen Schanzen sturmlaufen. Mir war's schon
nicht mehr so bange, wie Anfangs, obgleich die Feldschlangen Mannschaft zu beyden Seiten neben mir weg-

raffeten, und der Wallplaß bereits mit Todten und Verwun.
deten übersäet war — als mit Eins ungefehr um 12. Uhr
die Ordre kam, unser Regiment, nebst zwey andern (ich
glaube Bevern und Kalkstein,) müßten zurückmarschie.
ren. Nun dachten wir, es gehe dem Lager zu, und alle
Gefahr sey vorbey. Wir eilten darum mit muntern Schrit.
ten die gätzen Weinberge hinauf, brachen unsre Hüte voll
schöne rothe Trauben, assen vor uns her nach Herzens.
lust; und mir, und denen welche neben mir stußnden, kam
nichts Arges in Sinn, obgleich wir von der Höhe herunter
unsre Brüder noch in Feuer und Rauch stehen sahen, ein
fürchterlich donnerndes Gelerm hörten, und nicht entschei.
den konnten auf welcher Seite der Sieg war. Mittler.
weile trieben unsre Anführer uns immer höher den Berg
hinan, auf dessen Gipfel ein enger Paß zwischen Felsen durch.
gieng, der auf der andern Seite wieder hinunterführte. So.
bald nun unsre Avantgarde den erwähnten Gipfel erreicht
hatte, gieng ein entsetzlicher Musketenhagel an; und nun
merkten wir erst wo der Haas im Stroh lag. Ettliche
Tausend Kaiserliche Panduren waren nämlich auf der
andern Seite den Berg hinauf beordert, um unsrer Armee
in den Rücken zu fallen; dieß muß unsern Anführern ver.
rathen worden seyn, und wir mußten ihnen darum zuvor.
kommen: Nur ettliche Minuten späther, so hätten sie
uns die Höhe abgewonnen, und wir wahrscheinlich den
Kürzern gezogen. Nun setzte es ein unbeschreibliches Bluts
bad ab, ehe man die Panduren aus jenem Gehölz ver.
treiben konnte. Unsre Vordertruppen litten stark; allein
die hintern drangen ebenfalls über Kopf und Hals nach,
bis zuletzt alle die Höhe gewonnen hattn. Da mußten
wir über Hügel von Todten und Verwundeten hinkolpern.
Alsdannn gieng's Hudri, Hudri, mit den Panduren die
Weinberge hinunter, sprungweise über eine Mauer nach
der andern herab, in die Ebene. Unsre geborne Preussen

und Brandenburger packten die Panduren wie Furien.
Ich selber war in Faß und Hitze wie vertäumelt, und,
mir weder Furcht noch Schreckens bewußt, schoß ich
Eines Schiessens fast alle meine 60. Patronen los, bis
meine Flinte halb glühend war, und ich sie am Riemen
nachschleppen mußte; indessen glaub' ich nicht, daß ich
eine lebendige Seele traf, sondern alles gieng in die freye
Luft. Auf der Ebene am Wasser vor dem Städtchen
Lowositz postirten sich die Panduren wieder, und pülver-
ten tapfer in die Weinberge hinauf, daß noch mancher
vor und neben mir ins Gras biß. Preussen und Panduren lagen überall durcheinander; und wo sich einer von
diesen letztern noch regte, wurde er mit der Kolbe vor
den Kopf geschlagen, oder ihm ein Bajonett durch den
Leib gestoßen. Und nun gieng in der Ebene das Gefecht
von neuem an. Aber wer wird das beschreiben wollen,
wo jetzt Rauch und Dampf von Lowositz aufgieng; wo
es krachte und donnerte, als ob Himmel und Erde hätten
zergehen wollen; wo das unaufhörliche Rumpeln vieler
hundert Trommeln, das herzzerschneidende und herzerhebende Ertönen aller Art Feldmusick, das Rufen so vieler
Commandeurs und das Brüllen ihrer Adjutanten, das
Zetter- und Mordiogeheul so vieler tausend elenden, zer-
quetschten, halbtobten Opfer dieser Tages alle Sinnen
betäubte! Um diese Zeit — es mochte etwa 3. Uhr seyn —
da Lowositz schon im Feuer stand, viele hundert Panduren, auf welche unsre Vordertruppen wieder wie wilde
Löwen losgiengen, ins Wasser sprangen, wo es dann auf
das Städtgen selber losging — um diese Zeit war ich
freylich nicht der Vörderste, sondern unter dem Nachtrapp
noch etwas im Weinberg droben, von denen indessen
mancher, wie gesagt, weit behender als ich von einer
Mauer über die andre hinuntersprang, um seinen Brüdern
zu Hülf zu eilen. Da ich also noch ein wenig erhöht

ſtand, und auf die Ebene wie in eiu finſteres Donner.und
Hagelwetter hineinſah — in dieſem Augenblick deucht' es
mich Zeit, oder vielmehr mahnte mich mein Schutzengel,
mich mit der Flucht zu retten. Ich ſah mich deswegen
nach allen Seiten um. Vor mir war alles Feuer, Rauch
und Dampf; hinter mir noch viele nachkommende auf die
Feinde loseilende Truppen ; zur Rechten zwey Hauptar-
meen in voller Schlachtordnung. Zur Linken endlich ſah
ich Weinberge, Büſche, Wäldchen, nur hie und da einzelne Menſchen, Preuſſen, Panduren, Huſaren, und von
dieſen mehr Todte und Verwundete als Lebende. Da,
da, auf dieſe Seite, dacht' ich ; ſonſt iſt's pur lautere
Unmöglichkeit!

LV.

Das heißt — wo nicht mit Ehren gefochten — doch glücklich entronnen.

Ich ſchliech alſo zuerſt mit langſamem Marſch ein
wenig auf dieſe linke Seite, die Reben durch. Noch eilten ettliche Preuſſen bey mir vorbey: „Komm', komm',
„Bruder„! ſagten ſie : „Viktoria„! Ich riſpoſtirte kein
Wort; that nur ein wenig bleßiert, und gieng immer
noch allgemach fort, freylich mit Furcht und Zittern.
Sobald ich mich indeſſen ſo weit entfernt hatte, daß mich
niemand mehr ſehen mochte, verdoppelte, verdrey.vier-
fünf.ſechsfachte ich meine Schritte, blickte rechts und
links wie ein Jäger, ſah noch von Weitem — zum letzten
Mal in meinem Leben — morden und todtſchlagen; ſtrich
dann in vollem Galopp ein Gehölze vorbey, das voll tod-
ter Huſaren, Panduren und Pferde lag ; rannte Eines
Rennens gerade dem Fluß nach herunter, und ſtand jetzt
an einem Tobel. Jenſeits deſſelben kamen ſo eben auch ettliche Kaiſerliche Soldaten angeſtochen, die ſich gleichfalls

aus (der Schlacht weggestohlen hatten, und schlugen, als
sie mich so daherlaufen sahen, zum drittenmal auf mich
an, ungeachtet ich immer das Gewehr streckte, und ihnen
mit dem Hut den gewohnten Wink gab. Doch brannten
sie niemals los. Ich faßte also den Entschluß, gerade auf
sie zuzulaufen. Hätt' ich einen andern Weg genommen,
würden sie, wie ich nachwerts erfuhr, unfehlbar auf mich
gefeuert haben. Ihr H***, dacht' ich, hättet ihr euer
Courage bey Lowositz gezeigt! Als ich nun zu ihnen
kam, und mich als Deserteur angab, nahmen sie mir das
Gewehr ab, unterm Versprechen, mir's nachwerts schon
wieder zuzustellen. Aber der, welcher sich dessen impatro-
nirt hatte, verlor sich bald darauf, und nahm das Füsil
mit sich. Nun so sey's! Alsdann führten sie mich ins nächste Dorf, Scheniseck (es mochte eine starke Stunde unter
Lowositz seyn). Hier war eine Fahrt über das Wasser,
aber ein einziger Kahn zum Transporte. Da gab's ein Zet-
termordiogeschrey von Männern, Weibern und Kindern.
Jedes wollte zuerst in dem Teich seyn, aus Furcht vor den
Preussen; denn alles glaubte sie schon auf der Haube zu
haben. Auch ich war keiner von den letzten, der mitten
unter eine Schaar von Weibern hineinsprang. Wo nicht
der Fährmann etliche derselben hinausgeworfen, hätten
wir alle ersaufen müssen. Jenseits des Flusses stand eine
Panduren-Hauptwache. Meine Begleiter führten mich
auf dieselbe zu, und diese rothen Schnurrbärte begegneten
mir auf's manierlichste; gaben mir, ungeachtet ich sie und
sie mich kein Wort verstuhnden, noch Toback und Brannt-
wein, und Geleit bis auf Leutmeriz, glaub' ich, wo ich
unter lauter Stockböhmen übernachtete, und freylich nicht
wußte ob ich da mein Haupt sicher zur Ruhe legen konnte — aber — und dieß war das Beßte — von dem Tu-
mult des Tags noch einen so vertaumelten Kopf hatte,
daß dieser Kapitalpunkt mir am allermindesten betrug.

Morgens darauf (2. Okt.) gieng ich mit einem Transport ins Kaiserliche Hauptlager nach Budin ab. Hier
traf ich bey 200. andrer Preußischer Deserteurs an, von
denen so reden jeder seinen eigenen Weg, und sein Tempo
in Obacht genommen hatte; neben andern auch unsern
Bachmann. Wie sprangen wir beyde hoch auf vor Entzücken, uns so unerwartet wieder in Freyheit zu sehn!
Da gieng's an ein Erzählen und Jubilieren, als wenn
wir schon zu Haus hinterm Ofen säßen. Einzig hieß es
bisweilen: Ach! wäre nur auch der Schärer von Weil
bey uns! Wo mag der doch geblieben seyn? Wir hatten
die Erlaubniß, alles im Lager zu besichtigen. Offiziers
und Soldaten stuhnden dann bey Haufen um uns her,
denen wir mehr erzählen sollten, als uns bekannt war.
Etliche indessen mußten Winds genug zu machen, und,
ihren dießmaligen Wirthen zu schmeicheln, zur Verkleine-
rung der Preussen hundert Lügen auszuhecken. Da gab's
denn auch unter den Kaiserlichen manchen Erzprahler;
und der kleinste Zwerge rühmte sich, wer weiß wie manchen langbeinigten Brandenburger — auf seiner eignen
Flucht in die Flucht geschlagen zu haben. Drauf führte
man uns zu etwa 50. Mann Gefangener von der Preußischen Cavallerie; ein erbärmlich Specktackel! Da war
kaum einer von Wunden oder Beulen lär ausgegangen;
etliche über's ganze Gesicht heruntergehauen, andre ins
Genick, andre über die Ohren, über die Schultern,
die Schenkel u. s. f. Da war alles ein Aechzen und Wehklagen! Wie priesen uns diese armen Wichte selig, einem
ähnlichen Schicksal so glücklich entronnen zu seyn; und
wie dankten wir selber Gott dafür! Wir mußten im Lager
übernachten, und bekamen jeder seinen Dukaten Reißgeld.
Dann schickte man uns mit einem Cavalerietransport, es
waren unser an die 200. auf ein Böhmisches Dorf, wo
wir, nach einem kurzen Schlummer, folgenden Tags auf

Prag abgiengen. Dort vertheilten wir uns, und bekamen Pässe, je zu 6. 10. bis 12. hoch welche Einen Weg giengen; denn wir waren ein wunderseltsames Gemengsel von Schweitzern, Schwaben, Saxen, Bayern, Tyrolern, Welschen, Franzosen, Polen und Türken. Einen solchen Paß bekamen unser 6. zusammen bis Regensburg. In Prag selber war indessen ebenfalls ein Zittern und Beben vor den Preussen, ohne seinesgleichen. Man hatte dort den Ausgang der Schlacht bey Lowositz bereits vernommen, und glaubte nun den Sieger schon vor den Thoren zu seyn. Auch da stuhnden ganze Truppen Soldaten und Bürger um uns her, denen wir sagen sollten, was der Preuß im Sinn habe? Einige von uns trösteten diese neugierigen Haasen; andre hingegen hatten noch ihre Freude daran, sie dapfer zu schrecken, und sagten ihnen: Der Feind werde spätstens in vier Tagen anlangen, und sey ergrimmt wie der Teufel. Dann schlugen viele die Händ' überm Kopf zusammen; Weiber und Kinder wälzten sich gar heulend im Koth herum.

LVI.

Heim! Heim! Nichts als Heim!

Den 5. Okt. traten wir nun unsre wirkliche Heimreise an. Es war schon Abends, als wir von Prag ausmarschierten. Es gieng bald über eine Anhöhe, von welcher wir eine unvergleichliche Aussicht über das ganze schöne königliche Prag hatten. Die liebe Sonne vergüldete seine mit Blech bedeckten zahllosen Thurmspitzen zum Entzücken. Wir stuhnden eine Weile dort still, unter allerhand Gesprächen und mannigfaltigen Empfindungen dieses herrlichen Anblicks zu geniessen. Einige bedauerten den prächtigen Ort, wenn er sollte bombardirt werden; andre hätten mögen dabey seyn, wenigstens währendem

Plündern. Ich konnte mich kaum satt sehn; sonst aber war mein einziges Sehnen wieder nach Haus, zu den Meinigen, zum Annell. Wir kamen bis auf Schibrack; den 6. bis Pilsen. Dort hatte der Wirth eine Tochter, das schönste Mädchen, das ich in meinem Leben gesehn. Mein Herr Bachmann wollte mit ihr hübsch thun, und fast einzig ihr zu lieb, hielten wir da Rasttag. Aber der Wirth verdeutete ihm: Sein Kind sey keine Berlinerin! Den 8. bis 12. gieng's über Stab, Lensch, Rätz, Rien u. s. f. auf Regenspurg, wo wir zum zweytenmal rasteten. Bisher hatten wir nur kurze Tagreisen von zwey bis drey Meilen gemacht, aber desto längere Zechen. Mein Dukaten Reisgeld war schon dünn wie ein Laub worden; sonst hatt' ich keinen Heller in der Flecke, und ward also genöthigt auf den Dörfern zu fechten. Da bekam ich oft beyde Taschen voll Brodt, aber nie keinen Heller baar. Bachmann hingegen hatte noch von seinem Handgeld übrig, gieng in die Schenke, und ließ sich's wohl schmecken; nur etwa zu vornehmen Häusern, Pfarrhöfen und Klöstern, kam er auch mit. Da mußten wir oft halbe Stunden dastehn, und den Herren alle Hergangenheit erzählen; deß wurde besonders Bachmann meist überdrüßig, sonderlich wo denn für die Geschichte einer ganzen Schlacht, deren er nicht beygewohnt, nur ein Paar Pfenninge flogen. Er gab immer für, daß er bey Lowositz auch dabey gewesen, und ich mußt' ihm diese Lüge noch frisiren helfen; dafür hätt' er mir die ganze Reis' über nur keinen Krug Bier bezahlt. In den Klöstern indessen gab's Suppen, oft auch Fleisch. Zu Regenspurg, oder vielmehr im Bayerschen Hof vertheilten wir uns wieder. Bachmann und ich erhielten dort einen Paß nach der Schweiz. Die andern, ein Bayer, zween Schwaben und ein Franzose, von denen ich nichts weiter zu sagen weiß, als daß sie alle viere rüstige Kerls,

und uns Tölpeln weit überlegen waren, nahmen jeder auch
seine Straße. Die unsrige gieng den 14. bis 24. Oct.
der kleinern Orte nicht zu gedenken, über Jngolstadt,
Donauwerth, Dillingen, Burheim, Wangen, Ho-
hentwiel, Bregenz, Rheineck, Roschach (40. Meilen).
Oberhalb Rheineck begegnete mir bald ein trauriger Spaß.
Bisher waren wir unter lauter muntern Gesprächen über
unsre glückliche Flucht, über unsre ältern und neuern
Schicksale und unsre Aussichten vor die Zukunft, ganz
brüderlich gereist. Bachmann, dem, von vorigen Zeiten
her, fast alle Tag Hünd' und Hasen wieder in den
Sinn stiegen, hatte sich, sobald wir von Prag weg waren, eine Jagdflinte gekauft, die er nun mit sich trug.
Jch war seiner ewigen Discurse von Hetzen und Treiben
schon längst müde geworden, als wir, wie gesagt, oberhalb Rheineck in den Weinbergen Hunde jagen hörten.
Hier machte mein Urian vor Entzücken ordentliche Purzel-
sprünge, und behauptete, es wären, beym Himmel! seine
alten Bekannten; er kenne sie noch am Bellen! Jch lachte
ihn aus. Hierüber ward er böse, befahl mir stillzustehn,
und der schönen Music zuzuhorchen. Jetzt spottete ich vollends seiner, und stampfte mit den Füßen. Das hätt' ich
nun freylich sollen bleiben lassen. Er war rasend, stand
ganz schäumend mit aufgehabner Flinte vor mich hin,
und setzte sie mir zähnknirschend vor den Kopf, als wenn
er mich den Augenblick tödten wollte. Jch erschrak; Er
war bewafnet, ich nicht; und auch dieß und seine Wuth
ungerechnet, glaub' ich kaum, daß ich dem ohnehin verzweifelt wilden, handfesten Kerl, der beynahe zwey Zoll
höher als ich war, hätte gewachsen seyn können. Doch,
ich weiß nicht ob aus Muth oder Furcht, stand ich ihm
bockstill, und guckte indessen auf alle Seite herum, ob
ich niemand zu Hülf rufen könnte? Aber — es war an
einem einsamen Ort, auf einer Allmend — ich sah kein

Mäusgen. „Sey kein Narr„! sagt' ich zu ihm: Wirst
„wohl auch Spaß verstehn„. Damit legte sich seine Wuth
schon um ein ziemliches. Wir giengen stillschweigend weiters, und ich war froh als wir so unvermerkt ins Städtgen Rheineck traten. Jetzt stattirte er mich wieder, eines
Thalers wegen, den ich auf dem Weg von ihm geborgt
hatte; und ich dachte oft, dieß Lumpenstück Geld hab'
mir das Leben gerettet. Aber von diesem Augenblick an
schwand auch alles Vertrauen unter uns. Doch hab' ich
mich nie gerochen, obgleich's der Anlässen viele gab; und
mein Vater zahlte ihm den Thaler willig, als er wenig
Tage nach meiner Heimkunft in unser Haus kam. Wir
kamen noch bis Roschach, und des folgenden Tags
(25. Okt.) auf Herisau; denn mein Herr Bachmann
mochte nicht eilen, und ich merkte wohl, daß er sich nicht
recht noch Haus getraute, bis er sich erkundigt hätte, wie,
seiner vorigen Frevel wegen, der Wind blies.

LVII.

O des geliebten süssen Vaterlands!

Länger konnt' ich dem Burschen nicht abpassen; denn
so nahe bey meiner Heimath, brannt' ich vor Begierde,
dieselbe völlig zu erreichen. Also den 26. Okt. Morgens
früh' nahm ich den Weg zum letztenmal unter die Füsse,
rannte wie ein Reh über Stock und Stein', und die lebhafte Vorstellung des Wiedersehns von Eltern, Geschwis-
ten, und meinem Liebchen, gieng mir einstweilig für Essen
und Trinken. Als ich nun dergestalt meinem geliebten
Wattweil immer näher und näher, und endlich auf die
schöne Anhöhe kam, von welcher ich seinen Kirchthurm
ganz nahe unter mir erblickte, bewegte sich alles in mir,
und grosse Thränen rollten haufenweis über meine Wangen herab. O du erwünschter, gesegneter Ort! so hab'

ich dich wieder, und niemand wird mich weiter von dir
nehmen, dacht' ich so ihm Heruntertrollen wohl hundertmal; und dankte dabey immer Gottes Vorsehung, die
mich aus so vielen Gefahren, wo nicht wunderbar, doch
höchstgütig gerettet hat. Auf der Brücke zu Wattweil,
redte mich ein alter Bekannter, Gämperle, an, der vor
meinem Weggehn um meine Liebensgeschichte gewußt
hatte; und dessen erstes Wort war: „Je gelt! deine Anne
„ist auch verplempert; dein Vetter Michel war so glück-
„selig, und sie hat schon ein Kind„. — Das fuhr mir
ja durch Mark und Bein; indessen ließ ich's den argen
Unglücksboten nicht merken: „Eh' nun„ sagt ich, „bin
„ist hin„! Und in der That, zu meinem größten Erstaunen
faßt' ich mich sehr bald, und dachte wirklich: „Nun
„freylich, das hätt' ich nicht hinter ihr gesucht! Aber,
„wenn's so seyn muß, so sey's, und hab' sie eben ihren
„Michel„! Dann eilt' ich unserm Wohnort zu. Es
war ein schöner Herbstabend. Als ich in die Stube trat,
(Vater und Mutter waren nicht zu Hause) merkt' ich
bald, daß auch nicht eines von meinen Geschwisterten mich er-
kannte, und sie über dem ungewohnten Specktackel eines
Preußischen Soldaten nicht wenig erschracken, der so in
seiner vollen Montirung, den Dornister auf dem Rücken,
mit 'runter gelaßnem Zottenhut und einem tüchtigen
Schnurrbart sie anredte. Die Kleinern zitterten; der
größte griff nach einer Heugabel, und — lief davon. Hinwieder wollt' auch ich mich nicht zu erkennen geben, bis meine
Eltern da wären. Endlich kam die Mutter. Ich sprach
sie um Nachtherberg an. Sie hatte viele Bedenklichkeiten; der Mann sey nicht da, u. d. gl. Länger konnt' ich
mich nicht halten, ergriff ihre Hand, und sagte: „Mut-
„ter, Mutter! kennst mich nicht mehr„? O da gieng's zuerst an ein lermendes, von Zeit zu Zeit mit Thränen ver-
mengtes Freudengeschrey von Kleinen und Grossen, dann

an ein Bewillkommen, Betaſten und Begucken, Fragen
und Antworten, daß es eine Tauſendsluſt war. Jedes
ſagte, was es gethan und gerathen, um mich wieder bey
ihnen zu haben. So wollte z. E. meine älteſte Schweſter
ihr Sonntagskleid verkaufen, und mich daraus heimholen
laſſen. Mittlerweile langte auch der Vater an, den man
ziemlich aus der Ferne rufen mußte. Dem guten Mann
rannten auch Tropfen die Backen herunter: „Ach! Will-
„komm, willkomm, mein Sohn! Gottlob, daß du ge-
„ſund da biſt, und ich einmal alle meine Zehne wieder
„beyſammen habe. Obſchon wir arm ſind, giebt's doch
„alleweil Arbeit und Brodt‚‚. Jetzt brannte mein Herz
lichterloh, und fühlte tief die ſelige Wonne, ſo viele Menſchen auf einmal — und zwar die Meinigen — zu er-
freuen. Dann erzählt' ich ihnen noch denſelben, und ett-
lich folgende Abende haarklein meine ganze Geſchichte.
Da war's mir wieder ſo ungewohnt herzlich wohl! Nach
ein Paar Tagen kam Bachmann, holte wie geſagt ſeinen
Thaler, und beſtätigte alle meine Ausſagen. Sonntags
frühe putzt' ich meine Montur, wie in Berlin zur Kir-
chenparade. Alle Bekannten bewillkommten mich; die andern gafften mich an wie einen Türken. Auch — nicht
mehr meine, ſondern Vetter Michels Anne that es, und
zwar ziemlich frech, ohne zu erröthen. Ich bin wieder
dankte ihr hohnlächelnd und trocken. Dennoch beſucht'
ich ſie eine Weile hernach, als ſie mir ſagen ließ, ſie
wünſchte allein mit mir zu reden. Da machte ſie freylich
allerley kahle Entſchuldigungen: Z. E. Sie habe mich
auf immer verloren geglaubt, der Michel habe ſie übers
tölpelt, u. d. gl. Dann wollte ſie gar meine Kupplerinn
abgeben. Aber ich bedankte mich ſchönſtens, und gieng.

LVIII.

LVIII.

Und nun, was anfangen?

Graben mag ich nicht; doch schäm' ich mich zu betteln. — Nein! vor mein Brodt war ich nie besorgt, und itzt am allerwenigsten. Denn, dacht' ich: Nun bist du wieder an deines Vaters Kost; und arbeiten willst du nun auch wieder lernen. Doch merkt' ich, daß mein Vater meinetwegen ein Bißchen verlegen war, und vielleicht obige Textesworte auf mich anwandte, obschon er nichts davon sagte. In der That war mir auch die schwarze und gefährliche Kunst eines Pulvermachers höchst zuwider; denn dergleichen Spezerey hatt'-ich nun genug gerochen. Itzt sollt' ich auch wieder Kleider haben, und der gute Aeti strengte alles an, mir solche zu verschaffen. Den Winter über konnt' ich Holz zügeln, und Baumwollen kämmen. Allein im Frühjahr

1757.

beorderte mich mein Vater zum Salpetersieden; da gab's schmutzige und zum Theil auch strenge Arbeit. Doch blieb mir immer so viel Zeit übrig, meinen Geist wieder in die weite Welt fliegen zu lassen. Da dacht' ich dann: „Warst doch als Soldat nicht so ein Schweinskerl, und „hattest bey aller deiner Angst und Noth manch lustiges „Tägel„! Ha! wie veränderlich ist das Herz des Menschen. Denn itzt gieng ich wirklich manche Stunde mit mir zu Rath, ob ich nicht ans neue den Weg unter die Füsse nehmen wollte; stuhnden doch Frankreich, Holland, Diemont, die ganze Welt — ausser Brandenburg, vor mir offen. Mittlerweile wurde mir ein Herrndienst im Johanniterhaus Bubickheim, Zürcher-Gebiets, angetragen. Ich gieng zwar hin mich zu erkundigen. Allein, ich gefiel, oder, was weiß ich, man gefiel mir nicht; und so blieb ich wieder bey meinem Salpeter, war ein armer

Tropf, hatte kein Geld, und mochte gleichwohl auch gern mit andern Burschen laichen. Mein Vater gab mir zwar bisweilen, wenn ein Trinktag, oder andrer Ehrenanlaß einfiel, ettliche Batzen in den Sack; allein die waren bald über die Hand geblasen. Der ehrliche Kreuztrager hatte eben sonst immer mehr auszugeben als einzunehmen, und Kummer und Sorgen machten ihn lange vor der Zeit grau. Denn, die Wahrheit zu sagen: Keins von allen seinen zehn Kindern wollten ihm recht ans Rad stehn. Jedes sah vor sich, und doch mochte keines was vor sich bringen. Die einten waren zu jung. Von den zwey Brüdern, die nächst auf mich folgten, gab sich der ältere mit Baumwollen-Kämmen gab, und zahlte dem Aeti das Tischgeld; der andere half ihm zwar in der Pulvermühlt: Ueberhaupt aber ließ der liebe Mann jedes, so zu sagen, machen was es wollte, ertheilte uns viel guter Lehren und Ermahnun-gen, und las uns aus gottseligen Büchern allerley vor; aber dabey ließ er's dann bewenden, und brauchte kurz keinen Ernst. Die Mutter mit den Töchtern machte es eben so, und war gar zu gut; so gerade davon, was 's giebt, so giebt's. O wie wenig Eltern verstehen die rechte Erziehungskunst — und wie unbesonnen ist die Jugend! Wie späth kommt der Verstand! Bey mir sollte er damals schon längst gekommen, und ich meines Vaters beßte Stütze geworden seyn. Ja! wenn das sinnliche Vergnügen nicht so anziehend wäre. An guten Vorsätzen fehlte es nie. Aber da hieß es:

Zwar billig' ich nicht mehr das Böse das ich thue —
Doch thu' ich nicht das Gute das ich will.

Und so stolpert' ich immer meinem wahren Glück vorbey.

LIX.

Heurathsgedanken.

(1758.)

Schon im vorigen Jahr gerieth ich bey meinem Her., umpatrouilliren hie und da an eine sogenannte Schöne; und es gab deren nicht wenig die mir herzlich gut waren, aber meist ohne Vermögen. Ich nichts, Sie nichts, dacht' ich dann, ist doch auch zu wenig; denn so unbedachtsam war ich doch nicht mehr, wie im Zwanzigsten. Auch sprach der Vater immer zu uns: „Buben! seyd doch „nicht so wohlfeil. Seht Euch wohl für. Ich will's „Euch zwar nicht wehren; aber werft den Bengel nur ein „Bißlin hoch, er fällt schon von selbst wieder tief; in die„sem Punkt darf sich einer alleweil was Rechtes einbil„den„. Nun, das war schön und gut; aber es muß einer denn doch durch, wo's ihm geschaufelt ist. Gleichwohl dacht' ich etwas zu erhaschen, und glaubte mich eigentlich zum Ehestand bestimmt, sonst wär' ich um diese Zeit sicher in die weite Welt gegangen. Inzwischen war, aller meiner obenbelobten Bedächtlichkeit ungeachtet, der Geitz wirklich nicht meine Sache. Ein Mädchen, ganz nach meinem Herzen, hätt' ich nackend genommen. Aber da leuchtete mir eben keine vollkommen recht ein, wie wailand mein Aennchen. Mit einem gewissen Lisgen von K. war ich ein Paarmal auf dem Sprung. Erst machte das Ding Bedenklichkeiten; nachwerts bot es sich selber an. Aber meine Neigung zu ihr war zu schwach; und doch glaub' ich nicht, daß ich unglücklich mit ihr gefahren wäre. Aber zu stockig, ist zu stockig. Bald darauf kam ich fast ohne mein Wissen und Willen mit der Tochter einer catholischen Wittwe in einen Handel, welcher ziemliches Aufsehen machte, obschon ich nur ein Paarmal mit ihr spazieren gegangen, ein Glas Wein mit ihr getrunken, u. d. gl. alles ohne sonderliche Absicht, und vornehmlich ohne sonderliche Liebe. Aber da blies man meinem Vater ein, ich wolle catholisch, und Marianchens Mutter, sie wolle reformirt werden; und doch hatte keins von uns nur nicht an den Glauben, geschweige an eine Aenderung desselben gedacht. Das arme Ding kam wirklich darüber in eine Art geheimer Inquisition von Geist- und Weltlichen; erzählte mir dann alles haarklein, und ihr ward himmelangst. Ich hingegen lachte im Herzen des dummen Lerms; um so viel mehr da mein Vater solider zu Werk gieng, mich zwar freundernstlich examinierte, aber mir dann auch auf mein Wort glaubte, da ich ihm sagte, daß ich so steif und fest auf meinem Bekenntniß leben und sterben wollte, als Lutherus oder unsre Landskraft, Zwinglin. Inzwischen wurde die Sache doch auf Marianchens Seite ernsthafter als ich glaubte. Das gute Kind ward so vernarrt in mich wie ein Kätzgen, und befeuchtete mich oft mit seinen Thränen. Ich glaube, daß Närrchen wäre mit mir ans End der Welt gelaufen; und wenn ihm schon sein mütterlicher Glaube sehr ans Herz gewachsen war, meint' ich doch fast, ich hätte in der Waagschaal' überwogen. Auch setzte mir itzt das Mitleid fast mehr zu, als je zuvor die Liebe. Und doch mußt' ich, wenn ich alles und alles überdachte, durchaus allmählich abbrechen; und that es wirklich. Hier falle eine mitleidige Thräne auf das Grab dieses armen Töchtergens! Es zehrte sich nach und nach ab, und starb nach wenig Monathen im Frühling seines zarten Lebens. Gott verzeihe mir meine grosse schwere Sünde, wenn ich je an diesem Tod einige Schuld trug. Und wie soll' ich mir dieß verbergen wollen?

LX.

Izt wird's wohl Ernſt gelten?

Indem ich ſo hin und wieder meinen Salpeter brannte, ſah' ich eines Tags ein Mädchen ſo mit einem Ama-
zonengeſicht vorbeygehn, das mir als einem alten Preuſſen
nicht übel gefiel, und das ich bald nachher auch in der
Kirche bemerkte. Dieſer fragte ich erſt nur ganz verſtohlen
nach; und was ich von ihr vernahm, behagte mir ziemlich; Einen Kapitalpunkt ausgenommen, daß es hieß, ſie
ſey verzweifelt böſe — doch im beſſern Sinn ; und dann
glaubten einiche, ſie habe ſchon einen Liebhaber. Nun,
mit alle dem, dacht' ich : 's muß doch einmal gewagt
ſeyn! Ich ſuchte ihr alſo näher zu kommen, und mit ihr
bekannt zu werden. Zu dem End kauft' ich im Eggberg,
wo meine Dulcinee daheim war, etwas Salpetererde, und
zugleich ihres Vaters Gaben — ihr zu lieb viel zu theuer;
denn es war faſt verloren Geld; und ſchon bey dieſem
Handel merkt' ich, das ſie gern den Herr und Meiſter
ſpiele; aber der Verſtand, womit ſie's that, war mir
denn doch nicht zuwider. Nun hatt' ich alle Tag' Gelegenheit, ſie zu ſehen; doch ließ ich ihr lange meine Abſichten
unentdeckt, und dachte: Du mußt ſie erſt recht ausſtudie-
ren. Die Böſe, wovon man mir ſo viel Weſens gemacht, konnt' ich eben nicht an ihr finden. Aber der Hen-
ker hol' ein lediges Mädchen aus! Meine Beſuche wurden
indeſſen immer häufiger. Endlich lärt ich den Kram aus,
und gewahrte bald, daß ihr mein Antrag nicht unerwartet fiel. Dennoch hatte ſie viele Bedenken, und ihr Ziel
gieng offenbar dahin, mich auf eine lange Probe zu ſetzen.
Setz' du nur! dacht' ich, wanderte unterdeſſen mit meinem Salpeterplunder von einem Ort zum andern, und
machte noch mit verſchiedenen andern Mädchen Bekannt-

schaft, welche mir; die Wahrheit zu gestehen, vielleicht beffer gefielen, von denen aber, denn doch keine so gut für mich zu taugen schien als sie — begriff' aber endlich, oder vielmehr gab mir's mein guter Genius ein, daß ich nicht bloß meiner Sinnlichkeit folgen sollte. Inzwischen setzte es itzt schon bald allemal, wenn ich meine Schöne sah, irgend einen Strauß oder Wortwechsel ab, aus denen ich leicht wahrnehmen konnte, daß unsre Seelen eben nicht gleichgestimmt waren; aber selbst diese Disharmonie war mir nicht zuwider, und ich bestärkte mich immer mehr in einer gewissen Ueberzeugung: Diese Person wird dein Nutzen seyn — wie die Arztney dem Kranknen. Einst ließ sie sich gegen mir heraus, daß ihr meine dreckeligte Handthierung mit dem Salpetersieden gar nicht gefalle; und mir war's selber so. Sie rieth mir darum, ein kleines Händelchen mit Baumwollengarn anzufangen, wie's ihr Schwager W. gethan, dem's auch nicht übel gelungen. Das leuchtete mir so ziemlich ein. Aber, wo's Geld hernehmen? war meine erste und letzte Frage. Sie bot mir wohl etwas an; aber das kleckte nicht. Nun gieng' ich mit meinem Vater zu Rath; der hatte ebenfalls nichts dawider, und verschaffte mir 100. fl. die er noch von der Mutter zu beziehen hatte.

Um diese Zeit hatt' ich eine gefährliche Krankheit, da mir nämlich ein solches Geschwür tief im Schlund wuchs, das mich beynahe das Leben gekostet hätte. Endlich schnitten's mir die Herren Doktors Mettler Vater und Sohn, mit einem krummen Instrumente. so glücklich auf, daß ich gleichsam in einem Nu wieder schlücken und reden konnte.

1759.

Im Merz des folgenden Jahrs fieng ich nun wirklich an, Baumwollengarn zu kaufen. Damals mußt' ich noch den Spinnern auf ihr Wort glauben, und also den Lehrbletz theuer genug bezahlen. Indessen gieng ich den 5. Aprill das erstemal mit meinem Garn auf St. Gallen, und konnt' es so mit ziemlichen Nutzen absetzen. Dann schafte ich mir von Herrn Heinrich Hartmann 76. Pfund Baumwollen, das Pfund zu 2. fl. an, ward nun in aller Form ein Garnjuwelier, und bildete mir schon mehr ein, als der Pfifferling werth war. Ungefehr ein Jahr lang trieb ich nebenbey noch mein Salpetersieden fort; und da meine Baarschaft eben gering war, mußt' ich sie um so viel öftrer umzusetzen suchen, wanderte deswegen einmal über's andere auf St. Gallen, und befand mich dabey nicht übel: Doch betrug mein Vorschlag in diesem Jahr nicht über 12. fl. Aber das deuchte mich damals schon ein Grosses.

LXI.

Wohnungspläne.

(1760.)

Als ich nun so den Handelsherr spielte, dacht' ich: Liebchen sollte nun keine Einwendung mehr gegen meine Anträge machen können. Aber, weit gefehlt! Das verschmitzte Geschöpf wollte meine Ergebenheit noch auf andre Weise probiren. Nun, was ohnehin in meinen eigenen Planen stuhnd, mochte schon hingehn. Als ich ihr daher eines Tags mit grossem Ernst vom Heurathen redete, hieß es: Aber wo hausen und hofen? Ich schlug ihr verschiedene Wohnungen vor, die damals eben zu vermiethen stuhnden: „Das will ich nicht", sagte sie; „in meinem „Leben nehm' ich keinen, der nicht sein eigen Haus hat"! „Ganz recht"! erwiedert' ich — Aber hätt's nicht auch in meinem Kopf gelegen, ich wollt's probiert haben. Von der Zeit an also fragt' ich jedem feilgebotenen Häusgen nach;

aber es wollte sich nirgends fügen. Endlich entschloß ich
mich, selber eins zu bauen, und sagte es meiner Schönen. Sie war's zufrieden, und bot mir wieder Geld
dazu an. Dann eröffnete ich meine Absicht auch meinem
Vater; der versprach ebenfalls, mir mit Rath und That
beyzustehn, wie er's denn auch redlich hielt. Nun erst
sah' ich mich nach einem Platz um, und kaufte einen Boden um ungefehr 100. Thaler; dann hie und da Holz.
Einige Tännchen bekam ich zum Geschenke. Nun bot' ich
allen meinen Kräften auf, fällte das Holz, das meist in
einem Bachtobel stuhnd, und zügelte es (der gute Aeti
half mir wacker) nach der Säge; dann auf den Zimmerplatz. Aber Sagen und Zimmern kostete Geld. Alle
Tag' mußt' ich dem Seckel die Riemen ziehn, und das
war dann doch nur der Schmerzen ein Anfang. Doch
bisher gieng alles noch gut von statten; der Garnhandel er-
setzte die Lücken. Meiner Dulcinee rapportirt' ich alles fleißig;
und sie trug am meinem Thun und Lassen meist ein gnädiges
Belieben.

Den Sommer, Herbst und Winter durch macht' ich alle
nöthige Zubereitungen mit Holz, Stein, Kalk, Ziegel
u. s. f. um im könftigen Frühjahr mit meinem Bau zeitig
genug anfangen, und je eher je lieber mit meiner jungen
Hausehre einziehen zu können. Nebst meinem kleinen
Handel pfuscht' ich, zumal im Winter, allerley Mobilien,
Werkgeschirr, u. d. gl. Denn ich dachte, in ein Haus
würde auch Hausrath gehören; von meiner Liebste werd'
ich nicht viel zu erwarten haben, und von meinem Vater,
dem ich itzt ein, freylich geringes, Kostgeld bezahlen mußte, noch minder. Ueberhaupt also war wohl nichts unüberlegter, als dergestalt, bloß einem Weibsbild, und —
ich will es gern gestehen — dann auch meiner Eitelkeit zu
lieb, um eine eigene Hofstätte zu haben, mich in ein Labyrinth zu vertiefen, aus welchen nur Gott und Glück

mich wieder herausführen konnten. Auch lächelten mich ein Paar meiner Nachbarn immer schalkhaft an, so oft ich nur bey ihnen vorübergieng. Andre waren offenherziger, und sagten mir's rund ins Gesicht: „Ulrich, Ulrich! „du wirst's schwerlich aushalten können „. Einiche hatten vollends die Gutheit, mir nach dem Maaß ihrer Kräfte, bloß auf mein und des Aeuß Ehrenwort, thätlich unter die Aerme zu greifen.

Uebrigens war dieß Tausend, Siebenhundert und Sechzig ein vom Himmel ausserordentlich gesegnetes rechtes Wunderjahr, durch ein seltenes Gediehen der Erdfrüchte, und namhaften Verdienst, bey äusserst geringem Preiß aller Arten von Lebensmitteln. Ein Pfundt Brodt galt 10. Pfenn. ein Pfund Butter 10. Kr. Das Viertel Apfel, Birrn und Erdapfel konnt' ich beym Haus um 12. Kr. haben, die Maaß Wein um 6. Kr. und die Maaß Branz um 7. Bz. Alles, Reich und Arm, hatte vollauf. Mit meinem Bauelgewerb wär's mir um diese Zeit gewiß recht gut gegangen, wenn ich ihn nur besser verstanden, und mehr Geld und Zeit drein zu setzen gehabt hätte. — So floß mir dieses Jahr ziemlich schnell dahin. Mit meiner Schönen gab's wohl manchmal ein Zerwürfniß, wenn sie etwa meine Lebensart tadelte, mir Verhaltungsbefehle vorschreiben wollte, und ich mich dann — wie noch heut zu Tag — rebellisch stellte; aber der Faden war allemal bald wieder angesponnen — und bald wieder zerbrochen. Kurz wir waren schon dazumal bald mit einander zufrieden, bald unzufrieden — wie itzt.

Die Fortsetzung nächstens.

IV.

Wimphelings Gebet um Friede unter den Chri-
sten, und um die Bekehrung der Schweitzerschen
Eydsgenossen. Zur Ehre des Römischen
Königs und der Fürsten, und zur Abwen-
dung des Abfalls mehrerer Städte des
Heil. Römischen Reichs.

(Aus dem lateinischen Drucke von 1510.)

Dem in Christo Hochwürdigsten Vater und Herrn
Jakobus, von Gottes Gnaden, Erzbischof und
Churfürst von Maynz, seinem Gnädigsten Herrn,
empfihlt sich Jacob Wimpheling.

Nach den Beobachtungen, welche ich, mein verehrungs-
würdigster Vater! über die Sitten und die Gemüthsart
der Schweitzerschen Eydsgenossen geflissentlich angestellt habe, däucht mir: Dieselben möchten weniger durch Gewalt
der Waffen als durch treugemeinte Vorstellungen zur heiligen Einheit des Reichs, und zum Gehorsam gegen die
Römischen Könige, zurückgebracht werden. Denn da sie
übrigens nicht eben ein ganz ruchloses Volk sind, so denke
ich, bloß die Unwissenheit in dem göttlichen Gesetze (welches Unterwerfung vorschreibt) reiße sie leider, zum
Nachtheil ihrer Seelen, in den Abgrund des Irrthums
und des Ungehorsams hin. Ich habe daher, durch Mitleid über die Einfalt dieses Volkes bewogen, ein Gebet
gestellt, Gott zu erstehen: Daß dasselbe endlich erleuchtet
werden; zu dem Reiche von welchem es nur abgetrennt ist
zurückkehren; das Ansehen der Könige und Fürsten erkennen, ihnen Gehorsam leisten; sich mit deutscher Nation
vereinigen und zu ihr stehen, und an den gerechten Krie-

I V.

Soliloquium Wimphelingii pro pace Chriftianorum et pro Helvetiis ut refipifcant. Ad
honorem Regis Romanorum et Principum.
Ad cautelam etiam Civitatum Sacri Romani Imperii, ne Apoftatæ fiant.

*Reverendiffimo in Chrifto Patri et Domino Jacobo,
Divina difpofitione Archiepifcopo Moguntino ac
Principi Electori, Domino Clementiffimo, Jacobus
Wimphelingius fefe commendat.*

Quantum ego, Reverendiffime Pater, Helvetiorum
mores et ingenia dedita opera confideravi, fufpi-
cor, ipfos non tam armis quam piis monitis ad Imperii fanctam unitatem, et ad obedientiam Regibus
Romanis præftandam, poffe reduci. Cum enim
ea gens alioquin non fit prorfus impia, ex fola
divinæ legis ignorantia (quæ fubjectionem præci-
pit) eam timeo vix absque animarum pernicie
ferri in præceps erroris et inobedientiæ. Mifertus
itaque fuæ fimplicitatis Soliloquium edidi; a Deo
petens, ut gens illa tandem illuftretur; ad Imperium a quo feparata eft redeat; Reges et Principes
recognofcat; obedientiàm exhibeat; Nationi Ger-
manicæ copuletur et affiftat; juftis contra Germanorum hoftes bellis interfit;

gen gegen die Feinde derselben Theil nehmen mögte, damit theils der Frechheit andrer zügellosen Menschen, die
sich bisdahin auf das Ansehen jenes Beyspiels stutzten,
Einhalt gethan, theils die Wuth der treulosen Türken mit
desto glücklicherm Erfolg im Zaum gehalten werden könne.
Hoffentlich gediehet mein Unternehmen doch eben dahin,
daß die Auflehnung dieses unwissenden Volks wider den
König und die Fürsten wenigstens nicht zur Geringach-
tung jeder rechtmäßigen Gewalt und kirchlichen Freyheit
weiter um sich greife. Und dazu kann meines Bedünkens
vieles beytragen, wenn das Studium der göttlichen Schriften durch Dein Zuthun, Hochwürdigster! immer mehr in
Aufnahme kömmt. Denn diese lehren ausdrücklich: Die
Götter sollst du nicht schmähen, und die Obersten des
Volkes nicht lästern. — Gehorsam ist besser als Opfer. —
Ungehorsam ist Zauberey-Sünde, und Widerstreben ist
Götzendienst. — Gebet dem Kayser, was des Kaysers
ist. — Ehre, Steuer, Zoll, den Obern, denen sie gebüh-
ren! — Ich ermahne vor allen Dingen, daß man Bitten, Gebet und Danksagungen für alle Menschen thue;
vornämlich aber für die Könige, und für alle so in Hoheit
sind. — Allein zu solchen Dingen dürfen die Prediger der
Schweitzer und ihrer Verbündeten niemanden ermahnen,
ja nicht einmal am Ende ihrer Reden des Königs oder
der Fürsten mit Namen eingedenk seyn. Die unter deiner
väterlichen Fürsorge stehnde Geistlichkeit zuförderst würde denn
auch in den heiligen Büchern, als in einem Spiegel, sehen,
was ihrem Stande geziemt, und was ihn hingegen schän-
det; und hiernächst würden die Laien, bey dem Vorleuch-
ten der reinen Sitten ihrer Priester, ihren eigenen Fehlern
eben entsagen, da sie sich sonst kein Bedenken machen, sich
immerhin mit der Aufführung ihrer Geistlichen zu entschuldigen und zu beschönen; hat doch deine gesammte Geistlichkeit und dein gesammtes Volk an Deinem reinen Wan-

ut et tyrannorum, qui ejus fufpiciis hactenus innixi funt, minuatur audacia, et perfidorum Turcarum rabies felicius comprimatur. Forfitan hæc noftra fupplicatio proderit, ne longius impe- ritæ plebis in Regem ceterosque Principes rebellio ferpat, in omnis juftæ poteftatis ecclefiafticæque libertatis ruinam atque contemtum. Ad quod etiam non mediocriter conducere puto, fi Tuo confilio divinarum fcripturarum ftudium indies amplifice- tur. Quippe quæ canunt, Diis non effe detrahen- dum, et principibus populi non effe maledicendum. Melior eft obedientia quam victimæ. Et quafi pec- catum ariolandi eft repugnare, et quafi fcelus ido- lolatriæ nolle acquiefcere; quodque reddendum fit Cæfari quod fuum eft; et quod honor, tribu- ta, vectigalia eis qui præfunt minime fubtrahan- tur. Et item obfecro primum, omnium fieri ob- fecrationes et orationes pro omnibus hominibus, pro regibus, et omnibus qui in fublimitate confti- tuti funt; ad quod apud Helvetios eisque Unitos vix aufint concionatores exhortari, fed neque in calce fermonum Regis vel Principum nomen me- miniffe. In facris denique litteris clerus Paterni- tati Tuæ fubjectus primum (velut in fpeculo) vi- dere poterit, quid ftatum fuum deceat, quid ei turpe fit. Deinde puram facerdotum vitam popu- lares confideraturi folita vitia facilius derelinquent, qui fe paffim ex ecclefiafticorum moribus purgare tuerique in hunc diem erubuerunt; quamvis om- nis clerus populusque Tuus habere poffit in Tua pu- riffima vita, humilitatis, caftimoniæ, aliarumque virtutum, vivum et imitabile exemplum;

del ein lebendiges, nachahmenswürdiges Beyspiel der Demuth, der Keuschheit und jeder andern Tugend vor sich, welche Dir, durch den auf nützliche Wissenschaften verwendeten Fleiß sowohl, als von väterlichem Stamme her zu eigen geworden sind. Denn von jeher hatte das Haus Liebenstein den Ruf der Tugendverehrung und der Gottesfurcht. Es würden aber mehrere zum Studium der Gottesgelehrtheit aufgemuntert werden, wenn die eigentlich Studierenden einen eben so leichten Zutritt zu den geistlichen Präbenden hätten, als die, welche, nach dem Kanzleystyle zu reden, sich einzig auf Vacanzen, Anwartschaften, Pfrundfehden, u. s. f. verlassen: Und wenn hiernächst der dießmalige Papst Julius II. (der den Ruhm eines unbestechlichen rechtschaffnen Eiferers für die Gerechtigkeit hat) von den vielfachen Mißbräuchen, unwürdigen Dispensationen und arglistigen Kunstgriffen (über welche sich einst Johann Simmler gegen mich beklagte) und von dem unersättlichen Geitze mancher, benachrichtigt würde; da einer allein, ohne irgend einen Vorzug weder des Adels noch der Wissenschaft zu besitzen, gegen alles Recht, gegen alle Vernunft, und gegen alle Billigkeit, in derselben Stadt, vier, fünf, sechs und mehrere Präbenden verschlingt, wovon Eine für seine Wissenschaft und sein Verdienst vollkommen hinreichend wäre; und demnach so viele Einkünfte verzehrt, daß sich einer oder zween Italienische Bischöfe, oder sechs, sieben und acht Professoren des Heil. Schrift oder der Dekreten, die doch der catholischen Kirche so treflichen Nutzen leisten, vollkommen daran begnügen müßten. Würde nun einer solchen Habsucht ein Zaum angelegt, daß diese Leuthe, zufrieden mit ihrem hinlänglichem Auskommen, rechtschaffene Theologen und friedfertige Canonisten (die zur Erlernung der himmlischen Weisheit, oder der heiligen Canonum, ihr väterliches Erbgut auf den Gymnasien aufgeopfert haben) unangefochten

quas tum optimarum litterarum studio tum ex paterno sanguine contraxisti. Fertur enim, familia Liebensteina seu de Caro Lapide virtutes sedulo colere, Deique timorem semper habuisse. Ad Theologiae vero studium multo plures incenderentur, si et ejus studiosis ad praebendas ecclesiasticas facilis pateret aditus; una cum his qui stilo Curiae, gratiis expectativis, vacantiis, litibus movendis, surrogationibus reservatis, se totos tradiderunt. Sique modernus Pontifex, Julius Secundus, (quem integerrimum et constantissimum justitiae zelatorem praedicant) certior efficeretur de multis abusibus, de indignis dispensationibus, de dolis et malis artibus (quales olim Joannes Symler mihi conquestus) et de insatiabili quorundam avaritia; quorum unus solus, qui neque nobilitate neque scientia praecellit, contra omne jus, contra omnem rationem, contra omnem honestatem absorbet quatuor, quinque aut sex, imo plures (etiam intra eandem quamquam civitatem) praebendas personatus vicarias, quarum una sola doctrinae et virtuti suae sufficeret, et tantos rapit proventus, quantis una vel duo Reverendi Italiae Episcopi, aut sex, septem, octo sacrae paginae vel Decretorum Professores, Ecclesiae Catholicae utilissimi, admodum contenti forent; si illorum avaritiae frenum poneretur, ut forte sua et sufficienti emolumenti. satiati, honestissimos Theologos et pacificos Canonistas (qui vel prae divinae sapientiae vel sacrorum Canonum studio patrimonium suum in Gymnasiis cum multo labore fuderunt) ad superfluas praebendas absque litibus admitterent;

zu den überflüßigen Präbenden gelangen ließen; dann möchte
dem Gottesdienst aufgeholfen; das Aergerniß, Murren
und der Haß des Volks gegen die gesammte Geistlichkeit,
an welchem eben die Stipendiaten Schuld sind, gedämpft;
den abgestorbenen Seelen nachdrücklicher Hilfe geleistet; der
Glaube emporgehoben; das Böhmische Gift von den Deutschen abgehalten; die Kanzeln der Metropolitan- und Ca-
thedralkirchen mit gelehrten Predigern versehen; der apos-
tolische Stuhl kräftiger vertheidigt, und das Gemeine
christliche Wesen zu blühenderm Wohlstand gebracht werden. Und dabey würden die, welche in Diensten des
Römischen Hofes stehen, (wenn sie anderst sich selbst erkennen wollten und an ein ewiges Leben glaubten) nichts
destoweniger ihren bescheidenen Theil erhalten. Denn ich
kann mir doch keineswegs vorstellen, daß es der Wille des
Papstes sey, daß einer (so lange er auch nachwerts in der
Stadt gedient haben mag) der seine Jugend nicht mit den
Wissenschaften, sondern bey den Mauleseln und mit Rein-
haltung der Ställe, und andern, vielleicht noch niedrigern
Geschäften hingebracht, nicht nur mehrere Canonikate,
sondern noch zwey oder drey fette Seelsorgen oben drein
verzehre; ein Mann, der, gänzlich von aller Gelehrsam-
keit entblößt, also auch zu allem Unterricht des Volks
untüchtig ist; vom Glauben, von den Geboten, den Sa-
kramenten, den Sünden, den Tugenden, von der Unsterblichkeit der Seele, vom ewigen Leben nicht ein Wort aus
den göttlichen Schriften weiß, noch unter so vieler Hand-
arbeit lernen konnte, und daher in seinem ganzen Leben
keinen Lehrstuhl besteigen darf, um entweder das Evangelium dem Volke zu predigen, oder dasselbe zu einem
Kreuzzug anzumahnen, sondern sich vor solchen Dingen
fürchtet. Der Herr Gott stehe Dir bey, Deine Geistlichkeit und Dein Volk wohl zu regieren, damit Du mit denselben die ewige Glückseligkeit erlangen mögest.

tum

tum divinus cultus augeri ; scandalum , murmur, odium populi in omnem clerum propter illos bene-ficiosos sedari ; animabus defunctorum copiosius succurri ; tum fides exaltari ; Bohemicum virus a Germanis arceri ; cancellis Metropolitanarum et Cathedralium ecclesiarum de doctis concionatoribus provideri ; Apoltolica Sedes fortius defendi ; et respublica christiana prosperari posset ; et nihilominus hi, qui Curiæ Romanæ utcunque servierunt, partem conditioni suæ commensuratam (si saltem se ipsos cognoscere vellent aut veram æternæ vitæ fidem haberent) Deo propitio essent consecuturam *).

Quamvis non credam summum id Pontificem velle , ut quantumcunque quispiam ex nostratibus in urbe servierit , qui omnem adolescentiam suam non in bonis litteris , sed mulorum concursu, sed stabulis purgandis , sed aliis (forsitan vilibus) officiis consumsit ; non solum multos Canonicatus sed etiam duas aut tres pingues animarum curas absumat; qui cum prorsus indoctus sit et ad erudiendam plebem ineptus, de fide, de præceptis, de sacramentis , de peccatis, de virtutibus, de animæ immortalitate , de vita beata, unum verbum ex divinis scripturis non novit neque enim in tantis laboribus discere potuit, et ideo tota vita sua cancellos ascendere , ut vel Evangelium populo dicat vel cruciatam promoveat, non audet, sed contremiscit. Dominus Deus auxilio Tibi sit ad clerum et populum Tuum rite gubernandum , ut cum eis sempiternam consequi possis felicitatem.

*) Consecuturi ?

Erstes Capitel.

Es wird Friede unter den Christen gewünscht.

Liebhaber der Menschen, gütigster Christus, von welchem wir Christen heissen, gieß' in unsre Herzen Gnade, Liebe und Friede! Gnade, damit wir und unsre Werke dir wohl gefallen; Liebe, daß wir dich über alles und unsere Nächsten um deinetwillen lieben; Friede, damit wir keinen ungerechten Krieg unter uns selbst anfangen. Der Friede, den du uns bey deiner Geburth durch die Engel verkündigtest; der Friede, den du den Aposteln nach deiner Auferstehung gewünscht; der Friede, den du uns bey deinem Aufsteigen zum Abschied liessest, dieser Friede, bleibe und mehre sich unter den Christen, und allen denen die deinen Glauben bekennen. Ach! daß wir Christen Friede hielten gegen Christen! Unsre Kriege seyen gegen die Feinde unsrer Seelen, d. i. gegen die abgefallnen Engel gerichtet. Unser Geist streite gegen die Lockungen des Fleisches. Gegen die treulosen Feinde deines Namens, gegen die grausamen Türken, sollen unsre Kriegszüge gehen, welche dir, o Christe! den Mahomet vorziehen, dich nicht für Gottes Sohn erkennen, die durch deine Menschheit geheiligten Stätten entweihen, Jerusalem und dein Grab auf die ungerechteste Weise besitzen, so viele dir geweihte Männer mit Füssen traten, Constantinopel und die umliegenden Gegenden ihrer gottlosen Herrschaft unterwarfen; die dir geweihten Oerter und Tempel beflecken, die Reliquien verwerfen, sich an den Altären vergreifen, Jungfrauen und Matronen schänden, deine Bräute von dir trennen, alte Männer und Frauen und deine Priester würgen und tödten, nur nach Christenblut dürsten, Jünglinge und Mädchen in die schrecklichste Sclaverey hinführen, und so nöthigen auf immer deinen Glauben zu vergessen.

Optatur pax Chriſtianorum.

Capitulum primum.

Amator hominum, benigniſſime Chriſte! (a quo Chriſtiani vocamur) infunde cordibus noſtris gratiam, caritatem et pacem : gratiam, qua nos et opera noſtra tibi placeant; caritatem, qua te ſuper omnia et proximos noſtros propter te diligamus; pacem quo nullum inter nos ipſos injuſtum bellum ſuſcipiamus. Pax, quam in nativitate tua per angelos nobis annunciaſti ; pax quam in reſurrectione Apoſtolis optaſti ; pax quam aſcenſurus pro ultimo Vale reliquiſti, maneat et creſcat inter Chriſtianos fidemque tuam, o bone Chriſte! profeſſos. Pacem habeamus Chriſtiani cum Chriſtianis. Bella ſint nobis cum inimicis animarum noſtrarum, hoc eſt cum argelis apoſtatis : bella ſint ſpiritui noſtro adverſus carnis illecebras: bella ſint nobis contra perfidos tui nominis hoſtes; contra immaniſſimos Turcas, qui Mahometum, o Chriſte! tibi præferunt, qui te Dei filium negant, qui ſacratiſſima tuæ humanitatis loca profanant, qui Hieroſolymam et ſepulturæ tuæ locum injuſtiſſime poſſident, qui multos tibi devotos peſſundederunt, qui Conſtantini urbem finitimasque regiones ſuo impiiſſimo dominatui ſubjecerunt, qui loca et ædes tibi ſacras contaminant, reliquias abjiciunt, aras violant, virgines opprimunt, matronas polluunt, tuas ſponſas a te ſeparant, anus, ſilicernis et tuos ſacerdotes jugulant atque trucidant, qui nihil niſi Chriſtianorum ſanguinem ſitiunt, adoleſcentes et adoleſcentulas in horrendam ſervitutem abducunt, et tuæ fidei perpetuo immemores eſſe cogunt.

Zweytes Capitel.
Mancherley Arten Kriege.

Bey so vielen und grossen Gefahren der Christen (die wir ungezweifelt um unsrer Sünden und Vergehungen willen erdulden) sind wir so verblendet, und so ganz von aller gegenseitigen christlichen Liebe erkaltet, daß häufige nicht allein auswertige, sondern auch einheimische, innerliche, häusliche Kriege zwischen den von Herrschsucht entflammten Königen und Fürsten entstehen. Und du giebst es zu, gütigster Christe! daß die starken Männer eilen ihnen in ihrer Tollheit beyzustehn, die Arbeit ihrer Hände im Stich lassen, und dem Sold nachlaufen, wo und wie und gegen wen es immer sey. Schon Lucanus, der Heide, schrieb von ihnen:

— Bey denen, die den Heeren nachgehn,
Sind Glaub' und Treue nicht, nur feile Hände.

Drittes Capitel.
Schwierigkeit eines gerechten Krieges.

Gieb, treuster Christe! den christlichen Königen und Fürsten die Gnade, daß jeder von ihnen einsehe, wie äusserst schwer es sey, gerechten Krieg anzufangen; daß Länder mit Krieg erobern, nach Cäsar Augustus Ausspruch, mit göldnem Angel fischen heisse; und daß selbst gerechter Krieg mannigfaltiges Verderben mit sich führe. Möchten sie sich von deinem weisen Diener Augustinus, nach seinem Buche von der Stadt Gottes, belehren lassen.

Viertes Capitel.
Der Fürsten blinder Ehrgeiz.

Gieb dem christlichen Fürsten besonders auch die Tugend, daß jeder sich an seinem Reiche und Fürstenthum

Bellorum multiplex genus.

Capitulum secundum.

Inter hæc et tanta Chriſtianorum pericula (quæ pro noſtris indubie peccatis et exceſſibus patimur) adeo excœcati ſumus, adeo a chriſtiana mutuaque caritate refrigeſcimus, ut non ſolum externa, ſed et finitima, ſed et inteſtina, ſed et domeſtica inter nos bella crebro ſuſcitari videantur inter reges et principes præcipue dominandi libidine accenſos. Ad quorum inſaniam juvandam properare permittis (o bone Chriſte!) robuſtos viros, opera manuum fugientes, ſtipendium ubique qualitercunque contra quemcunque ſectantes. De quibus olim gentilis Lucanus ſcripſit:

Nulla fides pietasque viris, qui caſtra ſequuntur
Venalesque manus ibi fas ubi maxima merces.

Difficultas juſti belli.

Capitulum tertium.

Da, pie Chriſte! Regibus et Principibus Chriſtianis gratiam: ut quisque ipſorum cognoſcat, difficillime juſta bella iniri poſſe; quodque, per bella terras parare, ſit àureo hamo piſcari, ſicut Auguſtus Cæſar dicebat; et quod in bello juſto etiam multæ calamitates affluant. Doceat eos famulus tuus ſapiens Auguſtinus in libro de Civitate Tua ab eo ſcripto.

Ambitio principum cæca.

Capitulum quartum.

Da Chriſtianis Principibns hanc virtutem: ut ſuo principatu, ſuo regno quisque ſatiari poſſit;

genügen lasse, und die kurze Frist, welche ihm hienieden
vergönnet ist, mit den Gränzen seines Landes (möge er
nur dieses ſwohl und zum Heil seiner Seele regieren) zufrieden sey, da er doch nach wenigen Tagen, wie Alexander der Grosse, sich mit einem Sarg sechs bis sieben Fuß
weit wird begnügen müssen bis an den jüngsten Tag; daß
er sich doch nicht selbst in das ewige Feuer stürze um seiner Kinder und Enkel willen — die zur Kühlung seiner
Seele sich auch nicht den kleinsten Finger nur eine halbe
Stunde an der Flamme würden sengen lassen.

Fünftes Capitel.

**Der zu Fehden geneigte Kriegsmann reitzt die Für-
sten an.**

Nimm von den Fürsten die unbändige Herrschsucht; ent-
zieh' ihnen die Veranlassung oder vielmehr die Werkzeuge
des Krieges; die nur nach dem Solde begierigen Hilfstruppen meyn' ich. Denn wüßten die grossen Herren nicht,
daß sie leicht solche Kriegsgurgeln bekommen könnten, ſo
würden sie sich der Fehden nicht selten enthalten.

Sechstes Capitel.

Der Soldaten unreine Kriegsbegierde.

Flösse den Herzen der Soldaten die Einsicht ein, daß
die Fürsten selten gerechte Kriege gegen die Christen geführt
haben; daß aber ungerechten Fehden nachzulaufen ein sehr
wagliches Spiel sey, bey welchem sie ihr Leben, ihren
Leib und ihre Seele, nicht um deinetwillen, o Gott! noch
um deiner Religion und deines heiligsten Glaubens, noch
um des Vaterlandes, noch um der Gerechtigkeit willen,
sondern bloß für drey oder vier Gulden Monathsolds, einer
immerwährenden Gefahr aussetzen.

utque contentus vivat latitudine terrae suae (quam utinam solam bene cum animae salute regeret) pauciſſimis annis, qui procul dubio poſt paucos dies urna sex aut septem pedum, inſtar Alexandri Magni, contentus eſſe cogetur usque in noviſſimum diem; nec sese tradat ignibus sempiternis propter liberos aut nepotes, qui pro animae suae refrigerio minimum digitum in flamma et lumine dimidiae horae spatio aduri minime paterentur.

Milites proni ad bellum principes irritant.

Capitulum quintum.

Aufer a Principibus saevam dominandi libidinem, subtrahe eis materiam sive potius inſtrumenta bellandi, subtrahe eis inquam milites auxiliarios ad sola ſtipendia pronos. Nam· si magnates non scirent certo, illos bellisequas ipsis mox affuturos, saepe a bellis abſtinerent.

Militum ad bella impura mens.

Capitulum sextum.

Infunde cordibus militum hanc intelligentiam, qua cognoſcant, raro principes contra Chriſtianos iſta *) bella geſſiiſſe et periculoſiſſimum eſſe ad injuſta bella transcurrere; in quibus non propter te Deum, non propter religionem, non propter tuam sacrosanctam fidem, non propter patriam, non propter juſtitiam, ſed solum pro menſtruo trium aut quatuor aureorum ſtipendio, vitam, corpus, animam, sempiterno periculo tradunt et exponunt.

*) Juſta?

Siebentes Capitel.

Bedingniß zu einem gerechten Kriege, das aber ein seltener Vogel ist.

Laß sie wissen, daß zu vielem andern, was zu Anhebung eines gerechten Krieges erfodert wird, auch dieß gehöre, daß man, ehe zu den Waffen gegriffen wird, den Weg des Rechten und der Gerechtigkeit angeboten, und die Sache einem höhern Richter vorgelegt habe. Wenn haben wir aber je gehört, daß die erhabenen Könige ihre Händel, um deren willen sie hin und wieder oft die Waffen ergreifen, in der Form eines ordentlichen Rechtens vor einen solchen Höhern, der die Macht zu entscheiden hätte, gebracht haben?

Achtes Capitel.

Ursachen des Krieges, nach dem Heil. Bernhardus.

Was reizt sie aber zum Kriege? Das weißt du am Beßten, und wir können muthmaaßen, daß es vornämlich aus den Ursachen geschehe, welche dein Bernhardus angeführt hat, wenn er sagt: „Nur die Regungen einer „unvernünftigen Rachsucht, Begierde nach eitelem Ruhm „und jedem irdischen Besitzthum sind es, was Zwist „und Kriege unter euch erweckt. Um solcher Beweg- „gründe willen aber ist es wohl gleich gefährlich zu „tödten oder getödtet zu werden„. Wenn also ein Fürst, und seine Unterthanen die er zum Kriege zwingt, bey den Ursachen, aus welchen sie so häufig Kriege führen, sich keineswegs beruhigen können, o guter Christus! wie viel weniger mögen denn die es thun, welche, ohne unter der Macht eines Fürsten zu stehn, der sie zwingen kann, frey-

Conditio quædam justi belli, quæ rara avis est.

Capitulum septimum.

Da eis id scire, quod inter alia multa hoc quoque ad bellum juste indicendum necessarium est: ut priusquam lis tententur, sit oblata via juris et justitiæ et superior judex de hoc interpellatus, Quando autem audivimus, excelsos reges quæcunque negotia sua, propter quæ passim et frequenter arma sumunt, coram judice et superiori potestatem dijudicandi habente ordine juris servato instituisse?

Causæ bellorum ex Divo Bernardo.

Capitulum octavum.

Sed cur nam moventur ad litem? Tu ipse nosti, et conjicere possumus, ex his potissimum causis eos lacessiri, quas tuus Bernardus olim recensuit inquiens: Nihil aliud inter vos bella movet litesque suscitat, nisi aut irrationabilis iracundiæ motus, inanis gloriæ appetitus, aut terrenæ qualiscunque possessionis cupiditas. Talibus certis ex causis neque occidere neque occumbere tutum est. Si princeps ipse suique subditi, quos ad bella cogit in his causis (ob quas frequentissime bella fiunt) non sunt absque dubio tuti: quanto minus, o bone Christe! esse tutos existimandum est; qui cum non sint sub potestate alicujus principis, a quo cogi possint, sua tamen sponte

willig herbeyeilen, sich anbieten, und nur nach dem Solde dursten, mag dann die Fehde gerecht oder ungerecht seyn.

Neuntes Capitel.

Grausamkeit der Reisläufer.

Gieb ihnen zu erkennen, gütigster Gott! welch Verderben
ihr Geldduf' anrichtet; bring' ihre Gemüther zu der Empfindung, wie sehr es allen Gesetzen, aller Ehrbarkeit,
aller Menschlichkeit, aller natürlichen Anmuthung, nach
welcher doch selbst das Thier Seinesgleichen schont, und
aller Christenliebe zuwider sey: Daß der Mensch seinen
Nebenmenschen, ein Christ den andern, den er nie sah
noch kannte, der ihn durch nichts beleidigte, ihm niemal
einichen Schaden zufügte, und der an der Wuth oder an
dem Ehrgeiz seines Fürsten keinerley Schuld trägt, zu
zernichten und auszurotten suche. Möchten demnach jene
elenden Kriegsgurgeln, die den Streit so sehr dem Frieden vorziehen, erkennen: Es sey unmenschlich, gottlos
und grausam, dem Armen, dem Bauer, dem Unschuldigen, dem Unbewafneten, dem Christen, der nichts als den
Frieden wünscht, seine Wohnung, seine Hütte, seine Ställe, Scheunen und Bühnen, seine Geräthschaft und Betten in Brand zu stecken; ihn seiner Nahrung zu berauben; Unmündige und Kinder zu Waysen zu machen, und
von Haus und Hof zu jagen; Töchtern zu schänden, Väter
und Großväter zu erwürgen, und sie von Ferne mit Pfeilen und langen Spiessen, und in der Nähe mit Schwer-
tern und Dolchen zu durchbohren. Giesse, treuer Christus!
in die Herzen solcher Fußknechte und Reuter nur ein klein
wenig Menschlichkeit, nur eine Ader von Sanftmuth, nur
irgend etwas natürlicher Liebe, daß sie doch nicht von solcher ungeheuern Geldgier gereizt jeder Fehde zueilen, nach
Menschenblut dürsten, und die Unschuldigen, zum christ-

advolant, fe ipfos offerunt et folum ftipendium militiæ five jufti five injufti belli efuriunt atque re-
quirunt.

Inhumanitas ad bella pro ftipendio volitantium.

Capitulum nonum.

Da illis, optlme Deus! fuæ militiæ damna cog-
nofcere; infpira mentibus eorum, ut animadver-
tant, omni legi, omni honeftati, conditioni denique humanæ pietatis et naturalis (quo omne ani-
mal fibi fimile diligit) atque chriftianæ caritati
repugnare: quod homo hominem, chriftianus chri-
ftanum, ignotum prius nunquam vifum, qui eum
in nullo læfit, qui in nihilo unquam ei nocuit,
qui in furore vel ambitione principis fui nullam
culpæ partem habet, delere eradicareque conetur.
Cognofcant illi miferabiles in bella præcipites, bellum magis quam pacem amantes : inhumanum,
impium, ac crudele effe, pauperis, agricolæ, in-
nocentis, imbellis, et chriftiani, qui pacem mal-
let quam bellum, tecta, domos, tuguriola, hor-
rea, granaria, fuppellectilem, lectulos exurere,
alimenta rapere, parvulos ac infantes pupillos et
exules facere, filias proftituere, patres et avos ju-
gulare, et longis haftilibus feu telis eminus, enfi-
busque et pugionibus cominus confodere. Infunde,
pie Chrifte! cordibus talium peditum et equitum
aliquantulam particulam humanitatis, aliquam ve-
nam manfuetudinis, et qualemcunque portionem
naturalis pietatis : ne auri facra fame illecti fefti-
nent ad bella, fanguinem humanum fitiant, et
innocentes chriftianaque fide

lichen Glauben Geweihten, morden, und einen Menschen,
von seinen Eltern mit so vieler Mühe erzogen, und durch
dein theures Blut erlöst, nicht höher achten, als das Junge einer Gans, Henne oder Ente, oder als einen geringen Wurm, oder als eine unnütze Mücke.

Zehntes Capitel.

Ob nicht im Kriege der Eid gebrochen werde?

Man sagt zwar, die Soldaten, welche so zu Felde ziehen sollen, werden vorher jeglicher mit einem Eidschwur
verpflichtet, daß sie sich an Tempeln und Altären nicht
vergreifen, den Priestern schonen, an Weiber, alte Leuthe, Kinder, Wöchnerinnen und Unbewafnete keine Hand
legen sollen. Ob aber die ungerechten Söldner bey den
Britten, Sizilianern, Römern, und neuerlich bey den
Schwaben, diesen öffentlichen Eid nie übertretten haben,
das weißt du, bester Gott! und der unlängst von Papst
Alexander VI. an Karl VIII. König von Frankreich er-
lassene Klage-Brief beweist solches klar.

initiatos occidant; non pluris æstimantes hominem tanto parentum labore educatum, tam pretio-
so tuo sanguine redemtum, quam pullum anseris,
gallinæ vel anatis, aut exiguum vermiculum, vel
soricem aut nullius pretii muscam.

Si jusjurandum in Marte non violetur.

Capitulum decimum.

Fama quidem est, cum plerique ex hujusmodi
militibus ad bella perrecturi sunt, jurejurando sin-
gulos astringi: ut a templis et ab aris abstineant,
sacerdotibus deferant, sexui, senio, parvulis,
puerperis et imbellibus manum non inferant. Si
contra hoc publicum juramentum impii stipendiarii
apud Britannos, Sicilienses, Latinos et nuper apud
Suevos nunquam exorbitarint: tu nosti, optime
Deus! et lugubris epistola, nuper ab Alexandro
Sexto Romano Pontifice ad Carolum Octavum
Galliæ Regem transmissa, manifeste declarat.

V.

Noch ein Paar Blumen auf Geßners Grab.

I.

Ein Gespräch zweyer Engel.

Ariel.

Sage mir, Zophiel, haſt du wohl je an Neuverklärten
Schnellern und fert'gern Gebrauch der neuen Organe bemerket,
Als an jenem, der dort, nicht in Erſtaunen verloren,
Mit durchwanderndem Blick die Reize des Paradieſes
Scharf, wie unſer einer, entwickelt? Sieh, wie er alles,
Was an der Erde Schönſtes gränzt, bedächtig vorbeyeilt,
Um auf erhabnern Originalen des himmliſchen Edens
Zu verweilen? Sieh, welch' Empfindungen ſtrahlt ſein Auge!
Wie ihm der Theile Verbindung auffällt! Wie es ſich bemächtigt
Der vielſeitigen Schönheit des Plans; als hätt' es die Uebung
Schon eines halben Aeons gehabt! —

Zophiel.

Nicht weniger fertig,
Auch das geiſtige Schöne des Paradieſes zu ſchmecken,
Sollſt du den würdigen Neuling, mein lieber Ariel, ſehen.
Komm' und erfahre ſein Herz, was das ſich paßt zu uns Seelen,
Die der Gut' und Liebe Vollendung, dem Bilde des Vaters,
Näher ſchon glänzen. Für uns ſollſt du ſo geſchaffen ihn finden,
Als hätt' er nie dort drüben gelebt, wo erhabene Einfalt
Noch ſo fremd, ſo verdrängt durch jene eitele Kunſt iſt,
Tugend in ſteifen Zwang von gleiſſenden Formen zu kleiden.
Unverdorben davon muß er erhalten ſich haben,
Kalt ſeyn geblieben für Afterzierde! Ihm glühet das Herz nur
Für das, was den Bruder beglückt, was werther und froher
Seines Daſeyns ihn macht. —

Ariel.

— O komm! Den muß
ich umarmen!
Georg Schultheß.

2.

Geßner.

An Lichtwers Arm gieng im Elysium
Aesop, der für des deutschen Schülers Ruhm
So kalt nicht ist, wie Deutschlands neue Barden,
Einst in verherrlichter Gestalt,
Auf einem Pfad von Thymian und Narden
Im duftenden Citronenwald.
Da kam mit einem hehren Schatten,
Auf dessen Antlitz heitre Ruh
Und Weisheit sich gepaaret hatten,
Der alte Theokrit auf beede Freunde zu.
Sein Geßner war's, der eben an der Küste
Der bessern Welt gelandet war.
Er nennt mit frohem Stolz ihn dem vertrauten Paar.
Aesop trat vor ihn hin und grüßte
Mit einem Kuß den Sänger der Natur:
Willkommen, sprach er, Freund! auf unsrer Flur,
Und nahm den Kranz, der seine Schläfe schmückte,
Und setzt ihn Geßnern auf. Der edle Schweizer bückte
Beschämt das Haupt zurück. Empfange dieses Pfand
Des Siegel, rief Aesop; es war in deiner Jugend
Dir schon bestimmt. Ich gab den Thieren nur Verstand,
Und du gabst deinen Hirten Tugend.

Pfeffel.

Inhalt.

I.

Gedanken über die Frage: Iſt der Kriegsdienſt den Schweitzern nothwendig oder entbehrlich, vortheilhaft oder nachtheilig? Zum Gegenſtücke der Gedanken eines Patrioten von dem fremden Kriegsdienſte der Schweitzer.

(S. des vierten Jahrg. XI. Heft. S. 863. u. f.)

Dieſe Frage muß ich in Rückſicht auf das Vaterland, den Staat, den Bürger, das Volk erwägen und beherzigen, ehe ich ſolche zuverläßig zu entſcheiden wagen darf.

Unſer Vaterland nährt ein freyes, rohes, armes, tapferes Volk, das Freyheit, Frieden, Wohlſtand, Ruhm, durch die Waffen erworben, erhalten, und ſich zu verſichern hat. Die Geſchichte deſſelben durch alle Zeiten lehrt uns, daß ein freyer Sinn und unerſchrockener Muth, in ſtarken und abgehärteten Körpern, von jeher der National-geiſt ſeiner Bewohner, der Helvetier, Römer, Allemannen, Gothen, Burgunder, Franken, von welchen die heutigen abſtammen, geweſen iſt; daß derſelbe, von den Vätern auf die Söhne fortgepflanzt, durch Gefahren, Schlachten, Siege gebildet und geſtärkt, ſich bis auf unſre Zeiten erhalten hat. Der Hang unſrer Jugend zum

Kriegsdienst, und die Freude, welche die, die sich zu Hause friedlichen Begangenschaften widmen, selbst an militarischen Uebungen finden, zeugen davon.

Diesem Nationalgeiste haben wir unsre Freyheit zu danken; unsre Väter haben solche erkrieget, ihnen und uns mit ihrem Blut erkauft und erworben; an uns ist es ein so theures Gut zu erhalten. Diese dem Vaterland schuldige Pflicht kann uns gleichen Gefahren aussetzen, zu gleichen Thaten auffodern. Diesen Geist aber würden nach und nach Ruhe, Friede, Wohlstand im Vaterland schwächen, wenn er nicht geübt und unterhalten würde. Im Vaterland haben wir, Gott sey Dank! keinen Anlaß dazu; unsre Jugend muß ihn also ausser demselben suchen. Ist die Kriegskunst allen Völkern zu ihrer Sicherheit nothwendig, so ist sie es vorzüglich freyen, welche mehr als unterjochte zu verlieren, zu verthaidigen und zu retten haben. Muth, Tapferkeit und Leibesstärke geben einem Volke nicht mehr die Vortheile im Kriege, wie vormals; dieser ist zur Kunst geworden, die, wie alle andern Künste, Erfahrung, und diese Uebung erfodert; und zu dieser Uebung müssen meine Landsleuthe sich verstehen, wenn sie das Handwerk erlernen wollen, da sie nicht mehr in den Zeiten leben wo Mannssinn und Mannskraft den Streit entschieden, und Hirten im Wammis Krieger im Harnisch besiegten, wie bey Morgarten, Laupen, Sempach, Näfels und am Steig. Seitdem das Pulver und Feuergewehr erfunden worden, der Tapfere gegen den Feigen, der Starke gegen den Schwachen sein Vorrecht verloren hat, Kriegen zur Wissenschaft, Schlagen zur Kunst geworden ist, muß der Schweizer sich auch zu dieser herabstimmen, die er ehedem verachtete. In so weit scheint mir der fremde Kriegsdienst dem Vaterland nützlich, wo nicht gar nothwendig.

Auch ist dies eben die Absicht unsers ausländischen

Kriegsdienstes: Krieger dem Vaterlande zu bilden. Unsre
Väter sahen solchen als eine Kriegsschule an, in welcher
ihre Söhne, nach ihrem Volkssinne, zum Dienste des
Staats, in einem ehrenvollen, demselben nothwendigen
Stande stehn, und nach ihrer Rückkunft andre dazu ziehen könnten. Wir haben keinen Mangel an Volk; immer giebt's noch müßiges, welches das Vaterland, wenigstens auf eine Zeitlang, entbehren kann; von dem ich
zweifle, ob solches alles auf eine demselben vortheilhaftere
Weise könnte benutzet werden.

Alle Schweizer sind freye Leuthe; wer will sie hindern, sich einen Beruf zu wählen, und solchem zu folgen? Die Geschichte lehret, wie ohnmächtig und vergeblich vordem Drohungen, Verbote, Strafen der Obrigkeiten, gegen das Reisgeläufe in fremde Kriegsdienste waren; und sie würden es noch seyn. Auch sind die, welche dem Kriegsdienste sich widmen, für das Vaterland
nicht verloren. Wie andre, die in verschiedenen Bestimmungen auf Reisen gehn, kommen sie, nach vollbrachter
Lehrzeit, wieder heim, bauen das Land, oder dienen
demselben in verschiedenen andern Begangenschaften, und
freuen sich, wie ihre Freunde, ihrer Rückkunft in dasselbe.

Das außer Lands in Kriegsdiensten stehnde Volk selbst
ist dem Vaterland nicht entzogen; im Gegentheil seine
beßte und sicherste Hülfe in Nothfällen, indem dasselbe,
in Folge der Verträgen, solchem auf erste Abfoderung zu
Gebote stehet, und auf dessen Ruf muß verabfolget
werden.

Man kann zwar nicht läugnen, daß der fremde Kriegsdienst dem Vaterland nicht auch manchen Nachtheil gebracht habe, und noch bringe. Es hat den Ruhm, den
ihm sein Volk Jahrhunderte durch, von der Schlacht bey
Marignan an bis auf die bey Fontenoy, erworben,
theuer bezahlt. Vorher unbekannte Seuchen, fremde Sit-

ten, gleich ansteckeub, gleich gefährlich, sagt man, sind
oft den Siegern nachgeschlichen, und haben ihre Lorbeern
vergiftet. Aber sind diese Vorwürfe nicht übertrieben?
Sind sie diesem Berufe eigen? Wären solche ohne den
Kriegsdienst nicht zu uns durchgedrungen? Hat der Handel daran keinen Theil? Herrschet unter dem Kriegsvolk
im Ganzen mehr Ueppigkeit, Verwöhnung, Hoffarth,
Ausschweifung, mit Einem Wort Ausartung, als unter
dem Spinnervolk? Finden wir nicht bey dem erstern noch
mehr Volksart, Volksgefühl, Volkssinn? Doch gesetzt,
der Kriegsdienst in Rücksicht auf dessen Nachtheile sey
ein Uebel, so scheint mir derselbe in unsrer Lage, bey
unsrer Verfassung, wenigstens beynahe ein nothwendiges Uebel zu seyn, aus welchem dem Vaterlande doch
Ein wahrer Vortheil noch immer entspringt; und ist der
Kriegsdienst, was er seyn sollte, ein Schule der Ordnung, der Mannszucht, der Kriegskunst, so scheint mir
solcher Vortheil entschieden. Das Vaterland nimmt auch
ohne Zweifel Antheil an alle dem was dem Staate,
dem Bürger und dem Volke, durch den fremden Kriegsdienst allenfalls nützliches zufließt.

Der Staat, als bürgerlichen Körper betrachtet, nimmt
Theil an allem was den Bürgern, seinen Gliedern, zum
Vortheil dienet, so lange diese mit ihm in Verbindung
bleiben. Nun ist die Absicht der Volksverträge (Capitulationen) in Rücksicht auf den von der Regierung bewilligten und erlaubten Kriegsdienst, die Versicherung dieser
Verbindung. Als politischer Staatskörper betrachtet, findet derselbe noch eigene besondre Vortheile dabey, die
jedoch auf jene zurückwirken. Diese sind:

Gegenseitige Hülfe, die dieses seinen Nachbarn bewilligte Hülfsvolk dem Staate in Vorfällen zusichert. Denn
in Folge jener Verträge und Verbindungen sind diese
denselben bewilligte und vertraute Truppen, Schutz-und

Hülfsvölker, zur Vertheidigung ihrer Staaten, und keineswegs zur Befehdung andrer zugestanden, und gewähren uns eine nähere Verbindung mit denselben, durch die gegenseitig versprochene thätige Hülfsleistung, durch welche die Freundschaft mit diesen Nachbaren unterhalten, und Frieden und Ruhe unter ihnen versichert wird. So ist dieses ihnen bewilligte Volk, als ein Pfand unsers Wohlwollens und unsrer guten Gesinnung gegen unsre Verbündete anzusehn.

Dem Kriegsdienste unsrer Väter hat die Nation alle die Vorrechte und Freyheiten zu danken, die sie laut ihren Bündnissen bey andern in Handel und Wandel genießt. Wie erworben, suchen wir solche zu erhalten; zu gleicher Absicht bedienen wir uns des gleichen Mittels, zu gegenseitigem Vortheil. Unser Volk, wie sein Dienst, kann und soll mit keinem gedingten oder erkauften verglichen werden. Von Seite des Volks ist der Dienst freywillig, ungezwungen; von Seite des Staates bedingt, aber unentgeldlich; von Seite des Fürsten, durch gegenseitige Hülfszusage und gewährte Vorrechte der Nation vergolten. Der Schweizer dient also nicht nur für sich, sondern für seine Landleuthe, denen in andern Begangenschaften dadurch wahre Vortheile zuwachsen.

Wird unsre müßige, nur zu freye Jugend, in der Kriegsschule, der Zucht, Ordnung, Folgleistung gewöhnt, so erhält der Staat dadurch den gedoppelten Vortheil: Desselben angeborenen Hang zum Kriegsdienst, dem er nicht widerstehen kann, zu seinem und seiner Freunden Beßten zu leiten und zu nützen.

Der Vortheil den die Bürger der Hauptstadt vorzüglich, und der befreyten Landstädte, von dem Kriegsdienste ziehen, wird wohl am wenigsten bezweifelt; so wenig daß man denselben als die Hauptabsicht und Ursache davon ansieht. Aber wenn der Eigennutz oder die Geldsucht als die einzige Triebfeder davon gehalten wird, so betriegt man sich sehr. Der diesem Alter gemeine rastlose Hang unsrer Jugend zur Freyheit, Ehre, Neuerung, die einem freyen starken Volk eigens angeborene Unerschrockenheit und Tapferkeit, führt sie auf diese gefahr-und sorgenvolle Bahn in einem Alter, das dem Geitze gewöhnlich nicht zu fröhnen pflegt; und ist bisweilen auch der Gewinnst die Absicht der Väter, in Bestimmung ihrer Söhnen zu diesem Stande, so sehen die erstern sich meistens in ihrer Hofnung betrogen.

Aber nach unsrer politischen und auch bürgerlichen Verfassung ist ein grosser Theil unsrer jungen Bürgerschaft, vom 16. zum 30. Jahre, vor welchen man an die Regierung und zu öffentlichen Stellen nicht gelangen kann, ohne Beruf und Beschäftigung. Für diese dient der Kriegsdienst zu beyden, und scheint mir, in Rücksicht auf den Volkssinn, für dieselben herrschend vortheilhaft. Meine junge Mitbürger, frey geboren und erzogen, zeigten sich von jeher nicht zu stillen Begangenschaften aufgelegt, welchen sie sich auch selten von freyen Stücken wiedmen. Bey dieser Abneigung zur Arbeit entsteht der Hang zum Müßiggang, welcher unter einem gesunden und kraftvollen Volk oft zur Ausschweifung führt. Für solche nun ist der Kriegsdienst, den sie als einen ehrenvollen Beruf achten, eine zweckmäßige Schule, in welcher freylich nicht alle sich gleich bessern und vervollkommnen, dennoch aber viele sich zu tüchtigen und erfahrnen Officiers, vom niedrigsten bis zum höchsten Range, zum Dienste des Vaterlands, in den nöthigen Kriegskünsten und Wissenschaften bilden; andre den Werth der Freyheit, des Vaterlands, besser kennen und schätzen lernen, und, mit verdoppelter Achtung und Liebe für ihr Volk und Land, nach ihrer Heimath zurückkehren.

Als eine Quelle von Reichthum für meine Vaterstadt

kann der Kriegsdienst freylich nicht mehr angesehen wer=
den, da derselbe ißt vielmehr Geld aus=als einträgt; und
zwar immer mehr, je nachdem, bey gleichem Solde, und
vertheuerter Lebensart, den Hauptmann seine Rekrutten,
Kleidung, Waffen, Geräthe, Transport, Vorstand, höher
zu stehen kommen. Dennoch können haushältersche Offi=
ziers sich noch immer mit ihrem Solde behelfen, die vom
höhern Grade fürschlagen, und Hauptleuthe ihr Glück
machen. Trägt also das Kriegsdienst heut zu Tage, wie
gesagt, mehr aus als ein, muß man sich dessen wundern?
Aber, an wem liegt wohl der Fehler? Am Dienst, oder
am Dienstmanne? Immer ist der Kriegshandwerk dem
nützlich, der kein anderes hat; es beschäftigt und nährt
ihn; und Beschäftigung und Nahrung ist doch etwas für
den, dem beydes fehlet. Hier ist die Frage nicht: Könnte
aber der arme, Arbeitlose, nicht auf eine ihm und seiner
Vaterstadt und dem Staate vortheilhaftere Art beschäftigt
und benutzt werden? Nein! sobald er nicht will. Er ist
frey, und bleibt frey; und als einen Freyen müssen wir
ihn betrachten, und behandeln; und wenn er lieber mar=
schieren, stehen, exerciren, kriegen, mit einem Wort die=
nen will, als sitzen und arbeiten; lieber gezwungen als
frey handeln, lieber nach eines andern als seinem eigenen
Willen leben will, so sey's! Für diesen ist also der Kriegs=
dienst nützlich, wo nicht nothwendig; denn sonst nützte
der Mann gar zu nichts. Wie aber, wenn diese Nei=
gung gar in einer Stadt, in einem Lande, Volkssinn
ist? Und das ist sie in meiner Vaterstadt. Zu allen
Zeiten fanden ihre jungen Bürger an Krieg und Kriegs=
übungen Lust und Freude; immer war unter ihnen
der Militärstand geachtet und geliebt. Im fünfzehnten
Jahrhunderte berufte man noch Schreiber und Canze=
listen, im sechszehenten Gelehrte und Prediger, im sieben=
zehnten der Arztneykunst und des Rechts Erfahrene; und

bey meinem Gedenken waren noch die wichtigsten Hand=
lungszweige in den Händen von Augburgern. Aber zu
allen Zeiten fanden sich Krieger genung. Dieser, einem freyen,
tapfern Volk angeborne Hang ist indessen meiner Vater=
stadt nicht eigen; er ist allen Schweitzern gemein. Je
roher das Volk ist, je stärker zeigt sich derselbe. Die Freude,
welche die Bürger an den Waffen haben, wird bey den
Landleuthen zur Lust; die Neigung erwächst, so bald sie
Nahrung findet, zur Leidenschaft. An dieser fehlt es un=
serm Volke nicht, im Mittelpunkt eines Schauplatzes be=
ständiger Kriege. Die Eydsgenoßschaft, von den mäch=
tigsten, und unter sich so oft entzweyten, Nationen um=
gränzt, von jeher im Rufe eines volkreichen Landes, das
Volk in dem der Stärke und Tapferkeit, wird noch im=
mer von ihren Nachbarn als eine Kernschule tüchtiger
Krieger geachtet und gepflegt. Wohlgebaut und stark be=
mannt, in Verhältniß mit andern Ländern, hat die
Schweitz allezeit Menschen, die der Landbau und die Vieh=
zucht, also das Land, entbehren kann; in verschiedenen
Gegenden würklich einen Ueberfluß, der sich auf andre
Nahrungszweige zu werfen gezwungen sieht. Diese sind
Kunstfleiß, Handel, und der Kriegsdienst. Welcher nun
von diesen Zweigen verträgt sich am besten mit unsrer
Volksart und unserm Volkssinne? Wo jene noch unaus=
geartet bleibt, wird dieser die vaterländische Jugend eher
ins Feld führen, als in die Werkstätte, die Fabricke oder
das Comptoir; und für die Söhne unsrer Heldenahnen,
werden Waffen immer mehr Reitz haben, als die Feder,
Hobel oder Webstul. Dabey giebt's unter allen Völkern
leichte, liederliche, ausgelassene, unwirsche Pursche, die
demselben zum Schaden und zur Last sind; für diese ist
das sicherste Besserungs= und oft einige Rettungsmittel
der Kriegsdienst. In dieser Schule der Zucht und Ord=
nung können solche gebogen, gezogen, und dem Vater=

land, selbst aus den verworfenern seiner Söhne, zu folgsa=
men und nützlichen umgeschaffen werden. Es ist demsel=
ben also immer vortheilhaft, wenn solche andre Länder
und Völker kennen lernen; und es wird bey der Verglei=
chung nie verlieren. Im Gegentheil wird, durch diese
Kenntniß und Erfahrung, Vaterlandsliebe gewinnen, und,
wie der Nationalgeist, sich unter jenen Leuthen um so viel
eher erhalten.

Der Vorwurf, den man dem fremden Kriegsdienste
macht, er verderbe die Volkssitten, verdient alle Achtung.
Unläugbar ist, daß derselbe die Schweitzer, mit ihnen ehe=
dem, da sie in ihren von der Natur gesetzten Gränzen,
von andern Völkern abgesondert lebten, unbekannten,
moralischen und physischen Gebrechen bekannt gemacht
hat. Im zwölften Jahrhunderte schon empfand Helve=
tien die traurigen Folgen der Kreutzzüge, an welchen
der damals häufige Adel einer frommen und tapfern
Nation vorzüglich Antheil nahm; wovon, neben anderm,
eine Menge Siechhäuser noch bleibende Denkmale sind.
Doch die Armuth hemmte das Uebel, das bey einem einfältigen
und rohen Volke nicht hinreichende Nahrung fand; und ein=
fältig, gesund und arm war es noch, als die in den Burgun=
dischen Kriegen über seine Feinde gemachte Beute, dasselbe
mit fremder Waare und Pracht bekannt, und nach sol=
chen lüstern machte. Durch ihren Ruhm, und das Gold
fremder Fürsten, die um ihre Freundschaft und Hülfe
buhlten, geblendet und verlockt, unternahmen die Schwei=
zer die Italienischen Kriege, in welchen sie den Namen
eines Heldenvolks zwar bewährten, aber zu theuer erkauf=
ten. In Strömen von Blut verlor sich seine Stärke; ihm
unbekannte Seuchen schwächten Volkssinn und Volkskraft,
und fremder Tand seine Sitten. Um Gold diente der Freye
jtzt, und verhandelte sich um Geld. Dieses nährte seinen
Hang zum Müßiggang und zur Ueppigkeit; und dieser Ver=

fall war unter uns nie so allgemein und so tief, als
zu Anfange des sechszehnten Jahrhunderts, da die Ver-
besserung der Religion die der Sitten mitbewürkte, und
jenen hemmte. Auch war unser.Volk in Rücksicht auf
beyde niemahls besser und glücklicher als in gemeldtem
Zeitraume. Einfältiger waren also freylich die Religion und die Sitten unsrer Väter, ernster. und strenger
als die unsrigen; geringer ihr Vermögen, eingeschränkter ihre Fähigkeiten. Und waren sie deswegen weniger
vergnügt, weniger glücklich? Was haben wir bey mehr
Aufklärung, mehr Reichthum, mehr Prunk, Ausbildung
unserer Fähigkeiten, Verfeinerung unsrer Sitten gewonnen? Was die Religion und die Lebensart, der Staat
und das Volk, die öffentliche und häusliche Glückseligkeit? In dieser Zeit fand indessen der Kriegsdienst auch
Platz; ein jeder, Bürger oder Unterthan, frey, folgte
seinem Triebe; keiner achtete der Ordnung, wenn sie mit
diesem im Streite lag; für das Volk war keine Sicherheit; niemand trug der Regierung davon Rechnung, und
der Staat hatte auch keinen Vortheil von diesem Kriegs-
geläufe, dem er sich vergeblich widersetzte. Eine landes-
väterliche Regierung betrachtete das Uebel nicht in Rücksicht auf den besondern Vortheil seiner Bürger, sondern
den allgemeinen des Staats und des Vaterlands; versicherte, durch Verträge mit seinen Nachbarn und Verbündeten, den einten und den andern, und verbesserte, so gut
wie möglich, die Nachtheile dieses seltsamen Gewerbes.
Und was waren die Folgen hievon? Verderben der Volkssitten? Freylich! Aber doch weniger noch als von andern
Reisen ins Ausland. Oder, was lehrt uns die Erfahrung?
Ist das Volk in den Gegenden, wo der Fabrikations-
Gewerbs- und Handelsgeist herrscht, gesitteter als wo der
Militärgeist es belebt? Wo herrscht mehr Freysinn im
Geist, Mannskraft im Körper? Welche sind gesündere

stärkere, tüchtigere Landleuthe? Soldaten, oder Spinner und Weber? Welche Art von beyden traut sich selber mehr in Gefahren, und welchem kann der Staat mehr trauen; dem der auf Ruhm baut und nach Ehre strebt, oder dem der auf Geld geizt und auf Reichthum trotzt? Bey welchen herrscht endlich mehr Luxus, oder Einfalt in Lebensart und Sitte; bey welchen mehr offenes, biederes Wesen, mehr Nationalcharackter und Volksart? Laßt sie reden, die Erfahrung. Frey und ungezwungen wählt der Schweizer sich den Kriegsdienst; treu und tapfer dient er dem Fürsten; froh und bieder kehrt er wieder heim, mit verdoppelter Achtung für sein Volk, und mit erhöheter Liebe zu seinem Vaterland.

N. E. T.

II.

An zwey Naturkundiger, die sich zankten: Welches Thier dem Menschen an Verstand, Klugheit, Bildung u. s. f. am nächsten komme, und welchem also vor allen andern die Ehre gebühre, gleich nach dem Menschen genannt zu werden?

Zanket Euch nicht! Denn seht, es überspringen die Stufe
Von den Thieren zum Mensch ja eine Menge von — Eseln.

A. F. Zimmermann.

III.

Wimphelings Gebet um Friede unter den Christen, und um die Bekehrung der Schweitzerschen Eydsgenossen. Zur Ehre des Römischen Königes und der Fürsten, und zur Abwendung des Abfalls mehrerer Städte des Heil. Römischen Reichs.

(Aus dem lateinischen Drucke von 1510.)

(Fortsetzung. S. das vorhergehnde Heft, S. 58. u. ff.)

Eilftes Capitel.

Selbst unter den Türken und Böhmen findet sich bey der Gefangenehmung der Feinde mehr Menschlichkeit, als unter den Schweitzern *).

Gieb ihnen ein fleischernes und nimm von ihnen das steinerne Herz. Gieb, daß sie doch selbst unter den Waffen nur auch einige Milde bezeigen **). Gieb ihnen so viel Gefühl, daß sie nicht sogleich tödten, sondern die sich demüthig ergebenden Feinde gefangen annehmen, als Gefangene wegführen, an Geld bestrafen, und dieses den todten Leichnamen vorziehn †). Dieß thun ja auch die

---

*) Wie doch unser ehrliche Wimpheling nun mit Eins, wie aus den Wolken auf uns Schweitzer schießt. — Doch, wir wollen sehn!

**) Das thaten sie — und thaten's auch nicht, wie andre. War Wimpheling z. B. die Großmuth der belagerten Solothurner gegen ihre Belagrer (Oesterreicher) v. J. 1318. unbekannt?

†) Das heißt nun wahrlich im Kriege zu viel gefodert, und stieß sogar gegen die ausdrückliche Kriegsordonnanz unsrer Altfodern — und, was noch wichtiger ist, gegen alle Ehre an.

III.

Soliloquium Wimphelingii pro pace Chriftianorum et pro Helvetiis ut refipifcant. Ad
honorem Regis Romanorum et Principum.
Ad cautelam etiam Civitatum Sacri Romani Imperii, ne Apoftatæ fiant.

*In capiendis hoftibus major humanitas apud Turcas
et Bohemos quam apud Suitenfes.*

Capitulum Undecimum.

D_a illis cor carneum et aufer cor lapideum.
Da uti aliqua faltim clementia inter arma. Da
pietatem, qua non mox trucident, fed hoftes hu-
militer fefe dedentes capiant, et captivos abdu-
cant, mulctando recipiant, aurum cadaveri præ-
ferant. Id quod

Türken, welche Siegmund, erst König von Ungarn,
und hernach Römischen König, gefangen bekamen, allein
unverletzt wieder zu uns zurückkehren liessen. So handel-
ten auch neuerlich die Böhmen, welche einige von den
Gymnosophisten oder Scholastikern, deren mehrere unter
Pabst Pius II. gegen sie zu Felde zogen, gefangen nahmen, so leicht sie dieselben hätten tödten können, und
sie, bloß auf ihr gegebenes Wort hin, wie wir selbst
sahen, gesund und unversehrt wieder in ihre Gymnasien
sandten. So wären also darinn die Türken und Böhmen
frömmer und milder, als jene bäurischen, starken, trotzi-
gen, grausamen, hochmüthigen, immer zu den Waffen
geneigten, immer zum Kriege gerüsteten Leuthe, die von
der Wiege an zum Streit angeführt werden, am Christen-
blute sich weiden, und an den Zwisten der Könige sich
bereichern; keinen Fürsten, kein Gesetz achten; ohne irgend
ein vernünftiges Nachdenken sich von ihrer Wuth dahin
reissen *), keinen Befehl sich fürschreiben lassen, sondern
deren einziges Gesetz vielmehr ihr eigener Wille, Begierde, Zorn, Rache, Gewalthätigkeit, Wuth sind; bey deren
Gericht und Rechtsentscheidungen es nur darauf ankömmt,
daß einer seinen Finger aufhebe — so thun es auch die
übrigen; oder daß ein kleines Volk mit seinem Kriegs-
zeichen ausziehe — so folgen ihm seine Nachbarn; und
sofort werden andre und andre mitzugehen genöthigt, so
daß es je dem ruchlosesten rache- oder geldgierigen Länder-
räuber leicht fällt, ein zahlloses Kriegsheer der stärksten
Männer zur Ausrottung und Vertilgung seines unschuldigen christlichen Nächsten zusammenzubringen **).

*) Auch unsern Demosthenes reißt hier und im Verfolge wahrlich
seine Wuth dahin, wenn er — ich denke ohne es zu wollen —
die Entschuldigung unsrer Altfodern oft selbst zu der Anklage setzt,
und recht schönes Lob mitten unter seinen bittern Tadel mischt!
**) Da nun ist freylich etwas nicht Kleinfüges an der Sache.

Turcarum gentes facere folent, quæ Sigismundum
olim Hungariæ et paulo poft Romanorum Regem ab
eis captum ad nos illæfum abire permiferunt. Quod
et Bohemi nuper faciebant, dum fub Pio Papa Se-
cundo contra eos multi Gymnofophiftæ vel Schola-
ftici bellaturi proceffiffent : quorum nonnullos in
captivitatem redactos (quos occidere potuerunt)
accepta fola fide, vidimus his oculis, falvos et inco-
lumes ad Gymnafia fua effe reverfos. Major ergo
in hac parte pietas videtur effe in Turcis et Bohe-
mis quam in hisce filveftribus, robuftis, minaci-
bus, truculentis, animo excelfis, in arma pro-
nis, femper ad bella paratis, a cunabulis ad pug-
nandum inftitutis, in fanguine Chriftiano fe ipfos
pafcentibus, et ex regum difcordia locupletatis; qui
nulli principum, nulli legi deferunt; qui recto rationis·
judicio nonutuntur, fed quodam furore fuo feruntur
in præceps; quibus fruftra lex ponitur; quorum leges
funt voluntas, libido, ira, impetus, vehementia,
furor; quorum judicia et fententiæ fic decernun-
tur, ut fi quispiam ex eis digitum exerat, alii quoque fuos crigant; et cum una plebecula belli fig-
num extulerit, viciniores e veftigio et deinceps
alii atque alii fequi ac comitari aftringuntur, ficque ad impetum flagitiofiffimi latronis vel vindictæ
vel pecuniæ cupidi, exercitus mox colligi poteft
innumerabilium et robuftiffimorum virorum ad
delendos perdendosque vicinos etiam innocentiffi-
mos et Chriftianos.

Zwölftes Capitel.

**Vorschriften und Gesetze der Schweitzer; ihre hart-
näckigen Köpfe. Aeneas Sylvius Zeugniß darüber.**

Denn ihre Gesetze und Vorschriften sollen nur die drey
folgenden seyn: „Wir wollen nicht; wir wollen; es
„muß„. Darüber hat sich auch Papst Pius II. über-
einstimmend mit uns wehmüthig erklagt. Diese Leuthe seyen
von Natur hochmüthig, so daß sie sich nicht nach der Gerechtigkeit bequemen, sondern dieselbe zu ihrer Dienerin machen
wollen, und nichts für recht halten, als was ihren schwärmerschen Köpfen gemäß ist. Wie wollten sie aber auch wissen, was recht und billig ist, da sie nie weder mit philosophischen Wissenschaften noch mit den kayserlichen Gesetzen, sondern ihr ganzes Leben hindurch nur mit Krieg und Waffen
umgegangen? Und unter den Waffen schweigen ja die Gesetze.

Dreyzehntes Capitel.

**Erbarmen über ihre, manchen Thieren, deren Bilder
sie in ihren Fahnen tragen, ähnliche Grausamkeit.**

Herr Gott! mache doch, daß sie nicht Basilisken, Ochsen, Bären, wilden Schweinen, Gryphen und Widdern
nachfolgen, sondern Adlern und Löwen, welche aus ange-
borner Milde auch ihren überwundnen Feinden zu schonen gewohnt sind. Gieb ihnen königliche Herzen, groß-
müthige Seelen, edle Neigungen und Begierden*), daß
sie nicht über jedes Wort von Zorn entbrannt auf Rache
denken, und gegen das kostbare Leben wüthen; daß sie
nicht deine Priester in Fesseln schlagen und ins Elend treiben. Gieb ihnen so viel Gefühl, daß sie nicht um jeder
noch so kleinen Beleidigung willen die Leute ins Gefängniß werfen, auf die Folter spannen und an den Gal-

gen

---

*) Das heißt nun wahrlich großmüthig und edel für seine Feinde
gebeten!

*Canones et leges Suitenfium et de eorum capitofa per-
tinacia. Teftimonium Aeneae Silvii.*

Capitulum duodecimum.

Eorum enim Canones et leges tres dumtaxat effe
dicuntur: Nolumus, Volumus, Oportet. De quibus Pius papa fecundus lamentabiliter nobis aftipa-
lando conqueftus eft: homines eos effe natura fuperbos, qui non juftitiæ coaptare, fed ipfam juftitiam
fibi famulari volunt; fe nihilque juftum putant, nifi
quod eorum phantafticis capitibus conforme effe
videtur. Et quo modo juftum et æquum illi vere
faperent, qui non in philofophis, non in Cæfareis
legibus, fed in armis, fed in bellis tota vita con-
verfati funt? Et filent inter arma leges.

*Commiferatio in quorundam atrocitatem juxta conditio-
nem beftiarum, quarum imagines in fignis ducunt.*

Capitulum tredecimum.

Da ills Domine Deus! fequi non bafilifcos, non
boves, non urfos, non apros, non gryphes, non
capricornos, fed aquilas, fed leones, qui proftratis parcere ab innata manfuetudine norunt. Da eis
corda regia, generofos animos, voluntates nobiles
et affectus magnanimos atque præclaros: ne uno
verbo vel nutu incendantur ad iram, quærant vindictam, graffentur in animam pretiofam: ne tuos facerdotes in vincula conjiciant aut in exilium mittant.
Da eis hanc pietatem: ne pró minima contumelia qualitercunque effufa mox hominem in carceres obtru-
dant, ad cordas pertrahant, et ad crucem plectendum
deducant:

gen aufhängen; daß sie nicht um nichtswürdiger Worte
jedes schlechten Menschen *), oder um eines unsichern und
falschen Gerüchtes willen (dergleichen unlängst von einem
ins Wasser getauchten Kalb und Pferd entstuhnd **) auf
seyn, die Hütten armer Leuthe abzubrennen, die Felder
mit Feuer und Schwert zu verwüsten, und Menschen,
die an dich glauben, treuster Christus! aufs grausamste
und unmenschlichste zu würgen.

Vierzehntes Capitel.
Milde macht Fürsten Gott ähnlich.

Gieb ihnen Fürstliche Milde, Kayserliche Sanftmuth,
Königliche Frömmigkeit. Denn je gütiger, je barmherzi-
ger Fürsten, Kaiser und Könige waren, desto näher kamen
sie deinem göttlichen Wesen und deiner holden Güte †).

Sendetest du, auf jeden der fehlt, deine rächenden Blitze,
Gott! in weniger Zeit wäre niemand als du!

Ja allein würdest du seyn, und auf Erde keinen lebendigen Menschen mehr haben!

Fünfzehntes Capitel.
Die unbarmherzigen Alpenbewohner sind Gott ganz unähnlich.

Diese aber deiner ganz unähnlich richteten um Weiber-
geschwätzes, oder um einer jungen Henne willen ††), oder
vollends ohne alle Ursache, als aus eiteler Ehre oder Be-

---

*) Anspielung wahrscheinlich auf den Kuhplappert-Zug —

**) Und auf gewisse Präludia des Schwabenkriegs, wo aber eben
   kein Theil dem andern an den unsittlichsten Aeusserungen des rohesten Nationalhasses viel vorzuwerfen hatte. Doch meint' ich die
   Wette zu Gunsten meiner Altfodern noch aufnehmen zu dürfen.

†) Wieder ein recht fürstlicher, kayserlicher, königlicher Wunsch!

††) Worauf dieses anspielen soll, ist mir noch zur Zeit unbekannt.

ne ex unius futilis viri levibus verbis, neve ex incerto et falso rumore (qualis nuper de juvenco et equo in aquis tincto subortus fuit) mox sese accingant ad incendendas miserorum casulas, ad agros ferro et igni vastandos, ad homines in te, pie Christe! credentes, atrocissime inhumanissimeque trucidandos.

Principes clementia Deo pares efficit.

Capitulum decimum quartum.

Da eis clementiam Principum, mansuetudinem Imperatorum pietatemque Regum. Qui quanto clementiores, quanto misericordiores fuere: tanto ad 'tuam divinam naturam et clementem bonitatem propinquius accesserunt.

Si quotiens peccant homines tua fulmina mittas,
O Deus! exiguo tempore solus eris.

Solus inquam eris, non habiturus hominem in terris tuis viventem.

Alpinates inclementes, Deo dissimiles.

Capitulum decimum quintum.

Hi vero, longe tui dissimiles, pro anili rumore, aut pro pullo gallinæ, aut pro nulla causa nisi vel vana, gloria vel

gierde nach fremden Gut, Zwiſt, Brand, Mord, Kirchenraub, Entvölkerung an, und metzelten neulich unzäh-
liche Männer hin.

Sechszehntes Capitel.

Von der Satyre oder vielmehr Schmähſchrift des Nikolaus Schradinus *).

Und dieß genügte ihnen noch nicht; ſondern ſie lieſſen
auch rohe Gedichte, eine Gattung deutſcher Verſe, Gemählde und Bilder, zum Spott, zur groſſen Schmähung
und Verläumbung der Fürſten druken, daraus jedermann
ihr ſtolzes Gemüth, ihren Trutz und ihre Nichtachtung
alles menſchlichen Elends abnehmen könnte.

Siebzehntes Capitel.

Unähnlich ſind den ehemaligen Kayſern jene Wüth-
riche, welche weder die Stimme eines Ochſen hören,
noch eine Pfaufeder ſehen wollen.

Keineswegs gleichen ſie dir, noch Julius, noch Auguſtus, noch den Kayſern unſrer Zeiten, Friedrich und Maximilian (denen nichts an Güte gleichkömmt) jene rohen
Bauern, die voll rachdurſtiger Unbändigkeit ſogleich in
die Waffen ſtürzen, wenn ſich etwa einer unterſteht ein
Kuhgebrüll nachzuahmen, oder wenn einer zum Scherz oder
zur Freude, oder auch aus Einfalt glänzende Federn des Ju-
novogels auf dem Haupte trägt. Es gleicht dir nicht jener, aus
eben dem Bunde, guter Jeſus, der vor ein paar Tagen ſagte:
Er wollte gerne ſterben, wenn es ihm erſt gelänge, alle Prie-
ſter, welche es mit dem Hauſe Oeſterreich hielten, mit eigner
Hand umzubringen. Die ahmen deine Langmuth nicht nach,

---

*) Nun, dieſen elenden Verſifex wollen wir unſerm Wimpheling
gerne preißgeben.

alienarum rerum appetitu rixas, incendia, cædes, facrilegia, depopulationes aggreffi, innumerabilium virorum ftragem nuper patraverunt.

De Satyra vel Invectiva Nicolai Schradin.
Capitulum decimum fextum.

Nec hoc fatis eis fuit: nifi carmina quædam barbara, nifi rhythmos quosdam germanicos picturasque et imagines cum derifu magnoque contemtu ac principum detractione impreffum iri curaviffent, quibus eorum excelfus animus, jactantia, humanæque miferiæ oblivio manifefte deprehenderetur.

Prifcis Imperatoribus diffimiles quidam feroces vocem bovis audire aut pavonis pennas videre deteftantes.

Capitulum decimum feptimum.

Non funt vel tibi vel Julio vel Augufto vel noftræ etiam ætatis Imperatoribus Friderico et Maximiliano (quibus nihil eft manfuetius) ifti filveftres fimiles; qui importunitatis et iracundiæ pleni mox in arma ruunt: fi forfitan vaccæ mugitum edere quispiam attentare, aut fi quispiam joci aut folatii caufa vel ex fimplicitate fpeciofas avis Junoniæ pennas in capite fuo circumferre *). Non eft tibi fimilis, bone Jefu, is ex eodem fœdere, qui nudius dixit: libenter mori fe velle, fi fibi contingeret, prius omnes facerdotes Auftriæ domui faventes manibus propriis occidiffe. Non fequuntur longanimitatem tuam,

*) anferit?

welche das rothe Querkreutz nicht sehen mögen, und die
Waffen und Bildnisse des H Georgs hassen *).

Achtzehntes Capitel.

Weibische Feigherzigkeit eines gewissen Mönchen.

Jener Mönch folgte nicht deinen Fußstapfen, der beym
Gottesdienst ein mit einem rothen Kreutz bezeichnetes Ho-
stienkästchen wegstieß, und so lange zu opfern zögerte, bis
er ein anders mit einem Kreutz von einer andern Farbe
erhielt.

Neunzehntes Capitel.

Schmeicheley und Haß eines andern Mönchens.

Dir gleicht nicht ein andrer Mönch, der unlängst vor
dem ungelehrten Bauernvolk predigte: Es sollte sich gegen
den Adel bewaffnen, ihn für nichts achten, und zum Land
hinausjagen, da er weder dir diene, guter Gott! noch
irgend einem Menschen was nütze sey **).

Zwanzigstes Capitel.

Die Staatsverfassung der Schweitzer ist der königlichen und aristokratischen Regierung nachzusetzen.

Die sehen weder dem H. Thomas noch dem hochgelehr-
ten Aristoteles gemäß, welche die Regierungsart jenes

*) Lauter Anspielungen auf die mancherley Aeusserungen des wechsel-
seitigen Nationalhasses der Schwaben und Schweitzer vor dem
Ausbruche der grossen Fehde von 1499. Rothe Kreuße, Pfauenfe-
dern und St. Georgs Bildniß waren den letztern, als Insiguien von
Oesterreich und dem Schwäbischen Bunde, ein Greuel; und das
Kuhgebrüll des Schwaben, wenn er auf einen Schweitzer stieß,
womit der erstre auf das Alpenleben des letztern anspielte, konnte
für diesen freylich kein angenehme Musik seyn.

**) Die damaligen Herren und Edeln machten's auch darnach; und
des guten Kaiser Maximilians vielfache Anstalten zur Aufrechthaltung guter Ordnung, und des Landfriedens in Deutschland, gegen
wen waren sie gerichtet? Gegen die Bauern, oder gegen die Edeln?

qui rubram ac transverſalem crucem videre non poſſunt, qui ſigna et divi Georgii ſtatuas oderunt.

Muliebris puſillanimitas cujusdam fratricelli.

Capitulum decimum octavum.

Non eſt imitatus tua veſtigia quidam fratricellus, qui rem divinam facturus capſulam purpurea cruce inſignatam abjecit, et tantiſper ſacrificare diſtulit, quod alteram alterius coloris cruce ſignatam obtinuiſſet.

Adulatio vel odium alterius fratricelli.

Capitulum Decimum nonum.

Non eſt tibi ſimilis alter quidam fratricellus, qui pridem coram indocta plebe et agricolis prædicavit: ut ſeſe in nobiles armarent, eos ſpernerent, eos abjicerent; quippe qui neque tibi, bone Deus! ſervirent, neque ulli hominum utiles eſſent.

*Politia Suitenſium Politiæ Regali et Ariſto-
cratiæ poſtponenda.*

Capitulum vigeſimum.

Non ſunt doctrinæ Sancti Thomæ neque doctiſſimi Ariſtotelis conformes, qui hujus gentis

Volkes entweder der Monarchie des ganzen H. Römischen Reichs oder der Aristokratie der fürnehmsten Städte desselben vorziehen *). Und doch giebt es Mönchen, welche predigen, behaupten und verfechten: Die Uebermacht dieses ungestümen Volkes, der Ungehorsam und die Empörung desselben gegen alle Artickel der christlichen Einigkeit **), könne mit deinem Willen, o Gott! und mit der Wolfarth ihrer Seelen bestehn.

Ein und zwanzigstes Capitel.

Christi Lehre und Beyspiel wird hintangesetzt.

Es rührt ihre Herzen nicht, weder was du auf Erde mit der That erfüllt, noch was du mit dem Munde gelebt hast: Du gabst als kaum gebohrener Knabe dem Octavianus, und, als du Mann warst, dem Tiberius, Schatzung und Tribut, und ermahntest auch andre, dasselbe zu thun, mit den Worten: Gebet dem Kayser, was des Kaysers ist, und Gott, was Gottes ist †).

Zwey und zwanzigstes Capitel.

Auch Petri und Pauli Worte werden nicht geachtet.

Sie achten auch nicht der Worte deines Paulus: „Jede Seele sey unterthan dem öbrigkeitlichen Gewalt ††)", u. s. f. Und zwar redet er hier von irrdischer Macht; nicht von der, welche du im Himmel und auf Erden hast, o

---

*) De gustibus non est disputandum.

**) Die beyden Hauptartickel waren Türkensteuer und Reißlaufen gegen Frankreich.

†) Ersteres thaten auch die Schweitzer so lange sie's schuldig waren; das andere sollen sie, wie wir hoffen, auf immer thun.

††) Von dem wahren Verstand, und dann hinwieder von dem Mißbrauche dieses paulinischen Ausspruches ist seit unsers ehrlichen Wimphelings Tagen schon so viel gesprochen und geschrieben, entschieden und — nicht entschieden worden, daß wir's füglich dabey dürfen bewenden lassen.

filveftrem politiam præferunt vel monarchiæ totius Imperii Romani vel Ariftocratiæ præclariffimarum ejus civitatum. Sunt tamen fratricelli, qui predicant, qui difputant, qui contendunt, hanc importuni vulgi præfidentiam et in omnia chriftianæ unitatis capita inobedientiam ac rebellionem fecundum te, Deum, et cum animarum fuarum falute fubfiftere poffe.

Exemplum et doctrina Chrifti negligitur.

Capitulum vigefimum primum.

Non afficit corda illorum, id quod tu in terris opere implefti, et quod ore prædicafti. Tu puer modo natus Octaviano, et poftea vir factus Tiberio, cenfum tributumque perfolvifti; atque ad hoc idem faciendum alios hortatus es, inquiens: reddite quæ funt Cæfaris Cæfari, et quæ Dei Deo.

Petri & Pauli quoque fermo negligitur.

Capitulum vigefimum fecundum.

Nec eos afficiunt hæc tui Pauli verba : omnis anima poteftatibus fublimioribus fubdita fit, et cetera. De poteftate terrena loquitur ; non de ea quam tu, Cbrifte! habes in cœlo et in terra.

Chriſte! Denn wenn ſich jene rohen Leuthe rühmen, daß
ſie ſich dir unterworfen und dich allein zum Herrn und
Fürſten haben, ſo bekennen auch die übrigen Chriſten dich
hauptſächlich für ihren Herrn, unterwerfen ſich aber nichts
deſto weniger auch Menſchen, welche von dir die irrdi-
ſche Macht von oben herab empfangen haben zu herr-
ſchen und zu befehlen in allen rechtmäßigen Dingen, die
deinem Geſetze nicht zuwider ſind; wie du dem Pontius
zur Antwort gabſt. Denn du willſt, daß der Menſch
dem Menſchen um deinetwillen unterthan ſey, welches dein
Petrus klar ſo ausgedrückt hat: „Ihr ſollt unterthan
„ſeyn um Gottes willen dem König als dem Oberſten,
„oder den Landvögten »*); ſo auch: „Fürchtet Gott,
„ehret den König».

Drey und zwanzigſtes Capitel.

**Die Freyheit der Schweizer iſt erdichtet, und Nikolaus
Schradin erzählt nicht Geſchichte ſondern eine Fabel.**

Sie aber rühmen ſich, frey und jeder menſchlichen Herrſchaft entledigt zu ſeyn. Allein weder du noch dein Statthalter haben ſie freygeſprochen, wenn ſie anders dem letztern
die Wahrheit geſagt; oder warum hätte er je die allgemeine
Ordnung zerrütten und dem Kayſer oder vielmehr dem Römiſchen Reich ſein Recht nehmen wollen? Wer iſt der
Biſchof der ſie befreyte? Wo iſt eine Bulle **)? Soll's der
weltliche Fürſt Eugenius ſeyn, gegen den ſie Krieg führten?
Alter Weiber Mährchen und phantaſtiſche Träume ſind's,
was Nikolaus Schradin entweder aus Wahnſinn oder
aus Unwiſſenheit der Geſchichte ausgeheckt hat †). Was
hatte Eugenius für ein Fürſtenthum? War er König, oder
Herzog, oder Markgraf? Damals führten die Chriſten noch
keine Kriege gegen die Helden. Du paßteſt deine Poſſen nicht
geſchickt der Zeit an, Niklaus Schradine!

---

*) Aber auch den Geßlern, Landenbergen und Conſorten?

**) Auch haben ſich die Schweizer nie — wie etwa andre Nationen
und Zungen — auf päpſtliche Bullen berufen, um ſich von irgend
einer rechtmäßigen Herrſchaft loszuzählen.

†) Bene! Dagegen wollen wir keine Sylbe einwenden.

Sicut enim illi filveftres gloriantur, fe tibi fubjectos
et te folum principem ac Dominum habere: ita et
ceteri Chriftiani te dominum fuum inprimis profi-
tentur, nihilominus propter te hominibus fe fub-
jicient, quibus a te gubernandi præcipiendique in
rebus honeftis tuæ legi non repugnantibus terrena
defuper data eft poteftas; ficut Pontio refpondifti.
Tu enim vis hominem homini propter te fubjectum
effe, quod tuus Petrus, clare expreffit : fubjecti,
inquiens , eftote propter Deum, five Regi qufia
præcellenti, five ducibus; et item : Deum timete,
Regem honorificate.

Exemtio Suitenfium ficta eft , et Nicolaus Schradin
non hiftoriam fed fabulam adducit.

Capitulum vigefimum tertium.

Illi vero fe jactant liberos et ab omni cujuscun-
que humanæ poteftatis dominio immunes. Non
tu eos abfolvifti, nec tuus vicarius; fi vera apud
eum narraverunt: et quoniam ille ordinem uni-
verfi perturbare aut Imperatori feu potius Imperio
Romano jus fuum rapere unquam voluiffet? Et
quis eft ille Pontifex qui eos exemit? Ubi bulla
eft? Quis eft ille? Eugenius Princeps gentilis, contra quem debellarunt, Fabulæ funt aniles et phan-
tafticorum fomnia, quæ Nicolaus Schradin vel deli-
rans vel hiftoriarum omnium ignarus excogitavit.
Cujus terræ Princeps fuit Eugenius? Rexne fuit,
Dux, aut Marchio? Ea tempeftate nondum erant
bella contra gentiles ipfis Chriftianis. Non fatis
commode adaptafti tempora ad nugas tuas, Nicolae
Schradin!

III.

Auszüge aus der Lebensgeschichte eines armen Mannes.

(Geschrieben i. J. 1781 — 85.)

(Fortsetzung. S. das vorhergehnde Heft, S. 36. u. ff.)

LXII.

Das allerwichtigste Jahr.

(1 7 6 1.)

Nachdem ich nun, wie gesagt, den Winter über, alle nur mögliche Anstalten zu meiner Bauten gemacht, das Holz auf den Platz geschleift, und der Frühling nun herbeyrückte, langten auch meine Zimmerleuth' an, auf den Tag, wie sie mir's versprochen hatten. Es waren, aussert meinem Bruder Georg, den ich ebenfalls dazu gedinget, und darum meinem Vater itzt für ihn das Kostgeld entrichten mußte, 7 Mann, deren jedem ich alle Tag' vor Speis und Lohn 7. Batzen, dem Meister aber, Hans Jörg Brunner von Krynau, 9. Bz. bezahlte; und darüber hinaus täglich ein halbe Maaß Branz, und Sell-Beschluß, und Firstwein noch aparte. Es war den 27. Merz, da die Selle zu meiner Hütte gelegt wurde, bey sehr schönem Wetter, das auch bis Mitte Aprils dauerte, da die Arbeit durch eingefallnen großen Schnee einiche Tag' unterbrochen ward. Indessen kam doch, Mitte May, also in circa 7. Wochen, alles unter Dach. Noch vorher aber, End Aprils, spielte mir das Schicksal etliche so fatale Streiche, die mir, so unbedachtsam ich sonst alles —

dem Himmel anheimstellen wollte — der doch nirgends für
den Leichtsinn zu sorgen versprochen hat, beynahe allen
Muth zu Boden warfen. Es hatten sich nämlich drey oder
vier Unsterne mit einander vereinigt, meinen Bau zu hin-
tertreiben. Der einte war, daß ich noch viel zu wenig
Holz hatte, ungeachtet Mstr. Brunner mir gesagt, es sey
genug, und es erst itzt einsah, als er an die oberste oder
Firstkammer kam. Also mußt' ich von neuem in.den
Wald, Bäum' kaufen, fällen, und sie in die Säge und
auf den Zimmerplatz führen. Der zweyte Unstern war,
daß, als bey dem ebengedachten Geschäfte mein Fuhr-
mann mit einem schweren Stück zwischen zwey Felsen
durch, und ich nebenein galoppieren wollte, mir der Baum
im Renken den rechten Fuß erwischte, Schuh' und
Strümpf' zerriß, und Haut, Fleisch und Bein zer-
quetschte, so daß ich ziemlich miserabel auf dem einten
Roß heimreiten, und unter grossen Schmerzen viele Tag'
innliegen mußte, bis ich nun wieder zu meinen Leuthen hin-
ken konnte. Nebendem vereinigten sich, während dieser
meiner Niederlage, noch zwey andre Fatalitäten mit den
erstern. Das einte: Einer meiner Landsmänner, dem ich
120. fl. schuldig war, schickte mir ganz unversehns den
Boten, daß er zur Stund' wolle bezahlt seyn. Ich kannte
meinen Mann, und wußte, daß da Bitten und Beten
umsonst sey. Also dacht' ich hin und her, was denn
sonst anzufangen wäre. Endlich entschloß ich mich, meinen Vorrath an Garn aus allen Winkeln zusammenzule-
sen, nach St. Gallen zu schicken, und fast um jeden Preiß
loszuschlagen. Aber, o Weh! das vierte Ungeheuer! Mein
Abgesandter kam, statt mit Baarschaft, mit der entsetz-
lichen Nachricht zurück,mein Garn liege im Arrest wegen allzukurzen
Häspeln; ich müsse selber auf St. Gallen gehn, und
mich vor den Herren Zunftmeistern stellen. Was soll' ich
nun anfangen? Itzt hatt' ich weder Garn noch Geld; so

zu sagen keinen Schilling mehr meine Arbeiter zu bezahlen, die indessen drauf loszimmerten, als ob sie Salomonis
Tempel bauen müßten. Und dann meine unerbittliche
Gläubiger! Aufs neue zu borgen? Gut! Aber wer wird
mir armen Buben trauen? — Mein Vater sah meine
Angst — und mein Vater im Himmel sah sie noch besser.
Sonst fanden der Aeti und ich noch immer Credit. Aber
sollten wir den mißbrauchen? — Ach! — Kurz er rannte
in seinem und meinem Namen, und fand endlich Menschen die sich unser erbarmten — Menschen und keine Wuch-
rer! Gott vergelt' es ihnen in Ewigkeit!

Sobald ich wieder aushoppen, und meinen Sachen
nachgehen konnte, war meine Noth — vielleicht nur zu
bald vergessen. Mein Schatz besuchte mich während meiner Krankheit oft. Aber von allen jenen Unsternen ließ ich
ihr nur keinen Schein sehn; und mein guter Engel verhü-
tete, daß sie auch nichts davon erfuhr; denn ich merkte
wohl, daß sie, noch unschlüßig, nur mein Verhalten, und
den Ausgang vieler ungewissen Dinge erwarten wollte.
Unser Umgang war daher nie recht vertraut. — Zu St.
Gallen kam ich mit 15. fl. Buß davon. — Als die Zimmerleuth' fertig waren, gieng's ans Mauern. Dann kam
der Hafner, Glaser, Schloßer, Schreiner, einer nach
dem andern. Dem letzten zumal half ich aus allen Kräften, so daß ich dieß Handwerk so ziemlich gelernt, und
mir mit meiner Selbstarbeit manchen hübschen Schilling
erspart. Mit meinem Fuß war's indessen noch lange nicht
recht, und ich mußte bey Jahren dran bauern; sonst
wäre alles noch viel hurtiger vonstatten gegangen. Endlich konnt' ich doch den 17. Jun. mit dem Bruder in mein
neues Haus einziehn, der nun einzig, nebst mir, unsern
kleinen Rauch führte; so daß wir Herr, Frau, Knecht
und Magd, Koch und Keller, alles an einem Stiel vor-
stellten. Aber es fehlte mir eben noch an Vielem. Wo

ich herumſaß, erblick' ich meiſt heitre uud ſonnenreiche,
aber läre Winkel. Immer mußt' ich die Hand in Beutel
ſtecken, und der war klein und dünn; ſo daß es mich itzt
noch Wunder nimmt, wie die Kreutzer, Batzen und Gul,
den alle heraus, oder vielmehr hereingekrochen. Aber
freylich am End erklärte ſich manches — durch einen
Schuldenlaſt von beynahe 1000. fl. — Tauſend Gulden!
Und die machten mir keinen Kummer? O du liebe, heilige
Sorgloſigkeit meiner Jugendzeit!

Inzwiſchen war ich nun ſchon beynahe vier Jahre lang
einem ſtettigen *) Mädchen nachgelaufen; und ſie mir, doch
etwas minder. Und wenn wir uns nicht ſehen konnten,
mußten bald alle Tag' gebundene und ungebundene Briefe
gewechſelt ſeyn, wie mich denn über dieſen Punkt meine
verſchmißte Dulcinee meiſterlich zu betriegen wußte. Sie
ſchrieb mir nämlich ihre Briefe meiſt in Verſen, ſo nett, daß ſie
mich darinn weit übertraf. Ich hatte darum eine groſſe
Freud' mit dem gelehrten Ding, und glaubte bald eine
vortreßliche Dichterinn an ihr zu haben. Aber am End
kam's heraus, daß ſie weder ſchreiben noch Geſchriebenes
leſen konnte, ſondern alles durch einen vertrauten Nachbar
verrichten ließ. „Nun Schatz„! ſagt' ich eines Tags:
„Itzt iſt unſer Haus fertig, und ich muß doch einmal
„wiſſen woran ich bin „. Sie brachte noch einen gan,
zen Plunder von Entſchuldigungen herfür. Zuletzt wur,
den wir darüber einig: Ich müß' ihr noch Zeit laſſen, bis
im Herbſt. Endlich ward im Oktober unſre Hochzeit
öffentlich verkündet. Itzt (ſo ſchwer war's kaum Rom
zu bauen) ſpielte mir ein niederträchtiger Kerl noch den
Streich, daß er im Namen ſeines Bruders, der in pie,
monteſiſchen Dienſten ſtand, Anſprachen auf meine Braut
machte, die aber bald vor ungültig erkannt wurden. An
Aller Seelen Tag wurden wir copulirt. Herr Pfarrer

*) revêche.

Seelmatter hielt uns eine schöne Sermon, und knüpfte uns zusammen. So nahm meine Freyheit ein End', und das Zanken gleich den ersten Tag seinen Anfang — und währt noch bis auf den heutigen. Ich sollte mich unterwerfen, und wollte nicht, und will's noch itzt nicht. Sie sollt' es auch, und will's noch viel minder. Auch darf ich noch einmal nicht verhehlen, daß mich eigentlich bloß politische Absichten zu meiner Heurath bewogen haben, und ich nie jene zärtliche Neigung zu ihr verspürt, die man Liebe zu nennen gewohnt ist. Aber das erkannt' ich wohl, und war davon überzeugt, und bin es noch in der gegenwärtigen Stunde, daß sie für meine Umstände, unter allen die ich bekommen hätte, weit weit die tauglichste war; meine Vernunft sieht es ein, daß mir keine nützlicher seyn konnte, so sehr sich auch ein gewisser Muthwill gegen diese ernste Hofmeisterinn sträuben will; und kurz, so sehr mir die einte Seite meiner treue Hälfte itzt noch bisweilen widrig ist, so aufrichtig ehr' ich ihre andre schöne Seite im Stillen. Wenn also meine Ehe schon nicht unter die glücklichsten gehört, so gehört sie doch gewiß auch nicht unter die unglücklichen, sondern wenigstens unter die halbglücklichen, und sie wird mich niemals gereuen. Mein Bruder Jacob hatte ein Jahr vor mir, und meine älteste Schwester nach mir sich verheurathet; und keins von beyden traf's noch so gut wie ich. Nicht zu gedenken, daß die Familie meiner Frau weit besser war, als die worein gedachte meine beyden Geschwisterte sich hinein gemannet ung geweibet — sind die andern auch immer ärmer geblieben. Bruder Jacob zumal mußte in den theuern Siebenziger-Jahren vollends von Weib und Kindern weg, in den Krieg laufen.

LXIII.

LXIII.

Tod und Leben.

Das Jahr 1762. war mir besonders um des 26. Merzens und 10. Sept. willen merkwürdig. An dem erstern starb nämlich mein geliebter Vater eines schnellen und gewaltsamen Todes, den ich lange nicht verschmerzen konnte. Er gieng am Morgen in den Wald, etwas Holz zu suchen. Gegen Abend kam Schwester Anne Marie mit Thränen in den Augen zu mir, und sagte: Der Aeti sey in aller Frühe fort, und noch nicht heimgekommen; sie fürchten alle, es sey ihm was Böses begegnet; ich soll doch fort, und ihn suchen. Sein Hündlein sey etlichemal heimgekommen, und dann wieder weggelaufen. Mir gieng ein Stich durch Mark und Bein. Ich rannte in aller Eil dem Gehölze zu; das Hündlein trabte vor mir her, und führte mich gerade zu dem vermißten Vater. Er saß neben seinem Schlitten, an ein Tännchen gelehnt, die Lederkappe auf der Schooß, und die Augen sperroffen. Ich glaubte, er sehe mich starr an. Ich rief Vater, Vater! Aber keine Antwort. Seine Seele war ausgefahren; gestabet und kalt waren seine lieben Hände, und ein Ermel hieng von seinem Futterhemd herunter, den er mag ausgerissen haben, als er mit dem Tode rang. Voll Angst und Verwirrung fieng ich ein Zettergeschrey an, welches in Kurzem alle meine Geschwister herbeybrachte. Eins nach dem andern legte sich auf den erblaßten Leichnam. Unser Geheul ertönte durch den ganzen Wald. Man zog ihn auf seinem Schlitten nach Haus, wo noch die Mutter samt den Kleinen ihr Wehklagen mit dem unsrigen vereinten. Ein armer Bube aß die Suppe, die auf den guten Herzensvater gewartet hatte. Zehn Tage vorher hatt' ich (o hätt' ichs gewußt, daß es das letztemal wäre!) mit ihm gesprochen, und sagte er mir unter anderm:

Er möchte sich die Augen ausweinen, wenn er bedenke, wie oft er den lieben Gott erzörnt. O welch einen guten Vater haben wir, welch einen zärtlichen Ehemann unsre Mutter, welch eine redliche Seele und braven Bieder. mann alle die ihn kannten, an ihm verloren. Gott tröste seine Seel' in alle Ewigkeit! Er hatte eine mühsame Pilgrimmschaft. Kummer und Sorgen aller Art, Krankheiten, drückende Schuldenlast u. f. f. folgten ihm lebrum stets auf der Ferse nach. Sonntags den 28. Merz, wurde er unter einem zahlreichen Gefolge zu seiner Ruhestatt begleitet, und in unser aller Mutter Schooß hingelegt. Herr Pfarrherr Bösch ab dem Ebnat hielt ihm die Leichenrede, die für seine betrübten Hinterlaßnen ungemein tröstlich ausfiel, und von den verborgenen Absichten Gottes handelte. Der Selige mag sein Alter auf 54. 55 Jahre gebracht haben. O wie oft besucht' ich seither das Plätzgen, wo er den letzten Athem ausgehaucht. Die sicherste Vermuthung über seine eigentliche Todesart, gab mir der Ort selbst an die Hand. Es war gähe hinab, wo er mit seinem Füderchen Holz hinunterfuhr. Der Schnee trug den Schlitten; aber mit den Füssen mußt' er an einer lockern Stelle, die ich noch gar wohl wahrnehmen konnte, unter den letztern gekommen, und derselbe mit ihm gegen eine Tann geschossen seyn, die ihm den Herzstoß gab. Doch muß er noch eine Weile gelebt, sich frey machen wollen, und eben über dieser Bemühung sein Futterhemd zerrissen haben.

Nach diesem traurigen Hinschied fiel eine schwere Last auf mich. Da waren noch vier unerzogene Kinder, bey welchen ich Vaterstelle vertreten sollte. Unsre Mutter war so immer geradezu, und sagte zu Allem: Ja, ja! Ich that was ich konnte, wenn ich gleich mit mir selbst schon genug zu schaffen hatte. Bruder Georg nahm den eigentlichen Haushalt über sich. Aus den 100 fl. die mir der Selige gegeben hatte, tilgte ich seine Schulden. In meinem eigenen Häusgen machte ich einen Webkeller zurecht, lernte selbst weben, und lehrte es nach und nach meine Brüder, so daß zuletzt alle damit ihr Brodt verdienen konnten. Die Schwestern hinwieder verstuhnden recht gut, Löthligarn zu spinnen; die Jüngste lernte nähen.

Der 10. Sept. war wieder der erste frohe Tag für mich, an welchem meine Frau mir einen Sohn zur Welt brachte, den ich nach meinem und meines Schwehers Namen Uli nannte. Seine Taupfpathen waren Herr Pfarrer Seelmatter, und Frau Hartmännin. Ich hatte eine solche Freude mit diesem Jungen, daß ich ihn nicht nur allen Leuthen zeigte die ins Haus kamen, sondern auch jedem vorübergehnden Bekannten zurief: Ich hab' einen Buben; obgleich ich schon zum voraus wußte, daß mich mancher darüber auslachen, und denken werde: Wart' nur! Du wirst noch des Dings genug bekommen; wie's denn auch wirklich geschah. — Inzwischen kam mein gutes Weib dieß erste Mal wahrlich nicht leicht davon, und mußte viele Wochen das Beth hüten. Das Kind hingegen wuchs, und nahm recht wunderbar zu.

Bald nachher erzeugten die Angelegenheiten der Meinigen manchen kleinern und grössern Ehestreit zwischen mir und meiner Haußehre. Die letztre mochte nämlich nach Gewohnheit die erstern nie recht leiden, und meinte immer, ich dächt' und gäb' ihnen zu viel. Freylich waren meine Brüder ziemlich ungezogene Bursche — aber immer meine Brüder, und ich also verbunden, mich ihrer anzunehmen. Endlich kamen sie einer nach dem andern unter die Fremden, Georg ausgenommen, der ein ziemlich lüderliches Weib heurathete; die andern alle verdienten, meines Wissens, ihr Brod mit Gott und mit Ehren.

LXIV.

Wieder drey Jahre.

(1763 ↄ 1765.)

Die Flitterwochen meines Ehestands waren nun lǎng-
ſtens vorbey, obgleich ich eben wenig von ihrem Honig
zu ſagen weiß. Mein Weib wollte immer gar zu ſcharfe
Mannszucht halten; und wo viel Gebote ſind, da giebt's
auch mehr Uebertrettung. Wenn ich nur ein Bißchen
ausſchweifte, ſo waren alle T ** los. Das machte mich
dann bitter und launigt, und verführte mich zu allerley
eiteln Projekten. Mein Handel gieng inzwiſchen bald
gut, bald ſchlecht. Bald kam mir ein Nachbar in die
Quere, und verſtümmelte mir meinen ſchönen Gewerb,;
bald betrogen mich arge Buben um Baumwolle und Geld,
denn ich war gar zu leichtgläubig. Ich hatte mir eins
der herrlichſten Luftſchlöſſer gemacht, meine Schulden in
wenig Jahren zu tilgen; aber die Ausgaben mehrten ſich
auch von Jahr zu Jahre. Im Winter 63. gebar mir
meine Frau eine Tochter, und Ao. 65. noch eine. Ich
bekam wieder das Heimweh nach Geiſſen; auf der Stelle
mußten deren etliche herbeygeſchaft ſeyn. Die Milch
ſtuhnd mir und meinen drey Jungens treflich an; aber
die Thiere gaben mir viel zu ſchaffen. Andremal hielt
ich eine Kuh; oft gar zwey und drey. Ich pflanzte Erdapfel und Gemüſe, und probirte alles, wie ich am leichteſten zurechtkommen möchte. Aber ich blieb immer ſo
auf dem alten Fleck ſtehn, ohne weit vor — doch auch
nicht hinterwerts zu rücken.

LXV.

Zwey Jahre.

(1766 u. 1767.)

Ueberhaupt vertrödelte ich diese Sechzigerjahre, daß ich
nicht recht sagen kann, wie? und so, daß sie meinem Ge=
dächtniß weit entfernter sind, als die entferntesten Ju=
gendjahre. Nur etwas Weniges also von meiner dama=
ligen Herzens= und Gemüthslage. Schon mehrmals hab'
ich's bemerkt, wie ich in meiner Bubenhaut ein lustiger,
leichtsinniger, kummer= und sorgenloser Junge war, der
dann aber doch von Zeit zu Zeit manche gute Regungen
zur Buße, und manche angenehme Empfindung, wenn
er in der Besserung auch nur einen halben Fortschritt
that, bey sich verspürte. Nun war die Zeit längst da,
einmal mit Ernst ein ganz anderes Leben anzufangen.
Gerade von meiner Verheurathung an wollt' ich mit nichts
geringerm beginnen, als — der Welt völlig abzusagen,
und das Fleisch mit allen seinen Gelüsten zu kreuzigen.
Aber o ich einfältiger Mensch! Was es da für ein Ge=
wirre und für Widersprüche in meinem Innwendigen ab=
setzte. Vor meinem Ehestand bildete ich mir ein, wenn
ich nur erst meine Frau und eigen Haus und Heimath
hätte, würden alle andern Begierden und Leidenschaften,
wie Schuppen, von meinem Herzen fallen. Aber, Potz
Tausend! welch' eine Rebellion gab's nicht da. Lange
Zeit wendete ich jeden Augenblick, den ich nur immer
entbehren — aber eben bald auch manchen den ich nicht
entbehren konnte, aufs Lesen an; schnappte jedes Buch
auf, das mir nur zu erhaschen stuhnd; hatte itzt wirklich
8. Foliobände von der Berlenburger=Bibel vollendet;
nahm dann, wie es sich gebührt, eine scharfe Kinderzucht
vor, gieng dann und wann in die Versammlung etlicher

Heiligen und Frommen — und ward darüber, wie es
mir izt vorkömmt, ein unerträglicher, eher gottloser
Mann, der alle andern Menschen um ihn her für bös,
sich selber allein für gut hielt, und darum jene — kurz
jedes Bein nach seiner Pfeife wollte tanzen lehren. Jede,
auch noch so schuldlose Freude des Lebens machte mir
Scrupel über Scrupel; ich wollte mir bald sogar die Befriedigung eigentlich unentbehrlicher Bedürfnisse des Lebens versagen; und doch steckte mein Busen noch voll
schnöder Lust, und tausend abentheuerlicher Begierden,
die ich so oft ertappte, als ich nur hineinzugucken Muths
genug hatte — und dann freylich fast zur Verzweiflung
gerieth, doch allemal von neuem wieder Posto faßte, und
meine Sachen mit Beten, Lesen — und — o ich abscheu-
licher Kerl! — hauptsächlich damit wieder zu verbessern
suchte, daß ich meiner Frau und Geschwisterten, wie ein
Pfarrer, zusprach, und ihnen die Höll' bis zum Ver-
springen heiß machte. Oft fiel's mir gar ein, ich sollte,
gleich den Herrnhutern und Inspirirten, in der weiten
Welt herumziehn, und Buß' predigen. Wenn ich dann
aber so nur einem meiner Brüder oder Schwestern eine
Sermon hielt, und schon im Text stockte, dann dacht'
ich wieder: Du Narr! Hast ja keine Gaben zu einem
Apostel, und also auch keinen Beruf dazu. Dann fiel ich
darauf, ich könnte vielleicht besser mit der Feder zurecht
kommen, und flugs entschloß ich mich ein Büchlin zum
Trost und Heil wo nicht ganz Tockenburgs, wenigstens
meiner Gemeinde zu schreiben, oder es zuletzt auch nur
meiner Nachkommenschaft — statt des Erbguts zu hin-
terlassen.

LXVI.

Und abermals zwey Jahre.

(1768 u. 1769.)

Das vorige Jahr 67. hatte mir wieder einen Buben
bescheert. Ich nannte ihn nach meinem Vater sel. Johannes. Um die nämliche Zeit fiel mein Bruder Sam-
son im Laubergaden ab einem Kirschbaum zu Tod. Ao.
68. fieng ich obbelobtes Büchlin, und zugleich ein Tagebuch an, das ich bis zu dieser Stunde fortsetze, anfangs
aber voll Schwärmereyen stack, und nur bisweilen ein
guter Gedanke, in hundert lären Worten ersäuft war,
mit denen N. B. meine Handlungen nie übereinstimmten.
Doch mögen meine Nachkommen daraus nehmen, was
ihnen Nutz und Heil bringen mag *).

Sonst ward ich in diesen frommen Jahren des Garn-
handels bald überdrüßig, weil ich dabey, wie ich wähnte,
mit gar zu viel rohen und gewissenlosen Menschen umzuge-
hen hätte. Aber, o des Tuckes! warum überließ ich ihn
denn meiner Frau, und beschäftigte mich nun selbst mit
der Baumwollentüchlerey? Ich glaubte halt, vor meine
Haut und mein Temperament, mit den Webern besser als
mit den Spinnern auskommen zu können. Aber es war
für meine Oekonomie ein thörigter Schritt, oder wenigstens fiel er übel aus. Im Anfang kostete mich das Web-
geschirr viel, und mußt' ich überhaupt ein hübsches Lehr-
geld geben; und als ich itzt die Sachen ein wenig im
Gang hatte — schlug die Waar' ab. Doch, ich dachte:
Es wird schon wieder anders kommen.

*) Auch von diesen höchstmerkwürdigen Tagebüchern folgen seiner
Zeit Auszüge, von denen man, aber freylich aus der spätern
Epoche, eine Probe in dem Helvetischen Calender von 1789.
lesen kann. Anmerk. d. Herausgeb.

Das Jahr 69. bescheerte mir den dritten Sohn. „Ha„!
überlegt' ich izt eines Tags: „Nun mußt du doch einmal
„mit Ernst ans Sparen denken; bist immer noch so viel
„schuldig, wie im Anfang, und dein Haushalt wird je
„länger je stärker. Frisch! die Händ' aus den Hosen ge-
„than, und die Bären abbezahlt. Izt kann's seyn. Bis-
„her hattest noch stets an deiner Hütte zu flicken, und
„fehlte immer hie und da noch ein Stück; andrer Aus-
„gaben in deinem Gewerb u. s. f. u. f. zu geschweigen.
„Dann hast du unvernünftig viel Zeit mit Lesen, Schrei-
„ben, u. d. gl. zugebracht. Nein, nein! Izt willst an-
„ders dahinter. Zwar das Reichwerdenwollen soll von
„heut an aufgegeben seyn. Der Faule stirbt über seinen
„Wünschen, sagt Salomon. Aber jenes ewige Studi-
„ren zumal, was nüzt es dir? Bist ja immer der alte
„Mensch, und kein Haar besser als vor 10. Jahren, da
„du kaum lesen und schreiben konntest. — Etwas Geld
„mußt' freylich noch aufnehmen; aber dann desto wackerer
„gearbeitet, und zwar alles, wie's dir vor die Hand
„kömmt. Verstehst ja, neben deinem eigentlichen Berufe,
„noch das Zimmern, Tischlern u. s. f. wie ein Meister;
„hast schon Webstühl, Trög' und Kästen, und Särg' bey
„Dutzenden gemacht. Freylich ist schlechter Lohn dabey,
„und: Neun Handwerk, zehn Bettler, lautet das
„Sprüchwort. Doch wenig ist besser als Nichts„. So
dacht' ich. Aber es liegt nicht an jemands Wollen oder
Laufen, sondern an Gottes Verhängniß, an Zeit und
Glück!

LXVII.
Mein erstes Hungerjahr.
(1770.)

Während diesem meinem neuen Planmachen und Pro-
jecteschmieden, rückten die heißhungrigen Siebenzigerjahre

heran, und das erste brach ein, ganz unerwartet, wie ein Dieb in der Nacht, da jedermann auf ganz andre Zeiten hoffete. Freylich gab's seit dem Jahr 1760. in unsern Gegenden kein recht volles Jahr mehr. Die Jahre 68. und 69. fehlten gar und gänzlich; hatten nasse Sommer, kalte und lange Winter, grossen Schnee, so daß viel Frucht darunter verfaulte, und man im Frühling aufs neue pflügen mußte. Das mögen nun politische Kornjuden wohl gemerkt, und der nachfolgenden Theurung vollends den Schwung gegeben haben. Dieß konnte man daraus schliessen, daß um's Geld immer Brodt genug vorhanden war; aber eben jenes fehlte, und zwar nicht bloß bey dem Armen, sondern auch bey dem Mittelmann. Also war diese Epoche für Händler, Becken und Müller eine göldene Zeit, wo sich viele eigentlich bereicherten, oder wenigstens ein Hübsches auf die Seite schaffen konnten. Hinwieder fiel der Baumwollen-Gewerb fast gänzlich ins Koth, und aller dießfällige Verdienst war äusserst klein; so daß man freylich Arbeiter genug ums bloße Essen haben konnte. Ohne dieß wäre der Preiß der Lebensmittel noch viel höher gestiegen, und hätte die theure Zeit wohl bald gar kein End' genommen. Doch, alles spezificirlich herzusetzen wäre um so viel überflüßiger, da ich es in meinem, wie ich höre, einst auch vor dem Publikum erscheinenden Tagebuch bereits hinlänglich gethan, und nämlich dort pünktlich, in aller Einfalt erzählt habe, was diesem Zeitpunkt vorgegangen (als z. E. Kometen, Röthen am Himmel, Erdbeben, Hochgewitter); und eben so, was auf denselben gefolgt (schwere Krankheiten, ein ziemlicher Sterbend u. s. f.). Hier bleibt mir also nichts übrig, als meiner eignen ökonomischen sowohl als Gemüthslage in erwähnten bedenklichen Jahren, kurze und wahrhafte Erwähnung zu thun. Denn freylich findet sich auch darüber ein Weites und Breites in gedachtem Diario; aber eben nicht allemal gar zu ächt: Da ich nämlich an mancher Stelle viel Lermens von meinem sonderbaren Vertrauen auf die göttliche Vorsehung gemacht — und zwar meist gerade wo ich am kleingläubigsten war. So viel darf ich freylich noch ißt sagen, daß dieß Zutrauen, ob es gleich zuweilen wankte, dennoch nie ganz zu Trümmern gieng, und ich fast immer fand, daß mein eigenes Verschulden mir die größten Leiden verursachte, und Gottes Güte viel selbst gemachtes Uebel noch oft zu meinem Besten wandte. Schon Ao. 63. und 69. da mir der Hagel zwey Jahre nacheinander alles in meinem Garten zu Boden schlug, und ich und die Meinigen so mit grosser Wehmuth zuschauten, konnt' ich doch den Erbarmenden loben, daß er unsers Lebens geschont. Und seither bey allen solchen und ähnlichen Unfällen, bey allem Aufschlag der Nahrung, bey allem Jammern und Klagen der Leuthe, war immer mein erst und leßtes Wort: „Es wird so „bös nicht seyn„, oder: „Es wird schon besser kommen„. Denn allemal das Beste zu glauben und zu hoffen, war stets so meine Art, und, wenn man will, eine Folge meines angebohrenen Leichtsinns. Ich konnte darum das ängstliche Kräbeln, Kummern und Sorgen andrer um mich her nie leiden; noch begreifen, was einer für einen Nutzen davon hat, wenn er sich immer das Aergste vorstellt. — Doch, so käm' ich allgemach ganz von meiner Geschichte ab.

Das gedachte Siebenzigerjahr neigte sich schon im Frühling zum Aufschlagen. Der Schnee lag auf der Saat bis im Mayen, so daß gar viel darunter erstickte. Indessen tröstete man sich doch noch den ganzen Sommer auf eine leidentliche Erndte. — dann auf das Ausdreschen; aber leider alles umsonst. Ich hatte eine gute Portion Erdäpfel im Boden; es wurden mir aber leider viel davon gestohlen. Den Sommer über hatt' ich zwo Kühe

auf fremder Weide, und ein Paar Geiſſen, welche mein
erſtgebohrener Junge hütete; im Herbſt aber mußt' ich aus
Mangel Gelds und Futter alle dieſe Schwänze verkaufen.
Denn der Handel nahm ab, ſo wie die Fruchtpreiſe ſtie-
gen; und bey den armen Spinnern und Webern war
nichts als Borgen und Borgen. Nun tröſtete ich freylich
die Meinigen und mich ſelbſt mit meinem: „Es wird
„ſchon beſſer kommen„! ſo gut ich konnte; mußte dann
aber auch dafür manche bittre Pille verſchlucken, die meine Bettesgenoßin wegen meinem vorigen Verhalten, meiner Sorgloſigkeit und Leichtſinn mir auftiſchte, und die
ich dann nicht allemal geduldig und gleichgültig ertragen
mochte. Gleichwohl ſagte mir mein Gewiſſen meiſt: Sie
hat recht. . . Wenn ſie's nur nicht ſo herb' präparirt
hätte.

LXVIII.

Und abermals zwey Jahre!

(1771. u. 1772.)

Nun brach der groſſe Winter ein, der ſchauervollſte den
ich erlebt habe. Ich hatte itzt fünf Kinder und keinen
Verdienſt, ein Bißchen Geſpunſt ausgenommen. Bey
meinem Händelchen büßt' ich von Woche zu Woche immer mehr ein. Ich hatte ziemlich viel vorräthig Garn,
das ich in hohem Preis eingekauft, und an dem ich verlieren mußte, ich mocht' es nun wieder roh verkaufen
oder zu Tüchern machen. Doch that ich das letzte, und
hielt mit dem Losſchlagen derſelben zurücke, mich immer
meines Waidſpruchs getröſtend: „Es wird ſchon beſſer
„werden„! Aber es ward immer ſchlimmer, den ganzen
Winter durch. Inzwiſchen dacht' ich ſo: „Dein kleines
„Gewerb hat dich bisher genährt, wenn du damit gleich
„nichts beyſeite legen konnteſt. Du magſt und kannſt's

„also nicht aufgeben. Thätest du's, müßtest du gleich
„deine Schulden bezahlen; und das wär' dir itzt pur un-
„möglich„. Auch in andern Punkten gieng's mir nicht
besser. Mein kleiner Vorrath von Erdäpfeln und andern
Gemüs aus meinem Gärtchen, was mir die Dieben übriggelassen, war aufgezehrt; ich mußte mich also Tag für
Tag aus der Mühle verproviantiren; das kostete mich am
End der Woche eine hübsche Handvoll Münze, nur vor
Rothmähl und Rauchbrodt. Dennoch war ich noch immer guter Hoffnung; hatte auch nicht Eine schläflose
Nacht, und sagte alleweil: „Der Himmel wird schon
„sorgen, und noch alles zum Besten lenken„! „Ja„!
rispostirte dann meine Jöbin: „Wie du's verdient; Ich
„bin unschuldig. Hätt'st du die gute Zeit in Obacht ge-
„nommen, du Schlingel! und deine Händ' mehr in den
„Teig gesteckt, als deine Nase in die Bücher„. — „Sie
„hat Recht„! dacht' ich dann; „aber der Himmel wird
„doch sorgen„ — und schwieg. Freylich konnt' ich meine schuldlosen Kinder unmöglich hungerleiden sehn, so
lang ich noch Kredit fand. Die Noth stieg um diese Zeit
so hoch, daß viele eigentlich blutarme Leuthe kaum den
Frühling erwarten mochten, wo sie Wurzeln und Kräuter
finden konnten. Auch ich kochte allerhand dergleichen,
und hätte meine jungen Vögel noch immer lieber mit frischem Laub genährt, als es einem meiner erbarmenswür-
digen Landsmänner nachgemacht, dem ich mit eigenen Augen zusah, wie er mit seinen Kindern von einem verreck-
ten Pferd einen ganzen Sack voll Fleisch abgehackt, woran
sich schon mehrere Tage Hunde und Vögel satt gefressen.
Noch itzt, wenn ich des Anblicks gedenke, durchfährt
Schauer und Entsetzen alle meine Glieder. — Bey allem
dem gieng mir mein eigener Zustand nicht so sehr zu Herzen, als die Noth meiner Mutter und Geschwister, welche alle noch ärmer waren als ich, und denen ich doch

so wenig helfen konnte. Indeſſen half ich über Vermögen, da ich ſtets noch einigen Credit fand, und ſie gar
keinen. Im May Ao. 71. verhalf mir ein gutmüthiger
Mann wieder zu einer Kuh und ein Paar Geiſſen, da er
mir Geld dazu bis auf den Herbſt lieh; ſo daß ich nunmehr wenigſtens ein Bischen Milch für meine Jungen
hatte. Aber verdienen konnt' ich nichts. Was mir noch
etwa von meinem Gewerb eingieng, mußt' ich auf die
Aßung von Menſchen und Thieren verwenden. Meine
Schuldner bezahlten mich nicht; ich konnte alſo hinwieder auch meine Gläubiger nicht befriedigen, und mußte
darum Geld und Baumwolle auf Borg nehmen, wo ich's
fand. Endlich aber gieng dem Faß vollends der Boden
aus. Zwar kam mir mein gewöhnliches: „Gott lebt
„noch! 's wird ſchon beſſer werden„! noch immer in
den Sinn; aber meine Gläubiger fiengen nichts deſto weniger an, mich zu mahnen, und zu drohen. Von Zeit
zu Zeit mußt' ich hören, wie dieſer und jener bankerott
machte. Es gab hartherzige Kerls, die alle Tag' mit den
Schätzern im Feld waren, ihre Schulden einzutreiben.
Neben andern traf die Reihe auch meinen Schwager; ich
hatte ebenfalls eine Anfoderung an ihn, und war ſelber
bey dem Auffallsact gegenwärtig; freylich mehr ihm zum
Beyſtande, als um meiner Schuld willen. O! was das
vor ein erbärmlichs Spectackel iſt, wenn einer ſo, wie
ein armer Delinquent, daſtehn — ſein Schulden- und
Sündenregiſter verleſen hören — ſo viele bittre, theils
laute, theils leiſe Vorwürfe in ſich freſſen — ſein Haus,
ſeine Mobilien, alles, bis auf ein armſeliges Bett und
Gewand, um einen Spottpreiß verganten ſehn — das
Geheul von Weib und Kindern hören, und zu allem
ſchweigen muß, wie eine Maus. O! wie fuhr's mir da
durch Mark und Bein! Und doch konnt' ich weder rathen noch helfen — nichts thun, als für meiner Schwe-

ßer Kinder zu beten — und dazu im Herzen denken:
„Auch du, auch du steckst eben so tief im Koth! Heut
„oder Morgens kann es, muß es dir eben so gehn,
„wenn's nicht bald anders wird. Und wie soll' es an-
„ders werden? Oder, darf ich Thor auf ein Wunder
„hoffen? Nach dem natürlichen Gang der Dinge kann
„ich mich unmöglich erholen. Vielleicht harren deine
„Gläubiger noch eine Weile; aber alle Augenblick kann
„die Geduld ihnen ausgehn. — Doch, wer weiß? Der
„alte Gott lebt noch! Es wird nicht immer so währen.
„— Aber ach! Und wenn's auch besser würde, so braucht'
„es Jahre lang, bis ich mich wieder erholen könnte.
„Und so lang werden meine Schuldherren mir gewiß
„nicht Zeit lassen. Ach mein Gott! Was soll ich an-
„fangen? Keiner Seele darf ich mich vertrauen — muß
„ich doch vor meinem eigenen Weib meinen Kummer ver-
„bergen„. Mit solchen Gedanken wälzt' ich mich ein
Paar lange Nächte auf meinem Lager herum; dann faßt'
ich, wie mit Eins, wieder Muth; tröstete mich aufs neue
mit der Hilfe von oben herab, befahl dem Himmel meine
Sachen — und gieng meine Wege, wie zuvor. Zwar
prüft' ich mich selbst unterweilen, ob und in wie fern' ich
an meinen gegenwärtigen Umständen selbst Schuld trage.
Aber, ach! wie geneigt ist man in solcher Lage, sich selbst
zu rechtfertigen. Freylich konnt' ich mir wirklich keine
eigentliche Verschwendung oder Lüderlichkeit vorwerfen;
aber doch ein gewisses gleichgültiges, leichtgläubiges, un-
geschicktes Wesen, u. s. f. Denn erstlich hatt' ich nie gelernt, recht mit dem Geld umzugehn; auch hatte es nie
keine Reitze für mich, als in wie fern' ichs alle Tag' zu
brauchen wußte. Hiernächst traut' ich jedem Halunken,
wenn er mir nur ein gut Wort gab; und noch itzt könnte
mich ein ehrlich Gesicht um den letzten Heller im Sack
betriegen. Endlich und vornämlich verstunden lange we-

der ich noch mein Weib den Handel recht, und kauften
und verkauften immer zur verkehrten Zeit.

Mittlerweile ward meine Frau schwanger, und den
ganzen Sommer (1772.) über kränklich, und schämte sich
vor allen Wänden, daß sie bey diesen betrübten Zeitläu-
fen ein Kind haben sollte. Ja sie hätte selbst mir bald
eine ähnliche Empfindung eingepredigt. Im Herbstmo-
nath, da die rothe Ruhr allethalben graßirte, kehrte sie
auch bey mir ein, und traf zuerst meinen lieben Erstge-
bohrenen. Von der ersten Stund' an, da er sich legte,
wollt' er, ausser lauterm Brunnenwasser, nichts, weder
Speis noch Trank mehr zu sich nehmen; und in acht
Tagen war er eine Leiche. Nur Gott weiß, was ich bey
diesem Unfall empfunden: Ein so gutartiges Kind, das
ich wie meine Seele liebte, unter einer so schmerzhaften
Krankheit geduldig wie ein Lamm Tag und Nacht —
denn es genoß auch nicht eine Minute Ruh' — leiden zu
sehn! Noch in der letzten Todesstunde, riß es mich mit
seinen schon kalten Händchen auf sein Gesicht herunter,
küßte mich noch mit seinem erstorbnen Mündchen, und
sagte unter leisem Wimmern, mit stammelndem Zünglin:
„Lieber Aetti! es ist genug. Komm auch bald nach. Ich
„will itzt im Himmel ein Engelin werden.„; rang dann
mit dem Tod', und verschied. Mir war, mein Herz
wollte mir in tausend Stücke zerspringen. Mein bittres
Klaglied über diesen ersten Raub des grossen Würgers in
meinem Hause, liegt in meinem Tagebuch. — Noch war
mein Söhnlein nicht begraben, so griff die wüthende
Seuche mein ältestes Töchtergen, und zwar noch viel heftiger an; es wäre denn, daß dieß gute Kind seine Leiden
nicht so standhaft ertrug als sein Bruder. Und kurz, es
war, aller Sorgfalt der Aerzte ungeachtet, noch schneller
hingerafft, in seinem achten, das Knäblin im neunten
Jahr. Diese Krankheit kam mir so eckelhaft vor, daß

ich's sogar bey meinen Kindern nie recht ohne Grausen
aushalten konnte. Als nun das Mädchen kaum todt,
und ich von Wachen, Sorgen und Wehmuth wie ver-
taumelt war, fieng's auch mir an im Leibe zu zerren;
und hätt' ich in diesen Tagen tausendmal gewünscht zu
sterben, und mit meinen Lieben hinzufahren. Doch gieng
ich, auf dringendes Bitten meiner Frau, noch selbst zu
Herrn Doktor Wirth hin. Er verordnete mir Rhabar-
ber und sonst was. So bald ich nach Haus kam, mußt'
ich zu Beth liegen. Ein Grimmen und Durchfall fieng
mit aller Wuth an, und die Arzeney schien noch die
Schmerzen zu verdoppeln. Der Doktor kam selber zu
mir, sah' meine Schwäche — aber nicht meine Angst.
Gott, Zeit und Ewigkeit, meine geist- und leiblichen
Schulden stuhnden fürchterlich vor und hinter meinem
Beth. Keine Minute Schlaf — Tod und Grab — Sterben, und nicht mit Ehren — welche Pein! Ich wälzte
mich Tag und Nacht in meinem Bett herum, krümmte
mich wie ein Wurm, und durfte, nach meiner alten
Leyer, meinen Zustand doch keiner Seele entdecken. Ich
flehte zum Himmel; aber der Zweifel, ob der mich auch
hören wollte, gieng itzt zum erstenmal mir durch Mark
und Bein; und die Unmöglichkeit, daß mir bey meinem
allfälligen Wiederaufkommen noch gründlich zu helfen sey,
stellte sich mir lebhafter als noch nie vor. Indessen ward
mein Töchtergen begraben, und in wenig Tagen lagen
meine drey noch übrigen Kinder, nebst mir, an der nämlichen Krankheit darnieder. Nur mein ehrliches Weib war
bisdahin ganz frey ausgegangen. Da sie nicht allein ab-
warten konnte, kam ihre ledige Schwester ihr zu Hülf';
sonst übertraf sie mich an Muth und Standhaftigkeit weit.
Ich hingegen stuhnd, theils meiner leiblichen Schmerzen,
theils meiner schrecklichen Vorstellungen wegen, noch ein
paar Tage Höllenangst aus, bis es mir endlich in einer
                                                    glück-

glücklichen Stunde gelang: Mich und meine Sachen gar
und ganz dem lieben Gott auf Gnad und Ungnad zu übergeben. Bisher war ich ein ziemlich mürrischer Patient.
Nun ließ ich mit mir machen, was jeder gern wollte.
Meine Frau, ihre Schwester, und Herr Doktor Wirth,
gaben sich alle ersinnliche Sorge um mich. Der Höchste
segnete ihre Mühe, so daß ich innert acht Tagen wieder
aufkam, und auch meine drey Kleinen sich allmählig erholten. Als ich noch darniederlag, kam eines Abends
meine Schwägerin, und eröffnete mir: Meine zwey Geis-
sen seyen auf und davon. „Ey so fahre denn alles hin„!
sagt' ich, „wenn's so seyn muß„. Allein des folgenden
Morgens raft' ich mich, so schwach und blöd ich noch war,
auf, meine Thiere zu suchen, und fand sie wieder zu mein
und meiner Kinder grosser Freude.

Sonst war der Jammer, Hunger und Kummer, damals im Land' allgemein. Alle Tag trug man Leichen
zu Grabe, oft 3. 4. bis 11. miteinander. Nun dankt'
ich dem L. Gott, daß er mir wieder so geholfen; und
eben so sehr, daß Er meine zwey Lieben versorgt hatte,
denen ich nicht helfen konnte. Aber sehr lange schwebten
mir die anmuthigen Dinger, ihr gutartiges kindliches
Wesen immer wie leibhaftig vor Augen. „O ihr gelieb-
„ten Kinder„! stöhnt' ich dann des Tages wohl hundertmal: „Wenn werd' ich wohl einst zu Euch hinfahren?
„Denn ach! zu mir kömmt Ihr nicht wieder„. Viele
Wochen lang gieng ich überall umher wie der Schatten
an der Wand — staunte Himmel und Erde an — that
zwar was ich konnte — konnte aber nicht viel. Zu Bezahlung meiner Gläubiger wurden die Aussichten immer
enger und kürzer. Aus einem Sack in den andern zu
schleufen, und mich so lange zu wehren wie möglich,
mußt' itzt mein einziges Dichten und Trachten seyn.

LXX.

Nun gar fünf Jahre.

(1773. — 1777.)

Diese Zeit über kroch ich so, immer zwischen Furcht und Hofnung, unter meiner Schuldenlast fort, trieb mein Händelchen, und arbeitete daneben was mir vor die Hand kam. Zu Anfang dieser Epoche gieng's vollends immer den Krebsgang. So viel unnütze Mäuler (denn die Fünfzahl meiner Kinder war itzt wieder complet), die Ausgaben für Essen, Kleider, Holz u. s. f. und dann die leidigen Zinse, fraßen meinen kleinen Gewinnst noch etwas mehr als auf. Meine schönste Hofnung erstreckte sich erst auf Jahre hinaus, wo meine Jungens mir zur Hülf' gewachsen seyn würden. Aber wenn meine Gläubiger bös' gewesen, sie hätten mich lang' vorher überrumpelt. Nein! sie trugen Geduld mit mir; freylich bestrebt' ich mich auch aus allen Kräften Wort zu halten so gut wie möglich; aber das bestuhnd meist in — neuem Schuldenmachen, um die alten zu tilgen. Und da waren mir allemal die nächsten Wochen vor der Zurzacher-Messe sehr schwarze Tag' im Kalender, wo ich viele dutzend Stunden verlaufen mußte, um wieder Credit zu finden. O, wie mir da manch liebes Mal das Herz klopfte, wenn ich so an drey, vier Orten ein christliches Helf dir Gott! bekam. Wie rang' ich dann oft meine Hände gen Himmel, und betete zu dem der die Herzen wendet wohin er will, auch eines zu meinem Beystand zu lenken. Und allemal ward's mir von Stund an leichter um das meinige, und fand sich zuletzt, freylich nach unermüdetem Suchen und Anklopfen, noch irgend eine gutmüthige Seele, meist in einem unverhoften Winkel. Ich hatte ein Paar Bekannte, die mir wohl schon hundertmal aus der Noth geholfen; aber die Furcht, sie endlich zu ermüden, machte daß ich bald im-

mer zuletzt zu ihnen kehrte; und dann, hätt' ich ihnen ein
einzigmal nicht Wort gehalten, so wäre mir auch diese
Hülfsquelle auf immer versiegt; ich trug darum zu ihr wie
zu meinem Leben Sorg'. Uebrigens trauten's mir nur
wenige von meinen Nachbarn und nächsten Gefreundten
zu, daß ich so gar bis an die Ohren in Schulden stecke;
vielmehr wußt' ich das Ding so ziemlich geheim zu halten,
meinen Kummer und Unmuth zu verbergen, und mich
bey den Leuthen allzeit aufgeräumt und wohlauf zu stellen.
Auch glaub' ich, ohne diesen ehrlichen Kunstgriff wär' es
längst mit mir aus gewesen. Freylich hatt' ich — wer
sollte es glauben? — auch meine Neider, von denen ich
gar wohl wußte, daß sie allen Personen die mit mir zu
thun hatten, fleißig ins Ohr zischten — was sie doch unmöglich mit Sicherheit wissen konnten. Da hieß es dann
z. E. „Er steckt verzweifelt im Dreck. — Lang' hält' er's
„nicht mehr aus. — Wenn er nur nicht einpackt, oder
„Weib und Kinder im Stich läßt. — Ich fürcht' ich
„fürcht'. — Will aber nichts gesagt haben; wenn er's
„nur nicht inne wird," u. s. f. Zu mir kamen dann diese
Kerls als die beßten Freunde, forschelten und frägelten
mich aus, und thaten so mitleidig, als wenn sie mir mit
Gut und Blut helfen wollten, wenn ich nur auch Zutrauen zu ihnen hätte; jammerten über die bösen Zeiten,
über die Stümpler u. d. gl. Wie ich's doch bey meinem
kleinen verderbten Händelchen mit meiner grossen Haushaltung mache? u. s. f. u. s. Einst (ich weiß nicht mehr
recht, ob aus Schalkheit oder Noth?) sprach ich einen
dieser Uriane um ein halbdutzend Duplonen nur auf einen
Monath an. Min Herr hatte hundert Ausflüchte, schlug
mir's am End' rund ab, und raunt' es dann doch in jedes
Ohr das ihn hören wollte: Der B ** hat gestern Geld
von mir lehnen wollen. Der machte dann freylich einige
meiner Creditoren ziemlich mißtrauisch. Andere hingegen

sagten: „Ha! Er hat doch noch immer Wort gehalten;
„und so lang er das thut, soll er immer offene Thür bey
„mir finden. Er ist ein ehrlicher Mann„. Also eben
jene vielen falschen Freunde waren es, welche mir die meiste Mühe machten, nicht denen ich mich nicht entdecken durfte,
wenn ich nicht völlig capput seyn wollte. Ich hatte schon
A. 71. oder 72. meine Weberey, obgleich mit ziemlichem
Verlust ab mir geladen; das brachte mir eben auch nicht
den beßten Ruf; denn mein Baumwollenbrauch wurde
dadurch geringer — also mein Baumwollenherr unzufrieden und mürrisch. Desto eher soll' ich die alten Baum-
wollenschulden bezahlen, und konnt' es doch desto weniger.
So verstrich ein Jahr nach dem andern. Bald flößte mir
mein guter Geist frischen Muth und neue Hoffnung ein,
daß mir doch noch einst durch die Zeit zu helfen seyn werde: Nur allzuoft aber verfiel ich wieder in düstere Schwermuth; und zwar, die Wahrheit zu gestehen, meist wenn
ich zahlen sollte, und doch weder aus noch an wußte.
Und da ich mich, wie schon oft gesagt, keiner Seele glaubte
entdecken zu dörfen, nahm ich in diesen muthvollen Stunden meine Zuflucht zum Lesen und Schreiben; lehnte und
durchstänkerte jedes Buch das ich kriegen konnte, in der
Hoffnung etwas zu finden das auf meinen Zustand paßte;
sieng halbe Nächte durch weisse und schwarze Grillen, und
fand allemal Erleichterung, wenn ich meine gedrängte
Brust aufs Papier ausschütten konnte; klagte da meine
Lage schriftlich meinem Vater im Himmel, befahl ihm
alle meine Sachen, fest überzeugt, Er meine es doch am
beßten mit mir; Er kenne am genauesten meine ganze Lage, und werde noch alles zum Guten lenken. Dann
ward der Entschluß fest bey mir, die Dinge die da kommen sollten, ruhig abzuwarten wie sie kommen würden;
und in solcher Gemüthsstimmung gieng ich allemal zufrieden zu Bette, und schlief wie ein König.

Die Fortsetzung nächstens.

V.

Vom Schaden, den Versuche, allerley wunder-
bare Thatsachen philosophisch zu erklären,
der gesunden Philosophie bringen können.

Die Menschen sind von Natur nach Kenntnissen begierig.
Nur erhält diese Begierde eine verschiedene Richtung, und
wird bald löbliche Wißbegierde, bald weniger edle, und
oft unnütze tadelnswürdige Neubegierde. Der Reitz den
das Uebernatürliche für die meisten Menschen hat, gehört
wohl eher zu den Wirkungen der weniger edeln Neubegierde. Denn indem wir das Uebernatürliche gern glauben, ist's uns nicht um Zusammenhang, Ordnung und
Gewißheit der Erkenntniß, sondern nur um ihre Erweiterung durch fremdartige Materialien zu thun. Das Unbegreifliche ist, als solches, nicht geschickt eine dieser Vollkommen-
heiten in unsre Erkenntniß zu bringen. Ein Mensch dem es
um Vervollkommnung seiner Erkenntniß zu thun ist, hascht
nicht nach dem Seltsamen und Unbegreiflichen; im Gegentheil sucht er in die Masse seiner Kenntnisse alle Helligkeit
und Ordnung zu bringen, die ihm möglich ist, und son-
dert, was nichts als dunkle, fremde, unvereinbare, und
dabey unnütze Vorstellungen, die keiner Bearbeitung fähig
scheinen, erzeugen kann, sorgfältig aus. Die Selbstden-
ker, welche dieser Regel folgen, werden also auch das
Uebernatürliche oder Uebernatürlichscheinende, wornach
andre Menschen oft so lüstern sind, gern auf der Seite liegen
lassen; und, wenn sie es auf ihrem Wege antreffen, es doch
nur in so fern ihrer Betrachtung werth halten, als sie
hoffen können, ihm durch emsiges Forschen das, wodurch
es ungeschickt würde in der Erkenntniß Nutzen zu schaffen, zu
benehmen, und es in Zusammenhang mit deutlicher und
fruchtbarer Erkenntniß zu bringen.

Es ist also rühmlich, wenn man sich bestrebt, die sogenannten Ahndungen und Visionen, aus Gegenständen abergläubiger Bewunderung und zweckloser Neubegierde, zu Gegenständen edler Forschbegierde zu erhöhen; das heißt, wenn man sie als physische und psychologische Erscheinungen behandelt, und Versuche wagt, durch sie die Kenntniß der Seele besonders zu erweitern. Mit dieser Bestimmung setze ich als bekannt voraus, daß die Kenntniß der Religion dadurch nicht erweitert werden kann, weil die Fakta, welche dahin einschlagen, ins Reich der Hirngespinste und Fabeln gehören, auch in unsern Tagen außer den Zirkeln geheimer Gesellschaften, welche die Finsterniß lieben, und außer der freylich ungeheuern Claße der Unaufgeklärten, keinen Beyfall finden.

Aber so nützlich auch Versuche, besonders die Seelenlehre durch dergleichen Beobachtungen und Untersuchungen zu erweitern, werden können, so sehr hat man sich in Acht zu nehmen, daß durch Mangel an Prüfungsgeist die Philosophie, die man zu vervollkommnen wünscht, nicht verdorben, und der Afterphilosophie der chevorigen finstern Zeiten ähnlich werde. Dieses würde alsdann geschehen, wenn man an Verbindung oder Zusammenordnung der gesammelten Materialien gar nicht gedenken wollte; oder wenn man an gewagten durch ihre Neuheit reizenden Hypothesen Belieben fände. In jenen Fehler scheinen z. B. viele zu fallen, die unaufhörlich von der Nothwendigkeit, Materialien zu einer künftigen Psychologie zu sammeln, reden, und indem sie nach dem Neuen, Seltsamen und Schwerzuerklärenden am meisten haschen, sich nicht darum bekümmern, was das für eine Psychologie werden muß, die solche Erscheinungen unter Regeln bringen soll. In den zweyten Fehler fallen z. B. die Freunde der Hypothese des animalischen Magnetismus, die von Vorliebe zu einer schimmernden, neuen, seltsamen Hypothese geblendet, von der sie wähnen, daß

sie den Schlüssel zu allen Naturgeheimnissen enthalte, die
Scheidwand der Natur und Uebernatur niederreissen, und
das Divinationsvermögen, das Sehen ohne Sehensor-
gan und Lichtstralen, und das Errathen der verborgnen
Gedanken andrer, zu den natürlichen Phänomenen zählen.

Es ist erstlich der Sache der gesunden Vernunft sehr
nachtheilig, wenn der Denker Thatsachen und Erscheinungen, ohne die Absicht sammeln will, sie selbst sogleich gewissen Regeln und Gesetzen anzupassen, und unterzuord-
nen. Der Ausspruch: Es ist unterm Monde manches,
wovon die Philosophie nichts träumt, ist grossem und
schädlichem Mißbrauch unterworfen. Jeder hat seine Philosophie: Er bringt was er beobachtet, oder, als von
Andern beobachtet, annimmt, unter gewisse Regeln;
schaffet sich Hypothesen und sucht oft nach Belieben seine
und andrer Erfahrungen nach denselben umzuformen.
Und gesetzt, er thue das nicht mit Wissen, so kann
doch, ohne daß er sich dessen bewußt ist, in seinen Erfahrungen allerhand erschlichen werden; und in die
Nachrichten von fremden Erfahrungen können neue Bestimmungen kommen, weil er nur das gehörig faßt und
verbindet, auch mit nöthiger Lebhaftigkeit der Seele
einprägen kann, was mit gewissen allgemeinen Urtheilen zusammenpaßt. Am wenigsten Fehler begeht also
derjenige, welcher die Analogie der gemeinen Naturerschei-
nungen nicht aus den Augen setzt, und nicht Miene macht,
als wollte er ganz ungebunden und uneingeschränkt, ohne
Norm, bloß wahrnehmen, oder sich den Eindrücken der
Dinge überlassen. Wenn wir die vernünftige Philosophie
verschmähen, und ohne ihre Leitung unsre Kenntniß erweitern wollen, so folgen wir den Vorurtheilen der Erziehung, den Meynungen die andere uns beybringen, oder
formen uns Hypothesen, die wir nach und nach für mehr
halten, und die wir uns nicht entschliessen können aufzuge-

ben. Was aber noch schlimmer ist, so setzen wir uns in Gefahr, vielfältig von andern, die nichts weniger als unpartheyisch
zu beobachten wissen, getäuscht zu werden. Die Erkenntniß kann also nichts dabey gewinnen, wenn man die Resultate alles bisherigen Forschens, mit denen uns andre
Wahrheitsforscher beschenkt haben, verachtet, und vor
der Hand nur Data sammeln will, damit, wer weiß wenn
und wie, aus ihnen eine neue, vollkommnere Wissenschaft
entstehen möge. Denn dieß wird — nicht geschehen;
sondern die Philosophie und überhaupt die vernünftige
Erkenntniß wird gänzlich in Verfall gerathen, weil die Materialien untüchtig seyn werden, ein gutes festes Gebäude
aufzuführen. Dafür aber werden Schwärmerey und Aber-
glauben dabey ihre Rechnung finden, besonders da die
Freunde derselben, und überhaupt die Freunde schimmern-
der, neuer seltsamer Meynungen, unter dem Vorwand
etwas zur Erweiterung der vernünftigtn Erkenntniß beytragen zu wollen, nur ihrer eigenen Sache zu nützen
trachten. Es ist bekannt, wie Meynungen und Vorurtheile Gelegenheit zu Angaben und Nachrichten geben,
durch die ihr Ansehn beständig wächst. Da es z. B. klar
ist, daß viele gegenwärtig sehr gerne die Meynung von
Erscheinungen der Sterbenden und Verstorbenen, und die
Lehre von Mittelwesen, die uns Ahndungen verursachen,
in Ansehn bringen möchten, so müssen sich die Angaben
dieser Art vermehren, und der uneingenommene Forscher,
der ihnen Gehör giebt, muß hintergangen werden, indem
er andere für solche unpartheyische Beobachter oder Zeugen
hält, als er selbst ist, oder zu seyn sich überreden will.
In vorigen Zeiten, als man Gespenste die in Häusern ihren
Spuck trieben, und Hexen glaubte, fehlte es nicht an sehr
wahrscheinlichen und annehmlich scheinenden Erzählungen,
wider die so wenig einzuwenden ist, als wider manche
Nachricht in heutigen periodischen Schriften. Wenn nun

aber unter der der Larve Philosophie eine Afterphilosophie
emporkommen sollte, die auch wirklich schon unter uns
Wurzel zu faſſen beginnt; wenn wir die neuplatoniſche
Philosophie ſtatt der beſſern, die nun von ſo vielen ver-
ſchmäht wird, in kurzem wieder ſollten aufleben ſehn, wie
treflich wären da. die Abſichten derjenigen, die ſo furcht-
ſam ſind, Syſteme zu begünſtigen, erreicht worden!

Noch gefährlicher ſind der vernünftigen Erkenntniß jene
gewagten, ſeltſamen, und von geſunder Natur- und Seelenlehre ſich entfernenden Hypotheſen, die zum Theil offenbar zu jener elenden, hermetiſchen, ſpagyriſchen und kab-
baliſtiſchen Philoſophie zurückführen. Es iſt erwieſen, daß
das Syſtem des animaliſchen Magnetismus in naher Ver-
wandtſchaft mit den Syſtemen vieler alten Querköpfe und
Sonderlinge ſteht, die in der Philoſophie ſchwärmerſche
Meynungen gehegt, und der geſunden Vernunft groſſen
Schaden gethan haben. Die Meynung vom Divinationsvermögen des Menſchen, welches durch gewiſſe Manipula-
tionen ſoll entwickelt werden, iſt ein Sprung ins Gebiet
des Uebernatürliche, und gehört zur Theoſophie, die von
verborgnen Sinnen im Menſchen ſpricht, durch welche der
Menſch in das Herz eines andern Blicke thun, und auf
ihn magiſch, durch eine verborgene Kraft, wirken, ſeine
Gefühle nach den ſeinigen ſtimmen, und in ihm gewiſſe
Neigungen erwecken kann *). Sie gehört zu eben der Theoſophie, die ebenfalls von einem innern Geſichte redt,
durch welche dem Menſchen das Innwendige der Natur
aufgeſchloſſen wird. Es iſt wahr, die Somnambuliſten

---

*) Dieſer Meynung iſt auch unter andern der Verfaſſer eines
ſonſt leſenswerthen, und viel nützliches enthaltenden Buchs,
Herr von Ekhartshauſen: Dieß Buch führt den Titel:
Aufſchlüſſe zur Magie aus geprüften Erfahrungen über
verborgene philoſophiſche Wiſſenſchaften, und verdekte
Geheimniſſe der Natur. München. 8 1788.

begnügen sich, den Innhalt eines Briefs oder Buchs mit
verschloßnen Augen, oder durch den Deckel zu lesen; sichts
bare Objekte durch dicke Mauern zu sehen, und im mensch
lichen Cörper Unordnung in den Eingeweyden durch die
äussern Hülle hindurch wahrzunehmen. Hingegen sahen
die Schwärmer jener Art nicht allein alles das auch, und
ungleich besser, sondern noch überdem den ursprünglichen
Adamischen Cörper, den der Mensch mit sich unter seinem
gegenwärtigen groben herumträgt, und der ihm in die
seligen Wohnungen folgen wird, wenn dieser irrdische in
Staub zerfällt *). Man bemüht sich, die Meynung von
Eingebungen künftiger Dinge durch den Dienst der Schutz
geister in Ansehen zu bringen, und den Erscheinungen der
abgeschiedenen Seelen aufs neue Glauben zu verschaffen.
Dadurch kommen wir in unsrer Erkenntniß wieder in die
Zeiten zurücke, wo Träume und Ahndungen auch bey ein
sichtsvollen Gelehrten so viel galten; wo ein Kardan von
einem Schutzgeiste sprach, der ihn umschwebte, und ihm
zuweilen über wichtige Dinge Winke ertheilte; in die Zei

*) Die bekannte Antoinette Bourignon sagt in dem (soge
nannten) Neuen Himmel von diesem ihrem innwendigen
Gesicht folgendes: „Ich sehe die Erde als einen Kryftall,
„und erblicke durch ihre Oberfläche, was in ihr ist. Die
„Pflanzen, die Steine, die Metalle, und alles, ist als ob's
„im Wasser sichtbar wäre. Unter der Erde giebt's eben so
„viel Arten Menschen und Thiere, als auf derselben. Aber
„besonders seh' ich durch alle Menschenleiber hindurch; sehe
„ihre Adern, ihre Nerven, ihre Beine, ihre Eingeweide,
„ihr Inn= und Auswendiges „, u. s. w. Sie beschreibt als=
dann die Pracht und Herrlichkeit jenes ursprünglichen Adami=
schen Körpers, der unter diesem groben verhüllt ist, von
welchem auch Valentin Weigel, und viele andere, reden,
und versichert: Daß ein Diamant, mit der Schönheit eines
Fingers an diesem herrlichen Cörper verglichen, ganz un=
endlich verliere, und daß die Herrlichkeit und der Glanz der
Farben, mit denen er spiele, unaussprechlich sey, u. s. w.

ten wo die Menschen sich durch die Furcht vor Spukereyen und Kobolden so viele unnütze Qualen schufen. Und nimmt man Geister an, die sich in unsere Angelegenheiten mengen, so wird der Glaube an Magie, Nekromantie u. s. w. der itzt nur noch unter geheimen Cirkeln der Schüler dieser thörichten Afterweisheit herrscht, sich bald ohne Maske und öffentlich zeigen. Es ist zwar unläugbar, daß vom Glauben an Geister, die den Weltraum erfüllen, und zuweilen den Menschen Dienste erweisen, zur Ueberredung, daß man mit ihnen in Gemeinschaft kommen, und sie durch Verträge zwingen kann, noch ein mächtiger Schritt sey. Jene eben nicht unvernünftige Meynung, (von unsichtbaren Bewohnern des Weltraums) die als Nothbehelf gebraucht werden könnte, manches Phänomen aufzulösen, setzt ja selbst die Möglichkeit dieser Magie noch nicht voraus. Allein sie gehört doch zu den gewagten Hypothesen, deren Ausbreitung ohne Schaden sich nicht denken läßt. Es ist also wohl zur Beförderung der vernünftigen Erkenntniß dienlich, in Prüfung aller angeblichen Phänomenen und Thatsachen, welche zur Bestätigung der Wirklichkeit der Visionen, Ahndungen u. s. f. dienen sollen, die Gesetze des Zusammenhangs der Dinge, so weit sie uns bekannt sind, vor Augen zu haben, und die Regel der Vernunftlehre zu befolgen: Daß das Natürliche, Begreifliche, Ordentliche eher angenommen werden muß, als das Uebernatürliche, Unbegreifliche und Ausserordentliche. Und hier darf nicht bloß in Anschlag gebracht werden, ob eine Ereigniß ein Wunder ist, sondern ob sie, ohne eine neue Kraft in der Körper- oder Seelenwelt anzunehmen, ohne ein neues Gesetz zu glauben, nicht erklärt werden kann, wenn sie sich genau so und nicht anders zugetragen hat. Denn nicht bloß der ist abergläubig oder ein Schwärmer, der Wunder ohne Noth annimmt; auch der ist's, welcher ohne dringende Gründe neue unbegreifliche Gesetze der phyſiſchen Welt annimmt. Z. B. ich ſoll eine Viſion, die ein verſtändiger Mann, der ſich nennt, und der ein Mann von Ehre ſeyn ſoll, im Zuſtand des Wachens, ſo viel er weiß, gehabt hat, erklären; ſo iſt's (wenn das Faktum unerſchütterlich wahrhaft iſt, wovon ich aber nicht ſo überzeugt ſeyn kann als der Viſionär, und ſein Buſenfreund, und ſelbſt ſeine Bekannten und Mitbürger) natürlicher anzunehmen, daß die Geſchichte in ſeiner Seele, oder doch innerhalb ſeiner Sinnenorgane vorgieng, als daß ſie auſſer ihm vorgieng, ob auch gleich einige Veranlaſſung auſſer ihm vorhanden war. Ich ſoll erklären, was es mit einer Viſion für eine Bewandtniß gehabt, die ein andrer zur Zeit des Todes ſeines Verwandten oder Freundes hatte; und mag auch der Mann noch ſo wenig ſich bewußt geweſen ſeyn, daß ihm Vorſtellungen vom Schickſal ſeines Freundes vorgeſchwebt wären, ſo iſt's doch vernunftmäßig, ihm dunkle Ideen dieſer Art zuzuſchreiben, oder lieber das Aufſteigen ſolcher lebhaften Bilder für einen Zufall zu halten, wenigſtens ſo lang erweislich wahre Ereigniſſe dieſer Art nicht zu den alltäglichen Vorfällen gehören *). Wie? Ich ſollte dafür eber und lie

*) Beyſpiele ſind oft einleuchtender als die weitläuftigſten Erläuterungen durch Gründe. Z. B. die Geſchichte in Moriz. Magaz. zur Erfahrungsſeelenkunde VI. Band. 1. St. S. 87:90. die ein gewiſſer Legationsrath von F. in M. erzählt, ſoll erklärt werden (von der jetzt, da ich dieß ſchreibe, noch keine Prüfung erſchienen iſt): So ſcheint freylich anfänglich die Vermuthung am natürlichſten, daß ein ätheriſcher Körper (vermuthlich die Hülle der Seele im nächſtkünftigen Stand) zugleich mit ihr den Cörper des Verſtorbnen verlaſſen, und in der Kammer herumgeſchwebt, oder daß doch ein Aggregat von Cörperchen ſich in einer ſolchen Figur gezeigt, welches vormals vielleicht das Medium der Vereinigung ausgemacht hat. Denn man erwäge folgende Umſtände:

1.) Der Deponent weiß daß ſein Bruder krank iſt, denkt aber weiter an nichts; ja er ſieht die weiſſe Dunſtfigur ohne Entſetzen, und ohne an ein Geſpenſt zu denken.

der annehmen, daß, nach einem unbegreiflichen Gesetze, sich die Seele eines Sterbenden von ihrem Körper noch vor dem Tod entferne, und an fernen Orten darstelle;

2.) Die Figur schwebt als eine Wolke daher; sie ahmt die Geberden des Lebenden nach.

3.) Sie erscheint dem äussern Gesicht, da sie einen Schatten wirft, und wie ein Rauch allmählig durch die Oefnung der Thüre geht, und da ein ungewöhnliches Licht in der Kammer ihre Gegenwart mehr offenbart, als das Tageslicht bey damaliger trüber Witterung thun konnte. Die Imagination bindet sich sonst an die Gesetze der Optik nicht sehr. Es ist wahr, diese Erzählung hat etwas, das in Verwunderung setzt, und anfangs auf natürliche Art unerklärbar scheint: Aber die Meynung, daß der Deponent eine wahre Dunstfigur ausser sich gesehen, ist denn doch nicht das natürlichste was der unpartheyische Prüfer denken kann.

Zwar fehlen vielleicht Umstände die mehr Licht geben können. Aber wenn auch keine fehlen, so ist es ja schlechthin nach den bekannten Weltgesetzen unerklärbar, daß ein menschenähnlicher Körper sich aus Aether oder seinen Dünsten zusammenballe; daß er mit einem besondern Lichte strahle, und dennoch einen Schatten werfe; daß wohl gar in dieser Gestalt die Seele selbst verborgen sey, und ohne Nerven und Muskeln diese Gestalt bewege. Wer wird statt dessen nicht lieber annehmen, daß der Deponent wachend einen sehr ordentlichen und lebhaften Traum gehabt? Eine nicht unerhörte nicht prekair angenommene sondern bekannte Begebenheit, wovon man genug Beyspiele anführen kann. — Daß er nicht weiß, wie dieser Traum entstanden, daran liegt nichts: Von der Entstehung der Träume sind wir uns selbst sehr oft ganz ausser Stand Rechenschaft zu geben. Dieser Hypothese kömmt noch daneben zustatten, daß er über den seltsamen Anblick keine sonst in seinem Fall so natürlichen Betrachtungen anstellt, an kein Gespenst denkt, und gleichwohl nicht glaubt, daß er träume. Es ist zwar wahr, daß mehrere Philosophen solche Dunstkörper (die sich nach dem Tod zeigen sollen) angenommen haben. Paracelsus ist sogar der Meynung, daß die Seele nicht darinn wohne; doch könne ein böser Dämon zuweilen darinn hausen (Eben das nehmen einige von den Irrlichtern an). Aber diese Dunstkörper gehören denn wohl in jene Korpuscularphilosophie, nach der

oder daß sie gar da wirke, wo sie nicht zugegen ist; oder daß sie auf fremde Organe, oder gar unmittelbar in eines andern Seele wirke? — Also werd' ich auch dem ersten Reisenden, der mir erzählt, daß es Menschen mit zwey

alles Unbegreifliche begreiflich wird. Wenigstens haben wir gegenwärtig noch keine Beweise ihres Daseyns.

Ein andres Beyspiel wird in eben dem Heft, und zwar von der nämlichen Person welche die vorige Erscheinung hatte, (S. 79 u 87.) erzählt. Der Erzähler Herr Legationsrath F. weiß daß seine Mutter krank ist, legt sich zu Beth, ohne damals an sie zu denken, und wird durch ein seltsames Getös aufmerksam gemacht. Da zeigt sich ihm beym Mondschein eine weisse Figur, die seiner Mutter ähnlich ist. Damals dachte seine Mutter an ihn, und glaubte, sie möchte ihm wohl erschienen seyn. Sonderbar war's, daß sie eine Haube trug, welche er an der ihm erschienenen Gestalt auch bemerkt hatte. — Ich denke, daß die Meynung, die Mutter habe diese Vision durch ihr Bestreben bewirkt, nicht das natürlichste sey, was wir denken können, wenn's gleich so scheint. Kann die Seele der Menschen im Körper gewöhnlich durch alle Anspannung ihrer Imagination, durch die lebhaftesten Wünsche, keine einzige Idee ohne allein mittelst ihres Körpers in einer andern Seele bringen, auch wenn er gegenwärtig ist; kann sie kein Sandkörnchen, ohne ihre Glieder in Wirksamkeit zu setzen, aus seiner Stelle rücken, wie sollte sie auf des Abwesenden Seele, Nerven oder Gehirn wirken, oder gar ein Luftbild schaffen können, um es vor seine Sinne zu bringen? Hingegen ist's ja möglich, ja schon durch mehrere Erfahrungen erprobt, daß einer im Beth in einen Stand, der kein wahrer Schlaf ist, geräth, wo seine Sinnen noch nicht geschlossen sind; daß er sich seiner Lage bewußt bleibt, und in diesem Zustand Einbildungen mit den Empfindungen, die er zu eben der Zeit hat, verwechselt. So ein Visionär kann übrigens nach seinem Gefühl, besonders wenn er kein grosser Beobachter seiner selbst ist, dem Körper und der Seele nach gesund seyn. Es ist dabey gar nicht nothwendig, daß er melancholisch sey, oder daß er sich wenigstens einer besondern Zerrüttung in seiner Seele oder seinem Körper bewußt sey.

Köpfen, vier Augen, nur Einem Fuß, oder gar ohne
Kopf giebt, glauben müssen, wenn er nur ein Zeuge ist,
dem ich sonst in andern Dingen ohne Bedenken würde
Glauben beygemessen haben? Und ich werde diese neue
physische Oekonomie ohne Bedenken, unter die erprobten
Wahrheiten zählen dürfen? Denn dieser Körperbau ist ja
nicht physisch unmöglich, ja weit begreiflicher als jene Sätze.
Oder wenn ein französischer Arzt erzählt, daß er durch
eine Menge Versuche ausfindig gemacht hat, daß das
Sensorium commune in einem gewissen kranken Zustande
des Nervensystems aus dem Gehirn in die Gegend der
Herzgrube verlegt werde, und wenn er diese Versuche mit
der pünktlichsten Genauigkeit angestellt zu haben versichert,
soll ich nun annehmen, daß es eine Krankheit giebt, in
der die ewige Ordnung der Natur umgekehrt wird; zum
Sehen nicht mehr das Auge, zum Hören nicht mehr das
Ohr erfodert wird; in der das Licht nicht weiter nöthig
ist, um die Gestalten der Körper darzustellen, und Far-
benbilder ohne Licht erzeugt werden; in der die Luft nicht
nöthig ist, den Schall fortzupflanzen? Wahrlich diese Foderung wäre beynahe zu stark, wenn auch die ganze Uni-
versität in Salamanca, oder die Sorbonne in Paris diese
Fakta feyerlich mit ihrem Ansehn bekräftigte.

Doch, ich halte mich fast zu lang bey einer nicht zum
erstenmal, sondern schon unzähligemal gesagten Wahrheit
auf. Nur noch eins. Wie mag es kommen, daß so viele
denkende Wahrheitsfreunde, wenn sie auch das Uebernatürliche oder Unbegreifliche, nicht ohne von Seite ihrer
Vernunft einen starken Widerstand zu fühlen, annehmen,
dennoch einen gewissen Hang zum Uebernatürlichen bey
sich empfinden, dem sie, nicht nachzugeben, viel Mühe
anwenden müssen? — Sehr begreiflich ist es, wie solche
Menschen, die von starken Leidenschaften beherrscht, von
ungestümen Wünschen getrieben werden, so geneigt sind,

höhere als natürliche Kräfte, und unbekannte Weltgesetze
wünschenswerth zu finden, da ihnen die gemeinen Kräfte
und Gesetze theils zu ohnmächtig, theils zu langsam scheinen, sie zum Ziel ihrer ausschweifenden Wünsche zu führen. Es ist sehr begreiflich, daß Menschen, die die Vergnügungen der Einbildungskraft, den stillern und ernst-
haftern Freuden, welche die Einsicht in den Zusammenhang der wirklichen Dinge gewähren kann, vorziehen,
das Reich der Chimären reitzender finden, als das Reich
der Wirklichkeiten. Allein es scheint nicht eben so leicht
zu erklären, warum stille Wahrheitsforscher einen ähnlichen Hang bey sich empfinden. Ich glaube, wenn wir
in die Vorzeit zurückgehen, werden wir die größten Weltweisen und geübtesten Denker weit weniger frey von diesem Hange finden, als itzt viele mittelmäßige Köpfe; und
dieß führt, wie mir dünkt, leicht zur Auflösung des Prob-
lems. Unser Geist strebt nach Erweiterung der Erkennt-
nißsphäre, der erhabenste Geist am meisten. Er steigt
also, wenn die Sphäre des Wirklichen für ihn zu eng ist,
in die Region des Möglichen hinauf. Und je weniger er
das Reich der Wirklichkeiten kennt, desto lieber vertieft er
sich ins Reich des Forschbaren. Der Denker, dem die
Wesen unsrer Welt, und die Gesetze ihres Zusammenhangs zu wenig bekannt sind, findet für seine Erkenntniß
allzuwenig Stoff in der Natur, und daher sucht er ihn
im Reich des Uebernatürlichen. Als noch die Himmels-
körper weniger bekannt als itzt waren, als man ihre Analogie mit unsrer Erde nicht vermuthete, und von der unermeßlichen Grösse der sichtbaren Welt keine Ahndung
hatte; als man das Bewunderungswürdige unsers Kör-
perbaus, und die Gemeinschaft des Geistes und Körpers
nicht so wie itzt kannte, war es so seltsam nicht, daß
man durch Erdichtungen die allzuengen Gränzen der Erkenntniß zu erweitern, und ihrer Armuth zu Hülfe zu

kommen

kommen bemühet war, das Weltall mit allerley Klassen von Geistern mit und ohne Leiber erfüllte, und im ganzen Umfange des Wesenalls den Menschen und die sichtbare Welt für das schlechteste hielt. Aber nun hat der denkende Kopf, der sich mit dem Studium der Natur abgiebt, Materialien genug, sein Denkvermögen daran zu üben, und hinreichende Nahrung für seine Forschbegierde. Er darf nicht Elementargeister und Sternregenten, nicht Genien und Feen erträumen. Die Naturgeschichte und Naturlehre ist reichhaltig genug, und erweitert sich täglich. Aber noch giebt's denkende Köpfe genug, welche die Natur nicht studieren. Und diese fühlen doch auch jenes Bedürfniß, welches nur durch das Studium der Natur gründlich, und auf eine der Vernunft gemässe Art befriedigt werden kann. — Das Bedürfniß, das Läre, welches ihre dürftige eingeschränkte Kenntniß des Weltalls übrig läßt, mit irgend etwas auszufüllen.

Heinrich Corrodi.

VI.

Etwas zum Andenken der Wolfischen Philosophie, und ihres grossen Stifters.

(An den Herausgeber des Museums.)

Mein verehrungswerther Freund!

Ich habe gestern Nachts, nach Vollendung meiner dürren Berufs- und Tagesarbeit, bey stiller Durchlesung des zweyten Stücks des Philosophischen Magazins meines philosophischen Lieblings-Schriftstellers, Prof. Eberhards in Halle, am Ende desselben nicht ohne theilnehmendes Vergnügen bemerkt: Daß derselbe an die Herren Herausgeber der allgemein bekannten treflichen Berlinischen Monathschrift den angelegentlichen Wunsch geäussert,

dem ehemals berühmten itzt aber beynahe verkannten deutschen Weltweisen, Christian Wolf, gleich Leibnit-
zen, Lambert, Sulzer, Mendelsohn und Leßing, ein
öffentliches Denkmal in dem Lustgarten in Berlin zu
errichten. Ein Wunsch, dem gewiß jeder wahre, unbe-
fangene Freund der Weltweisheit, und besonders unsrer
deutschen National-Philosophie von ganzem Herzen bey-
stimmen wird! Denn, wer von allen ältern und neuern
Philosophen, auch selbst den grossen Leibnitz nicht ausgenommen, hat die verschiedenen und mannigfaltigen Provinzen des grossen und weitläufigen Reichs der philosophischen Wissenschaften so richtig bestimmt und so treflich zu-
sammengeordnet? Wer die allgemeine Heerstrasse, die da
hindurch führt, mit ihren wichtigsten Ab- und Irrwegen
so richtig bezeichnet? Wer die dem menschlichen Geist
auffallenden, und ihn am meisten intereßierenden Gegenstände mit einer solch befriedigenden Evidenz beleuchtet?
Wer zur Aufklärung und Freyheit im Denken, und zur
Bildung der größten und hellesten Köpfe in der speculati-
ven sowohl als in der practischen Philosophie und Politik, in der Naturlehre sowohl als in der Theologie, in
alleweg so viel beygetragen und mitgewirkt, als Wolf?
Selbst mein unvergeßlicher Lambert, der tiefe, unbefange-
ne Forscher nach reiner Wahrheit, machte sich die Schriften desselben, nach seiner eigenen Sage, zu seinem ordentlichen
Studium, und empfahl auch mit dieselben, und besonders die lateinische Logic, Psychologie, natürliche Theologie, Moral und Naturrecht, zu einem mehr denn ein
oder zweymal zu wiederholenden philosophischen Curse;
mit der einzigen wohlmeinend beygefügten Erinnerung:
Jede seiner Definitionen, und besonders die ontologischen,
wohlbedächtlich zu prüfen, und mich viel eher an seine
als an Baumgartens Definitionen zu halten; welch letz-
rer sich der philosophischen Sünde ungleich mehr als je

nirt schuldig gemacht habe: Nach strenger Consequenz zu
desiniren, und die genauere Anblöße der Begriffe zu ver,
absäumen. — Auch Sulzer, der bekanntermaassen nichts
wdnigen als ein hagerer, trockener, scholastischer Philosoph, sondern ein Mann von wahrem griechischem Geist
und Geschmacke war, tarirte Wolfen als ein philosophi,
sches Genie der ersten Gröſſe. — Und jener wahre socra,
tische Weltweise, Mendelssohn, äusserte bey jeder Gele,
genheit eine solche Ehrfurcht und Hochachtung für Wolfen, daß ich mich, nicht ohne inniges frohes Gefühl
der erhabnen Bestimmung unsrer denkenden Natur, noch
itzt jenes kraftvollen Ausdrucks erinnere: „Wolf werde
„nunmehr in dem unverweslichen Reiche der Geister, ent-
„hüllt von dieser irdischen Sinnlichkeit, auf der endlo,
„sen Stuffenleiter der Erkenntniß solch groſſe und richtige
„Fortschritte thun, daß wir ihn kaum mehr wieder wer,
„den einholen können„.

Und obwohl Kant, dieser freylich ebenfalls scharf, und
tiefsinnige Denker, sich allerdings ernstlich bemühet,
Wolfens philosophisches Verdienst herabzuwürdigen,
und auf die Trümmer seiner Philosophie ein neues, phi,
losophisches System aufzuführen, das dem menschlichen
Verstand überall gleich einleuchtend sich darstellen soll; so
glaub' ich doch nach meinem schwachen Ermeſſen, aus
auffallenden probablen Gründen, (denn wer den richtigen
Gebrauch der gesunden Vernunft und des schlichten Men.
schenverstandes lehren will, der muß auch in ihrer natür,
lichen Sprache reden, oder er handelt geradezu wider sei,
nen Endzweck) daß Kants ganz neuerschaffne scholastisch-
philosophische Sprache und Terminologie, den reinen,
hellen deutschen Ausdruck Wolfs, und seine richtige
natürliche Ideenfolge, und damit den gesunden Menschen,
verstand niemals aus unserm gemeinschaftlichen deutschen

Vaterland verdrängen werde; es wäre denn Sache, daß
die wenigen noch lebenden treflichen philosophischen Köpfe:
Eberhard und Garve, Wieland und Zimmermann,
Nicolai und Engel, Gedike und Biester, Meiners
und Feder, Resewitz und Campe, Beker und Weis-
haupt, u. s. f. bald dahinsterben, und irgendwo einen
oder mehrere grosse deutsche Fürsten, aus eigener klein-
geistischer politischer Furcht vor der Allgewalt der Wahrheit, die wunderliche Laune anwandeln sollte, der herr-
schenden Denkfreyheit und weitern Aufklärung, mit neuem
anmaaßlichem politisch-hierarchischem Gewalt, anstatt jenes
alten abgelebten Hierarchen, willkührliche Gränzen zu setzen, und der alten Mystic ihre ehevorige Herrschaft wieder einzuräumen. Ein Contrast, der in den künftigen
Jahrbüchern der Welt, in Rücksicht auf das End unsers
sogenannten philosophischen Jahrhunderts, gewiß nicht anders als sehr auffallend, und zwar auf eine nicht gar
rühmliche Weise auffallend seyn würde!

Aus alle diesen Gründen werden auch Sie, mein ver-
ehrungswerther Freund! ohne allen Zweifel mit einstimmen, daß Wolfen ein vorzüglicher Platz in dem Tempel der Ehre gebühre. — Auch Alexander Baumgarten, dem bekannten Urheber der Aesthetic, möcht' ich
gerne eine Stelle neben Sulzern gönnen; und dagegen
Leßing zur Gruppe unsrer größten Nationaldichter, Klop-
stok, Wieland, Haller, Geßner und Ramler, hinord-
nen, als wohin Er mir am bessten zu passen scheint. —
Und so hätten wir denn zwey herrliche Gruppen von grossen, ächten deutschen Männern, die meines Wissens
noch niemals Eine Nation so würdig und so zahlreich
darzustellen vermögend war.

Und endlich hab' ich noch einen Wunsch auf meinem
Herzen, den ich Ihnen, mein Freund! nicht verhehlen

kann. Ohne Zweifel werden Sie mit mir finden, daß zur Verherrlichung jenes edeln und grossen Unternehmens noch eine dritte, und zwar die erhabenste Gruppe mangelt. Und wem sollte hiebey nicht gerade der Sinn an Friedrich den Einzigen, Joseph den Grossen, und an jenes ausserordentliche weibliche Regentengenie kommen, das zur Bewunderung der ganzen Welt gegenwärtig das grosse Rußische Reich beherrscht, das fürchterliche Osmannische Reich schon einmal erschüttert hat, und vermuthlich am End' unsers Jahrhunderts noch die wichtigste politische Revolution auf unserm sublunarischen Erdball, mit ihrer ausharrenden Mannskraft bewirken wird. — Eine solche Gruppe wäre gewiß in ihrer Art die einzige; und ich möchte wünschen, daß jene edeln Unternehmer hierauf, nicht weniger, als auf jenes, angelegentliche Rücksicht nehmen möchten.

Finden Sie, mein Geliebter! diese Wünsche Ihrer und des deutschen Publicums Aufmerksamkeit, vielleicht gar Ihres Beyfalls würdig, so mögen Sie solche nach Ihrem Belieben Ihrem Museum einverleiben; wo aber nicht, so werd' ich sie in mein Pult verschließen, und mich im Stillen der angenehmen Abendstunde freuen, die mir dieser philosophische Traum gewähret hat.

Ich verharre mit unveränderlicher Hochachtung

Ewig der Ihrige

,R**,

W. den 31. Jenner 1789.

VII.

Auf den Morgen
des
Geburtstages Christi.
Von
Milton.

Dieß ist der Monat, und dieß der seelige Morgen, an
dem des ewigen Himmels-Königes Sohn, von der verlob-
ten Jungfrau, der unberührten Mutter gebohren, unsre
grosse Erlösung von oben herab brachte.   Denn so ward's
einst von heiligen Weisen vorausgesungen, er sollte unsre
tödtliche Verschuldung tilgen und immerwährenden Frieden mit seinem Vater uns auswirken.

Jene gloriose Gestalt, jenes unaufhaltbare Licht, und
den in alle Fernen hinblitzenden Majestätsschimmer, womit er an des Himmels Versamlungsplätze, mitten in der
Dreyheits-Unendlichkeit zu sitzen pflag, den legte er von
sich; um hier bey uns zu seyn verließ er die Aufwartungen
der makellosen Tage, und gab, einer finstern Behausung
von sterblichem Klosse, mit uns gemeinschaftlich zu wohnen, den Vorzug.

Sag', himmlische Muse! soll nicht deine heilige Ader
dem Gottkind ein Geschenk darbringen? Sollt'st du keinen
Vers, keine Hymne, noch feyerliche Strophen haben, in
diese seine neue Heymath ihn zu bewillkommen? Itzt da
der Himmel noch unbetretten vom Sonnewagen keinen
Striem noch vom nahenden Licht' empfängt, und alle der
Heerzug droben in blitzenden Schwadronen Wache hält?

Siehe, wie ziehn auf östlicher Strasse von Ferne daher
die sterngeleiteten Weisen! Wie eilen sie mit ihren süssen
Rauchwerkskörnern! O, laufe ihnen zuvor mit deinem

demüthigen Lied'! Leg' es herzlich niedrig zu seinen gesegneten Füßen hin; habe du zuerst die Ehre deinen Herrn zu grüssen, und füge deine Tön' in den englischen Chor, berührt von seinem geheimen Altare mit Feuerweihe.

1.

Im herben Winter geschah's, daß das himmelgebohrne Kind allschlechtlich eingewunden, in rauher Krippe lag. Im Ehrfurchtschauer vor Ihm hatte die Natur ihr buntes Gewand von sich gethan, um so mit ihrem grossen Herrn in Sympathie zu liegen.

 Sie fühlt's, es war für sie
  Nun gar nicht Zeit
  Mit ihrem Lieblinge, der Sonne,
  Zu treiben Spiel der Pracht und Lustigkeit.

2.

Nur liebkos't sie mit zärtlichem Gerede der holdseligen Luft, ihr mit unschuldigem Schnee die sündige Stirne zu decken; auf ihre mit Fehlern befleckte Nacktheit diesen heilgen Schleyer jungfräulicher Weisse zu legen:

 Sie würd' unaufhaltbar von Schaam durchdrungen,
 Wenn so im Nahen sie ihr Schöpfer sähe,
 So unverhüllt, voll trauriger Verunstaltungen.

3.

Er aber sandte gleich, die Furchten zu stillen, die sanft augigte Friedsamkeit hernieder. Mit Olivengrün gekränzet kam sie sänftiglich gleitend herab durch die zirkelnde Sphäre; und theilt', als seine stets bereite Herbergschafferin, mit Turtelflügeln die lieberwärmten Wolken.

 Den Mirtenzweig in reger Hand
 Durchzieht sie Meer und Land;
 Da ward die weite Welt zum Frieden umgewandt;

4.

Kein Krieg, kein Schlachtgetön ward itzt vernommen aus aller Welt umher: Hoch auf waren als müßig der

Speer und Schild gehangen: Mit keinem feindlichen
Blute besprißt stand der Sichelwagen, und in keinen be-
wehrten Haufen sprach eine Tromete.

Es saßen alle Könige mit ernsten Blicken da,
Versichert, nunmehr sey ihr Oberkönig nah.

5.

Aber allerruhigst war die Nacht, worinn der Herr des
Lichts sein Friedensreich auf Erden begann. Die Winde
hielten vor Wunder an sich, küßten aufs sanfteste die Waß-
ser, und lispelten indeßen neue Freuden dem Ozeane,

Der nun sein Wüthen all' vergaß,
Indem auf sein bezaubertes Gewäße
Die brütendleise Schaar der Ruhevögel saß.

6.

Die Sterne, in tiefem Erstaunen, standen in unver-
rücktes Schau'n geheftet, und lenkten all' auf Eine Straße
hin ihre köstlichen Influenzen. Sie wollen ihre Flucht
nicht nehmen, so stark das Frühlicht vor sich dringt, und
Lucifer mit ihm, der sie so oft hinweggewarnet hat:

Sie glühen fort
In ihren Schimmerkreißen,
Bis Er, ihr Oberherr, sie selbst will heißen
Verlaßen ihren Ort.

7.

Und hatte nun gleich dem Tage das graue Dunkel den
Platz eingeräumt, noch hinterhielt die Sonn' ihre gewöhnliche Rennfahrt; aus Beschämtheit barg sie ihr Haupt,
ob würde die neuerleuchtete Welt ihrer niederern Flamme
nicht ferner bedürfen.

Begann nun dieser höhern Sonne Glanz zu walten,
O so vermogt' ihr Stralenthron, ihr Deichselbrand,
Dabey unmöglich auszuhalten.

8.

Die Hirten auf der Trift, eh' noch das Dämmerlicht
kam, so saßen sie, wie Dorfleuthe pflegen, an einer Rei=
he einfältig dahlend.   Wie wenig sannen sie dran, der
mächtige Pan sey itzt, leutselig bey ihnen zu leben, gekom=
men! Ihre Liebschaft vielleicht, vielleicht der Schlafver=
treib war alles,

> Was ihnen noch vor'm Geiste schwebte,
> Und seinen schwachen Trieb belebte:

9.

Als eine so überliebliche Musik ihr Ohr, ihr Herz be=
grüßte, wie keine noch je unter menschlichem Finger her=
vorging.   Göttlich gesungene Töne, antwortende Harfenak=
korte, befielen ihre Seelen ganz zu seligen Entzückungen.

> O den Genuß
> Von jedem ausgesungnen Gruß
> Nicht zu verlieren, zieht die Luft
> Mit tausend Echo ihn zurück aus ferner Kluft!

10.

Natur, die solchen Schall vernahm, der unterm Wa=
gen ihrer Cynthia durch ihre Regionen klang, ward nun
beynahe ganz vermuthend, da sey schon ihre Rolle aus=
gespielt, und ihre Regierung vollendet.   Sie sah es ein,

> Daß solcher Harmonien Schwung
> Geschickter sey, die Erd' und Himmel
> Zu halten in der seligsten Vereinigung.

11.

Zuletzt umringt den ganzen Gesichtskreiß ein rundge=
schloßenes Licht, das mit verlängten Strahlen die schaam=
rothwerdende Nacht verschönte.   Cherubine hochbehelmt,
Seraphinen mit Schwertergurt, in gleißenden Geschwa=
dern erscheinend, entfalteten die Flügel:

Harfnend in feiernden Chören,
Mit unausdrückbarer Wonne
Den neugebornen Erben aller Welt zu ehren.

12.

Allerdings war dergleichen Musik unerhört, auffer An-
beginnt der alten Zeit, da die Söhne des Morgens dem
Schöpfer zusangen, wie Er in seiner Gröffe seine Gestir-
nungen *) festsetzte, die scharfgewogene Welt in ihre An-
geln hieng, und die dunkeltiefen Grundlagen knete,
worinn, als ihrem allbenetzten Bett, auf sein Geheiß die
Meereswogen,

So hoch sie gehn,
Zurück in ihre Schranken stehn.

13.

Klingt an, chrystallne Sphären; und, vermögt ihr's
je so gewaltig noch einmal in unsre Sinne zu dringen,
so machet unser Ohr nochmals so glücklich! Führt euer
Silberglockenspiel melodisch dem Zeitmaaße nach. Es
blase ein himmlischer Basso in eurer Orgel Tiefen.

Mit eurer neunfachhell'gen Harmonie
Macht vollen Einklang in die Engel-Symphonie.

14.

Denn wenn solch heil'ger Gesang uns lange die Sinnen
umschwebt, so läuft die Zeit zurück und holt uns das gül-
dene Alter wieder. Da wird die fleckigte Eitelkeit erkran-
ken und sterben, die aussätzige Sünde wird aus dem Erd-
stoffe wegschmelzen:

Die Hölle selbst wird weggerückt;
An ihrer Kerker Platz kömmt voller Eile
Der langersehnte Tag, der schon herüber blickt.

*) Constellationen.

15.

Ja, schon kehrt Wahrheit und Gerechtigkeit zurück und
wölbt sich über die Menschen wie ein Regenbogen mit seinem holden Farbenspiel ; wo mitten inne die Gnade mit
himmlischem Antlitz thront, und ihr strahlender Fuß der
Wolke dickes Gewebe daniederhält :

> So wie am Himmelsfesttag voller Herrlichkeit
> Die Thore der erhabenen Pallä' und Hallen
> Sich allzumal eröffnen angelweit.

16.

Allein das weiseste Verhängniß spricht : Nein! Noch
soll dieß nicht geschehn. Der Knabe liegt noch in lächeln-
der Unmündigkeit, der an dem Schmerzenholze soll unsern
Verlust einlösen, und dadurch erst zugleich sich selbst und
uns verherrlichen.

> Erst muß zu den im Todesschlaf Gefesselten
> Die Weckposaune des Gerichtes,
> Hinab mit ihrem Donner schall;

17.

Mit so gräßlichem Schmettern, als an den Höhen des
Sinai anschlug, da rothes Feuer und Dampfwolken aus
ihm losbrachen. Vom Schreckniß dieses Sturmes wird
dann die alte Erd', erkluftet, vom Oberflach bis zum
Mittelpunkt zittern :

> Wenn man zur letzten Sitzung, zum Geburtstheil der Welt,
> In ihrer Lüfte Mitte, den Thron der Richter stellt;

18.

Und dann, ach ! dann, vollkommen und ganz unsere
Seeligkeit wird. — Allein, nun nimmt sie den Anfang :
Vom heutigen seligen Tag' an wird der alte unterirdische
Drache in engere Schranken geschlossen, und sein an sich
geraffetes Reich wird über die Hälfte verengt.

Er schwenkt, ergrimmt.
Ob solchem Schwinden seines Reichs,
Den grauenvollen Schuppenschweif, entsetzlich hingekrümmt.

19.

Verstummt sind die Orakel; weder Stimme noch scheu-
liches Gebrumme läuft forthin unterm Dachgewölb mit
täuschendem Wort. Apollo weiß aus seinem Tempel keine Zwitterweissagungen vorzubringen; er hat mit hohlem
Schrey sein steiles Delphos verlassen. Nicht länger wird
bey nächtlicher Verzückung und angehauchter Zauberschrift

  Des blassen Priesters Zelle
  Zur falschprophetischen,
  Zur Lügenquelle.

20.

In einsamen Bergrevieren, an wiederhallreichen Küsten
läßt sich die Wainensstimme mit lauter Wehklag' hören.
Es wird aus seinem heimlichen Thal und Quell jeder ent-
fliehende Genius mit Geseufz verabschiedet. Wie sitzen jtzt
die Nymphen mit blumburchstochtnen aber zerstreuten Locken,

  Im Dämmerlichte dichter Büsche,
  (Denn ihre letzte Stund' ist nah')
  So matt, so traurig da!

21.

Nun ächzen auf geweihtem Boden und heiligem Feuer-
herd die Lares und Lemuren mitternächtlich bang. An
Urnen und um die Altäre her erschreckt ein röchelnder To-
deslaut die Flamens beym schmucken Tempeldienst.

  Der kalte Marmor scheint zu schwitzen;
  Denn alle Göttermächte weichen
  Aus den gewohnten Göttersitzen.

22.

Palästinens zweymahl danieder geworfener Abgott, samt
Peor und Baal, versinken, und ihre Tempel mit ihnen.

Die mondgekrönte Astaroth sitzt länger nicht als Himmels-
königinn und Mutter in einem heiligscheinenden Kreise
brennender Kerzen. Libyens Ammon zieht sein Horn ein;
    Man hört zum letztenmal, in Tyrus Mauern,
Um Thamuz Wund' und Tod, die Jungfrau'n trauern.

23.

Auch Moloch, der Schwarze, ist weg, und ließ in der
Flucht sein brennend Götzenbild im Dunkel stehn, das
allerschwärzeste. Vergebens ruft man mit dem Cymbelklang
den greßlichen, den König, vergebens mit scheußlichen
Tänzen ihn her zu seinem blauen Ofen.
    Die thier'sche Götterschaar am Nil
    Und Hor und Isis, und der Hund Anubis,
    Sind alle fort in aller Eil'.

24.

Osiris wird weder in Haynen noch Wiesen um Mem-
phis gesehn, wo sonst er unter lautem Brüllen auf das
unberegnete Gras stampfte. Er kann in seinem Weiheka-
sten nimmer ruhn; die tiefste Höll' allein kann ihm sein
Grabtuch liefern. Vergebens tragen schwarzbestohlte
Zauberer
    Mit Sangs und Glockenspiels Verdunkelung
    Die Arche seiner Anbetung.

25.

Er fühlt aus Judas Gegend herüber des furchtbaren
Kindes Hand, und wie die Strahlen von Bethlehem her
sein Aug mit Blindheit schlagen. Von allen Göttern neben
ihm erfrecht sich keiner zu zögern. Auch nicht Typhon, der
sich in Schlangendräte spitzt; denn leichtlich hält, zum Merk-
mal seiner Gottheit,
    Ha! unser neugebohrne Knab', in seinen Wiegebändern,
    Die allverdammte Rott' aus allen Götzenländern.

26.

So wenn die Sonn' im Bette, deß Vorhang röthlich
sich wölkt, ihr Antlitz empor über einer Morgenwölke wie
über einem Küssen erhebt, ziehn augenblicks die blassen
Schattenschaaren zum Kerker ihrer Unterwelt; ein jedes
Fesselgespenst enteilt zu seinem Grabe wieder, und gelbge-
gürtet reiten die Feen

Auf raschem Nachtroß' jede
Vom mondverliebten Tanze müde,
Und lassen nicht einmahl des Flugrocks Säume sehn.

27.

Doch sieh'! Die benedeyte Jungfrau legt eben ihr Söhn-
gen schlafen. Nun geziemt's den langen Gesang zu schliessen. Des Himmels jüngste Sterngestalt hält ihren flim-
mernden Wagen, aufwartsam mit dienender Lampe still.

Rund um den Stallhof sitzt nach Ordnungen gereiht
Der Engel glanzgeharnischt Heer, zum Dienst bereit,
In staunend ernster Herrlichkeit.

VIII.

An Trippel in Rom.

(Im Maimond 1789.)

Als der göttliche Praxiteles seine Hülle verließ, und
Elysiums Gefilde sich ihm öfneten, da lag er am Herzen
der Natur, und grosse Gedanken beschäftigten seinen hohen Geist. Nichts fehlte ihm, als ein Freund. Der König wie der Sclave fanden ihres gleichen: Jedem begegnete ein Wesen das mit dem seinen sich vereinte; er-
höhet ward jedem so sein Genuß, erweitert jedem sein
Herz. Praxiteles, in sich gegraben, war der Alleineinzige;
seinen hohen und tiefen Sinn faßte keiner der Bürger

Elyſiums: „Gönnet mir„, bat der Einſame, „Ihr all-
„mächtigen Götter eine Bitte, daß ich Unſterblicher zu-
„rückkehre ins Land der Sterblichen; daß nicht verhalle
„mein Name, und nicht zernage meine Werke der Zeit
„gewaltſamer Zahn, ſo will ich meinen Geiſt dem Sterb-
„lichen mittheilen, der in mir findet was kein Unſterbli-
„cher in mir entdeckte, und mich faßt wie kein Unſterb-
„licher mich faßte,„. Die Schaaren der Glücklichen in
Elyſium lächelten des thörichtſcheinenden Wunſches —
und die Götter gewährten. Umſonſt durchwallte er
Griechenlands Trümmer; umſonſt ſucht er in Knidos
das göttlichſte Werk, das Menſchenhände je ſchuffen. Er
wich zum zweytenmal' aus Grázien. Ihn reitzte die Königliche auf den ſieben Hügeln, die einſt die Bürgerkrone
ihm reichte. Die Trümmer Laokoons und des bezau-
bernden Torſo entriſſen ihm Thränen. — Müde ruht' er
in der Werkſtätte eines Künſtlers, eines Sohnes der Freyheit, und der himmelſtrebenden Alpen. Hohe griechiſche
Einfalt bezeichnete ſeine Werke, und hauchte Leben in
ſeinen Marmor. Veſt war ſein Blick, edel ſein Herz,
frey ſein Geiſt, und in ſeiner Rede attiſches Salz. „O
„Ihr Götter„! rief Praxiteles, und preßte den Künſtler
in ſeine Arme: „Hier iſt Elyſium! Hier der Sterbliche,
„der den Unſterblichen faßt„! Wie die Rebe ſich ſchlingt
um die Ulme, wie zwey Flammen ſich ſchlingen, ſo ſchmol-
zen die beyden Seelen zuſammen.

Nun ſchuff der Künſtler ein neues Werk: Das Grabmahl eines ruſſiſchen Helden. Staunen ergreift die
Mitwelt, und Bewunderung wird die Nachwelt ergreifen. Hier lebet und webet der Geiſt des erhabnen Griechen. Praxiteles genießt jetzt der Wonne Elyſiums, und:
Du wirſt nicht einſam ſeyn, o Trippel! wenn
ſeine himmliſchen Gefilde einſt dir ſich öfnen.

J. W. Veith.

Inhalt.

I.

Auszüge aus der Lebensgeschichte, eines armen Mannes.

(Geschrieben i. J. 1781 — 85.)

(Fortsetzung. S. das vorhergehnde Heft, S. 108. u. ff.)

LXXI.

Das Saamenkorn meiner Authorschaft.

Um diese Zeit kam einst ein Mitglied der moralischen Gesellschaft zu C. in mein Haus, da ich eben die Geschichte von Brand und Struensee durchblätterte, und etwas von meinen Schreibereyen auf dem Tisch lag. „Das „hätt' ich bey dir nicht gesucht„, sagte er, und fragte: Ob ich denn gern so etwas lese, und oft dergleichen Sächelgen schreibe? „Ja„! sagt' ich: „Das ist neben mei„nen Geschäften mein einziges Wohlleben„. Von da an wurden wir Freunde, und besuchten einander zum öftersten. Er anerbot mir seine kleine Büchersammlung; ließ sich aber übrigens in ökonomischen Sachen noch lieber von mir helfen, als daß er mir hätte beyspringen können, obschon ich ihm so von weitem meine Umstände merken ließ. In einem dieser Jahre schrieb die erwähnte Gesellschaft über verschiedene Gegenstände Preißfragen aus, welche jeder Landmann beantworten könnte. Mein Freund

munterte mich auch zu einer solchen Arbeit auf; ich hatte
grosse Lust dazu, machte ihm aber die Einwendung: Man
würde mich armen Tropfen nur auslachen. „Was thut
„das“? sagte er: „Schreib du nur zu, in aller Einfalt,
„wie's kommt und dich dünkt„. Nun, da schrieb ich
denn eben über den Baumwollengewerb und den Credit, sandte mein Geschmiere zur bestimmten Zeit neben
vielen andern ein; und die Herrn waren so gut, mir den
Preiß von einer Dukate zuzukennen: Ob zum Gespötte?
Nein, wahrlich nicht. Oder vielleicht in Betrachtung
meiner dürftigen Umstände? Kurz, ich konnt' es nicht begreifen, und noch viel minder, daß man mich itzt gar
von ein paar Orten her einlud, ein förmliches Mitglied
der Gesellschaft zu werden. „O behüte Gott„! dacht'
und sagt' ich anfangs: „Das darf ich mir nur nicht
„träumen lassen. Ich würde gewiß einen Korb bekom-
„men. Und wenn auch nicht — ich mag so geehrten
„Herren keine Schande machen. Ueber kurz oder lang
„würden sie mich gewiß wieder ausmustern„. Endlich
aber, nach vielem hin und her wanken, und besonders
aufgemuntert durch einen der Vorsteher, Herrn G. bey
dem ich sehr wohl gelitten war, wagt' ich's doch, mich
zu melden; und kann übrigens versichern, daß mich weniger die Eitelkeit als die Begierde reizte, an der schönen Lesecommun der Gesellschaft um ein geringes Geld-
lein Antheil zu nehmen. Indessen gieng' es wie ich vermuthet hatte, und gab's nämlich allerley Schwierigkeiten.
Einige Mitglieder widersetzten sich, und bemerkten mit allem Recht: Ich sey von armer Familie — dazu ein aus-
gerißner Soldat — ein Mann von dem man nicht wisse.
wie er stehe — von dem wenig ersprießliches zu erwarten
sey, u. s. f. Gleichwohl ward ich durch Mehrheit der
Stimmen angenommen. Aber erst itzt reute mich mein
unbesonnener Schritt, als ich bedachte: Jene Herren sag-

ten ja nichts als die pur lautere Wahrheit, und könnten
noch einst wohl damit triumphiren *). Inzwischen mußt'
ich's itzt gelten lassen, und tröstete mich bisweilen mit
dem eben nicht ganz uneigennützigen Gedanken: Daß ein'
und andre Mitglied könnte mir im Verfolg zu manchen
wichtigen Dingen nützlich seyn.

LXXII.

Und da

— Hatt' ich ja itzt freylich eine erstaunliche kindische
Freud', mit der grossen Anzahl Bücher, deren ich in meinem Leben nie so viele beysammen gesehn, und an welchen allen ich nun Antheil hatte. Hingegen erröthete ich
noch immerfort bey dem blossen Gedanken, ein eigentli-
ches Mitglied einer gelehrten Gesellschaft zu heissen und zu
seyn, und besuchte sie darum selten, und nur wie verstohlen. Aber da half alles nichts; es gieng mir doch wie
dem Raben, der mit den Enten fliegen wollte. Meine
Nachbarn, und andre alte Freunde und Bekanuten, kurz
Meinesgleichen, sahen mich, wo ich stuhnd und gieng,
überzwerch an. Hier hört' ich ein höhnisches Gezisch';
dort erblickt' ich ein verachtendes Lächeln. Denn es gieng
unsrer moralischen Gesellschaft im Tockenburg Anfangs
wie allen solchen Instituten in noch rohen Ländern. Man
nannte ihre Mitglieder Neuherren, Bücherfresser, Jesuiten, u. d. gl. Du kannst leicht denken, mein Sohn!
wie's mir armen einfältigen Tropfen dabey zu Muthe
war. Meine Frau vollends speyte Feuer und Flammen
über mich aus, wollte sich viele Wochen nicht besänftigen

*) Leser! Geh' in dein Kämmergen, schließ die Thür' hinter dir
   zu, und erröthe! — und bitte den Vater, der im Verborgenen
   sieht, um die Blüthe aller Tugenden — umziehe solche Bescheidenheit! A. d. H.

laſſen, und gewann nun gar Eckel und Widerwillen gegen jedes Buch, wenn's zumal aus unſrer Bibliothek kam.
Einmal hatt' ich den Argwohn, ſie ſelbſt habe um dieſe
Zeit meinen Creditoren eingeblaſen, daß ſie mich nur brav
ängſtigen ſollten. Sie läugnet's zwar noch auf den heutigen Tag; und Gott verzieh' mir's! wenn ich falſch ge-
muthmaaßt habe; aber damals hätt' ich mir's nicht aus-
nehmen laſſen. Genug, meine Treiber ſetzten itzt ſtärker
in mich, als ſonſt noch nie. Da hieß es: Haſt du Geld,
dich in die Büchergeſellſchaft einzukaufen, ſo zahl' auch
mich. Wollt' ich etwas borgen, ſo wies man mich an
meine Herren Collegen. „O du armer Mann„! dacht'
ich, „was du da aber für einen hundsdummen Streich
„gemacht, der dir vollends den Reſt geben muß. Hätt'ſt
„du dich doch mit deinem Morgen- und Abendſeegen be-
„gnügt, wie ſo viele andre deiner redlichen Mitlandsleu-
„the. Jezt haſt du deine alten Freund' verloren — von
„den neuen darfſt und magſt du keinen um einen Kreuzer
„anſprechen. Deine Frau hagelt auch auf dich zu. Du
„Narr! was nützt dir itzt all' dein Leſen und Schreiben?
„Kaum wirſt du noch dir und deinen Kindern den Bettel-
„ſtab draus laufen können„, u. ſ. f. So macht ich
mir ſelber die bitterſten Vorwürfe, und rang oft beynahe mit der bitterſten Verzweiflung. Dann ſucht ich freylich von Zeit zu Zeit aus einem andern Sack auch meine Entſchuldigungen hervor; die hießen: „Ha! das
„Leſen koſtet mich doch nur ein geringes; und das hab'
„ich an Kleidern und anderm mehr als erſpart. Auch
„bracht' ich nur die müßigen Stunden damit zu, wo
„andre ebenfalls nicht arbeiten; meiſt nur bey nächtlicher
„Weile. Wahr iſt's, meine Gedanken beſchäftigten ſich
„auch in der übrigen Zeit nur allzuviel mit dem Geleſe-
„nen, und waren hingegen zu meinem Hauptberuf ſelten
„bey Hauſe. Doch hab' ich nichts verludert; trank höch-

„ſtens bisweilen eine Bouteille Wein, meinen Unmuth
„zu erſäufen — das hätt' ich freylich auch ſollen bleiben
„laſſen — Aber, was iſt ein Leben ohne Wein, und zu-
„mal ein Leben wie meines „„? — Denn kam's wieder
einmal an's Anklagen: „Aber, wie nachläßig und unge-
„ſchickt warſt du nicht in allem was Handel und Wan-
„del heißt. Mit deiner unzeitigen Güte nahmſt du alles,
„wie man's dir gab — gabſt du jedem, was er dich bat,
„ohne zu bedenken, daß du nur andrer Leuthe Geld im
„Seckel hatteſt, oder daß dich ein redlich ſcheinendes Ge-
„ſicht betriegen könnte. Deine Waare vertraueteſt du dem
„erſten Beßten, und glaubteſt ihm auf ſein Wort, wenn
„er dir vorlog, er könne dir auf ſein Gewiſſen nur ſo
„und ſo viel bezahlen. O könnt'ſt du nur noch einmal
„wieder von Vornen anfangen. Aber, vergeblicher
„Wunſch! — Nun, ſo willſt du doch alles verſuchen —
„willſt denen, die dir ſchuldig ſind, eben auch drohen
„wie man dir droht„, u. ſ. f. So dacht' ich elender
Tropf, und ſetzte auch wirklich zween meiner Debitoren
den Tag an; freylich mehr um ſie und andre zu ſchre-
cken, als daß es Ernſt gegolten hätte. Aber ſie verſtuhn-
den's nicht ſo. Ich gieng alſo auf die beſtimmte Zeit mit
den Schätzern zu ihren Häuſern; und, Gott weiß! mir
war's viel bänger als ihnen. Denn in dem erſten Augenblick, da ich in des einten Wohnung trat, dacht' ich:
Wer kann das thun? — Die Frau bat, und wies mit
den Fingern auf das zerſetzte Bett, und die wenigen
Scherben in der Küche; die Kinder in ihren Lumpen
heulten. O, wenn ich nur wieder weg wäre! dacht' ich,
bezahlte Schätzer und Weibel, und ſtrich mich unverrich-
teter Sachen fort, nachdem man mir in beſtimmten Ter-
minen Bezahlung verſprochen, die noch auf den heutigen
Tag ausſteht. Auch erfuhr ich nachwärts, daß dieſe Leuthe, einige Stunden vorher, eh' ich in ihr Haus kam,

die beßten Habseligkeiten gestöhnet, und ihre Kinder ex-
preß so zerlöchert angezogen hätten. „Meinetwegen„,
sagt' ich da zu mir selbst: „Das will ich in meinem Le-
„ben nicht mehr thun. Meine Gläubiger mögen eines
„Tags solche Barbaren gegen mir, ich will darum nicht
„gegen andre seyn. Nein! es geh' mir wie es geh',
„diese Schulden müssen zuletzt doch auch zu meinem Ver-
„mögen gerechnet werden„. Aber jene fragten eben
nichts darnach, und diesen jagte eine solche Denkens- und
Verfahrungsart gerade auch keinen Scheuen ein. Die
erstern trieben mich immer stärker und unerbittlicher. Diese
und meine überspannte Einbildung gebahren dann

LXXIII.

Freylich manche härte Versuchnng.

Und von dieser muß ich dir auch noch ein Bischen erzählen, mein Sohn! dir zur Warnung, damit du sehest,
welch' ein entsetzlich Ding vor einen ehrliebenden Mann
es ist: Sich in Schulden zu vertiefen, die man nicht
tilgen kann; sieben ganzer Jahre unter dieser zentnerschwe-
ren Last zu seufzen; sich mit tausend vergeblichen Wünschen zu quälen, in süßen Träumen spanische Schlösser zu
bauen, und allemal mit Schrecken zu erwachen; eine lange lange Zeit auf Hülfe welche nur seine Fantasie gebrü-
tet, und zuletzt verstohlner Weise gar auf — eigentliche
Wunder zu hoffen. Denk' dir da den armen Erdensohn,
welcher dergestalt, todtmüde von all' dem vergebenen
Dichten und Trachten, Sinnen und Sorgen, endlich an
allem verzweifeln, und gewiß glauben muß: Gottes Vorsehung selbst habe nun einmal beschlossen, denselben ins
Koth zu treten; ihn vor aller Welt zu Spott und Schande zu machen, und die Folgen seiner Unvorsichtigkeit vor
den Augen aller seiner Feinde büssen zu lassen. Wenn

denn unterweilen gar der Gedanke in ihm aufsteigt: Gott
wisse nichts von ihm, u. d. gl. — Da denke, denke,
mein Sohn! Der Verführer feyert bey solchen Gelegenheiten gewiß nicht; und mir war's oft ich fühlte seine Eingebungen, wenn ich etwa den ganzen Tag herumgelaufen
und Menschenhülfe vergeblich gesucht hatte — dann schwer-
müthig, oder vielmehr halb verrückt, der Thür nach-
schlich — mit starrem Blick in den Strom hinuntersah,
wo er am tiefsten ist — O dann deucht' es mir, der
schwarze Engel hauche mich an, und flüstre mir zu:
„Thor! stürz' dich hinein — Du hältst's doch nicht mehr
„aus. Sieh' wie sanft das Wasser rollt! Ein Augen-
„blick, und dein ganzes Seyn wird eben so sanft dahin-
„wogen. Dann wirst du so ruhig schlafen — o so wohl,
„so wohl! Da wird für dich kein Leid und kein Geschrey
„mehr seyn, und dein Geist und dein Herz ewig in süf-
„sem Vergessen schlummern„. — „Himmel! wenn ich
„dürfte„! dacht' ich dann. „Aber, welch ein Schauer
„— Gott! welch' ein Grausen durchfährt alle meine Glie-
„der. Sollt' ich dein Wort — sollte meine Ueberzeugung
„vergessen? — Nein! packe dich, Satan! — Ich will
„ausharren, ich hab's verdient — hab' alles verdient„.
Ein andermal stellte mir der Bösewicht, des jungen Werthers
thers Mordgewehr auf einer vortheilhaften Seite vor.
„Du hast zehnfach mehr Ursach' als dieser — und er
„war doch auch kein Narr, und hat sich noch Lob und
„Ruhm damit erworben, und wiegt sich nun im milden
„Todesschlummer? — Doch wie? — Pfui eines solchen
„Ruhms„! Noch ein andermal sollt' ich meinen Bündel
aufpacken, und davonlaufen. Mit meiner noch übrigen
Baarschaft könnt' ich denn in irgend einem entfernten Lande schon wieder etwas neues anfangen; und zu Hause
würden Weib und Kinder gewiß auch gutherzige Seelen
finden. „Was? Ich, davonlaufen? — Mein zwar un-

„sanftes, aber getreues Weib, und meine unschuldigen
„kleinen Kinder im Stich lassen — meinen Feinden ihre
„Winkelprophezeyungen zu ihrer größten Freude wahr
„machen? — Ich, ich sollte das thun? In welcher Ecke
„der Erde könnt' ich eine Stunde Ruhe genießen — wo
„mich verbergen, daß der Wurm in meinem Busen, daß
„die Rache des Höchsten mich nicht finden könnte„? —
„Nein! Nein! nicht so„; hob dann wieder eine andre
Stimm' in meinem Innwendigen an; „aber Weib und
„Kinder mitnehmen, und irgend einen Ort aussuchen,
„wo der Baumwollengewerb noch nicht florirt, und wo
„man ihn doch gern einrichten möchte — da könntest du
„dein Glück bauen; verstehst ja die rohe Frucht sowohl
„als das Garn — kannst jene selber karten, kämmen,
„spinnen, und dieses sieden, spuhlen, zetteln — bist so-
„gar im Stand, ein Spinnrad, eine Kunkel zu machen
„— und also die Leuthe vollends alles zu lehren. Dann
„kehrst du nach einigen Jahren geehrt und reich zurück in
„dein Vaterland, zahlst deine Schulden — Kapital und
„Zinse„! — Aber dann bedacht' ich mich bald wieder
eines Beßern: „Wie, was? O du Lügengeist! Schon
„vor dreyßig Jahren hast du mir, so wie heute, von
„lauter guten Tagen vorgeschwatzt, mir einen güldnen
„Berg nach dem andern gezeigt — und mich immer be-
„trogen, immer in tiefere Labyrinthe verwickelt — mich
„zum Narren gemacht — und itzt möchtest du mich gar
„zum Schelmen machen? Wie? Ich sollte auch noch mei-
„nem Geburtsland schaden, seinen Brodkorb verschlei-
„ßen? Nein, nein! in deinem Schooß will ich leben und
„sterben, da alles erwarten, thun was ich kann, und
„für das übrige weiter den Himmel walten lassen. Stell'
„ich mir nicht meine Sachen vielleicht gar zu schrecklich
„vor? Gott! wenn mich meine Sünden so quälten wie
„meine Schulden! Aber, ich weiß daß du nicht so streng

„bist wie die Menschen. Doch, laß sie machen, ich hab's
„verdient. Nur bitt' ich, ewige Güte! von jenem argen
„Feind laß mich nicht länger quälen, nicht über mein
„Vermögen versucht werden„! So bekam ich von Zeit
zu Zeit wieder guten und festen Muth. Aber das währte
dann nicht länger, bis sich ein neuer Fall ereignete, wo
ich mich abermals des Gedankens nicht erwehren konnte:
Jtzt ist's aus! Da ist kein Kraut mehr für das Uebel gewachsen. Aber auch dann bestuhnd's mehr in der Einbildung als in der Wirklichkeit.

Eines Tags da ich eben auch etliche Gulden zu borgen
vergebens herumgelaufen, einer meiner Gläubiger mich
mit entsetzlicher Rohheit anfuhr, und mir sonst alles fa-
tal und überzwerch gieng — und ich dann ganz melancholisch nach Haus kam — meiner Frau nach Gewohnheit nichts sagen noch klagen durfte, wenn ich nicht hundert bittre Vorwürf' in mich schlücken wollte — gedacht'
ich, wie sonst schon oft, meine Zuflucht zum Schreiben
zu nehmen — konnt' aber nichts hervorbingen, als ver-
worrene Klaglieder, welche beynahe an Lästerungen gränz-
ten. Dann wollt' ich mich mit Lesen eines guten Buchs
beruhigen; und auch das gelang mir nicht. Ich gieng
also zu Bette, wälzte mich bis um Mitternacht auf meinem Küssen herum, und ließ meine Gedanken weit und
breit durch die ganze Welt gehn. Bald kam mir da
auch der Sinn an meinen lieben seligen Vater: „Auch
„dein Leben, du guter Mann„, dacht ich, „gieng, so
„wie das meine, unter lauter Kummer und Sorgen hin,
„die ich, Ach! dir nicht wenig vergrösserte, da ich so we-
„nig Antheil an deiner Last genommen. — Vielleicht ruht
„gar dein geheimer Fluch auf mir? — O entsetzlich! —
„Nun, wie es immer sey, einmal muß ein Entschluß
„genommen seyn: Entweder meinem elenden Leben — —
„Nein! Gott! Nein! Das steht in deiner Hand. — Oder

„mich meinen Gläubigern auf Gnad' und Ungnad' hin
„zu Füssen zu werfen. Aber Nein! o wie hart! Das
„kann ich unmöglich. — Oder ja mich entfernen, da-
„vonlaufen so weit der Himmel blau ist. Ach! meine
„Kinder! Da würd' mir das Herz brechen„. — Während diesen Fantasien fiel mir der menschenfreundliche Lavater ein; augenblicklich entschloß ich mich an ihn zu
schreiben, stuhnd sofort auf, und entwarf folgenden Brief,
den ich zum Denkmal meiner damaligen Lage hier beydrücke.

LXXIV.

Wohlehrwürdiger, Hoch- und Wohlgelehrter Herr Pfarrer Johann Caspar Lavater!

Mitten in einer entsetzlich bangen Nacht unterwind' ich
mich, an Sie zu schreiben. Keine Seel' in der Welt
weißt es; und keine Seel' weißt meine Noth. Ich kenne
Sie aus Ihren Schriften und vom Gerüchte. Wüßt' ich
nun freylich nicht von diesem, daß Sie einer der beßten,
edelsten Menschen wären, dürft' ich von Ihnen wohl keine
andre Antwort erwarten, als wie etwa von einem Groß-
sen der Erde. Z. E. Pack dich, Schurke! Was gehn
mich deine Lumpereyen an. — Aber nein! ich kenne Sie
als einen Mann voll Großmuth und Menschenliebe, welchen die Vorsehung zum Lehrer und Arzt der itzigen
Menschheit ordentlich scheint bestimmt zu haben. Allein
Sie kennen mich nicht. Geschwind will ich also sagen,
wer ich bin. O werfen Sie doch den Brief eines elenden
Tockenburgers nicht ungesehn auf die Seite, eines armen gequälten Mannes, der sich mit zitternder Hand an
Sie wendet, und es wagt, sein Herz gegen einen Herrn
auszuschütten, gegen den er ein so inniges Zutrauen fühlt.
O hören Sie mich, daß Gott Sie auch höre! Er weiß,
daß ich nicht im Sinn habe, Ihnen weiter beschwerlich

zu fallen, als nur Sie zu bitten, diese Zeilen zu lesen, und mir dann ihren väterlichen Rath zu ertheilen. Also. Ich bin der älteste Sohn eines blutarmen Manns von 11. Kindern, der in einem wilden Schneeberg unsers Lands erzogen ward, und bis in sein sechszehntes Jahr fast ohne allen Unterricht blieb, da ich zum H. Nachtmahl unter= wiesen wurde, auch von selbst ein wenig schreiben lernte, weil ich grosse Lust dazu hatte. Mein sel. Vater mußte unter seiner Schuldenlast erliegen, Haus und Heimath verlassen, und mit seiner zahlreichen Familie unterzukom= men suchen, wo er konnte und mochte, und Arbeit und ein kümmerliches Brodt für uns zu finden war. Die Hälfte von uns war damals noch unerzogen. Bis in mein neunzehntes Jahr blieb mir die Welt ganz unbe= kannt, als ein schlauer Betrüger mich auf Schaffhausen führte, um, wie er sagte, mir einen Herrendienst zu ver= schaffen. Mein Vater war's zufrieden — und ich wurde, ohne mein Wissen, an einen preußischen Werber verkauft, der mich freylich so lange als seinen Bedienten hielt, bis ich nach Berlin kam, wo man mich unter die Soldaten steckte — und ich noch itzt nicht begreifen wollte, wie man mich so habe betriegen können. Es gieng eben ins Feld. O wie mußt' ich da meine vorigen in Leichtsinn vollbrach= ten guten Tage so theuer büssen! Doch ich flehte zu Gott, und er half mir ins Vaterland. In der ersten Schlacht, bey Lowositz nämlich, kam ich wieder auf freyen Fuß, und kehrte sofort nach Hause. In dem Städtgen Ahel= neck küßt' ich zum erstenmal wieder die Schweizer=Erde, und schätzte mich für den glücklichsten Mann, ob ich schon nichts als ein Paar Brandenburgische Dreyer, und einen armseligen Soldatenrock auf dem Leib in meine Heimath brachte. Nun mußt' ich wieder als Taglöhner mein Brodt suchen; das kam mich freylich sauer genug an. In meinem sechs und zwanzigsten heurathete ich ein Mäd=

chen mit hundert Thalern. Damit glaubt' ich schon ein
reicher Mann zu seyn, dachte itzt an leichtere Arbeit mit
aufrechtem Rücken, und fieng, auf Anrathen meiner
Braut, einen Baumwollen, und Garngewerb an, ohne
daß ich das geringste von diesem Handwerk verstuhnd.
Anfangs fand ich Credit, baute ein eigenes Häuschen,
und vertiefte mich unvermerkt in Schulden. Indessen verschaffte mir doch mein kleines Händelchen einen etwelchen Unterhalt; aber bösartige Leuthe betrogen mich immer um Waare und Geld, und die Haushaltung mehrte
sich von Jahr zu Jahre, so daß Einnahm' und Ausgabe
sich immer wettauf fraßen. Dann dacht' ich: Wenn einst
meine Jungen größer sind, wird's schon besser kommen!
Aber ich betrog mich in dieser Hoffnung. Mittlerweile
überfielen mich die hungrigen Siebenziger-Jahre, als ich
ohnedem schon in Schulden steckte. Ich hatte itzt fünf
Kinder, und wehrte mich wie die Katz' am Strick. Das
Herz brach mir, wenn ich so meine Jungen nach Brodt
schreyen hörte. Dann noch meine arme Mutter und Geschwister! Von meinen Debitoren nahm hie und da einer
den Reißaus; andre starben, und ließen mich die Glocken
zahlen; Ich hingegen wurde von etlichen meiner Gläubiger scharf gespornt; mit meinem Handel gieng's täglich
schlechter. Itzt wurden wir noch alle gar an der Ruhr
krank; meine zwey Aeltstgebohrnen starben, wir übrigen
erholten uns wieder. Inzwischen harrt' ich auf Gott und
günstigere Zeiten. Aber umsonst! Und war ich nicht
ein Thor, und bin ich's nicht itzt noch, wenn ich nur
ein wenig zurückdenke, auf mein sorgloses in den Tag
hinein leben? Bin ich denn nicht selbst schuld an allem
meinem Elend? Meine Unbesonnenheit, meine Leichtgläu-
bigkeit, mein unwiderstehlicher Hang zum Lesen und
Schreiben, haben nicht die mich dahin gebracht? Wenn
mein Weib, wenn ich selbst, mir solche nur zu wohl ver-

diente Vorwürfe machen, dann kämpf' ich oft mit der Verzweiflung; wälze mich halbe Nächte im Bett herum, rufe dem Tod herbey, und bald jede Art mein Leben zu endigen scheint mir erträglicher, als die äusserste Noth der ich alle Tage entgegensehe. Voll Schwermuth schleich' ich dann langsam unsrer Thür nach, und blicke vom Felsen herab scharf in die Tiefe. Gott! wenn nur meine Seele in diesen Fluthen auch untergehen könnte! Das einemal lispelt mir der Teufel des Neides — freylich eine grosse Wahrheit ein: Wie viele Schätze werden nicht auf dieser Erde verschwendet! Wie manches Tausend auf Karten und Würfel gesetzt, wo dir ein einziges aus dem Labyrinth helfen könnte! Ein andermal heißt mich dieser böse Feind gar, zusammenpacken, und alles im Stich lassen. Aber nein! da bewahre mich Gott dafür! Ja, im blossen Hemd wollt' ich auf und davon, mich an die Algierer verkaufen, wenn dann nur meine Ehre gerettet, und Weib und Kindern damit geholfen wäre. Noch ein andermal raunt mir, wie ich wenigstens wähne, ein besser Geist ins Ohr: Armer Narr! der Himmel wird deinetwegen kein Wunder thun! Gott hat die Erde gemacht, und so viel Gutes darauf ausgeschüttet. Und das Beste davon, goß er's nicht ins weiche Herz des Menschen? Also hinaus in die Welt! und spüre diesen edeln Seelen nach; Sie werden dich nicht aufsuchen. Gesteh' ihnen deine Noth und deine Thorheit, schäm' dich deines Elends nicht, und schütte deinen Kummer in ihren Schooß aus. Schon manchem weit Unglücklichern ist geholfen worden. Aber o wie blöd bin ich, und wie zweifelhaft, ob auch dieses gute oder schlimme Eingebungen seyn! — Bester Menschenfreund! O um Gotteswillen rathen Sie mir; sagen Sie es mir, ob das ebenbemerkte Mittel nicht noch das thunlichste wäre, mich von einem gänzlichen Verderben zu retten? — Ach! wär' es nur um mich allein zu

thun —! Aber meine Frau, meine armen unschuldigen
Kinder, sollten auch diese die Schuld und Schand' ihres
Mannes und Vaters tragen; und die hiesige Moralische
Gesellschaft, in die ich mich erst neuerlich, freylich eben
auch unüberlegt genug, habe aufnehmen lassen, sollte auch
diese frühe, und zum erstenmal, durch eins ihrer Mitglieder, gegen welches man ohnehin so manche begründete
Einwendungen machte, so schrecklich beschimpft werden?
O noch einmal, um aller Erbarmen Gottes willen,
Herr Lavater! Nur um einen väterlichen Rath! verzeihen Sie mir diese Kühnheit. Noth macht frech. Und
in meiner Heimath dürft' ich um aller Welt Gut Willen
mich keiner Seele entdecken. Freunde die mich zu retten
wißten, hab' ich keine; wohl ein Paar die noch eher von
mir Hülf erwarten könnten; dem Spott aber von Halb-
freunden oder Unbekannten mich auszusetzen — Nein! da
will ich tausendmal lieber das Alleräusserste erwarten. —
Und nun mit sehnlicher Ungeduld und kindlichem Zutrauen, erwartet, auch zuletzt nur eine Zeile Antwort
von dem Mann, auf den noch einzig meine Seele hoffet,

Der in den letzten Zügen des Elends liegende,
arme, geplagte Tockenburger
H**, bey L***,   U. B.
den 12. Herbstm. 1777.

LXXV.
Dießmal vier Jahre.
(1778-1781.

Diesen Brief, mein Sohn! den ich in jener angstvollen
Nacht schrieb, gedacht' ich gleich Morgens darauf an seine
Behörde zu senden; allein bey mehrmaligem Lesen und
Ueberlesen desselben, wollt' er mir nie recht, und immer

wieder gefallen; als ich zumal mittlerweil' erfuhr, wie
der theure Menschenfreund Lavater von Kollektanten, Bet
lern und Betlerbriefen so bestürmt werde, daß ich auch den
bloßen Schein, die Zahl dieser Unverschämten zu mehren,
vermeiden wollte. Also — unterdrückt' ich mein Geschreib
sel, und nahm von dieser Stund' an meine Zuflucht einzig
zu Gott, als meinem mächtigsten Freund und sichersten
Erretter, klagte demselben meine Noth, befahl ihm alle
meine Sachen, und betete inbrünstig — nicht um ein
Wunder zu meinem Beßten, sondern um Gelassenheit,
alles abzuwarten wie es kommen möchte. Freylich wan
delten auch im Verfolg mich noch öftre Anfälle von mei
nem eingewurzelten Kummerfieber an; aber dann eräug
nete sich auch wieder manches, das meine Hoffnung stärkte.
Ich wandte nämlich alle meine Leibs und Seelenkräfte
an, meine kleinen Geschäfte zu vermehren; sah' überall
selber zu meinen Sachen; stellte mich gegen jedermann
nichts weniger als muthlos, sondern that immer lustig
und guter Dingen. Meinen Gläubigern gab ich die beß
ten Worte, zahlte die ältern, und borgte wieder bey an
dern. In der benachbarten Gemeinde Ganterschweil sah
ich mich nach neuen Spinnern um, so viel ich derselben
aufzutreiben wußte. Das Jahr 1778. gab mir ganz be
sondern Muth und Zuversicht; mein Händelchen gieng da
mals vortreflich von statten, und bald konnt' ich glauben,
daß ich mit Zeit und Weile mich vollkommen wieder erho
len und von meinem ganzen Schuldenlast entledigen wür
de. Aber die Angst will ich doch mein Tage nicht ver
gessen, die mich auch itzt noch zum öftern quälte, wenn ich
so den Geschäften nach traurig meine Straße gieng, und
mich dem Comptor eines überlegenen Handelsmanns oder
der Thür eines harten Gläubigers nahte; wie es mir da
zu Muthe war; wie oft ich meine Hände gen Himmel
rang: „Herr! Du weissest alle Dinge! Alle Herzen sind

„in deiner Hand; du leiteſt ſie wie Waſſerbäche, wohin
„du willſt! Ach! gebiete auch dieſem Laban, daß er nicht
„anders mit Jakob rede als freundlich„! Und der All-
gütige erhörte meine Bitte; und ich bekam mildere Antwort, als ich's nie hätte erwarten dürfen.   O wie ein
köſtlich Ding iſt's, auf den Herrn hoffen, nnd ihm alle
ſein Anliegen mit Vertrauen klagen.   Dieß hab' ich ſo
manchmal, und ſo deutlich erfahren, daß mir itzt die fel-
ſenfeſte Ueberzeugung nichts in der Welt mehr rauben kann.
· Zu Anfang des Jahrs 1779. ward mir ohne mein Be-
werben und Bemühen der Antrag gemacht, einem aus-
wertigen Fabrikanten, von Clarus, Johannes Zwicki,
Baumwollen - Tücher weben zu laſſen. Anfangs lehnt'
ich den Antrag aus dem Grund ab, weil vor mir her ein
gewiſſer Grob bey der nämlichen Commißion Bankerott
gemacht. Da man mich aber verſichert, daß die Urſache
ſeines Unfalls eine ganz andre geweſen, ließ ich mich endlich bereden, und traf den Accord vollkommen auf den
Fuß wie jener. Sofort hob' ich dieſen Verkehr an. Man
lieferte mir das Garn; und zwar zuerſt ſehr ſchlechtes;
aber nach und nach gieng's beſſer. Auch hatt' ich Anfangs
viele Mühe, genug Spuhler und Weber zu kriegen. Doch
merkt' ich bald, daß zwar mit dieſem Geſchäft viel Verdruß und Arbeit verbunden, aber auch etwas dabey zu
gewinnen wäre. An. 80. erweitert' ich daher meine An-
ſtalt um ein merkliches, fieng nun auch an, vor eigene Rechnung Tücher zu machen, und befand mich recht gut dabey.
Mein Credit wuchs wieder von Tage zu Tage. Meine
Gläubiger merkten bald, daß die Sachen eine ganz andere
Wendung genommen; ich bekam Geld und Waare ſo viel
ich wollte, und zählte nun ſteif und feſt darauf, itzt hätt'
ich mich für ein-und allemal erſchwungen.

Auch An. 81. gieng's wieder im Ganzen wenigſtens paſſa-
bel, und bey der Jahrrechnung zeigte ſich ein ziemlicher
Profit.

Profit. Ich hüpfte daher nicht selten in meiner Waaren
kammer vor Freuden hoch auf; betrachtete mein Schicksal
als recht sonderbar, und meine Errettung wenigstens als
ein Beynahe-Wunder. Und doch gieng von je her, und
noch itzt, alles seinen ordentlichen natürlichen Lauf; und
Glück und Unglück richteten sich immer theils nach meinem
Verhalten, das in meiner Macht stuhnd, theils nach den
Zeitumständen, die ich nicht ändern konnte.

LXXV.

Wieder vier Jahre,

1782-1785.

Allgemeine Uebersicht.

Wollt' ich, wie ich's ehedem etwa in meinen Tagebüchern
gethan, alle Begegnisse meines Lebens, die im Ganzen alle
Erdenbürger mit einander gemein haben, auch nur diese
vier Jahre über erzählen, ich könnte ganze Bände damit
füllen: Bald in einer heitern Laune meinen Wohlstand
schildern, und mich und andre in solchen Enthusiasmus
setzen, daß man glauben sollte, ich wäre der glücklichste
Mensch auf Gottes Erdboden; dann aber hinwieder in
einer trüben Stunde, wo ein halbdutzend widrige Begegnisse auf meinem Pfad zusammentreffen, lamentiren wie
eine Eule, und mein Schicksal so jämmerlich vorstellen,
daß ich mich bald selbst könnte glauben machen, ich sey
das elendeste Geschöpf unter der Sonne. Aber meine Umstände haben sich nun seit ein paar Jahren merklich geändert; und damit auch meine Denkart, über diesen Punkt
nämlich; sonst bin ich freylich noch der alte Wilibald.
Aber der närrische Schreibhang hat sich um ein gut Theil
bey mir verloren. Ursache: Erstlich geben mir meine Ge-
schäft' je länger je mehr zu denken und zu thun. Die

Haußhaltung verwirrt mir oft beynahe den Kopf, und zertrümmert das ganze schöne Spinngeweb meiner Authors-concepte. Denn sind mir meine Jungens ohnehin schon beynahe über die Hand gewachsen, und es braucht nicht wenig Zeit und Kopfbrechens, dieselben auch nur noch in einem etwelchen Gleise zu behalten. Drittens macht mir die Gefährtin meines Lebens, ihrer alten Art gemäß, noch immerfort die Herrschaft streitig, und dies bisweilen mit einer solchen Kraft, daß ich zum Retiriren meine Zuflucht nehmen muß, und oft in meinem kleinen Häuschen kein einziges Winkelgen finde, wo mich auch nur auf etliche Minute die Muse ungestört besuchen könnte. Gelingt es mir aber jede Woche etwa einmal, daß ich mich auf ein Paar Stunden entfernen kann, so — ich will es nur geste-hen — geh' ich dann lieber sonst irgend einem unschuldi-gen Vergnügen nach, das mir den Kopf aufräumt, an-statt ihn, mitten unter allem Haußgelerm, an meinem Pulte noch mehr zu erhitzen. Einzig wird es mir von Zeit zu Zeit, etwa an einem Sonntag oder Feyerabend, noch zu gut, ein schönes Büchelgen zu überschnappen, das ich aber, eh' ich's recht ausgelesen, weiter bestellen muß. Ins zwischen giebt's denn wieder so ein herziges Ding, dem ich ebenfalls nicht widerstehen kann. Und so bleibt mir vollends oft wochenlang zum Schreiben nicht ein Augen-blick übrig, so sehr ich auch den Lust und Willen hätte, diese und jene zufälligen Gedanken und Empfindungen aufs Papier zu werfen; bis etwa nach der Hand sich eine schick-liche Viertelstunde darbietet, wo aber dann das Beste gu-tentheils wieder verraucht, und auf immer verloren ist. Dann denk' ich (freylich vielleicht wie der Fuchs in der Fabel): „Und wozu am End alle dieß Dinten verderben? „Wirst doch dein Lebtag kein eigentlicher Autor werden„! Und wirklich daran kam mir oft Jahre lang der Sinn nie. — Wenn ich zumal in irgend einem guten Schriftstiller las, mocht' ich mein Geschmier vollends nicht mehr ansehn, und bin zugleich überzeugt, daß ich in meinen alten Tagen, es besser zu machen kaum mehr lernen, sondern halt so fortfahren werde, ohne Kopf und Schwanz, bisweilen auch ohne Punkt und Comma, Schwarz auf Weiß zu klecksen, so lang meine Augen noch einen Stich sehen können. Aus allen diesen Gründen will ich so kurz seyn wie möglich; und bemerke zu allererst: Daß sich in jenem Zeitraum meine Umstände überhaupt von Jahr zu Jahr gebessert haben, und ich, wenn ich schon damals Waaren und Schulden zu Geld gemacht — alle meine Gläubiger vollkommen hätte befriedigen können, und mir meine kleine Residenz, Haus und Garten, ganz frey, ledig und eigen geblieben wären. Nur im Sommer des letzten der genannten Jahre (1785.) erlitt' ich freylich mit so vielen andern grössern und kleinern Leuthen einen ziemlich harten Stoß. Nach dem bekannten Königlich Französischer Edikt nämlich gab es einen so plötzlichen und starken Abschlag der Waare, daß ich bey meinem kleinen und einfältigen Händelchen gewiß über 200. fl. einbüssen mußte. Und seither ist kein Anschein vorhanden, daß der Baumwollentücher-Verkehr in unserm Land jemals wieder zu seinem ehevorigen Flor gelangen werde. Einige Grosse mögen wohl noch ihren schönen Schnitt machen; aber so ein armer Zumpel, wie unser einer, dem alle Waaren abgedruckt werden, gewiß nicht. Indessen gieng's auch mir immer noch ziemlich passabel; und so, daß, wenn ich mich, selbst damals noch, zur Kargheit, selbst nur zu einer ängstlichen Sparsamkeit hätte bekehren wollen, ich vielleicht auf den heutigen Tag ein so genannter bemittelter Mann heissen und seyn könnte. Aber dieser Talent (mit dem ich wahrscheinlich auch nicht in jene Schuldenlast gerathen wäre, unter welcher ich zehn bis zwölf Jahre so bitter seufzen mußte, und die ich endlich, unter Gottes Bey-

ſtand, mit ſo vieler Mühe und Arbeit ab meinen Schultern gewälzt) dieſer Talent, ſag' ich, ward mir eben nie
zu Theil, und wird es wohl nimmer werden, ſo lang ich
in dieſer Zeitlichkeit walle. Nicht daß es nicht von Zeit zu
Zeit Augenblicke gebe, wo ich mich über eine unnöthige
Ausgabe, oder einen meiſt durch Nachgiebigkeit verſäum-
ten Gewinnſt quälen und grämen, wo mich, ſonderlich bey
Hauſe, ein Kreuzer — ein Pfennig reuen kann. Aber, ſobald
ich in Geſellſchaft komme, wo man mir gute Worte giebt, einen
Dienſt erweiſt — oder wo mein Vergnügen in Anſchlag
kömmt — da ſpiel' ich meiſt die Rolle eines Mannes
der nicht auf den Schilling oder Gulden zu ſehen hat,
und nicht bey Hunderten ſondern bey Tauſenden beſitzt.
Dieß geſchah beſonders während dem erſten Entzücken über
meine Befreyung von jedem nachjagenden Herrn. Da
war mir wie einem der aus einer vermeinten ewigen Ge-
fangenſchaft, oder gar ſchon auf dem Schaffot, mit Eins
auf ledigen Fuß geſtellt wird, und nun über Stauden und
Stöcke rennt. Da würd' ich bald hundert und hundertmal geſtrauchelt, und vielleicht in Schwelgerey und andre
Laſter — kurz vor lauter Freuden bald in neue noch ärgere
Abgründe verſunken ſeyn, wäre mir nicht mein guter Engel mit dem bloſſen Schwerdt, wie einſt dem Eſel Bi-
leams, in den Weg geſtanden.

LXXVI.

Und nun, was weiters?

Das weiß ich wahrlich ſelber nicht. Je mehr ich das
Gickel Gackel meiner bisher erzählten Geſchichte überleſe
und überdenke, deſto mehr eckelt mir's davor. Ich war
daher ſchon entſchloſſen, ſie wieder von neuem anzufangen;
ganz anders einzukleiden; vieles wegzulaſſen das mir itzt
recht pudelnärriſch vorkömmt; anderes wichtigeres hinzu-

gen, worüber ich weggestolpert, oder das mir bey dem
ersten Concepte nicht zu Sinn gekommen, einzuschalten,
u. s. f. Da sich aber, wie schon oben gesagt, mein Schrei-
bebang gut um drey Quart vermindert — da ich hiernächst die Zeit dazu extra auskaufen müßte, und besonders — am End es nicht viel besser machen würde, will
ich's lieber gerad bleiben lassen wie es ist — als ein zwar
unschädliches, aber, ich denke, auch unnützes Ding, wenigstens für andre. Damit ich aber mein bisheriges Wirr-
max einigermaassen verbeßre, will ich wenigstens das eine
und andre nachholen; mich noch, ehe es fremde Richter
thun, selbst critisiren, und dann mit Beschreibung meiner
gegenwärtigen Lage beschliessen.

LXXVII.

Also?

Was anders, als ich, nicht Ich? Denn ich hab' erst
seit einiger Zeit wahrgenommen, daß man sich selbst —
mit einem kleinen i schreibt. Doch, was ist das gegen
andre Fehler? Freylich muß ich zu meiner etwelchen Entschuldigung sagen, daß ich mein Bißchen Schreiben ganz
aus mir selbst, ohne andern Unterricht gelernt, dafür aber
auch erst in meinem dreyßigsten Jahr etwas Leserliches,
doch nie nichts recht orthographisches, auch unlinirt
bis auf den heutigen Tag nie eine ganz gerade Zeile her-
ausbringen konnte. Hingegen hatte für mich die sogenannte
Frakturschrift, und zierlich geschweifte Buchstaben aller Art
sehr viele Reitze, obschon ich's auch hierinn nie weit gebracht. Nun denn, so geh' es auch dießfalls eben weiter
im Alten fort.

Als ich dieß Büchel zu schreiben anfieng, dacht' ich Wunder, welch eine herrliche Geschicht' voll der seltsamsten
Abentheuer es absetzen würde. Ich Thor! Und doch —

bey besserm Nachdenken — was soll ich mich selbst tadeln?
Wäre das nicht Narrheit auf Narrheit gehäuft? Mir ist's
als wenn mir jemand die Hand zurückzöge. Das Selbst-
tadeln muß also etwas unnatürliches, das Entschuldigen
und sich selbst alles zum Beßten deuten etwas ganz natürliches seyn. Ich will mich also herzlich gern' entschuldigen, daß ich Anfangs so verliebt in meine Geschichte war,
wie es jeder Fürst und — jeder Betelmann in die seinige ist.
Oder, wer hörte nicht schon manches alte, eisgraue Bäur-
lein von seinen Schicksalen, Jugendstreichen u. s. f. ganze
Stunden lang mit selbstzufriedenem Lächeln so geläufig
und beredt daherschwatzen, wie ein Procurator, und wenn
er sonst der größte Stockfisch war. Freylich kömmt's denn
meist ein Bissel langweilig für andre heraus. Aber was
jeder thut, muß auch jeder leiden. Freylich hätt' ich, wie
gesagt, mein Geschreibe ganz anders gewünscht; und kaum
war ich damit zur Hälfte fertig, sah' ich das kauderwelsche
Ding schon schief an; alles schien mir unschicklich, am
unrechten Orte zu stehn, ohne daß ich mir denn doch ge-
traut hätte, zu bestimmen, wie es eigentlich seyn sollte;
sonst hätt' ich's flugs auf diesen Fuß, z. B. nach dem Modell eines Heinrich Stillings umgegossen. „Aber, Him-
„mel! welch ein Contrast! Stilling und: ich„! dacht'
ich. „Nein, daran ist nicht zu gedenken. Ich dürfte
„nicht in Stillings Schatten stehn„. Freylich hätt' ich
mich oft gerne so gut und fromm schildern mögen, wie
dieser edle Mann es war. Aber konnt' ich es, ohne zu
lügen? Und das wollt' ich nicht, und hätte mir auch wenig geholfen. Nein! Das kann ich vor Gott bezeugen,
daß ich die pur lautere Wahrheit schrieb; entweder Sachen
die ich selbst gesehen und erfahren, oder von andern glaub-
würdigen Menschen als Wahrheit erzählen gehört. Freylich Geständnisse, wie Rousseau's seine, enthält meine
Geschichte auch nicht, und sollte auch keine solchen enthal-

ten. Mag es seyn, daß einige mich so für besser halten, als ich nach meinem eigenen Bewußtseyn nicht bin. Aber aller meiner Beichte ungeachtet, hätten denn doch hinwieder andre mich noch für schlimmer geachtet, als ich, unter dem Beystand des Höchsten, mein Lebtag nicht seyn werde. Und mein einzig unpartheyischer Richter kennt mich ja durch und durch, ohne meine Beschreibung.

Die Fortsetzung nächstens.

II.

An der Reuffe.

(1786.)

Walleſt ſchön, walleſt ſtill
  Durch das Thal hinab;
Wonnig iſt's, am Ufer ſtehn,
  Und da ſehn
Deinen Gang ins Thal hinab.

Alles fließt, alles eilt
  So dahin, dahin!
Aber wonnig iſt's nicht, ſtehn,
  Und da ſehn,
Wie es eilt dahin, dahin! —

Nicht ſo ſchön, nicht ſo ſtill,
  Wie dein Wallen, Fluß!
Iſt das menſchliche Zergehn:
  Stürme wehn;
Giebt Gerduſch, und Kümmernuß! —

Walle ſchön, walle ſtill,
  Fluß, ins Thal hinab!
Mancher denket, der ſo geht,
  Und da ſteht:
„Könnt' ich ſanft, wie du, hinab„!

III.

Wimphelings Gebet, u. f. f.

(Fortſetz. S. das vorhergehnde Heft, S. 92. u. ff.)

Vier und zwanzigſtes Capitel.

Die Schweitzer erkennen nur den Worten nach das H. Römiſche Reich. Vom Herzogthum Mayland.

Sie ſagen zwar, ſie gehorchen dem H. Römiſchen Reiche; ſie födern deſſen Nutzen, ſie verthaidigen daßſelbe. Warum verſchaften ſie denn durch ihren Beyſtand, daß die mächtigſte Reichskammer (ich rede von Mayland, nicht vom Herzog) den Franzoſen in die Hände geliefert wurde? Sie rühmen ſich, daß ſie als Deutſche in Oberdeutſchland, die einen alten groſſen Bund hätten, deutſcher Nation viele Vortheile gebracht haben. Warum hiengen ſie denn gegen die Deutſchen, gegen ihre Nachbaren, ſo oft fremden, auswärtigen Feinden der Deutſchen aus bloſſer Gewinnſucht an, ſtritten mit denſelben, und ſchmeichelten ihnen? Sie ſagen, daß ſie dem Reiche Gehorſam leiſten. Was iſt aber das Reich? Wer ſtellt das Reich vor, als Kaiſerliche Majeſtät und der Rath der Kurfürſten? ſo wie die Römiſche Kirche in dem Oberſten Biſchof und dem Corps der Hochwürdigſten Herren Cardinäle beſteht und gegründet iſt *).

Fünf und zwanzigſtes Capitel.

Sie fliehen und verlachen die Quelle der Gerechtigkeit.

Wenn ſie alſo das Reich erkennen und demſelben Gehorſam leiſten, warum weigern ſie ſich denn zu der Quelle

---

*) Hätten ſo viele Stände damaliger deutſcher Nation Privathändel des groſſen Kaiſerhauſes und Reichshändel (ſo wie es auch unſer Wimpheling ſelber häufig thut), nicht ſo oft und ſo gröblich durch einander geworfen, dürfte er, in dieſem Kapitel wenigſtens, nicht ganz Unrecht haben.

III.

Soliloquium Wimphelingii &c.

Recognoscunt Suitenses Imperium Romanum verbis, et de ducatu Mediolanensi.

Capitululum vigesimum quartum.

Dicunt se Imperio Romano deferre, Imperio prodesse, Imperium defendere. Cur ergo potentissimam Imperii Cameram (de Mediolano loquor; de Duce taceo) assistentia · sua procuraverunt subjici et tradi in manus Gal elicorum? Gloriantur se, Germanos in Germania superiori, vetus et magnum foedus habentes, Germanica Nationi saepe profuisse. Cur ergo contra Germanos, contra vicinos, saepe et frequenter alienigenis et exteris Germanorum hostibus solius quaestus amore adhaeserunt, militarunt, opitulati sunt? Dicunt se obedire Imperio. Et quid est Imperium? Quis Imperium repraesentat, nisi Regia Majestas cum senatu Principum Electorum? Sicut Ecclesia Romana in Summo Pontifice et Reverendissimorum Dominorum Cardinalium coetu fundata est atque subsistit.

Fontem justitiae fugiunt et irrident.

Capitulum vigesimum quintum.

Quando ergo deferunt, quando obediunt Imperio, qui ad fontem

des Rechts und der Gerechtigkeit, zu dem Gericht oder Königlichen Parlament, welches neuerlich von dem Reiche aufs feyerlichste und gerechteste ist angeordnet und eingesetzt worden, zu kommen, und hindern zugleich andre, die mit ihnen auch noch so locker verbündet sind, vor demselben zu erscheinen und sich seinen Aussprüchen zu unterwerfen, indem sie so verächtlich und spöttisch von diesem Gerichtshofe sprechen. „Wer Böses thut, hasset das Licht‚‚, sagte unser Erlöser. Wer sein Unrecht erkennt, der scheut sich vor dem gerechten Ausspruch eines gerechten Richters; er flieht so viel er kann diesen gerechten Richter zu dem er kein Zutrauen hat, und den er nicht beugen kann. Und doch erscheinen selbst Fürsten vor diesem Gerichtshofe. Und auch der König von Frankreich weigert sich nicht, vor seinem eigenen Reichsparlament Recht zu nehmen und zu geben *).

Sechs und zwanzigstes Capitel.

Erbarmen über die Seelsorger, welche ihren Anvertrauten nicht die volle Wahrheit sagen.

O guter Christus! Möchten doch deine Religiosen, die unter diesem Volke wohnen, wenn sie anders selbst ihre Schuldigkeit kennen, es wagen dasselbe zur Leistung des schuldigen Gehorsams, bey der Beichte sowohl als in ihren öffentlichen Vorträgen, zu bewegen und anzuführen. Möchten diese seine Hirten, aus Gewissenhaftigkeit und Furcht vor dir, zumal jene vom gemeinen Manne als besonders rechtschaffen verehrte Männer, zu ihrer Pflicht, zu einer gewissen grössern Menschlichkeit und Milde zu len-

*) Dieser Gegenstand ist zu weitläufig, um hier erörtert zu werden. Auch dem Fremden, der Schweizergeschichte aus den Quellen kennt, müßte jede Wiederlegung überflüßig scheinen; und dem, der sie nicht kennt, könnte man sich in dem Raum einer blossen Anmerkung unmöglich verständlich machen.

Juris et justitiæ, ad judicium seu Parlamentum
Consistorii Regalis ab Imperio nuper sanctissime
justissimeque institutum et erectum, non solum ipsi
venire dedignantur, sed et reliquos qualicunque
fœdere sibi junctos, ne veniant, ne se subjiciant,
prohibent atque retardant; de isto judicio ridiculose et contemtibiliter loquentes. Qui male agit,
odit lucem : dixit redemtor noster. Qui injustitiam suam agnoscit, justam justi judicis sententiam
timet, judicem justum sibi non familiarem et a se
inflexibilem quoad potest fugit. Principes apud hoc
consistorium comparent. Rex Galliæ coram sui
regni parlamento justitiam dare et accipere non
detrectat.

Commiseratio in Curatores animarum , qui veritatem illis non plene dicunt.

Capitulum vicesimum sextum.

Utinam bone Christe! tui religiosi talibus cohabitantes, qui de obedientia prædicant, qui obedientiam magnifaciunt, hanc quoque gentem ad
præstandam debitam obedientiam vel in confessionibus vel in concionibus flectere ac inducere conarentur! Utinam eorum pastores conscientia et tuo
timore impulsi illos (alioquin de honestate plurimum a vulgo commendatos) ad officium, ad debitum, ad majorem quandam humanitatem lenire
et demulcere studerent;

ken suchen *). Möchten sie deine Lehren und Beyspiel, und die Ermahnungen deines Petrus und Paulus, von der den Herrschern gebührenden Ehre nachdrücklicher anpreisen und unabläßiger einprägen! Möchten sie ihnen jenes Mosaische und von St. Paul wiederholte Gesetz eröfnen: Die Götter sollst du nicht verkleinern, und den Obersten des Volks nicht übel reden!

Sieben und zwanzigstes Capitel.

Weheklage über Geistliche, welche der Bischöflichen Jurisdiction und der Königlichen Majestät vergessen, und undankbar sind gegen die Stifter ihrer Benefizien; denn diese sind nicht von Alpleuthen gestiftet.

Möchten auch alle meines gleichen täglich von Herzen die Bitte thun: Herr! erhalte den König! und möchten sie bedenken, was dein Paulus befiehlt, und was die H. Kirche, gerad' Anfangs des heiligen Canons zum Gottesdienst angeordnet hat; daß man nämlich insbesondere für den Pabst und für den König bitten und opfern soll! Möchten sie auch wenigstens nur im Herzen dankbar seyn, und erkennen daß ihre Stipendien und die Benefizien der Cathedral- und andrer Kirchen nicht von Waldleuthen und Kriegsläuflingen, sondern von Kaysern, Königen, grossen Herren, von Bischöfen und Erzbischöfen, von Edeln und Freyen **), von andächtigen Bürgern des Römischen Reichs gestiftet und großmütig vergabet sind!

*) Wimphelings Schatten mag mir's verzeihen! Aber der Rath: „Den rechtschaffnen Mann zu einer gewissen grössern Menschlichkeit und Milde zu lenken„, riecht gewaltig nach dem Fuchsschwanze.

**) Als wenn's, selbst unter den Waldleuthen, keine einheimische Edle und Freye und andächtige Bürger, welche Pfründen gestiftet — bald nur zu viel gegeben hätte!

tuaque verba et exempla , tuorumque Petri et
Pauli de obedientia regibus præſtanda exhortatio-
nes erficacius perſuaderent atque conſtantius incul-
carent! Utinam eis hanc Moſis legem et a Paulo
tuo repetitam patefacerent: Diis non detrahes et
principibus populi non malediccs.

*Commiſeratio in Ecclefiaſticos Epiſcopopalis jurisdiſtio-
nis et Regiæ Majeſtatis immemores, et ingratos in
ſuorum beneficiorum fundatores: non enim alpinæ-
tes ea fundaverunt.*

Capitulum viceſimum ſeptimum.

Utinam et mei ſimiles hanc quotidianam ſuppli-
cationem ex animo dicerent: Domine! ſalvum fac
regem; et recogitarent, quæ tuus Paulus præcepit,.
ſanctaque Eccleſia inſtituit in re divina, in ipſius
ſancti Canonis principio, pro Papa et Rege pecu-
liariter eſſe orandum atque ſacrificandum! Utinam
ſaltem in animo grati eſſent; recognoſcentes, ſtipendia ſua et cathedralium aliarumque eccleſiarum
beneficia non a Silveſtribes, non a bellovagis, ſed
ab Imperatoribus, a Regibus, ab Optimatibus, ab
Epiſcopis et Archicpiſcopis, a Generoſis, a Nobilibus, a devotis Imperii Romani civibus inſtituta
fuiſſe atque liberaliter dotata!

Acht und zwanzigstes Capitel.

Wozu die Geistlichkeit, welche für die Seelen sorgt, die Schweizer hauptsächlich bereden soll.

Möchten doch Männer meines gleichen, die unter ihnen wohnen, sie überreden, die schuldige Unterwerfung in weltlichen Dingen zu erkennen; den Prälaten im Geistlichen zu gehorchen; kirchliche Ahndungen nicht zu verachten, und sich nicht in die Beurtheilung geistlicher Personen und Sachen, ähnlicher und andrer sie nichts angehender Dinge einzulassen; den Bischöfen ihre ordentliche Gewalt nicht zu entreissen *); keinen Unterthanen gegen seinen Herrn, keine Räuber gegen vornehme Städte, noch Ehebrecherinnen gegen rechtschaffne Männer zu vertheidigen; nicht keusche Jungfrauen aus den Klöstern zu werfen und an deren Statt unzüchtige hineinzuführen; mit Gewalt abgenommenes Geld wieder zurückzugeben; die im Kriege erworbene Beute mit ihren Gehilfen nach den Eiden zu theilen; von den Fürsten keinen Sold für künftige, zweydeutige oder auch ungerechte Kriege anzunehmen; den Römischen König nicht zu schmähen, noch seiner in öffentlichen Schauspielen zu spotten; um des Hasses gegen das Haus Oesterreich willen nicht vom Römischen Reich abzufallen; Larven und Masken keine göttliche Ehre zu erweisen; die von den Kaysern erhaltenen Privilegien nicht zu vergessen; nicht gegen alle Billigkeit das einem andern Herrn angehörige Volk, wenn es sich auch freywillig dazu anbietet, in ihre Verbindung aufzunehmen; nicht Aufruhr des Volkes gegen seine Herren zu nähren; nicht in fürstlichen Succeßions- und Ehesachen Recht zu sprechen; nicht weder in Criminal- noch bürgerlichen Fällen Richter der Priester zu seyn; sie nicht zur Be-

*) Daß die weltliche Macht in der Eydsgenoßschaft sich in Geistlichen Dingen immer vieles angemaaßt, ist also eine sehr alte Klage, und — ein sehr schönes Lob.

Quæ a clero animarum curam habente Suitenſibus
præcipue perſuadenda ſint.

Capitulum vigeſimum octavum.

Utinam tales mei ſimiles inter eos habitantes ipfis pérſuaderent, debitam majoritatem in tempora-
libus recognoſcere ; Prælatis in ſpiritualibus deferre, eccleſiaſticas cenſuras non ſpernere ; de ſpiritualibus cauſis et perſonis, deque Abbatiis et ſimi-
libus ad eos minime ſpectantibus regendis non ſe
intromittere ; Epiſcopis ſuam ordinariam juris-
dictionem non auferre ; nullum ſubditum contra
ſuum ſuperiorem, neque prædones contra præclaras
civitates, ſed neque adulteras contra honeſtos ma-
ritos defendere ; non ejectis cœnobio caſtiſſimis
virginibus impudicas introducere ; pecunias vi ex-
tortas reſtituere ; ſpolia in bellis parta cum ſuis
coadjutoribus juxta jusjurandum dividere ; ſtipendia a principibus propter futura, dubia aut etiam
injuſta bella contra Chriſtianos non recipere ; Regi
Romanorum non detrahere, nec eum per ludos
theatrales irridere ; propter odium in domum Au-
ſtriæ ab Imperio Romano non deficere ; larvis et
marſcaris divinum honorem non exhibere ; pri-
vilegia ab Imperatoribus conceſſa non obliviſci ;
alterius domini populum etiam ſeſe dedentem in
ſuam civilitatem contra fas non aſſumere ; popula-
rium rebellionem in ſuos ſuperos non fovere ; in cauſis ſucceſſionum hæreditatisque principatuum et ma-
trimonialibus non judicare ; ſacerdotum judices in
criminalibus aut civilibus non eſſe, non eos ad tan-

rührung des Schultheissenstabs zu nöthigen; ſich nicht mit
ihrem Leben, das den Päbſten anvertraut iſt, zu befan-
gen *); Ablaß von Sünden nicht mit Gewalt zu überwinden; nicht um thörichter Worte eines einigen Unver-
ſchämten willen eine ganze Stadt oder Nachbarſchaft mit
Feuer zu vertilgen; nicht ſo gleich gegen Teutſche Nachbaren und Chriſten zu den Waffen zu greifen, und nicht
fälſchlich zu glauben, man könne Gott lieben und den
Nächſten haſſen, ja ihn ſogar ohne alle Schuld aufs grau-
ſamſte erwürgen; nicht rechtſchaffene Bürger, die einen
Abſcheu vorm Kriege haben und demſelben nie beywohnten
gering zu ſchätzen; ihre Kinder nicht bloß zum Kriege zu
gewöhnen, daß ſie ſobald ſie gehen können Strauſſenfedern
tragen, Tag und Nacht aufs heftigſte die Trommel ſchlagen, Dolche am linken Knie tragen; mit ſtolzem Gange,
eiteler Kleidung, trutzigem Angeſicht, drohender Rede, und
in ihrem ganzen Aeuſſerlichen, Raub und Mord verrathen,
und ſo eine Grauſamkeit einſaugen, die gerne Menſchen-
blut vergießt, jedermann anfällt, und ſelbſt des Uebernann-
ten und des ſich Ergebenden nicht ſchont; wodurch alle natürliche Barmherzigkeit von ihren Herzen ausgeſchloſſen
wird, daß ſie, noch kaum zu Männern wohl aber zu zor-
nigen Wüthrichen geworden, verwegen genug ſind ihre
Waffen gegen den Menſchen wie gegen eine Mücke zu richten, ſich aus fremden Wunden einen falſchen Ruhm bereiten, und jeden, der ihnen entgegen kömmt oder bey ihnen
fürübergeht, niederwerfen und zum Kampfe auffodern **).

*) S. die gleichvorhergehende Anmerk.

**) Wie doch in dieſem Kapitel unſer ehrliche Wimpheling, Wah-
res, Halbwahres, Falſches und Schiefes ſo zuſammendrängt, daß
es uns, wenigſtens diesmal, an Zeit und Raum gebricht, alles
das Siebenzeug auseinander zu leſen. Für einige wirklich groſſe
und ſchöne Wahrheiten indeſſen ſoll' ihm, auch itzt noch, alles
Schweizerland dankbar ſeyn.

gendam prætoris virgam compellere, non fe de
eotum vita pontificibus commiffa occupare; abfo-
lutionem de peccatis vi non extorquere; non propter ftulta unius imprudentis verba totam civitatem
totamque vicihiam igni delere; contra Germanos,
contra viclnos, contra Chtiftianos non mox in arma profilire; et non falfo credere , Deum diligi
poffe et proximum odiri atque fine omni demerito
fuo atrociffime jugulari ; non bonos cives, qui a
bellis abhorrent et eis non interfuerunt, pro nihilo ducere ; non pueros fuos ad fola bella affuefa-
cere: ut mox cum pedum officio utuntur, plumas
ftruthionum circumferant, tympanum dies et noctes
vehementiffime pulfent, pugiones fupra finiftrum
genu ex transverfo portent, fuperbiam in inceffu,
vanitatem in veftitu, truculentiam in vultu, in
fermone minas et in omni geftu latrocinii aut ho-
micidii geftum præ fe ferant, ficque ad effundendum
humanum fanguinem , ad invadendum quemcui-
que hominem, ad minus parcendum proftratis et
fe dedentibus atrocitatem quamdam imbibunt, atque naturalem ab animo fuo mifericordiam exclu-
dunt adeo, ut vix jam facti viri fed animofi facti
atque truculenti audeant in humanum corpus ficuti
in mufcam arma fua diftringere , atque ex alie-
nis vulneribus falfam fibi gloriam parare , ob-
vios et prætereuntes obtrudere ac in certamen
provocare.

Neun und zwanzigstes Capitel.

Aus welcher Veranlassung dieses Selbstgespräch geschrieben sey *).

So erzogen und von frühen Jahren an unterrichtet waren wohl die, guter Christus! welche neuerlich einen deiner Diener, einen Priester, der in ehrbarer Kleidung und bescheiden seinen Weg gieng, auf öffener Straße, am hellen Tage, an einem ehrlichen Orte, ohne alle Schuld, den stillen ihnen auf keine Weise Anlaß gebenden Mann, der nie keinen Menschen dasigen Orts beleidigte, umzingelten, sich um ihn her stellten, und ihn mit verlarvten Gesichtern fürchterlich wie einen Räuber packten; hundert und sechs und fünfzig Schritte weit (wie Kinder eine Mißgeburth) begleiteten, und ihm aufs ungestümmste sein Geld abfoderten. Als er ihnen nun keines gab, versperrten sie ihm mit Pferden (denn etliche waren beritten) die reinlichern Fußpfade, trieben ihn einem Trunkenen gleich in dreckigte Pfützen, und nahmen ihm endlich bey grosser Kälte die priesterliche Mütze vom grauen Haupte. Wäre er im Walde, in der Finsterniß, in ihre Hände gefallen, was hätten sie wohl denn erst gethan? O gerechter Gott! Wie gut ist's doch, Knaben und Jünglinge zur Bescheidenheit und Zucht und zu deiner Furcht zu erziehen.

Dreyßigstes Capitel.

Erbarmen über die Jünglinge welche bloß zum Kriege angeführt werden.

Ich trage wahrhaftig Mitleiden mit den Kleinen, welche zu einem hochmüthigen Gang, zu eiteln Kleidern, zur Grausamkeit, zum Trotz, Leichtsinn, Stolz, frechem Men-

*) Nun, die gleich folgende Veranlassung zu Wimphelings Klagen war freylich traurig genung. — Aber auch gerecht, deswegen gegen ein ganzes Volk loszuziehn?

Quo impulfu Soliquium hoc fcriptum fit.

Capitulum vigefimum nonum.

Taliter educatos et a teneris annis inftitutos credo bone Chrifte! eos fuiife, qui nuper unum ex
famulis tuis, facerdotem honeito habitu et mode-
fto greifu incedentem, in publica ftrata, in clarif-
fima die, in loco honcfto, absque omni culpa,
tacitum; nihil caufæ vel occafionis eis dantem,
qui nullum unquam in eo loco nec in minimo læ-
ferat, circumvenerunt; larvatisque vultibus terri-
biliter tanquam latroncm certatim obruerunt; per
centum et quinquaginta fex paffus (ficut pueri
monftrum) comitati funt; pecunias et ab eo im-
portuniffime velut trutanni exegerunt; cumque
non daret interclufis per equos (quibus nonnulli
eorum infidebant) mundioribus femitis, in fpur-
citias et lutum tamquam ebriofum impulerunt, et
tandem facerdotale tegmen a cano fuo capite in
magnis frigoribus abftraxerunt. Si in filva, fi in
tenebris illorum manus incidiifct, quid nam face-
rent! O bone Deus! quantum cft bene, modcfte
atque pudice ad tuum timorcm inftituere pueros
et adolefcentes.

Commiferatio in ephebos, qui ad folum Mar-
tem inftruuntur.

Capitulum tricefimum.

Mifereor illorum profecto parvulorum, qui
ad excelfum inceffum, ad levitatem veftium, ad
crudelitatem, ad minas, ad temeritatem, ad
infolentiam, ad audaciam homicidiorum, ad im-

schenmetzeln, zu meuchelmörderscher Wuth, zum Zank, Mordbrennen, Niedermachen, zum Katzenbalgen (wie sie es selbst zu nennen gewohnt. sind) und endlich (damit ich alles, was ich sagen will in Eins zusammenfasse) zu je dem ersten besten Reisgeläuf, und zum Vergiessen des Menschenbluts das zum Himmel um Rache schreyt, angeführt werden; daß sie ohne irgend eine Wissenschaft zu erlernen, ihre Felder und Vieh, ihre Weiber und Kinder zu Hause zurücklassen, und hinziehen entweder leichtsinnig ihr eigenes Blut der Gefahr auszusetzen, oder gottloser Weise fremdes zu verspritzen *).

Ein und dreyßigstes Capitel.

Nicht alles, was die Kriegsläuflinge heimbringen, kömmt von ihrem Solde her.

Wenn denn einer oder zween aus dem Kriege zurückkommen und fremdes Gold, göldne Ketten und andres, was die Begierde der Kinder dieser Welt reizt, mit sich heimbringen, so mahnen sie auch andre Gesellen mit Vorspiegeln und Klingeln ihres Gelds in den Wirthshäusern an, und locken sie, daß sie eben so dem Feldgeschrey nachlaufen, wo sie leichter zu Reichthum gelangen als bey ihren väterlichen Fluren und beym Melken ihrer Kühe. Insgemein nun rühmen sich solche Leuthe, daß sie alles, was sie heimbringen, von ihrem ordentlichen Solde erworben haben, da sie es doch vielleicht mit Spielen, Stehlen, Strassen- und Kirchenraub, durch Gewalt, Verrätherey, List, Nachstellungen, und Plünderung ihrer Freunde und Feinde zusammengerafft. **).

---

*) Vortrefflich! Das wiegt für einen nachdenkenden Schweizer, des Nutzens wegen, die schönsten Palinodien aus dem Alterthum auf!
**) Bravo! Bravißimo! Und gilt auch vom nächstfolgenden Kapitel.

piam fævitiam ficariorum , ad rixas , ad incendia, ad ftrages, ad pellem felis, (ficut ipfi appellare confueverunt) et demum (ut uno verbo plane dicam, quod volo) ad quæcunque bella fectanda , ad humani fanguinis in cœlum clamitantis effufionem inducuntur: ut tandem polthabitis omnium fcientiarum ftudiis, agris, jumentis, liberisque et uxoribus domi relictis, ad exponendum vel fuum prodige, vel difpergendum impie alienum fanguinem proficifcantur.

Non omnia ex ftipendio proveniunt, quæ bellovagi fecum adducunt.

Capitulum tricefimum primum.

Et cum unus aut duo ex bellis fuerint reverfi, aurum peregrinum et auratos torques ceteraque hujus feculi filiis concupifcibilia fecum afportantes, alios coævos a oftenfione et clangore nummorum in tabernis meritoriis excitant et admonent, ut itidem bella et caftra fequantur; in quibus divitias facilius quam apud paternos agros aut boves mulcendos fint confecuturi, et plerumque tales fefe jactant, omnia quæ afferunt jufto belli ftipendio conquifiviffe; cum forte ludo , furto, latrocinio, facrilegio, vi, proditione, dolis, rapinis, infidiis, amicorum et inimicorum deprædatione ea corraferunt.

Zwey und dreyßigstes Capitel.

Eines betagten und frommen Alpenbewohners aus Uri Vergleichung zwischen den ehemaligen und den itzigen Sitten der Schweitzer.

Du weißt, guter Christus! daß ich das von einem alten Aelpler, einem unbezweifelt rechtschaffenen Manne gehört habe, der nicht an den gegenwärtigen Sitten dieses Volks, sonder an den ehemahligen Sitten seiner Väter ein Wohlgefallen trug. Diese, sagte er, nährten sich mit ihrer Händen Arbeit zu Hause, in Wiesen, Wayden und Feldern, mit Hüten und Säugen des Viehes, mit ihrer Milch, Molken, Mett, Butter, mit ihren Käsen und anderm, wodurch das Hauswesen aufs treflichste und redlichste besorgt und in Aufnahme gebracht wird. Sie lebten eingezogen und mäßig ohne solchen Kleiderpracht und Geläufe in auswertige Kriege. Heil denen welchen ihr Erdreich ohne zweyträchtige Waffen leicht ihren Unterhalt gab! Ich glaube, sie kannten jenen Ausspruch des Heiden:

Bey denen die den Heeren nachgehn,
Sind Treu und Glaube nicht, nur feile Hände.

Ich glaube sie waren eingedenk deines Wortes, o guter Christus: „Wer das Schwert ergreift, kömmt durch das „Schwert um„!

Drey und zwanzigstes Capitel.

Der Bruder Niklaus wird zu diesem Volke redend eingeführt, dasselbe zur Besserung zu ermahnen.

Ich glaube dir, Bruder Niklaus! der du einst so eingezogen unter ihnen lebtest. Wenn du nun wieder zu ihnen zurückkehren könntest, du würdest gewiß in diesen heilsamen Rath und Meinung einstimmen, und ihnen sagen: „Liebe Söhne, thut Buß und glaubet dem Evangelium. „So wie alle Völker ihre Könige erkennen, so erkennet

Grandævi et probi Alpinatis ex Uraniis de priſcis et præſentibus Suitenſium moribus comparatio.

Capitulum trigeſimum ſecundum.

Scis tu bone Chriſte, hæc me grandævo Alpinate indubie probo et tui timorem habente, inter deambulandum audiviſſe, cui non præſentes hujus gentis, ſed prisci majorum mores placebant, quos dicebat manuum ſuarum laboribus domi in paſcuis, in pratis, in ſaltibus, in agris, in paſcendis et ſaginandis pecoribus lacte, ſero, mulſo, butiro, caſcis et cæteris, quibus ſanctiſſime et honeltiſſime res familiaris conſervari et augeri poteſt, alimenta quæſiſſe, parceque et frugaliter absque tanta veſtium pompa et externorum bellorum frequentia vixiſſe. O fortunatos quibus absque diſcordibus armis facilem victum iuſtiſſima tellus effudit. Crediderim, eos Pagani ſententiam non ignoraſſe:

Nulla fides pietasque viris, qui caſtra ſequuntur,
Venalesque manus ibi fas ubi maxima merces.

Crediderim eos o bone Chriſte tuorum verborum fuiſſe memores: qui gladium accipit gladio peribit.

Inducitur frater Nicolaus huic genti loquens ut reſipiſcat.

Capitulum trigeſimum tertium.

Credo frater Nicolaus tibi quondam apud illos abſtinentiſſimus. Si nunc ad ipſos reverti poſſet cum hac ſententia et ſaluberrimo conſilio, eum maxime conſentire credo, cum illis dicturum: optimi filii, penitemini et credite Evangelio. Sicut omnium regnorum populi reges ſuos recognoſcunt,

„auch ihr den euern, den König der Deutschen; denn ihr
„seyt Deutsche. Um deswillen werdet ihr weder Knechte,
„noch Sclaven, noch leibeigene Leuthe, wie ihr sagt;
„und werdet euch darum nicht zu ungerechtem Tribut,
„zu ungewohnten Zöllen, und schweren Diensten gezwun-
„gen finden. Die Herrschaft des Römischen Reichs ist
„nicht eine despotische sondern eine königliche Herrschaft.
„Seyt nicht Sonderlinge. Thut andern gleich, die nicht
„uneblar als ihr sind. Durch eure gemeinschaftliche Bey-
„hilfe wird der Türk leichter überwunden werden *). Käm-
„pfet doch nicht um einen geringen flüchtigen Sold mit
„Gefahr eurer Leiber und eurer Seelen zum Schutze des
„Leichtsinns und der Herrschsucht jedes Herrn. Seyt
„nicht stolz darauf, daß viele Könige auf einmahl Boten
„und Redner an euch senden, wenn sie eurer Hilfe bedür-
„fen; sie sehen euch nur darum nach, und arbeiten nicht
„an eurer Unterdrückung (glaubet mir) weil sie hoffen
„durch eure Beyhilfe in einem Kriege zu siegen, der zu-
„weilen sehr gerecht gegen sie selbst geführt werden möchte;
„und weil sie wissen daß ihr um jeden Lohn der Ungerech-
„tigkeit ihren Fehden, wie solche immer beschaffen seyn
„mögen, (gleich der Sperber dem Aas), zufliegen werdet.
„Laufet, liebe Söhne! nicht verschiedenen Fürsten zu,
„die im Zwiste miteinander stehen, damit es sich doch
„nicht zutrage, daß ihr entweder selbst gegen einander bey
„zweyen Heeren kämpfet, oder den einen von zween Für-
„sten, der sich auf eure Treue stützt, verlasset, und seinem
„Feinde in die Hände liefert. Glaubet mir (würde Brus
„der Niklaus sagen) nicht immer ist es sicher sein Leben

*) Von allem bisherigen hätte der sel. Niclaus das: „Thut Buß
„und glaubet dem Evangelium,! ausgenommen, gewiß kein Wort
gesagt, wenn schon auch darinn, zu Wimphelings Zeiten, cum
grano salis verstanden, einige Wahrheit stecken mochte. Das gleich
folgende sagte ihnen der patriotische Eremite wirklich.

ita et vos Regem veſtrum, hoc eſt Germanorum (quia Germani eſtis) recognoscite. Non propterea ſervi, non ſclavi, non mancipia, non proprii? (ut vos dicitis) homines eſtis futuri; non ad indebita tributa, non ad nova vectigalia, non ad injuſta ſervitia coacta ſentietis vos compelli. Non eſt in Regno Romano principatus deſpoticus, ſed regalis. Ne ſitis ſingulares. Alludite aliis, vobis non ignobilioribus; veſtro unanimi adjutorio facilius ſuperabitur Turcus. Nolite pro modico et perituro ſtipendio ad uniuscujusque Tyranni temeritatem aut ambitionem tutandam cum corporum et animarum veſtrarum periculo pugnare. Nolite ſuperbire ex hoc, quod multorum regum ad vos una etiam vice nuncii et oratores mittuntur. Cum ope veſtra opus habent, vos inviſunt et nollent (credite mihi) vos oppreſſum iri, non ex alio affectu quam quod ſperent ſe veſtris auxiliis in bello, quod contra eos juſtiſſime induci quandoque poſſet victores evaſuros, ſperantque vos ad ſua qualiacunque bella pro mammona iniquitatis (ſicuti ad eſcam accipitrem) advolaturos.

Nolite etiam boni filii, ad diverſos principes inter ſeſe diſcordes transcurrere, ne aut vos inter vos ipſos in diverſis exercitibus bellare, aut unum ex duobus principibus bene de vobis confidentem deſerere et hoſti ſuo offerre, in manumque præſentare contingat. Credite (diceret frater Nicolaus) non eſſe ſemper tutum pro ſua propria tempo-

„für sein eigenes zeitliches Vermögen in Gefahr zu setzen
„(denn es streitet gegen das Gesetz der Natur und gegen
„die Liebe) wie viel weniger denn für fremdes? Glaubet
„mir: Auch gerechten Kriegen eines fremden Fürsten bloß
„um des Soldes willen nachlaufen, kann nie ohne schwe-
„re Sünde seyn, wenn der Sold nur, und nicht die Liebe
„zur Gerechtigkeit, der vorzüglichste Bewegungsgrund ist.
„Allein es ist sehr schwierig zu unterscheiden, ob ein Krieg
„gerecht sey. Und doch ist es nicht genug darüber bloß
„wahrscheinliche Muthmaaffung, sondern weit beffer, voll-
„kommene Gewißheit zu haben.

„Ihr seht, liebe Söhne, in welch gefährlicher Lage
„ihr seyt, wenn ihr auf die Bitte eines Königs, der,
„wie es immer sey, Krieg führen will, mit Geringach-
„tung euers Lebens schnell hineilt. Ihr traget vielleicht
„eine aufrichtige Zuneigung zu ihm; doch nicht um das
„Recht zu verfechten und Unrecht abzutreiben; sonder euer
„Herz steht nach dem Beutel und nach dem Lohne, und
„wo euch derselbe am größten angetragen wird, da, über-
„redet ihr euch selbst, sey die gerechteste Sache, und
„wüthet denn in der Christenschlacht. Ihr sucht Vergnü-
„gen und eitelen Ruhm an Menschenmord, und wer die
„meisten schlug, erwirbt sich die größte Ehre und das
„ansehnlichste Lob unter euch; und so wie ihr wieder nach
„Hause zurückgekehrt seyt, gebt ihr ihm eine Landvog-
„tey oder Magistrats-Stelle, oder machet ihn zum Heer-
„führer, Hauptmann oder Herolden. Keineswegs möcht'
„ich an euerm Ablaß Theil haben, den ihr unter solchen
„Bedingungen mit den Waffen und Kampf erhaltet.
„Denn da der Friede der Endzweck des Krieges ist, und
„nur um des künftigen Friedens willen Krieg geführt
„wird, so ist es gewiß beffer und rühmlicher wenn wir
„zur Erhaltung des einmal erzielten Friedens mitwirken,
„als daß wir die gegenwärtige angenehme Ruhe aus

rali fubftantia vitam exponere (quia id eft contra naturæ legem et ordinem charitatis) quanto minus pro aliena? Credite, ad jufta etiam principis alieni bella pro folo ftipendio difcurrere, gravi peccato vix poffe carere, nifi ftipendium non principaliter moveat, fed amor juftitiæ. Cum autem rariffime fint inter Chriftianos jufta bella, et difficillimum eft cognitu, fi juftum. fit bellum; de quo tamen non fatis eft, probabilem conjecturam, fed magnam expedit habere certitudinem.

Videte, boni filii, quam in periculofo fitis ftatu, cum mox ad petitionem regis utcunqne bellaturi, vitæ veftræ prodigi feftinantes properatis. Affectum fincerum (forfitan) non ad juftitiam defendendam aut injuriam propulfandam geritis, fed animus vefter eft in crumena, eft in mercede, et ubi major merces offertur, illic majorem effe juftitiam vobis ipfis perfuadetis, in cæde Chriftianorum graffantes. Delectamini atque inanem jactabundi gloriam quæritis ex homicidio, adeo ut qui multorum fuerit interemptor is majorem palmam et magis infignem laudem inter vos afportet; eidemque ad proprios lares reverfi Præfecturam vel Magiftratum vel Primipili et Capitanei munus vel Preconis officium comittitis. Non cupio ego veftrarum effe particeps Indulgentiarum, quas veftris armis et animofitatibus tali pacto fueritis affecuti. Cum enim pax fit finis belli et propter futuram pacem bella fiant, fatius effet et gloriofius, nos ad pacem quæ jam habetur, ut manere poffit, cooperari, atque ut præfens pacis quies et jucunda tranquillitas ex fuper-

„Stolz oder Jngrimm stören, und uns durch Raub und
„Brand, den wir aus elenden Beutgeitze verüben, erst
„wieder einen neuen Frieden erwerben müssen. Habt ihr
„einen Sieg errungen, nun so seyt überzeugt, daß itzt
„Gottes Wohlgefallen und Freundschaft auf Euch ruhe.
„Nehmet ein Beyspiel *) an den Philistern, an den ehe-
„maligen Römern, Hunnen, Gothen und Böhmen,
„welche durch den gewaltigen Arm ächter Gläubiger nicht
„einmal wieder zur Vereinigung und zum Gehorsam ge-
„gen den Apostolischen Stuhl (von welchem sie abfielen)
„konnten gezwungen werden. Es sey euch zum Beyspiel
„das grausame Türkenvolk, welches nach dem Tode
„Godefrieds und Balduins das H. Land inne hatte,
„seine Besitzungen ausbreitete, und in häufigen Kriegen
„in viel mehrern Jahren, als ihr, die herrlichsten Siege
„gegen die Christen davontrug. Der göttliche Zorn schrei-
„tet zwar langsam zur Rache, ersetzt aber dieses Zögern
„mit desto schwererer Strafe. Und was hilft es doch,
„daß eure Republick zwar anwachse, daß ihr an Gewalt
„und allem, was zum zeitlichen Glücke gehört, Ueberfluß
„habet, und euer Ruhm durch die ganze Welt erschalle,
„wenn dagegen jeglicher von euch oder doch der größte
„Theil zur Hölle geworfen wird, nach Gottes gerechtem
„Gerichte, der den Frieden liebt, die Krieg suchenden
„Völker zerstreut, die Stolzen und Ungehorsamen haßt,
„und die Blutdurstigen verabscheut **). Schmeichelt euch
„doch nicht selbst. Setzt nicht etwa ein Vertrauen auf
„gewisse äussere Gewohnheiten, welche ihr euch über die
„Gewohnheit andrer Christen hinaus aufgelegt habet.
„Wähnet nicht daß das was der H. Geist in der H. Schrift
„verbietet, Gott an euch allein angenehm seyn werde.

*) Nachfolgendes Gewäsche itzt, hätte Niclaus sich und seinen Lands-
leuthen wieder erspart.

**) Folgendes ist itzt wieder recht gut.

bia vel ira corrumpatur, et per homicidia et incendia quæftus amore a nobis patranda nova pax defideretur. Hoc vobis perfuafum fit, propter victoriam veftram, vos Dei gratiam et amicitiam certe habere. Exemplo fint vobis Philiftei. Exemplo fint prifci Romani, Huni, Gothi. Exemplo fint Bohemi, qui fortiffima bonorum fidelium manu ad unitatem et obedientiam Sedis Apoftolicæ (a qua defecerunt) non potuere compelli. Exemplo vobis fit Thurcarum gens atrociffima, quæ poft mortem Godefridi et Balduini terram fanctam detinuit, et ditionem fuam ampliavit, crebrisque bellis in Chriftianos ampliffimas fœpe victorias longe pluribus annis quam vos, confecuta eft. Lento quidem gradu ad vindictam fui divina procedit ira, tarditatemque fupplicii gravitate compenfat. Et quid ad rem attinet, fi veftra respublica crefcat, fi in potentatu et in cunctis rebus quas promittit terrena felicitas abundetis, nomenque veftrum celebretur per orbem, dum finguli aut major pars veftrum ad inferos in dies dimergatur; et jufto quidem dei judicio, quippe qui pacem amat, qui gentes quæ bella volunt diffipat, qui fuperbos et inobedientes odit, atque viros fanguinum abominatur. Nolite vobis ipfis blandiri. Nolite confideri in ceremoniis quibusdam, quas vobis ipfis præter morem aliorum Chriftianorum impofuiftis. Nolite arbitrari quod per facras litteras Spiritus fanctus prohibet, id a vobis folis Deo acceptum effe. Geftus

„Gewiſſe Gebehrden und Gebräuche beym Gebet mögen
„wohl öffentlich und vor jedermann geſchehen. Andre
„aber, wozu auch die Ausdehnung der Arme in Geſtalt
„eines Kreutzes gehört, ſollen nach der Lehre der weiſe=
„ſten Väter nicht öffentlich ſondern nur in den geheim=
„ſten Zimmern gebraucht werden. Selbſt Chriſtus, da
„er ſo etwas thun und auf ſein Angeſicht niederfallen
„wollte, gieng von ſeinen drey Jüngern Petrus und den
„beyden Söhnen Zebedäi einen Steinwurf weit hinweg.
„So, meine lieben Söhne, breitet auch ihr eure Arme
„nicht öffentlich im Tempel, ſondern daheim in euern
„Schlafkammern und entlegenen Gemächern aus, damit
„ihr nicht mit euerer Sonderbarkeit, die Religion zu ent=
„weihen, und die vom H. Geiſte eingegebnen Schriften
„der H. Väter gering zu achten ſcheinet. Das glaub’ ich
„würde euch heilſamer ſeyn, und dem erhabenen Gott
„angenehmer, wenn ihr von den Läſterungen, von dem
„ſchrecklichen Mißbrauch des Namens Gottes abließet,
„und nicht bey ieder Gelegenheit, im Scherz und im
„Ernſt, das Blut und Fleiſch und die fünf Wunden
„Chriſti im Munde führtet. Laßt euch doch nicht von de=
„nen verführen, welche euch ſchmeicheln, die ihr, wenn
„ihr ſie auch für gelehrter haltet, doch ohne alles Geſetz,
„ohne Zaum und Zügel dahinleben ſeht, und darum ihre
„Lehre im Verdacht haben ſolltet, nach welcher ſie eure
„Werke billigen und entſchuldigen, den Weg zum Him=
„mel gegen die Worte Chriſti geräumig und breit vorſtel=
„len, und lehren, ſchon das geringſte Mißfallen über eure
„ſchwerſten Sünden ſey hinreichend. Zweifelt nicht an
„der Wahrheit der Ermahnungen Petri und Pauli. Lernt
„die zwölf ſchrecklichen Mißbräuche erkennen, welche die
„chriſtliche Religion zerrütten und verunreinigen, zu wel=
„chen die heiligen Väter auch nachdrücklich zählen: Einen
„zankſüchtigen Chriſten, ein Volk ohne Zucht, eine

et ceremoniæ quædam inter orandum manifeste et propatulo fieri possunt. Quasdam autem (inter quas est una brachiorum per modum crucis expansio) non in publico sed secretissime in intimis penetralibus faciendas sapientissimi patres edocuerunt. Et ipse Christus tale aliquid facturus cum in faciem suam procidere vellet, avulsus est a tribus discipulis Petri et duobus filiis Zebedei, quantum est jactus lapidis. Ita et nos mei filii brachia expandite, non palam in templo, sed clam, sed in cubilibus aut secessibus abstrusis, ne religionem prophanare, ne sanctissimorum patrum optima scripta a Spiritu sancto infusa floccipendere, vestra singularitas videatur. Hoc crediderim vobis salubrius, summoque Deo gratius fore, si a blasphemiis, si ab horrendo divini nominis abusu abstineatis, non ammodo (sive joco, sive serio) in ore vestro habituri sanguinem, carnem ac quinque vulnera Dei et Christi. Nolite seduci ad his qui vobis adulantur, quos et si doctiores creditis, tamen si absque lege, absque freno laxis habenis eos vitam suam ducere videritis, doctrinam ipsorum habetote suspectam, qua facta vestra omnia probant et excusant, viam ad superos contra Christi verba facientes latam et spatiosam et prædicantes minimam sufficere displicentiam pro quibuscunque gravissimis vestris peccatis. Evangelio credite; Petri et Pauli monita esse vera, non dubitate. Discite duodecim horridas abusiones quæ Christianam religionem disturbant et inficiunt. Inter quas significanter a Sanctis Patribus dinumerantur: Christianus contentiosus, Plebs sine disciplina, Popu-

„Nation ohne Gesetz „. So glaub' ich, würde der Bruder Niklaus zu euch reden, wenn er in dieß Jammerthal zurückkehren könnte.

Vier und dreyßigstes Capitel.

Gebeth für die Fürsten und Adelichen.

Gieb endlich *), getreuer Gott ! daß die Fürsten und adelichen Christen sich befleissen, daß nicht etwa Niklaus Schradin, oder ein andrer mit Wahrheit ihnen nachsagen könne : Sie verhindern nicht nur den Raub nicht, sondern üben ihn auch selbst, und seyen jedem Laster ergeben ; und wenn ihnen die Gewaltthätigkeit und das Unrecht, das irgend jemand angethan worden hinterbracht wird, so begnügen sie sich mit den Worten : Es thut mir Leid ! Reisende endlich, denen von den Herren öffentlicher Schutz und sicheres Geleit zugesagt werde , seyen darum nichts desto minder ihres Lebens kaum sicher.

*) Ob nicht Wimpheling dieß ebenfalls schöne Gebet füglich hätte voranstellen sollen ?

lus fine lege. Ha&enus·arbitror, fratrem Nicolaum
(.fi ad hanc miferiam . reverteretur) vobis verba
facturum.

Oratio pro Principibus & Nobilibus.

Capitulum trigefimum quartum.

Da demum pie·Deus! ut Principes & Nobiles
Chriftiani tales effe ftudeant, ne Nicolaus Schradin aut alius vere deinceps eis improperare poffit,
quod non folum rapinas non prohibeant, fed &
ipfi illas exerceant vitiis dediti; & cum violentia
& iniquitas cuique illata eis proponitur, dicere illos folere, quod doleant; & cum itinerantibus
publica fides aut falus ducatus a principibus præ-
ftatur, vix illis vitam manere tutam atque fe-
curam.

IV.

Gedanken über die Frage: Ist ein capitulierter Kriegsdienst, d. i. ein Kriegsdienst, der sich auf Verträge der Regierung mit andern Staaten gründet, oder aber ein freyer, dem Staate, seinen Bürgern und Unterthanen, vortheilhafter?

Der patriotische Verfasser der Gedanken von den fremden Kriegsdiensten der Schweizer *) erklärt sich für den letztern. Ich werde in Behandlung dieser Frage die gleiche Weise befolgen, wie in der von der Nothwendigkeit des fremden Kriegsdiensts der Schweizer **), und die Vortheile des vertragenen Kriegsdiensts vor dem freyen, in Rücksicht auf das Vaterland und die Nation überhaupt, und den Staat und dessen Bürger und Unterthanen insbesonders betrachten.

§. 1.

Der vertragene oder capitulierte Kriegsdienst scheint mir vor dem freyen in Rücksicht auf die Nation folgende Vortheile zu haben.

Der auf Verträge gegründete Kriegsdienst ist eine Nationalsache. Das Volk bleibt unter ihrem Schutze vereinigt; dadurch erhält sich bey solchem der Nationalgeist; der Schweizer unter seinen Landsleuthen bleibt Schweizer, wo er seyn mag, in Süden wie in Norden. So auch die Vaterlandsliebe. Diese ist und bleibt der Gegenstand seiner Gedanken und Gesprächen, aller Orten und bis in die Vorhöfe der Fürsten. Der Schweizer unter Eydgenossen ist daher dem Heimweh auch weniger unterworfen, als abgesondert unter Fremden.

Im Feld vereint, sind die Schweizer vertrauter, mu-

*) S. IV. Jahrg. XI. St. S. 863. u. f.
**) S. V. Jahrg. II. St. S. 81. u. f.

tlÿ́iger, tapfrer, und ſie ſchlagen ſich noch mehr für den Ruhm der Nation als für die Ehre des Fürſten dem ſie dienen; indem ſie mit andern Nationen um den Vorzug in der Kriegstugend wetteifern, entſcheidet für ſie der Gedanke ans Vaterland.

Der Schweitzer glaubt auf dieſe Weiſe, nicht ſowohl einer fremden Nation als ſeiner eigenen verpflichtet zu ſeyn; der König wie das Volk weißt, daß es nicht nur um den Sold, ſondern in höherer Abſicht ihm dient; als Hülfs- und Bundesvolk, ſeinem eigenen Staate zum Beſten ſowohl, als dem welchem es bewilligt iſt, um Freundſchaft und Verbindung zwiſchen beyden zu ſtiften und zu erhalten: Bewilligt, nicht gegeben iſt; denn auch dieſer vertragene Kriegsdienſt iſt ein freyer Dienſt. Ein jeder Schweitzer für ſich kann dienen wem er will, und wo er will; freywillig giebt er dem vertragenen Dienſte den Vorzug, weil er bey keinem andern die gleichen Vortheile findet, für ſich und das Vaterland.

Für ſich. In keinem iſt der Officier und der Soldat beſſer gehalten und bezahlt, die Nation mehr geachtet und geſchätzt, als wo ſie vereint und truppsweiſe dient. Die Verträge geben davon den beßten Beweis; ohne dieſe würde ſein Schickſal ſich bald ändern, und der Schweitzer, unter andere Söldner zerſtreut, nicht mehr geachtet, nicht beſſer gehalten ſeyn als dieſe. Die Erfahrung lehrt, daß, ſo ſehr ſich unſre Landsleuthe vereint, noch durch angebohrne Unerſchrockenheit und Tapferkeit auszeichnen, hingegen wegen ihrem anererbten Freyſinn und ſtärkern Vaterlandsliebe, unter andere Völker zerſtreut, zum gezwungenen Kriegsdienſte nicht taugen.

Für das Vaterland ſind ſie auch nicht verloren. Da ſie freywillig, auf wenige Jahre, unter dem Schutze der Verträge angeworben ſind, ſo iſt ihnen die Rückkehr dahin verſichert; längeres Ausbleiben würde ſie verwöhnen,

ihre Liebe zu solchem schwachen, oder dieselbe ihnen ihr
Schickſal unerträglich machen.

Dieſe Verträge verſichern auch die Freyheit des Volks,
das ohne ſolche von der Willkühr ſeiner Befehlshaber,
oder dem Zwange des Fürſten, abhangen würde. Aus
unübertragenen fremden Kriegsdienſten, ſehen, auſſer Ausreiſſern und Krüppeln, wenige ihr Vaterland wieder.

§. 2.

Für den Staat hat zumal der vertragene Kriegsdienſt
verſchiedene Vortheile vor dem freyen.

Derſelbe ſteuert dem Reisgeläuf oder verbotenen Volksaufbruche, von welchem berdem weder Abmahnung, noch
Dröhung, noch Strafe das Volk abzuhalten vermögend
war; das den Staat öfters in Verdruß, Verwirrung, Gefahr und Fehden verwickelt hat:

Steuert einem ungemeſſenen Kredit und Eigennuße der
Vornehmen und Mächtigen zu Stadt und Land, die ehedem durch unerlaubte, theils wirklich verbotene, theils
zwar erlaubte, aber mißbrauchte, Volkswerbungen den
Staat in Sorge und Verlegenheit geſetzt haben, und
durch das verſchiedene Intereſſe des Bürgers und des
Staats im Schooſſe des Vaterlands eine faſt ununterbrochene Gährung unterhielten. — Bey dem auf Verträge
gegründeten Kriegsdienſte, und den darinn feſtgeſetzten Bedingen, und beydſeitig beſtimmten Verbindungen, hält
der Staat Rechnung mit ſich ſelbſt von ſeinem Volk, und
wird demſelben auch von ſolchem Rechnung getragen.
Das Volk bleibt unter ſeiner Pflege, Aufſicht und Gewalt;
die Regierung thut nicht Verzicht auf ihre Vaterspflicht,
und ſetzt ſich auch nicht dem Vorwurfe aus, ihr Volk zu
verhandeln. Ihre Verträge ſind Bundsverbindungen, auf
gegenſeitige Hülfe und Sicherheitszuſagen und Leiſtungen gegründet.

Der Staat kann dieses Volk heimberufen so bald er dessen bedarf. In diesem Gesichtspunkte sind es Truppen, die er auf anderer Unkosten in der Kriegsschule, zu seinem eigenen Gebrauch im Nothfalle, bildet und unterhält.

§. 3.

Nach diesen Gedanken über einen dem Vaterland und dem Staate so wichtigen Gegenstand, wag' ich noch einige Fragen, die zur Erörterung und dem Entscheide der Hauptfrage dienen können: Ist der fremde Kriegsdienst der Nation vortheilhaft, oder nachtheilig? Im letztern Falle, wenn alle die Nachtheile, die der patriotische Verfasser der erstern Gedanken solchem zuschreibt, Verfall der Sitten, Pracht, Ueppigkeit, Verarmung Folgen davon sind; wenn dabey noch die Ehre, die Freyheit der Nation in Gefahr kommen sollte, und kein Vortheil, diese Nachtheile aufzuwägen, sich vorfindet, so würde das Beste des Vaterlands erfodern, ja gar keinen zu haben und zu dulden. — Im erstern Falle hingegen frägt es sich: Welcher von beyden ist demselben zuträglicher, der vertragene (capitulierte) oder nicht vertragene Kriegsdienst? Der so auf einem Vertrage zwischen beyden contrahierenden Mächten beruht, oder nur auf dem eines Partikularen mit dem Fürsten, dem die Obrigkeit erlaubt, in eigenem Gedinge zu dienen, für solchen zu werben, und ihm Volk zuzuführen?

Für seine Person braucht es keine Erlaubniß. Der freye Schweitzer kann für sich dienen, wo und wem er will. Auch bey vertragenen Kriegsdiensten bleibt ihm diese angebohrene Freyheit unbenommen. Dient er lieber dem Kayser als dem König; den vereinigten Staaten in Amerika lieber als in Europa: Was hindert ihn? Haben wir nicht Bürger und Unterthanen, die in allen Gegenden der Welt krieegen; in Canada, in Bengalen, in Ruß-

land, in Italien? Aber für Volkswerbung und Aufbruch
wohl: Die können ohne Erlaubniß der Obrigkeiten nicht
Platz haben; ohne diese ist Verlockung und Entführung
der Unterthanen in fremde Kriegsdienste ein Capitalver-
chen. Ist aber der vertragene Kriegsdienst immer ein
freyer Kriegsdienst, so ist der von unserm Patriot betitelte
freye Kriegsdienst auch immer ein vertragener. Der ganze
Unterschied bestehet darinn, daß die Regierung nicht durch
sich selbst, sondern durch einen andern handelt; denn un-
bedingt wird dieselbe keinem Bürger noch Unterthan eine
Werbung im Lande gestatten, noch ihr Volk folgen lassen;
und dieser ohne Vertrag sich und sein Volk einem Fürsten
nicht vertrauen noch verpflichten.

Gesetzt aber, die Regierung wähle sich die von dem
Patriot vorgeschlagene Weise, was werden die Folgen
davon seyn? Ihre Absicht wird und soll dabey seyn, ihr
Volk verdienten Befehlshabern, Obersten oder Hauptleu-
ten zu vertrauen. Welche werden die seyn: Die vom Fürsten empfohlene, oder die zu Haus dafür angesehen?
Was soll entscheiden: Die Gunst des einen, der Credit
des andern? Beydes ist mir gleichgültig, und gleich ver-
dächtig.

Wie viel Volk kann und soll die Regierung bewilligen?
Unbestimmt und uneingeschränkt kann doch die Zahl des
Volks nicht bleiben, wenn der Staat nicht Gefahr laufen will, in Kriegszeiten über Vermögen rekruttieren zu
müssen. Wird die Zahl der Compagnien bestimmt, welcher Bürger, welcher Unterthan wird den Vorrang haben? Der welcher am meisten Verdienst, oder der welcher
am meisten Credit hat? Welchem Fürsten, welchem Dienste wird man den Vorzug geben: Dem, der die beßten
Bedinge macht; dem der am meisten Gelt verwendet, oder
dem den man am stärksten fürchtet? Wird Politik, Credit, Vermögen, Vorurtheil keinen Theil an der Auswahl

des einen oder des andern haben? Nur ein Blick in die
vergangenen Zeiten. — So war's, und wie giengs?
War dabey das Vaterland ruhiger, seine Freyheit gesi-
cherter, seine Ehre geachteter? Was sagt uns die Geschichte? Von allen denen durch erlaubte und unerlaubte,
erkaufte und erzwungene Volksaufbrüche und Reisgeldaufe,
demselben zugezogene Mühseligkeiten, Verdrießlichkeiten,
Beleidigungen, Bewegungen, weiß man seit dem capitulierten Kriegsdienste nichts mehr. Gunst, Credit, Vermögen, geben kein Vorrecht, und keinen Vorzug: Die
Officiers steigen ihrem Range oder Alter nach; und so
bleibt alles in Ordnung, zufrieden und gesichert.

§. 4.

Erwäge ich die vorgelegte Frage in Rücksicht auf unsere
Bürger und Unterthanen, so kömmt derselben Vortheil
in Betrachtung, der mit dem des Staates eigentlich nie
in Collision gerathen, oder, wo solches geschiehet, diesem
letztern immer weichen soll. Gesetzt aber, so fragt es
sich: Wenn der Fürst dem Hauptmann, oder der Hauptmann dem Volk bey einem von der Regierung nicht vertragenen oder capitulierten Kriegsdienste, nicht Wort hält,
an wen soll sich der Kläger wenden? An den ungetreuen
Fürsten, oder die Obrigkeit, die mit demselben dießfalls
in — keiner Verbindung steht?

Stirbt der Hauptmann, und der Fürst will die Com-
pagnie nicht geben lassen — giebt sie einem andern nach
Gefallen — vielleicht einem Fremden — zwingt das Volk
ihm zu schwören: Wer wird der Landesregierung davon
Rechnung tragen, die es dem erstern bewilligt hat, und
für welches sie doch dem Vaterland Rechnung schuldig ist.

Wenn die Regierung mit 30,40 Hauptleuthen, in verschiedenen Diensten Europens zerstreut, capituliert, wird
sie mit dem Kriegsdienste weniger beschäftigt und geplagt

seyn, als itzt bey dreyen, mit fremden Mächten auf viele
Jahre bestehnden Verträgen?

Werden Hauptleuthe, Officiers, Soldaten, bey Parti-
kularverträgen bessere Bedinge erhalten, als bey obrigkeitlichen? Und mehr Sicherheit in Rücksicht auf die Erfüllung derselben? Das denke ich nicht.

Wenn die Hauptleuthe das Volk nicht halten, wie versprochen ist, welches soll ihre Strafe seyn? Heimberu-
fung? Wird der Fürst solches folgen lassen? — Abschlag
der Werbung? Das ist gut für das zukünftige; aber für
das vergangene? — Verlust des Landrechts? Was ist
dem daran gelegen, der seine Pflicht gegen seine Obrigkeit und sein Volk vergessen hat, in dem die Liebe zum
Vaterland erloschen ist; und wie ist diesem dadurch geholfen? Er führt sein Volk über Meer, oder verkauft's gar
in Indien. Was bleibt dem Staate, dem Volke zu thun?
— Oder er ist gezwungen, gegen Freunde, Nachbarn,
Verbündete solches zu führen, wider den Willen seiner
Obern? Wahr ist's, das kann auch beym verträgenen
Kriegsdienste, wofern der Staat mehrern Mächten Volk
giebt, begegnen; und es hat sich wirklich zugetragen, daß
Schweizer gegen Schweizer im Feld gestanden sind. Doch
kann wenigstens die Landesregierung mit mehr Recht,
Nachdruck und Wirkung durch ihre Vorstellung solches zu
verhüten trachten, als der Hauptmann. Denn da schreckt
mich wieder ein Rückblick in die vergangenen Zeiten des
Reisgeläufs, von denen uns die Geschichte lehrt: Wie
wenig Ordnungen, Drohungen, Strafen vermögen, wenn
Ehrsucht, Geiz, Furcht, Eigennutz, Neid, sich gegen
das gemeine Beßte vereinigen.

Durch diese Erfahrung klug gemacht, entschlossen sich
unsre Väter, diesem Unheil auf einmal ein End zu machen; der Unordnung zu steuern, der Freyheit der Nation wie der Ehre der Regierung Rechnung zu tragen,

und von einem unvermeidlichen Uebel für den Staat und für das Volk, wenigstens die beßte Parthie zu ziehn. Indem sie nämlich dem Hange desselben zum Kriegsdienste nachzugeben sich gezwungen sahen, sorgten sie, daß dadurch dem Vaterland so viel Gutes, und so wenig Böses, als möglich, zuwachse. Diesem Entschluß zufolge bewilligten sie Kriegsdienste. Wem? Ihren Verbündeten und Freunden. Wie? Bedingt. Durch Verträge, oder Capitulationen, wie sie solche geheissen, suchte und hoffte die Obrigkeit, die Freyheit, das Wohl, und das Schicksal ihres Volks zu sichern; sich selbst vor Kummer, Mißhälligkeit und Unruhe zu schirmen; Schaden und Gefahr, mit dem Reisgeläuf immer verbunden, zu wenden. War das nicht väterliche Sorge, ihrer Weisheit angemessen, und ihrer Ehre werth? Können wir hoffen, daß nach jener Weise, die Nothwendigkeit des fremden Kriegsdienstes vorausgesetzt, für die Würde der Regierung, die Sicherheit des Volks, das Beßte des Staats, die Ruhe des Vaterlands besser gesorgt seyn würde, als auf den von mir angerathenen Fuß? Ich glaub' es nicht. Wo möglich, kein fremder Kriegsdienst; wo nicht, ein vertragener.

N. E. T.

V.

Ueber Sanktion der Gesetze in Freystaaten *).

ὁ νόμος ὁ πάντων βασιλεὺς Θνητῶν τε καὶ αθανάτων!

ΠΛΟΥΤΑΡΧΟΥ

(πρὸς ἡγεμόνα ἀπαίδευτον.)

„Sollen Gesetze — sie seyen ganz neu, oder auch be=
„trächtlichere Umgiessungen alter — in Freystaaten jewei=
„len vor der obersten Gewalt nicht nur im Ganzen, son=
„dern durch alle Abschnitte von Artickel zu Artickel besou=
„ders untersucht, und denn auch so — wenn schon in
„vielen verschiedenen Sitzungen — vollkommen ausgear=
„beitet; oder aber bloß das Ganze und nur in seinem
„Zusammenhange, entweder angenommen, verworfen,
„oder sonst an mehrere Ausarbeitung zurückgewiesen
„werden?„

Die Frage ist, so viel uns bekannt, neu — ist wich=
tig. Man wird uns also bey diesem Versuche desto eher
verzeihen, daß wir etwas weiter und vom Allgemeinen
ausholen.

Ueber Gesetze und Gesetzgebung überhaupt, ist seit Mon=
tesquieu sehr viel philosophiert worden: Weniger doch über
verschiedene sehr wichtige Zweige, wie z. B. die hinläng=
liche Bekanntmachung derselben; noch weniger über das,

---

*) Aus Anlaß der von der Republik Bern beschlossenen Umarbei=
tung ihres Civilgesetzbuchs, erschienen bald darauf verschiedene,
ausser Bern wohl nicht bekannt gewordene kleine Abhandlungen:
Ueber die Art, neue Gesetze vor der obersten Gewalt in
Freystaaten gutzuheissen. Die darinn geäusserten Besorgnisse
über eine Sanktion bloß im Ganzen, und die Neuheit der
Aufgabe, haben uns bewogen, auch unsere Gedanken darüber,
zwar mit entgegengesetztem Resultate, hier mitzutheilen.

was etwa neue Gesetze in Absicht auf Freystaaten bes
sonderes haben möchten.

Gesetze werden insgemein für den Zügel des Volks —
des Pöbels, gehalten. Nicht bloß dieß; sie sind der erste,
natürlichste, aber philosophische Schlußsatz, den Menschen
je haben folgern können — sind ihr höchstes Gut — die
Schutzwehr ihrer höchstmöglichen Freyheit — kurz, was
sie, nebst der Sprache, vom Thiere zu Menschen schuff.
Daher ist sich auch über ihren grossen Einfluß auf ganze
Länder, auf Grundsätze, auf Sitten, auf Charakter der
Nationen durch ganze Zeitalter, eben so wenig, als auf
die Sorge die sie darauf verwenden, zu verwundern.
Dieß bedarf keiner Belege.

Allein dieses mächtigen Einflusses ungeachtet, wirken sie
auf die Menschheit im Ganzen nicht so stark, legen den
Geist nicht in solche Fesseln, daß nicht mit den Fortschrit-
ten desselben ihre selbsteigene Abänderung von Zeit zu Zeit
erfoderlich seyn sollte. Im Mittelalter ward dieser Grundsatz einige Zeit lang verkannt. Weiser als andere damals
bekannte, sollten die Gesetze der ehemaligen Weltüberwin-
der auch allen Zeiten und allen Jahrhunderten anpassen.
So, nach der Meynung anderer, die Gesetze der Hebräer.
Dennoch sahen, einige früher, einige später, nach und
nach alle, die Nothwendigkeit eigener, mehr nationaler,
sowohl auf herrschendere Leidenschaften, als auf neue Verhältnisse in der Gesellschaft ꝛc. ꝛc. sich beziehender Gesetze ein.

Sie wurden also umgegossen; und wenn sie dann
schon öfters umgearbeitet werden mußten, womit auch
seit einiger Zeit beynahe alle Staaten von Europa wieder
beschäftigt waren; so wird doch solches von den Anhängern des alten Systems mit Unrecht jener ersten Umgieß-
sung zugeschrieben, weil, auch ohne dieselbe, die nach
Verhältniß weit stärkern Fortschritte der Kultur in neuern

Zeiten, diese Anschaffungen immer werden erfodert haben. Ja bey fortdauerndem gleichem Verhältnisse dieser Zunahme der Kultur, durch alle Stände, werden auch in künftigen Zeiten die Gesetzbücher immer öfterer revidirt werden müssen.

Freylich kann ein Staat blühen, wenn die Gesetzgebung schon nicht die beßte, nicht zusammenhängend ist *). Sitten thun mehr als Gesetze. Aber dieß entkräftet den Satz nicht, daß: Je mehr diese auf jene zurückwirken können, desto besser es sey.

In monarchischen Staaten werden durchgehnds diese Revisionen um ein vieles leichter gehalten, als in Freystaaten. Sie finden dort weniger Widersprüche. Ein Einziger, ein in Absicht auf Gesetze beynahe ganz Leidenschaftsloser **), untersucht; er hat weniger Anhänglichkeit an das Alte — wird leichter überzeugt, und die Sache geschwinder ausgeführt. Nicht so in Freystaaten; und zwar immer in dem Verhältnisse weniger, in welchem sie näher an Demokratie grenzen. Schon bey der aristokratischen Verfassung ist man sorgsamer auf Neuerungen. Es sey nun Eifersucht, sey Furcht, sey bloßer Zufall, sey der Glaube: Bey dem Alten gieng's wenigstens auch! — Jeder Schritt wird hier erschweret, wie uns solches die Erfahrung aller Zeiten bestätigt ***).

Wenn also Umarbeitungen der Gesetze unumgänglich erfoderlich sind, in Freystaaten aber schwerer und mithin seltener zu Werke kommen; so sollten sie billig auch sie

*) England.

**) Wenn auch nicht der Fürst selbst, sondern bloß ein etwa akkreditierter Minister.

***) Man hört nicht selten auch anbringen: Die Konstitution erfodere eine weit grössere Vorsicht. Sollten aber selbst Monarchieen dieser Vorsicht entbehren können? Wir glauben, eben so wenig.

desmal, da der Fall eintrift, desto vollständiger und im Ganzen vorgenommen werden. Man sollte sogar trachten, auf die, manchmal unschwer vorauszusehenden Falten, welche die Denkungsart einer Nation im Künftigen erhalten möchte, zum voraus Rücksicht zu nehmen; und je nach Erfodern, für oder gegen dieselbe zu wirken.

Die Unterlassung der Revision nach gewissen Epochen, veranlaßt natürlicher Weise so viel mehrere Interimsverfügungen und Verordnungen, die dann nicht im Gesetzbuch enthalten, oft ganz ex abrupto gemacht sind — und giebt also noch eine Ursache mehr, bey der Veranlassung das Ganze, und zwar im Zusammenhange, zu prüfen, und umzuschaffen.

Ein ganz besonderer Grund ist für die Republik Bern auch folgender. Es ist bekannt, wie viele Landschaften, Städte, Dörfer, bey uns noch ihre besondern unendlich von einander verschiedenen Rechte haben, und welche Schwierigkeiten für Richter und Anwälde, öftere Verlängerung des Prozeßlaufs u. a. Verwirrungen hievon die natürlichen Folgen sind. Hingegen: Gleiche Kinder eines Vaters, gleich gehalten — was dieß für sie und die Gerichtshöfe für Vortheil wäre, ist leicht einzusehn. Je älter überhaupt diese, von den Ueberbleibseln ursprünglich so verschiedener Völker beybehaltenen Gesetze sind, desto mehr weichen sie von einander ab. Dagegen macht die gleiche *) Regierung, gegenseitiger mehrerer Verkehr, und daherige mehrere Abhängigkeit von einander, auch Intresse und Denkungsart immer gleicher. Wenn daher die Regierung unterlassen würde, das Gesetzbuch der Hauptstadt und des größten Theils des Lands umzuarbeiten, und der herrschendern Denkungsart anzupassen; so würden dadurch die Schritte zu der verhoffenden immer allge-

---

*) Wenn schon nach ungleichen Gesetzen sprechende.

meinern Annahme deffelben eher behindert, als beförbert werden.

Eben so ftark fpricht endlich — für uns vielleicht mehr als andere — noch ein Grund, in Abficht auf die Be= kanntwerbung der Gefetze. Sorgfam auf alles was nur den entfernteften Einfluß auf das Wohl ihrer Untergebenen haben kann, muß die Regierung Verordnungen häufen, die oft eben so viele Erläuterungen, Ausnahmen, Ein= fchränkungen des allgemeinen Gefetzbuches find. So un= billig und undankbar der Tadel hierüber feyn würde, fo fehr ift doch folches feiner Einfachheit, Faßlichkeit, und mithin feiner allgemeinen Kenntniß zuwiber. Denn je kürzer überhaupt, defto leichter und faßlicher ift es; doch wirb es niemand auf Koften der Deutlichkeit kurz wünfchen.

Ein Gefetzbuch könnte freylich fo allgemein, (baß wir fo fagen) fo philofophifch eingerichtet werden, daß es in langen Zeiten keiner Umgleffung bedürfen würde. Al= lein dieß wäre noch eher monarchifchen als Freyftaaten zu= trägtich, weil dennzumal meift nur nach Analogie gefpro= chen werden müßte. In letztern hingegen foll es fo viel immer möglich fpeziell feyn, bamit auch der Anfchein von Willkühr des Richters vermieden bleibe. Hiedurch aber, und durch die öftern Einfchaltungen der wichtigften befon= bern Verordnungen in's Gefetzbuch, wird auch die öftere Umarbeitung deffelben nothwendig.

Gefetzt nun, es wäre ein erneuerter Entwurf von fach= kundigen und der Unternehmung gewachfenen Männern, die durch freye Wahl und in genugfamer Anzahl gewählt worden, abgefaßt; fo frägt fich jetzt: Welcher der beyden Wege ift der vortheilhaftere, denfelben ftücksweife, oder aber bloß im Ganzen vor der Oberften Gewalt zu be= ftätigen?

, Jedem muß auffallen, daß hier vorerst die Anzahl der den Souvrän vorstellenden Regierungsglieder den hauptsächlichsten Unterschied ausmache.

Bey einer reinen Demokratie, wo vom mannbaren Jüngling bis zum unvermöglichen Greisen ieder Mitregent ist, wäre schon physisch jener erste Weg, nämlich die Prüfung, das (wahrscheinlich bloß wiederholende) Opinieren und Gutheissen zu ganz kleinen Theilen, beynahe unmöglich; er wäre sehr schwer bey einer aristo-demokratischen Verfassung; vielleicht erst eigentlich thunlich in Aristokratien; bey Vermischungen aber, nach gleichem Maaßstab, mehr oder weniger.

Obschon die demokratischen Verfassungen eigentlich die größte Ursache hätten, bey Gesetzgebungen die möglichste Vorsicht zu gebrauchen, weil ebendaselbst, durch die Verbindung der physischen mit der politischen Macht, auch in Ausübung der Gesetze die höchste Despotie möglich ist, und wirklich herrscht; so halten wir uns doch nicht mit . Unmöglichkeiten und Träumen auf, sondern schränken uns von hier an bloß auf die Aristokratien ein.

, Das Opinieren sey immer Heiligthum des republikanischen Staats, die sicherste Schutzwehre gegen Despotism; bey der Sanktion der Gesetze kann es sich nicht ins individuelle erstrecken, ohne Bloßstellung eines ganzen Gesetzbuchs; ohne die größte Gefahr, daß das erforderliche System oder Geist und Charakter vollkommen verlohren gehe — ohne Gefahr allen Zusammenhang zu zerreissen, und dafür Auswüchse und Mißverhältniß zu bekommen. Wir erläutern uns.

Noch mehr als andere Freystaaten, sollen die Aristokratien darauf bedacht seyn, einen eigenthümlichen, sichern und festen Charakter *) anzunehmen, und sorgen, daß

*) Ob zur Grundlage desselben, am Besten den englischen publick-spirit, ist wohl keine Frage.

auch das Gesetzbuch mit einwirke, denselben bestimmen und handhaben helfe; denn er kann vieles zu ihrer Dauer beytragen.

Nach der Philosophie der Grundsätze, sehen wir den Zusammenhang, die Einheit, und ein richtiges Verhältniß, als das wichtigste an. Je spezieller nun der Entwurf eines Civil-Gesetzbuches ist *), je mehr Punkte er enthält, desto mehr nimmt die Möglichkeit des Details ab. Der eine ist mit diesem, der andere mit einem andern Zweige der Gesetzgebung mehr bekannt; jeder dürfte bey der speziellen Behandlung sich ausschliessend auf den seinigen einschränken, ohne Zweifel auch demselben viele Erläuterungen beyzusetzen wissen, und so dennoch viele, vielleicht die wichtigsten Zweige ganz unberührt bleiben, ja wegen der mehrern Ausarbeitung der übrigen nur desto mehr zurückestehn. Allein wenn auch dieß nicht wäre — wenn auch keine Auswüchse, kein Mißverhältniß, keine Widersprüche daher entstühnden; so würde doch das ganze Gesetzbuch dafür so unmäßig groß werden, daß dieses vielleicht von grösserm Nachtheil wäre, als auffällige Lücken.

Hier müssen wir mehrerer Deutlichkeit wegen etwas ins Spezielle gehen; ohne uns doch eben auf Bern besonders einzuschränken.

Wir nehmen an, der Entwurf wäre durch einen Ausschuß oder Comittee von etwa 6 Gliedern bey erfoderlichen Hülfsmitteln, Zeit und Musse ausgearbeitet worden. Ehe er vor den obersten Gewalt getragen wird, wird er insgemein noch an einem bestimmten Orte zu näherer Einsicht, Rezension und Bearbeitung der Regierungsglieder deponiert. Nicht ohne Grund kann man dennoch einwerfen, dieß sey nicht hinlänglich — der bestimmte Ort oft

nicht

*) Und daß es dieses seyn müsse, glauben wir oben gezeigt zu haben.

nicht bequem dazu — sehr wichtige Gedanken kämen oftmal erst dann wenn es um die eigentliche Sanktion zu thun sey, zum Vorschein, und erhielten, weil sie nicht auch im Gegensatz vorgearbeitet wären, eine schiefe Richtung, u. dgl. m. Was hindert's aber, daß der Entwurf, schon vorher gedruckt, jedem Regenten nach Hause gegeben — ja nicht nur dieß, nicht nur dem Theoreticker, sondern auch dem Prakticker und jedem Patrioten überhaupt, mitgetheilt, und von ihren Vorschlägen mit der gehörigen Einschränkung vor der Committee Gebrauch gemacht werde? Von sehr gutem Erfolg war ein von Friedrich II. versychtes Mittel, über die am wenigsten bearbeiteten Abschnitte Preißfragen auszusetzen. Um wie viel eher, und mit wie viel weniger Kosten, müßte dieß bey Republikanern stattfinden?

Würde aber, statt ähnlicher Vorsorgen, der Entwurf zur speziellen Behandlung, oder dannzumahl eigentlichen Ausarbeitung, vor die Oberste Gewalt gebracht; so hat jeder Regent dann nicht nur das Recht, sondern die Pflicht, seine Gesinnungen freymüthig anzubringen. Wie oft nun bey einer Anzahl von 120. 200. 300. bloß das nämliche wiederholt werden müsse, ist kaum nöthig zu erinnern. Die Behandlung eines solchen Entwurfes im Besondern, angenommen von 600. bis 800. Sätzen, würde vor einem solchen Tribunal, wenn auch in einer Sitzung im Durchschnitt 20. bis 30. Sätze sanktioniert werden könnten, dennoch 25. 30. vielleicht mehrere Sitzungen erfodern. Dergleichen Versammlungen halten sich aber nicht täglich — nicht über den andern Tag; es kommen noch mehr Eile fodernde Geschäfte dazwischen, und — die Sache muß sich so verzögern, daß bis gegen das Ende auch der Geübteste, der sich nicht aller andern Geschäfte dafür entschlagen kann, Plan und Zusammenhang nicht mehr im Gedächtniß hat. Je näher daher überhaupt die

Verfassung der demokratischen ist, desto unausführlicher
wird ein solcher Plan.

Dagegen scheinen uns, nach den vorgemeldten oder ähnlichen Vorsorgen, auch bey der allgemeinsten Behandlung,
übereilte Entschlüsse weit weniger zu befürchten. Vergeblich wird die Gefahr der nicht speziellen Behandlung,
aus blossen Gründen des Rechts dazu, eingeworfen. Es
giebt vernachläßigte Gelegenheiten genug, das Recht zu
Opinieren schicklicher und mit mehr relatifer Wirkung aus-
zuüben. Zudem schließt ja der freywillige momentane
Nichtgebrauch eines Rechts keineswegs von selbigem aus.
Nur etwa bey einer äusserst verdorbenen Regierung könnten solche Beweggründe in einigen Anschlag kommen, wo
sie denn im Besondern gewürdigt werden müßten.

Der Ausschuß oder die Commitee, welche den Entwurf
aufs genaueste ausgearbeitet hätte, wird gewöhnlich zuerst
um ihr Befinden gefragt; und ob der Entwurf einmüthig, oder sonst noch etwas dabey zu erinnern sey? Sehr
leicht können Artickel auch in verschiedenen Meynungen
vorgetragen werden, wo die Committee denn schon vor-
sieht, daß bey Genehmigung der einen oder andern, der
Zusammenhang nicht zerrissen werde, und keine Widersprüche sich einschleichen. Keinem Mitgliede des Tribu-
nals ist dafür doch benommen, über grössere, oder eigentliche Hauptheile, seine Gedanken frey herauszusagen, noch
auch der Commitee sie zu widerlegen, und ihre Grundsätze
zu vertheidigen. Würden aber nicht zu spezielle neue Gedanken und Vorschläge von solchem innern Gehalt befunden, daß die Einschaltung derselben nöthig erachtet würde; so sollte doch niemal bloß der betreffende Satz oder
Abschnitt, sondern immer das ganze Membrum, der Comittee zur Umarbeitung zurückgegeben werden — immer
nur diese den Entwurf der Einschaltung abfassen, weil
nur bey ihr die vollkommene Uebersicht des Ganzen, des

Geiſtes, vorauszuſetzen iſt — auch dergleichen Abänderungen nur ganz zuletzt nach den übrigen Haupttheilen ſank-
tioniert werden. So, im Allgemeinen, und wie wir glauben mit Vermeidung aller Hinterniſſe, könnte denn die
Behandlung und Sanktion in ſehr wenig Sitzungen vollendet werden.

Endlich — würde man gar nur nach und nach ein Geſetzbuch machen wollen, eine immerwährende Geſetzrevi-
ſions-Commißion errichten — oder bey jedem vorkommen-
den beſondern Fall an demſelben ſticken — — Doch! dieß
läßt ſich kaum gedenken. Die Nachtheile einer ſolchen
Behandlung fallen auch dem Unwiſſendſten auf. Oeftere
Abänderungen der Magiſtraten ſind ein, jeder Ariſtokratie
nothwendiges Uebel. Wie viele Zufälle können daher nicht
die Mitarbeiter anderswohin rufen? — Jedesmal aber
würde ſich vermuthlich auch das Syſtem ändern — nie
ein Ganzes, ein Korpus in einem Geiſte geſchrieben ent-
ſtehen — wohl aber ein Chaos das ärger als das Römiſche wäre. Ein gleiches müßte auch dennzumal wiederfahren *), wenn die Reviſion allzulangſam erfolgen,
und jeder genehmigte gröſſere oder kleinere Abſchnitt ſogleich Geſetzeskraft haben würde.

Aus alle dieſem müſſen wir ſchlieſſen: Daß, wenn
Reviſionen der Geſetze überhaupt nothwendig ſind — öfter
nothwendig in Freyſtaaten — für uns aus ganz beſondern Gründen nothwendig — daß, wenn ſie in ſolchen Staaten mehrern Hinterniſſen ausgeſetzt ſind, und deßwegen
die guten ruhigern Zeiten nicht verabſäumt, auch die Reviſionen deſto vollſtändiger vorgenommen werden ſollten;
daß wenn ferner ein Geſetzbuch in Freyſtaaten ſpezieller
und nicht ſo allgemein ſeyn darf als in Monarchien, aus
gleicher Urſache aber die vollſtändige ſpezielle Behandlung

*) Wenigſtens die Beſorgniſſe dafür, mit dem Wachsthum der
Sätze in gleichem Verhältniſſe zunehmen.

in Demokratien undenkbar, in Aristokratien aber die Nachtheile und Gefahr ausserordentlich groß, und hingegen die
Einwürfe von keinem besondern Gewicht seyen; daß also
— mit der einzigen Ausnahme einer etwa schon zu sehr
in Oligarchie ausartenden Aristokratie — die Gründe
für die Sanktion eines Gesetzbuchs bloß im Ganzen,
die der entgegengesetzten Behauptung weit überwie-
gen, und daher jener Weg nicht nur für hinlänglich, sondern allerdings für vortheilhafter und ent-
sprechender anzusehen sey.

Nicht ausser Ort scheint uns, hier zum Beschluß noch
etwas von Sprache und Bekanntmachung der Gesetze
anzuführen.

Keine Blumen, keine Begeisterung! Das Gesetz soll jederzeit kalt sprechen. Die Schreibart soll deutlich, verständlich seyn; ja sich billig nach der Mehrheit richten,
und also eher einem edeln Volksstyle als der Gelehrten-
sprache nähern. Sie kann nichtsdestoweniger kurz und
körnigt seyn, und die entgegengesetzten Fehler vermeiden;
nichts triviales, *) — nicht Wiederholungen — nicht schie-
lende Ausdrücke **), noch fremde Worte, oder deren Begriff schwankend ist, enthalten.

Insonderheit aber sollten keine halbe oder unbestimmte
Verbote zum Vorschein kommen. Wozu die Spielung?
— Welchen falschen Schein muß sie besonders in Freystaa-
ten werfen ***)?

_____

*) Beyspiele in unserm Kober. Fol. 12ᵃ. v. 1615. ob. Fol. 39. Satz
   2. v. 1762. „Auf Ehtagen soll nicht betrogen werden„ —
   gleich als wenn solches bey allen andern Handlungen erlaubt wäre!

**) Beysp. Fol. 455. Satz 7. „Busse unter jemand vertheilen „
   — oder im Regist. (S. 63. l. 6. v. u.) gar aktive „beziehen„
   anstatt auflegen, bezahlen.

***) Fol. 147. Sz. 5. Daß das Weiberguth „nur in grosser Noth„
   solle angegriffen werden. — In verschiedenen besondern Verord-

Mit Denkungsart, mit Sitten, ändern sich auch die Sprachen. Man soll sich also nicht scheuen, auch hierinn dem Lauf der Dinge nachzugeben, weil er doch nicht zu hemmen ist.

Ueber die Bekanntmachung der Gesetze, wollen wir bloß jeden Denker auf Gewissen befragt haben, ob sie wohl — wir sagen nicht etwa hie und da, und durch Zufall, sondern gewöhnlich — so geschehe, daß in vielen Fällen die Unwissenheit derselben nicht bona fide könnte vorgeschützt werden; und doch werden die zu besorgenden Mißbräuche eine solche Ausnahme niemals zulassen.

Was würde aber z. B. hindern, das Civilgesetzbuch der einzigen Lektur des Landmanns, dem Kalender, nach und nach beyzurücken, und so durch Verdrängung der gewöhnlichen Ungereimtheiten *) zugleich noch einen wichtigen Nebenzweck zu erreichen? — Wir wollen von den heutigen Helvetiern nicht fürchten, daß dieses den Kalender-Privilegien nachtheilig seyn dürfte; und nur Unmenschen könnten uns einwerfen: Wenn das nicht strenge Gesetzbuch so in aller Leuthe Hände gebracht würde, so könnte eine bestimmte, relativ geringe Bestrafung **) vielleicht

nungen ist ehemals ausdrücklich eine gewisse Spielung gelassen worden.

Besondere (gleichsam technische) Redensarten (deren unnöthiger Weise in unserm Kodex noch eine grosse Menge ist) sollten so wenig als möglich gebraucht, wenigstens irgendwo definiert und erläutert seyn.

Ganz sonderbar ist noch, daß die Selbstrache nicht nur nirgend verboten, sondern Fol. 518. Sß. 8. gleichsam authorisiert wird.

Verschiedenes ist, oder wird nun bald, durch neuere Verordnungen obsolet.

*) Schön Wetter — schlecht Wetter — ein Kind in diesem Zeichen gebohren u. s. f.

**) Z. B. Geldbussen für Reiche, blosse Unehre für viele andere u. s. f.

verleiten, ein Verbot weniger zu achten. Bey Menschen von freyem Willen, ist Ueberlegung immer vorauszusetzen; und in der That sehen wir sie beynahe immer mit ersterm in gleichem Verhältnisse zunehmen. Wenn aber schon ein Mensch in Bubenstücken so geübt wäre, daß ihm sogar zur Gewohnheit würde, bey Unternehmung einer schlimmen That alle ihre Folgen gegen das dadurch zu erlangen hoffende Gute abzuwägen; so halten wir doch die Zahl der aus Unwissenheit Fehlenden noch um vieles für die grössere. Denn nicht die Grösse, sondern die Gewißheit der Strafe wird, besonders auf jenen, den meisten Eindruck machen.

Zudem würde auch dieser Einwurf nur sehr leicht, immer nur in Civilfällen treffen. Bey einem Kriminal-Kodex rathen wir dieses eben nicht an, sondern halten vielmehr für erwiesen nützlich, gar keinen solchen zu haben, um — bey den so unendlich verschieden modifizierten Umständen, unter welchen Kriminalverbrechen begangen werden — mehr auf die Moralität der Handlung Rücksicht nehmen zu können, als aber an den trockenen Buchstaben eines halbpassenden Gesetzes gebunden zu seyn *). Und dennoch — dürften nicht diejenigen Philosophen, welche glauben, es sey so schwer nicht zu entschuldigen, daß im Nothfall der eine seinen Kopf gegen eines andern Beutel spiele, auch bey jedem Kriminalfall eben so zuversichtlich behaupten: Der Gethäter habe ein natürliches Recht zu einer gleichen Auswahl, und solle, nach Ueberlegung, entweder sein Alles, oder nur seine Freyheit, oder nur bloß seine Ehre oder andere Vortheile aufs Spiel setzen können? —

*) Dieses war schon etwas Zeit niedergeschrieben, als wir den gleichen Gedanken im IX. Stück des Mus. IV. Jahrg. S. 655. wirklich ausgeführt fanden.

VI.

Schreiben des Herrn von Bonstetten, regierenden Landvogts zu Nyon, an die Herren Verfasser des Lausannerjournals.

„Die Viehseuche ist eine schreckliche Plage in je-
„dem Lande, und wäre besonders unser gänzliche
„Ruin, wenn sie sich über unsere Gegenden allge-
„mein ausbreiten sollte. Der dritte Theil des Lan-
„des besteht in Alpen und Bergwaiden, welche kei-
„nen Werth mehr hätten, wenn kein Hornvieh übrig
„wäre, ihr Gras zu ätzen. Eine gute Hälfte des
„übrigen Bodens ist Mattland, welches unsern
„Reichthum ausmacht, und das vorzüglich ebenfalls
„bestimmt ist, dem Vieh, welches den Sommer
„über auf den Alpen waidet, seine Winternahrung
„zu liefern. Wenn also unser Vieh zu Grund
„gienge, so müßte ungefähr die Hälfte des flachen
„Landes unnütz werden. Ich will nicht einmal von
„dem unendlichen Schaden reden, welchen der Ver-
„lust so vieler tausend Stücke Hornviehes, der Ver-
„lust der Milch, des Fleisches, der Käse, und der
„Mangel des zu unserm Feldbau erfoderlichen Zug-
„viehes verursachen müßte„. S. Memoire sur la
Contagion parmi le betail, mis au jour por l'instruction du public, le 28. Septembre 1773. *Ber-
ne*, imprimé chez *Brounner & Haller*.

Dieses mag zum Eingang des folgenden Briefes dienen, dessen Endzweck und patriotische Absicht den lebhaftesten Dank des Publikums gegen seinen verehrungswürdigen Verfasser erregen muß.

Meine Herren!

Es ist für die ganze Waat von ungemeiner Wichtigkeit, von der nahen Gefahr unterrichtet zu seyn, womit die Viehseuche, welche sich in dem Pays de Ger geäussert hat, unser Hornvieh bedroht. Diese Pest zeigte sich zuerst am Ende des Junius dieses Jahrs bey der Heerde eines Bergs, welcher der Gemeine Begnin, in einer der Vogtey Nyon nächstliegenden Gegend, auf den Gränzen der Vogteyen Morges und Aubonne zugehört. Diese Heerde von 115. bis 120. Kühen, Kälbern und Rindern, bestuhnd aus 80. bis 90. Stücken Gexländischen, und aus 25. bis 35. Stücken Waatländischen Viehes. Da die ersten kranken Kühe aus den Dörfern Arbere, und Sauverney, einem dem erstern nahe gelegenen Dorfe her waren, so muthmaaßte man, daß die Krankheit von diesen beyden Orten des Pays de Ger hergekommen sey. Nichts hält aber bekanntlich so schwer, als von dießfälligen That- sachen hinreichende Beweise zu erhalten; denn aller Orten, und im Pays de Ger besonders, verhehlt jeder diese Krankheit so viel möglich, aus Furcht seine Heerde nie- bergeschlagen zu bekommen, oder auch sich die verdienten oder unverdienten Flüche seiner Nachbaren auf den Hals zu laden, welche ihm bey solcher Gelegenheit alle Verge- hungen vorwerfen, die er je gegen die Polizey und gute Ordnung mag begangen haben.

Die Heerde von Begnin wurde niedergemacht. An 36. Kühen fand man die Lunge gänzlich verdorben; nur ein zwanzigster Theil der Heerde schien vollkommen gesund,

an allen übrigen zeigten sich schon Merkmale eines entzün-
deten Blutes.

Ich war bey dem traurigen aber dennoch nützlichen
Schauspiel der Niedermetzlung von mehr als 100. Kühen
gegenwärtig. Man machte Gruben über 15. Fuß tief.
Vier Wachen schilderten um die Hütte her, theils um
Ordnung zu erhalten, theils der zudringenden Menge von
Zuschauern zu wehren. Man ließ die ersten Schlachtopfer
herbeyführen, die nicht im Stande waren von der Hütte
zur Grube herabzusteigen. Zu der Stunde, wo die Kühe
gewöhnlich sonst herbeykommen, ihre Milch zu geben,
floß von allen Seiten Blut. Die, welche zuerst anlang-
ten, brüllten vor Schrecken, und flohen davon; sobald
aber dieser erste Augenblick vorüber war, gaben die andern kein Zeichen der Furcht mehr von sich, und kamen
zu der ganz mit dampfend blutigem Fleische belegten
Hütte.

Man thut wohl, wenn man sich eine lebhafte Vorstellung von alle der Gefahr macht, mit der man eine
angesteckte Heerde nur einen Augenblick länger leben läßt.
Man stelle sich den Anblick einer grossen Heerde vor, welche die Pest in ihrem Busen trägt. Man denke sich (wie
ich es acht Tage vor der Abschlachtung gesehen habe) hundert Kühe zur Zeit des Melkens in Eine Hütte zusammengedrängt. Ich sah einen und denselben Hirten allen diesen Kühen Leck geben, und so von einer zur andern die
Pest einpfropfen. Von hundert Thieren unter demselben
Dache beysammen ist die Luft so erhitzt, daß die Seuche
sich sehr schnell ausbreiten muß. Alle diese Thiere, und
die kränksten davon vorzüglich, ergiessen über alles, was
sich ihnen nähert, einen Schaum. Ich sah Hunde von
benachbarten Hütten, welche man gar nicht tödten konnte,
weil man schon zweymal auf sie fehlgeschossen hatte, so
daß sie nun nicht wieder zu erreichen waren.

Ungeachtet der Wachen kamen immer viele Neugierige herbey, von denen ein Einiger schon das Gift an seinen Kleidern oder Schuhen unter seine Heerde und in sein Dorf hätte bringen können. Selten sind die Berge so wohl verzäunt, daß die Heerden nicht unter einander laufen. Ueberdem haben die Kühe von zwey abgetrennten Heerden die Gewohnheit, sich auf ihren Gränzen Besuche zu machen, und sich über ihre Scheidzäune hin zu beriechen; auch suchen die Stiere sich wechselweise, fodern einander zum Kampf auf, und durchbrechen jede Wehre *). So bemerkt' ich noch, wenigstens die Möglichkeit, einer andern Gefahr: Die Wasser eines höhern Berges können nämlich die Unreinigkeiten niedrigern Bergen zuflößen; an vielen Orten bedient man sich gemeinsamer Tränken u. s. f. u. f. Dieß alles sage ich nur, um desto fühlbarer zu machen, wie gefährlich es sey, eine angesteckte Heerde auch nur einen Augenblick leben zu lassen.

Die Leuthe von Gex behaupteten, daß diese Seuche ihren Anfang in einem Schweitzerberge genommen habe, oder daß ihre Heerde wenigstens von Schweitzer-Vieh angesteckt worden sey, da sich diese Krankheit zu Plattiniere, einem Berge der über Gex liegt, zeigte. Sehen sie nun ferner, wie alle die Gefahren, welche ich so eben auseinandersetzte, zur Wirklichkeit kamen.

Man zauderte einige Wochen mit Abschlachtung der Heerde auf Plattiniere. Endlich kam Befehl von Dijon, alles Vieh zu tödten. Ungefähr ein Drittheil der Heerde war ganz verdorben. Allein da siehet man eben die Folgen des Zögerns in der Anwendung des einigen Mittels gegen diese Krankheit; ich meyne, der gänzlichen Zernichtung der Heerde. Ungefehr vierzehn Tage nach der Schäch-

---

*) So geschah's zu Bevigne, wo sich der Stier mit dem von einem benachbarten Berge schlug.

tung von Plattiniere äusserte sich die Krankheit an einer benachbarten Heerde auf dem Berge Pailly. Acht oder vierzehn Tage darauf ergriff die Seuche die Heerde des Bergs Florimont; und gestern erhielt ich den beygebogenen Bericht, aus welchem Sie ersehen, daß schon auf einem dritten Berge, mit Namen Brandaux, diese Pest sich zu zeigen anfängt.

Ausserdem hat man auch einigen Verdacht in Absicht eines vierten Bergs, der sehr nahe an den vorigen liegt, und Bevis heißt. Dieselbe Seuche zeigte sich auch im Dorfe Bretigny, nahe bey Ferney.

Das allerempörendste aber ist, daß man genöthigt war zuzugeben, daß das Vieh von solchen angesteckten Bergen im Thale überwinterte, und so die Seuche in alle Theile des Landes verbreitete.

Daher wird nun folgen, daß die Bauern, aus Furcht für ihr Vieh, dasselbe wolfeil verkaufen; und dieser wolfeile Preis wird Kauflustige reitzen. Vom Pays de Gex trennt uns im geringsten keine Wehre der Natur; dagegen erleichtert der See vorzüglich den Verkehr. Man denke, in welcher Gefahr wir stehen!

Die Wachsamkeit der Administration reicht nicht zu. Man sollte die Sache zu einem allgemeinen Interesse des Publikums machen; und vielleicht wäre es gut, wenn die Herren Prediger ihren Pfarrgenossen, am Ende des Gottesdiensts, die Gefahr wiesen, in der sich ihre Viehheerden befinden.

Sehr nützlich wäre es, wenn man die fürtrefliche Abhandlung des grossen Hallers, welche er über die Viehseuche in der Landvogtey Nyon v. J. 1773. schrieb, wieder würde auflegen lassen. Ich erinnere jedermann, sich diese kleine Schrift zu verschaffen, welche alles über diese Krankheit bisher bekannt gewordene enthält. Man glaubte Arzneymittel gegen diese Pest ausfindig gemacht zu haben,

wie z. B. die wilden Holzäpfel; allein die Erfahrung be=
stätigte die Unzulänglichkeit dieser specifischen Mittel (wo=
für man sie hielt) nur allzusehr; und von Männern, die
der Sache vollkommen kundig sind, weiß ich, daß nicht
eins derselben ohne Gefahr gebraucht werden kann, weil
immer weit mehr Wahrscheinlichkeit vorhanden ist, daß
sich die Seuche weiter fortpflanze, als daß sie durch solche
Arztneyen geheilt werden könne.

Ich kann diesen Gegenstand nicht verlassen, ehe ich Ih=
nen noch eine Anekdote, betreffend die Seuche, welche sich
auf dem Berge Dappes, zunächst an der Vogtey Nyon
äusserte, mitgetheilt habe.

Im Jahre 1773. befand sich unter 150. Thieren eine
einige angesteckte Kuh. Sogleich kam Befehl die ganze
Heerde niederzumachen *); und wirklich fand sich dieselbe,
die einige kranke Kuh ausgenommen, durchaus gesund.
Welch starke Veranlassung zur Klage über den allzustren=
gen Befehl, alles niederzuschlagen!

Allein sehen Sie auch hier die neue Gefahr, mit der
man eine angesteckte Heerde einen Augenblick ferner leben
läßt. Am Abend nämlich vor der Schlächtung führten die
Eigenthümer der Viehheerden, als sie den Befehl erfuh=
ren, heimlich 30. Kühe weg, und brachten sie zu allem
Glücke über die Gränzen des Berner-Bodens. Entweder
im Pays de Ger, oder bey Genf, schloß man diese Kühe
in einen Cordon ein. Sechs Wochen oder zween Mona=
the drauf giengen 28. von diesen dreyßigen an der Seu=
che zu Grunde; eine Einige davon, welche zu Trelex, an
den Gränzen der Vogtey Nyon, verborgen stuhnd, ver=
giftete noch einige Thiere, und fiel dann hin.

Ich habe die Ehre u. s. f.

*) Der grosse Haller war damals ein Mitglied der Sanitäts=
Kammer.

VII.

An den Schöpfer.

(In der Abenddämmerung beym Clavier.)

(1 7 8 9.)

Gott des Tages, Herr der Nacht,
Großer Schöpfer aller Dinge!
Zu dir schwing' ich mich, und singe
Dir, bey dieser Sternenpracht.

Itzo, da die Nacht einbricht,
Und die Sonne von uns scheidet,
Blickt mein Aug empor und weidet
Sich am milbern Mondeslicht.

Wunderherrlich ist dein Werk,
Dieser große Bau der Erde —
Einst entquollen deinem: Werde! —
Und bis itzt dein Augenmerk.

Auf dein leichterschaffend Wort
Stellten Himmel, Erb' und Meere
Schnell sich dar, und jene Heere
Goldner Stern' am Himmel dort.

Allenthalben bist du groß:
Groß in jenem Glanz dort oben;
Groß, wo Meere furchtbar toben;
Groß im dunkeln Erdeschooß!

Selbst der kühnste Geist erreicht
Dich nicht, hoher Weltregierer,
Mächtiger Gestirneführer,
Und das, was im Staube kreucht!

Schöpfer, wie erheb' ich Dich?
Dich, den auf zehntausend Weisen
Engel, Mensch und Sterne preisen.
Ewiger, hörst du auch mich?

Darf auch ich, wo Engel stehn,
Ehrfurchtsvoll hinzu mich drängen
Und mit Erde-Lobgesängen
Dich, der Welten Herr, erhöhn?

Doch, was is's, das mich durchdringt? —
Ahndung, daß in ihre Mitte —
Sinkt einst dieses Leibes Hütte —
Erdefrey mein Geist sich schwingt.

Sey indeß, o Saitenspiel!
Mir genug mich zu begleiten
Durch des Lebens Dunkelheiten,
Bis zu jenem Wonneziel.

Von einem Frauenzimmer.

VIII.

Der Weinstock.

(An Z . . . r.)

Wohlthätig hart mit scharfem Messer nahm
Ein weiser Gärtner wilde Reben,
Die früh des jungen Saftes reges Leben
Hervortrieb, von dem mütterlichen Stamm.
Der Weinstock seufzte tief bey jedem Schnitte,
Rief um Errettung Tod und Grab,
Und manche Thräne rann herab.
Kaum nahten sich des Gärtners Schritte,
Den nur die Sehnsucht, Freuden zu verbittern,
(So dacht' Er) hertrieb, fieng er an zu zittern.

Es kam der Herbst; die Purpurbeere schwoll,
Und wurde süssen Göttersaftes voll.
Er überhieng von reifen Trauben schwer,
Und dankte jetzt dem Gärtner mit Entzücken,
Indeß sein wilder Nachbar, freudenleer —
Er litt vom Messer nie — nicht Eine bot den Blicken.

Wie fröhlich prangt' er nun! Wie manche grosse Traube
Verbarg er, neckend noch, dem Sucher unterm Laube!

So strömt, o Freund! auch uns der Lebensfreuden Fluß.
Auf früherem Entbehren blüht schönerer Genuß!

IX.

Als einer ein niedliches Gedichtgen bekunstrich= tern wollte.

Zart ist des Schmetterlings Purpur, der Schmelz der spielenden
Flügel;
Nicht zum Berühren — zum Sehn. Fort die zerstörende Hand!

X.

Die medizäische Venus.

Träum' und wach' ich zugleich? Trügt mich Gefühl oder Auge?
Oder verwandelt ein Gott jeglichen Augenblick dich?
Meinem Auge lebst du; ich sehe den Busen sich heben,
Sehe weichen dem Druck deinen elastischen Arm;
Still! ich höre sogar das leise Athmen der Göttin —
Und nun fühl' ich — Du bist plötzlich erstarret in Stein.

Anzeige.

Da die Lebensgeschichte des armen Mannes im To=
ckenburg, von nun an, bey den Verlegern des Museums
unter dem Tittel: Leben und natürliche Ebentheuer
des armen Mannes im Tockenburg besonders verkauft
wird, das End dieser Geschichte aber innert vierzehn Ta=
gen auch im nächsten Stuck dieser Monatschrift erscheint,
wird solches hiemit den Lesern dieser letztern besonders an=
gezeigt, damit sie zum Voraus wissen, daß auch Ihnen
das Ganze zu Theil werden soll.

Inhalt.

I.

Auszüge aus der Lebensgeschichte eines armen Mannes.

(Geschrieben i. J. 1781 — 85.)

(Beschluß S. das vorhergehende Heft, S. 161. u. ff.)

LXXVIII.

Meine Geständniße.

Um indessen doch einigermaaßen ein solches Geständniß abzulegen, und Euch, meine Nachkommen, einen Blick wenigstens auf die Oberfläche meines Herzens zu öffnen, so will ich Euch sagen: Daß ich ein Mensch bin, der alle seine Tage mit heftigen Leidenschaften zu kämpfen hatte. In meinen Jugendjahren erwachten nur allzufrühe gewisse Naturtriebe in mir; etliche Geißbuben, und ein Paar alte Narren von Nachbarn sagten mir Dinge vor, die einen unauslöschlichen Eindruck auf mein Gemüth machten, und es mit tausend romantischen Bildern und Fantaseyen erfüllten, denen ich, trotz alles Kämpfens und Widerstrebens, oft bis zum unsinnig werden nachhängen mußte, und daben wahre Höllenangst ausstuhnd. Denn um die nämliche Zeit hatte ich von meinem Vater, und aus ein Paar seiner Lieblingsbücher, allerley, nach meinen itzigen Begriffen übertriebene, Vorstellungen von dem, was eigentlich fromm und reinen Herzens sey, eingesogen. Da wurde mir nur das allerstrengste Gesetz eingepredigt ; da schwebten mir immer unübersteigliche Berge, und die schwersten Stellen aus dem Neuen Testament, von Händ' und Füß' abhauen, Augausreissen u. s. f. vor. Mein Herz war von jeher äusserst empfindlich; ich erstaunte daher sehr oft, wenn ich weit bessere Menschen als ich war, bey diesem oder jenem Zufall, bey Erzählung irgend eines Unglücks, bey Anhörung einer rührenden Predigt, u. d. gl. wie ich wähnte ganz frostig bleiben sah. Man denke sich also meine damalige Lage in einem rohen einsamen Schneegebürg': Ohne Gesellschaft, ausser jenen schmutzigen Buben und unflähigen Alten auf der einen — auf der andern Seite jenen schwärmerschen Unterricht, den mein junger feuerfangender Busen so begierig aufnahm ; dann mein von Natur tobendes Temperament, und eine Einbildungskraft, welche mir nicht nur den ganzen Tag über keine Minute Ruhe ließ, sondern mich auch des Nachts verfolgte, und mir oft Träume bildete, daß mir noch beym Erwachen der Schweiß über alle Finger lief. Damals war (wie man schon zum Theil aus meiner obigen Geschichte wird ersehen haben) meine größte Lust, an einem schönen Morgen oder stillen Abend, während dem Hüten meiner Geißen, mich auf irgend einem hohen Berg' in einen Dornbusch zu setzen — dann jenes Büchelgen hervorzulangen das ich viele Zeit überall und immer bey mir trug, und daraus mich über meine Pflichten gegen Gott, gegen meine Eltern, gegen alle Menschen und gegen mich selbst, so lang zu erbauen, bis ich in eine Art wilder Empfindung gerieth, und (ich entsinne mich noch vollkommen) allemal mit einer Ermahnung an Kinder geendet, deren Anfang lautete: „ Kommt „ Kinder! Wir wollen uns vor dem Thron des himmli- „ schen Vaters niederwerfen „. Dann richtete ich meine Augen starr in die Höhe, und häufige Thränen flossen die Wan-

gen herab. Dann hätt' ich mich auf ewig und durch tausend Eyde verbunden, Allem Allem abzusagen, und nur
Jesu nachzufolgen. Von unnennbarer, halb süsser, halb
bitterer Empfindungen stieg ich dann mit meiner Heerde
weiter von einem Hügel zum andern auf und nieder, und
hieng immer dem beängstigenden Gedanken nach: Was
ich denn nun allererst thun müsse, um selig zu werden?
„Darf ich also —, hob ich dann halb laut-halb leise an,
„meine Geißen nicht mehr lieben? Muß ich meinem Di-
„stelfink Abschied geben? — Muß ich wirklich gar Vater
„und Mutter verlassen„? u. s. f. Dann fiel ich vollends
in eine düstre Schwermuth, in Zweifel, in Höllenangst;
wußte nicht mehr was ich treiben, was ich lassen, woran
ich mich halten sollte. Das dauerte dann so etliche Tage
lang. Dann bieng ich wieder für etwas Zeit Grillen von
ganz andrer Natur — und auch diesen bis zur Wuth
nach; baute mir ein, zwey, drey Dutzend spanischer Schlösser auf, riß alle Abend die alten nieder, und schuf ein Paar
neue. — So dauerte es bis ungefehr in mein achtzehntes
Jahr, da mein Vater seinen Wohnort veränderte, und ich
so zu sagen in eine ganz neue Welt trat, wo ich mehr
Gesellschaft, Zeitvertreib, und minder Anlaß zum Phan-
tasiren hatte. Hier fiengen sich dann auch, besonders Eine
Art der Kinder meiner Einbildungskraft — und zwar leider eben die schönste von allen — an, sich in Wirklichkeit
umzuschaffen, und kamen mir eben nahe an Leib. Aber
zu meinem Glücke hielt mich meine anerbohrene Schüch-
ternheit, Schaamhaftigkeit — oder wie man das Ding
nennen will — noch Jahre lang zurück, eh' ich nur ein
einziges dieser Geschöpfe mit einem Finger berührte. Da
fieng sich endlich jene Liebesgeschichte mit Nennchen an, die
ich oben, wie ich denke, nur mit allzusüsser Rückerinnerung, beschrieben habe — und doch noch einmal beschreiben, jene Honigstunden mir noch einmal zurückrufen möch-

te — um mehr zu genießen als ich wirklich genoffen habe.
Allein ich fürchte — nicht Sünde, aber Aergerniß; und
eine geheime Stimme ruft mir zu: „Grauer Geck! Be-
„ stelle dein Haus; denn du mußt sterben„! — Noch lebt
diese Person, so gesund und munter wie ich; und mir
steigt eine kleine Freude ins Herz so oft ich sie sehe, obgleich ich mit Wahrheit bezeugen kann, daß sie alle eigentliche Reitze für mich verloren hat. Also kurz und gut, wir
gehen weiters. — Nun von jenem Zeitpunkt an war ich
unstät und flüchtig, wie Cain. Bald bestuhnd meine Arbeit im Taglöhnen; bald zügelte ich für meinen Vater das
Salpetergeschirr von einem Fleck zum andern. Da traf
ich freylich allerhand Leuthe, immer neue Gesellschaft; und
mir bisdahin unbekannte Gegenden an; und diese und jene
waren mir bald widrig, bald angenehm. Im Umgang
war ich eckel. Zwar bemühete ich mich, freundlich mit
allen Menschen zu thun. Aber zu beständigen Gespannen
stuhnden mir die wenigsten an; sie mußten von einer ganz
eigenen Art seyn, die ich, wenn ich ein Mahler wäre, eher
zeichnen, als mit Worten beschreiben könnte. Hier und da
gerieth ich auch an ein Mädchen; aber da stuhnd mir keine
an wie mein Aennichen. Nur eines gewissen Käthchens
und Marichens erinnr' ich mich noch mit Vergnügen, obschon unsre Bekanntschaft nur eine kleine Zeit währte. Wenn
ein Weibsbild, sonst noch so hübsch, da stuhnd oder saß
wie ein Stück Fleisch — mir auf halbem Weg entgegen
kam, oder mich gar noch an Frechheit übertreffen wollte,
so hatte sie's schon bey mir verdorben; und wenn ich dann
auch etwa in der Vertraulichkeit mit ihr ein Bißchen zu
weit gieng, war's gewiß das erste und letzte Mal. Nie
hab' ich mir auf meine Bildung und Gesicht viel zu gut gethan, obschon ich bey den artigen Närrchen sehr wohl gelitten war, und einiche aus ihnen gar die Schwachheit hatten mir zu sagen, ich sey einer der hübschesten Buben.

Denn gleich meine Kleidung nur aus drey Stücken bestuhnd — einer Lederkappe, einem schmutzigen Hembd, und
ein Paar Zwilchhosen — so schämte sich doch auch das nied-
lichst geputzte Mädchen nicht, ganze Stunden mit mir
zu schäckern. In Geheim war ich denn freylich stolz auf
solche Eroberungen, ohne recht zu wissen warum? Andremal nagte mir, wie gesagt, wirklich die Liebe ein Weilchen am Herzen: Dann sucht' ich mich des lästigen Ga-
stes durch Zerstreuungen zu entledigen; jauchzte, pfiff, und
trillerte einen Gassenhauer, deren ich in kurzer Zeit viele von
meinen Kameraden gelernt hatte; oder brütete an abgelege-
nen Orten wieder etliche Fantaseyen aus, und träumte von
lauter Glück und guten Tagen, ohne daß ich mir einfallen
ließ, mich nur zu fragen: Wenn und woher sie kommen sollten? das ich mir auch sicher nicht hätte beantworten können. Denn die Wahrheit zu gestehn, ich war ein
Erzlappe und Stockfisch, und besaß zumal keine Unze
Klugheit, oder gründliches Wissen, wenn ich schon über
alles ganz artlich zu reden wußte. Daß ich bey jedermann,
und bey jenen schönen Dingern insonderheit wohl gelitten
war, kam einzig daher, weil ich so ziemlich gut an jedem
Ort augenblicklich den für dasselbe schicklichsten Ton zu treffen wußte, und mir, wie meine Nymphen behaupteten,
alles zierlich nett anstuhnd. — Und nun abermals ein neuer
Akt meines Lebens. Als mich nämlich bald hernach das
Verhängniß in Kriegsdienste führte, und vorzüglich in den
sechs Monathen, da ich noch auf der Werbung herum-
kreiste, ja da geht's über alle Beschreibung, wie ich mich
nun fast gänzlich im Getümmel der Welt verlor. Zwar
unterließ ich auch während meinen wildesten Schwärmereyen nie, Gott täglich mein Morgen- und Abendopfer zu
bringen, und meinen Geschwisterten gute Lehren nach Haus
zu schreiben. Aber damit war's dann auch gethan; und
ob der Himmel daran große Freude hatte, muß ich zwei-

feln? Doch, wer weiß's? Selbst diese flüchtige Andacht
unterhielt vielleicht manche gute Gesinnung in mir, die
sonst auch noch zu Trümmern gegangen wäre, und behü-
tete mich vor groben Ausschweifungen, deren ich mir,
Gott Lob! keiner einzigen bewußt bin. So z. B. wenn
ich schon mit hübschen Mädchens für mein Leben gern umgeben mochte, hätt' ich's doch auf allen meinen Reisen
und Kriegszügen nie über's Herz gebracht, nur ein einziges zu übertölpeln, wenn ich auch dazu noch so viel Rei-
zung gehabt. Wahrlich, mein Gewissen war so zart über
diesen Punkt, daß ich mir vielmehr oft nachwerts ruchlose
Vorwürfe über meine eigne Feigheit gemacht; mir den
und diesen guten Anlaß wieder zurückgewünscht, u. s. f.
Aber wenn sich denn wirklich die Gelegenheit von neuem
eräugnete, und alles bis zum Genusse fix und fertig war,
so fuhr ein zitternder Schauer mir durch Mark und Beine, daß ich zurückbebte, meinen Gegenstand mit einigen
guten Worten abfertigte, oder leise davon schlich. Auf
dem ganzen Transport bis nach Berlin bin ich, bis auf
ein einziges Netzchen, vollends ganz rein davon gekommen:
In dieser grossen Stadt hätt' ich an gemeinen Weibsleu-
then keinen Schuh' gewischt. Hingegen will ich's nicht
verbergen, daß meine zügellose Einbildungskraft ein Paarmal über glänzende Damen und Mamselles brütete. Aber
es stellten sich immer noch zu rechter Zeit genugsame Hindernisse in den Weg; die Anfechtungen verschwanden, und
besserer Sinn und Denken erwachten wieder. Während
meiner Campagne und auf der Heimreise hab' ich abermals keinen weiblichen Finger berührt. Was meine De-
sertion betrift, so machte mir mein Gewissen darüber nie
die mindesten Vorwürfe. Gezwungner Eyd, ist Gott leid!
dacht' ich; und die Ceremonie, die ich da mitmachte,
wähnt' ich wenigstens, könnte kaum ein Schwören heissen. — Nach meiner Rückkehr ins Vaterland ergriff ich

wieder meine vorige Lebensart. Auch Buhlschaften span=
nen sich bald von neuem an. Meine herzliebe Anne war
freylich verplempert; aber es fanden sich in kurzem andere
Mädels mehr als eines, denen ich zu behagen schien. Mein
Aeusseres hatte sich ziemlich verschönert. Ich gieng nicht
mehr so läppisch daher, sondern hübsch gerade. Die Uni=
form die mein ganzes Vermögen war, und eine schöne
Frisur; die ich recht gut zu machen wußte, gaben mei=
ner Bildung ein Ansehn, daß dürftige Dirnen wenigstens,
die Augen aufsperrten. Bemittelte Jungfern dann — Ja,
o bewahre! — die warfen freylich auf einen armen ausge=
rißnen Soldat keinen Blick. Die Mütter würden ihnen fein
ausgemistet haben. Und doch wenn ich's nur ein wenig
pfiffiger und politischer angefangen, hätt' es mir mit einer
ziemlich reichen Rosina geglückt, wie ich nachwerts zu spät
erfuhr. Inzwischen erhob selbst dieser mißlungene Versuch
meinen Muth und meine Einbildung nicht um ein gerin=
ges — und der geschossene Bock wäre mir nicht um tau=
send Gulden feil gewesen. Ich sah darum von erwähnter
Zeit an alle meine bisherigen Liebschaften so ziemlich über
die Achsel an, und warf den Bengel höher auf. Aber
meine sorglose lüderliche Lebensart verderbte immer alles
wieder. Mit Kindern meines Standes war mein Umgang
freylich, Gott verzeih' mir's, oft nur allzufrey; in Absicht
auf solche hingegen, die über mir stuhnden, verließ mich
meine Feigheit nie; und das war mir am meisten hinder=
lich. Denn wer weiß nicht, wie oft der dümmste Labetsch *)
bloß mit einem beherzten angriffigen Wesen, zuerst sein
Glück macht. Aber mir so viele Mühe geben — kriechen,
bitten, seufzen und verzweifeln — konnt' ich eben nicht.
Eines Tages gieng ich nach Zerisau an eine Landsgemein=
de. Meine gute Mutter steckte mir all' ihr kleines Spaar=
geldlin von etwa 6. fl. bey. Einer meiner Bekannten im

*) Nigaud.

Appenzeller - Land, trachtete mir zu Trogen, in einer
grossen Gesellschaft, eine gewisse Ursel aufzusalzen, die mir
aber durchaus nicht behagen wollte. Ich suchte also ihr
je eher je lieber wieder los zu werden. Es glückte mir auf
dem Rückweg nach Herisau, wo sie sich — oder vielmehr ich mich unter dem Haufen verlor. Es war eine
grosse Menge jungen Volkes. Bey einbrechender Abenddämmerung näherte man sich einander, und formirte Paar
und Paar — als ich mit eins ein wunderschönes Mädel,
sauber wie Milch und Blut, erblickte, das mit zwey andern solchen Dingern davon schlenterte. Ich streckt' ihm
die Hand entgegen, es ergriff sie mit den beyden seinigen,
und wir marschirten bald Arm an Arm in dulci Jubilo
unter Singen und Schäckern unsre Strasse. Als wir zu
Herisau ankamen, wollt' ich sie nach Haus begleiten.
„Das bey Leib nicht„! sagte sie; „Ich dörst's um alles
„in der Welt nicht. Nach dem Nachtessen vielleicht, kann
„ich denn eher noch ein Weilchen zum Schwatzen kom-
„men„. Mit einem solchen Ersatz war ich natürlich sehr
wohl zufrieden. Damals wußt' ich noch nicht, wer mein
Schätzgen war, und erfuhr erst izt im Wirthshaus: Daß sie
ein Töchtergen aus einem guten Kaufmannshaus, und uns
gefehr sechszehn Jahr alt sey. Ungefehr nach einer Stunde kam das liebe Geschöpf — Cäthchen hieß es — mit
einem artigen jungen Kind auf dem Arm, das sein Schwesterchen war — denn anders hätt' es nicht entrinnen können — als eben auch die verwünschte Ur — sel in die Stube
trat, mich gleichfalls aufsuchen wollte — bald aber Un-
rath merkte, mir bittere Vorwürfe machte — und davon
gieng. Alsdann gab uns der Wirth ein eigen Zimmer —
Cäthchen hinein, und ich nach, geschwind wie der Wind.
Ich hatte ein artiges Essen bestellt. Nun waren ich und
das herrliche Mädchen allein, allein. O was dieses einzige Wort in sich faßt! Tage hätt' es währen sollen, und

nicht zwey oder drey wie Augenblicke verstoßene Stunden. Und doch — die Wände unsers Stübchens — das Kind auf Cäthchens Schooß — die Sternen am Himmel sollen Zeugen seyn unsrer süßen, zärtlichen, aber schuldlosen Vertraulichkeit. Ich blieb noch die halbe Woche dort. Mein Engel kam alle Tage mit ihrem Schwesterchen, vier bis fünfmal zu mir. Endlich aber gieng mir die Baarschaft aus — ich mußte mich losreissen. Cäthchen gab mir, immer mit dem Kind auf dem Arm, trutz aller Furcht vor seinen Eltern, das Geleit noch weiter vor den Flecken hinaus. Wie der Abscheid war, läßt sich denken. Thränen von Liebchen trug ich auf meinen Wangen genug nach Haus. Wir winkten einander mit Schürze und Schnupftüchern unser Lebewohl mehr als hundertmal, und so weit wir uns sehen konnten. O man verzeihe mir meine Thorheit! Gehören doch diese Tage zu den allerglücklichsten, und ihre Freuden zu den allerunschuldigsten meines Lebens. Denn mein guter Engel hatte mir gegen dieß holde Mädchen ordentlich eben so viel Ehrfurcht als Liebe eingeflößt; so daß ich sie, wie ein Vater sein Kind, umarmte, und sie mich hinwieder, wie eine Tochter ihren Erzeuger, sanft an ihren reinen Busen drückte, und mein Gesicht mit ihren Küssen deckte. — Jtzt war ich dem Leibe nach wieder bey Haus, aber im Geist immer mit diesem herzigen Schätzgen beschäftigt, dem weiland Aennchen sogar weit nachstuhnd. Indessen kam mir nur kein Gedanke daran, daß ich jemals zu ihrem Besitz gelangen könnte; vielmehr sucht' ich mir alles Vorgegangene vollkommen aus dem Sinn zu schlagen, und es gelang mir. Denn dieß war von jeher meine Art: Was einen schnellen Eindruck auf mich machte, war auch bald wieder vergessen, und von neuen Gegenständen verdrängt. Allein, wer hätte daran gedacht? An einem schönen Abend brachte mir der Zerisauer-Bott ein Briefchen von meinem Cäthchen, worinn sie in zärtlich

verliebten und dabey recht kindisch naiven Ausdrücken mir
sagte: Wie's ihr sey seit unserm Abschied; wie sie mich
gern wieder sehen — noch einmal mit mir reden möchte —
und, wenn das nicht möglich wäre, mich wenigstens zu
einem schriftlichen Verkehr auffodere. Ich küßte das Papier, las es wohl hundertmal, und trug's immer in der
Tasche, bis es ganz verschmutzt und zersetzt war. — Also
— ich flog eilends nach Herisau — Nein! Ich antwortete
auf der Stelle. — Nein! auch das nicht; kein Wort.
Kurz ich gieng nicht, und schrieb nicht. Warum? Daß
ich gerade damals kein Geld hatte, dessen erinnere ich mich;
daß sonst noch etwas dazwischen kam, weiß ich auch; die
eigentliche Ursach' aber ist mir aus dem Gedächtniß entfal-
len. Genug, ich vergaß meinen Herisauer Schatz, worüber ich mir nachwerts manchen bittern Vorwurf gemacht.
Endlich, erst nach zwanzig Jahren, dacht' ich wieder einmal dieser Begebenheit so lange und so ernsthaft nach, und
die Begierde, zu erfahren, ob das liebe Kind noch lebe,
und was aus ihr geworden sey, ward so stark in mir, daß
ich eigens deswegen auf Herisau gieng, (ungeachtet ich
in der Zwischenzeit manchmal mich Tage lang dort aufs
hielt, ohne daß mir nur ein Sinn an sie kam,) nach ihrer Wohnung fragte, und bald erfuhr, daß sie schon Mutter von zehn Kindern, und auf einem Wirthshaus sey.
Ich flog dahin. Der Mann war eben nicht zu Hause. Ich
sprach sie um Nachtherberg an, setzte mich zu Tisch', und
beguckte mein — nun nicht mehr mein Cäthchen. Himmel! wie das arme Ding ganz verlottert war. Und doch
erkannt' ich ihre ehevorigen jugendlichen Gesichtszüge mitunter noch deutlich. Ich konnte mich der Thränen kaum
erwehren. Sie war unglücklicher Weise an einen brutalen
und dabey lüderlichen Mann gerathen, der nachwerts wirklich banquerout machte. Schon damals war sie in sehr
ärmlichen Umständen. Sie kannte mich nicht mehr. Ich

fragte fie alles aus, nach ihrer Herkunft, wer ihr Mann
fey, u. f. f. Und endlich auch: Ob fie fich nicht mehr eines gewiſſen U. B. erinnre, den fie vor zwanzig Jahren
etliche Tag' nach einander beym Schwanen angetroffen.
Hier fah fie mir ſtarr ins Geſicht — fiel mir an die Hand:
„Ja! Er iſt's, er iſt's„! und groſſe Tropfen rollten über
ihre blaſſen Wangen herab. Nun ließ fie alles ſtehn, ſetzte
fich zu mir hin, erzählte mir der Länge und Breite nach
ihre Schickſale, und ich ihr die meinigen, bis ſpäth in
die Nacht hinein. Beym Schlafengehn konnten wir uns
nicht erwehren, jene ſeligen Stunden durch ein Paar Küße
zu erneuern ; aber weiter ſtieg mir auch nur kein arger
Gedanke auf. Im Verfolg kehrte ich noch manchmal bey
ihr ein. Sie ſtarb etwa vier Jahre nach unſerm erſten
Wiederſehn — und es thut mir ſo wohl, noch eine Thräne
auf ihr Grab zu weinen, wo fie itzt mit ſo viel andern
guten Seelen im Frieden wohnt. Und nun weiters.

Daß ich in meiner obigen Geſchichte über die allerernſt-
hafteſten Scenen meines Lebens — Wie ich an meine Dul-
cinea kam — ein eigen Haus baute — einen Gewerb anfieng, u. f. f. ſo kurz hinweggeſchlüpft, kömmt wahrſcheinlich daher, daß dieſe Epoche meines Daſeyns mir
unendlich weniger Vergnügen als meine jüngern Jahre
gewährte, und darum auch weit früher aus meinem
Gedächtniß entwichen iſt. So viel weiß ich noch gar
wohl: Daß, als ich auch im Eheſtand mich betrogen
ſah, und ſtatt des Glücks, das ich darinn zu finden mir
eingebildet hatte, nur auf einen Haufen ganz neuer uner-
warteter Widerwärtigkeiten ſtieß, ich mich wieder aufs
Grillenfangen legte, und meine Berufsgeſchäfte nur ſo ma-
ſchienenmäßig, läſſig und oft ganz verkehrt verrichtete, und
mein Geiſt, wie in einer andern Welt, immer in Lüften
ſchwebte; fich bald die Herrſchaft über goldene Berge, bald
eine Robinſonſche Inſel, oder irgend ein andres Schlau-

rassenland erträumte, u. s. f. Da ich hienächst um die
nämliche Zeit anfeng, mich aufs Lesen zu legen, und ich
zuerst auf lauter mystisches Zeug — dann auf die Geschichte — dann auf die Philosophie — und endlich gar auf die
verwünschten Romanen fiel, schickte sich zwar alle dieß vortrefflich in meine idealische Welt, machte mir aber den
Kopf nur noch verwirrter. Jeden Helden und Ebentheu-
rer alter und neuer Zeit macht' ich mir eigen, lebte vollkommen in ihrer Lage, und bildete mir Umstände dazu
und davon wie es mir beliebte. Die Romanen hinwieder
machten mich ganz unzufrieden mit meinem eigenen Schicksal und den Geschäften meines Berufes, und weckten mich
aus meinen Träumen, aber eben nur zu grösserm Verdruß
auf. Bisweilen, wenn ich denn so mürrisch war, sucht'
ich mich durch irgend eine lustige Lektur wieder zu ermun-
tern. Alsdann je lustiger, je lieber; so daß ich darüber
bald zum Freygeist geworden, und dergestalt immer von
einem Extrem ins andre fiel. In dieser Absicht bedaur' ich
die Gefährtin meines Lebens von Herzen. Denn so wenig
Geschmack ich an ihr fand, so hatte sie doch noch viel mehr
Ursache, keinen an mir zu finden. Dennoch war ihre Neigung zu mir stark, obgleich nichts weniger als zärtlich. Ein
Betragen ganz nach ihrem Geschmack, meine Unterwürfig-
keit und Liebe zu ihr, das alles wollte sie von dem ersten
Tag' an erpochen und erpoltern — und macht's heute mit
mir und meinen Jungen noch eben so — und wird es so
wenig lassen, als ein Mohr seine Haut ändern kann. Und
doch ist dieß, wie ich's nun aus Erfahrung weiß, gewiß
das ganz unrechte Mittel, einen an das Joch zu gewöhnen. Inzwischen flossen meine Tage so halb vergnügt,
halb mißvergnügt dahin. Ich suchte mein Glück in der Ferne
und in der weiten Welt — mittlerweile es lange ganz nahe
bey mir vergebens auf mich wartete. Und noch itzt, da
ich doch überzeugt bin, daß es nirgends als in meinem ei-

genen Busen wohnt, vergeß' ich nur allzuoft, dahin — in
mich selbst zurückzukehren — flattre in einer idealischen Welt
herum, oder wähle in dieser gegenwärtigen falsche, Ecel
und Unlust erweckende Scheingüter ausser mir. Was Wunder
also, daß ich, nach meinem vorbeschriebenen Verhalten, mich immer selber ins Gedränge brachte, und mich
zumal in eine Schuldenlast vertiefte, in der ich beynahe
verzweifeln mußte. Freylich seh' ich itzt wohl ein, daß auch
mein dießfälliges Elend mehr in meiner Einbildung als in
der Wirklichkeit bestuhnd, und mein Falliment, da ich am
tiefsten stack, doch nie beträchtlich gewesen, und nicht über
700. höchstens 800. fl. an mir wären eingebüßt worden. Und
doch hab' ich vor- und nachher Banqueroute von so viel
Tausenden mit kaltem Blut spielen gesehn. Zudem waren
meine Gläubiger gewiß nicht von den strengsten, sondern
noch vielmehr von den allerbesten und nachsichtigsten, wenn
mich gleich der eint und andre ein Paarmal ziemlich roh
anfuhr. Eben so sicher ist's freylich, daß, wenn ich meiner Frauen Grundsätze befolgt, ich nie in dieß Labyrinth
gerathen wäre. Ob aber unter andern Umständen, und
wenn ich eine anders organisirte Haushälfte gehabt, oder
dieselbe mich anders geleitet — mir entweder freye Hände
gelassen, oder doch meinen Willen und Zuneigung auf eine
zärtlichere Art zu fesseln gewußt, es je so weit mit mir gekommen wäre, ist dann wieder eine andre — Frage? Einmal ganz und gar in ihre Maximen einzutreten, war mir
unmöglich. Bey mehrerer Freyheit hingegen (denn mit
Gewalt mocht' auch Ich meine Authorität lange nicht zeigen.) hätt' ich wenigstens meiner Geschäfte mich mehr angenommen, mehr Eifer und Fleiß bezeigt, und kurz alle meine
Leibs- und Seelenkräfte besser auf meinen Gewerb gewandt.
Da mir aber Zanken und Streit in Tod zuwider, und
etwas mit dem Meistersterstecken durchzusetzen, auch nicht
meine Sache war — wenn's zumal den zeitlichen Plunder

betraf, der mir so vieler Mühe nie werth schien — so ließ
ich's eben bleiben. Schon damals hatten geistige Beschäftigungen weit mehr Reize für mich. Und da meine Dul-
cinea ohnehin alles in allem seyn wollte, sie mich in allem
tadelte, und ich ihr mein Tage nichts recht machen konnte, so wurd' ich um so viel verdrüßlicher, und dachte:
Ey! zum * *, so mach's Du! Ich kenne noch andre Arbeit, die mir unendlich wichtiger scheint. Da hatt' ich
nun freylich Unrecht über Unrecht; denn ich erwog nicht,
daß doch zuletzt alle Last auf den Mann fällt — Ihn bey
den Haaren ergreift, und nicht das Weib. Hätt' ich nur,
dacht' ich denn oft, eine Frau, wie Freund N. Der ist
sonst, ohne Ruhm zu melden, ein Lapp wie ich, und
hätt' schon hundert und aber hundert Narrenstreiche gemacht, wenn nicht sein gescheidtes Dorchen ihn auf eine
liebevolle Art zurückgehalten — und das alles so verschmitzt,
nur hinten herum, ohne ihn merken zu lassen, daß er
nicht überall Herr und Meister sey. O wie meisterlich weißt
sich die nach seinen Launen zu richten, die guten und die
bösen zu mäßigen (Denn in den bessern ist er übertrieben
lustig, in den übeln hingegen ächzt er wie eine alte Vettel,
oder will alles um sich her zerschmettern) daß ich oft erstaunt
bin, wie so ein Ding von Weibchen eine so unsichtbare
Gewalt über einen Mann haben, und, unterm Schein ganz
nach seinem Gefallen zu leben, ihn ganz zu Diensten haben
kann. Aber ein derley Geschöpf ist eben ein rarer Vogel
auf Erde; und selig ist der Mann, dem ein solch Kleinod
bescheert ist, wenn er's zumal gehörig zu schätzen weiß. Und
Freund N. schätzt das seinige himmelhoch, ohn' es doch
recht zu kennen. Sie lobt ihm alles; und wenn ihr etwas auch noch so sehr mißfällt, heißt es nur mit einem
holden Lächeln: „Es mag gut seyn; aber ich hätt's doch
„lieber so und so gesehn. Schatz'! Mir zu gefallen mach's
„auf diese Art,,. Nie hab' ich ein bitter Wort oder eine

böse Miene gegen ihn bemerkt, auch nie von andern vernommen, der diese gesehen oder jenes gehört hätte. Ob gleich nun übrigens freylich ein solcher Zeisig bisweilen mich etwas lüstern, und der Contrast zwischen ihr und meiner Bethesgenoßin nicht selten ein wenig düster gemacht, war ich doch im Grund des Herzens mit meinem Loos nie eigentlich unzufrieden, fest überzeugt, mein guter Vater im Himmel habe auch in dieser Rücksicht — denn warum in dieser allein nicht? — die beßte Wahl getroffen. Ist ja doch offenbar, daß gerade eine solche Hälfte und keine andre es seyn mußte, die meiner Neigung zu allen Arten von Ausschweifungen Schranken setzte. Solch ein weiblicher Poldrianus sollte mir das Lächerliche und Verhaßte jeder allzuheftigen Gemüthsbewegung — wie die lacedämonischen Sklaven den Buben ihrer Herren das Laster der Trunkenheit — in Natura zeigen, und dergestalt Ein Teufel den andern austreiben. Solch eine karge Spar-büxe mußt' es seyn, die meiner Freygebigkeit und Geldverachtung das Gleichgewicht hielt — mir zu Nutz' und ihr zur Strafe, nach dem herrlichen Sprichwort: Ein Spa-rer muß einen Geuder *) haben. Solch ein Sittenrichter und Kritikus mußt' es seyn, der alle meine Schritt' und Tritte beobachtete, und mir täglich Vorwürfe machte. Das hieß mich, auch täglich, auf meine Handlungen Achtung geben, mein Herz erforschen, meine Absichten und Gesin-nungen prüfen, was wahr oder falsch, gut oder böse ge-meint sey. Solch ein Zuchtmeister mußt' es seyn, der alle meine Schwachheiten mit den schwärzesten Farben schil-derte, so wie ich hingegen geneigt war, dieselben, wo nicht für kreidenweiß, doch für grau anzusehn. Solch ei-nen Arzt braucht' ich, der alle meine Schaden nicht nur aufdeckte — sondern auch vergrösserte, und bisweilen selbst die minder wichtigen für höchst gefährlich ausgab; die min-

*) Verschwender.

freylich stinkende, beissende Pillen, frisch vom Stecken weg,
und noch mit einem Grenadierton unter die Nase rieb,
daß die Wände zitterten. Dadurch lernt' ich, zu dem einzigen Arzt meine Zuflucht nehmen, der mir dauerhaft
helfen könnte, mich im Stillen vor ihm auf die Kniee werfen, und bitten: Herr! Du allein kennest alle meine Gebrechen; vergieb, und heile auch meine verborgene Fehler!
Solch eine Betmutter endlich, die beten, und mitten im
Beten auffahren und eins losziehen konnte, mußt' es seyn,
die mich — beten lehrte, und mir allen Hang zu from-
melnder Schwärmerey benahm. — Und nun genug, lieber Nachkömmling! Du siehst, daß ich meiner Frau alle
Gerechtigkeit wiederfahren lasse, und sie ehre wie man einen geschickten Arzt zu ehren pflegt, über den man wohl
bisweilen ein Bischen böse thun, aber ihm doch nie im Herzen recht ungut seyn kann. — Auch ist sie wirklich das ehr-
lichste, bravste Weib von der Welt, und übertrifft mich in
vielen Stücken weit; ein sehr nützliches, treues Weib, mit
der ein Mann — der nach ihrer Pfeife tanzte, trefflich wohl
fahren würde. Wie gesagt, recht viele gute Eigenschaften
hat sie, die ich nicht habe. So weißt sie z. E. nichts von
Sinnlichkeit, da hingegen mich die meinige so viel tausend
Thorheiten begehen ließ. Sie ist so fest in ihren Grundsätzen — oder Vorurtheilen wenn man lieber will — daß
kein Doktor Juris — kein Lavater — kein Zimmermann
sie davon eines Nagelsbreit abbringen könnte. Ich hingegen bin so wankend wie Espenlaub. Ihre Begriffe —
wenn sie diesen Namen verdienen — von Gott und der
Welt, und allen Dingen in der Welt, dünken ihr immer
die besten, und unumstößlich zu seyn. Weder durch Güte
noch Strenge — durch keine Folter könnt'st du ihr andre
beybringen. Ich hingegen bin immer zweifelhaft, ob die
meinigen die richtigen seyn. In ihrer Treu und Liebe
zu mir macht sie mich ebenfalls sehr beschämt. Mein zeit-

liches

liches und ewiges Wohl liegt ihr, vollkommen wie ihr eigenes, am Herzen; sie würde mich in den Himmel — bey
den Haaren ziehn, oder gar mit Prügeln d'rein jagen;
theils und zuerst um meines eigenen Beßten willen — dann
auch um das Vergnügen zu haben, daß ich's ihr zu danken hätte — und um mich ewig hofmeistern zu können.
Doch im Ernst: Ihre aufrichtige Bitte zu Gott geht gewiß
dahin: „Laß doch dereinst mich und meinen Mann einander
„im Himmel antreffen, um uns nie mehr trennen zu
„müssen„. Ich hingegen — ich will es nur gestehen —
mag wohl eher in einer bösen Laune gebetet haben: „Beß-
„ter Vater! In deinem Hause sind viele Wohnungen;
„also hast du gewiß auch mir ein stilles Winkelgen be-
„stimmt. Auch meinem Weibe ordne ein artiges — nur
„nicht zu nahe bey dem meinigen„. Sind das nun nicht
alles aufrichtige Geständnisse? Sag' an, lieber Nachkömmling! Ja! ich gesteh' es ja noch einmal, daß meine Frau
weit weit besser ist als ich, und sie's vortreflich gut meint,
wenn's schon nicht immer jedermann für gut annehmen
kann. So ließ sie sich's z. E. nicht ausreden, daß es nicht
ihre Pflicht wäre, mir des Nachts laut in die Ohren zu
schrey'n — daß sie bete, und daß ich ihr nachbeten könne.
Und wenn ich ihr hundertmal sage, das Lautschreyen nütze
nichts, da gilt alles gleich viel; sie schreyt. — Da muß
ich, denk' ich, freylich abermals uur mein allzueckles Ohr
anklagen, und wieder und überall sagen und bekennen: Ja,
ja! sie ist weit bräver als ich.

*   *   *

Barmherzigkeit — welch ein beruhigendes Wort! —
Barmherzigkeit meines Gottes, dessen Güte über allen Verstand geht, dessen Gnade keine Grenzen kennt! Wenn ich
so in angsthaften Stunden alle Trostsprüche deiner Offen-
barung zusammenraffe, macht dieß einige Wort einen sol-

chen Eindruck auf mein Herz, daß es der Hauptgrund
meiner Beruhigung wird. Indessen bin ich, wie andre
Menschen, freylich nicht weniger geneigt, auch etwas Trös
stendes in mir selbst aufzusuchen. Und da sagt mir nämlich
die Stimme in meinem Busen: Freylich bist du ein grosser,
schwerer Sünder, und kannst mit dem allergrößten um
den Vorzug streiten; aber deine Vergehen kamen meist auf
deinen Kopf heraus, und die Strafen deiner Sinnlichkeit
folgten ihr auf dem Fusse nach. — Wenigstens darf ich
mir dieß Zeugniß geben : Daß ich von Jugend an nie
boshaft war, und mit Wissen und Willen niemand Un=
recht gethan. Wohl hab' ich manchmal meine Pflichten
zumal gegen meine Eltern versäumt; und meine dießfällige
Schulden seh' ich, aber leider zu späthe! erst itzt recht ein,
da ich selber Vater bin, und, wahrscheinlich zur Strafe
meiner Sünden, auch böse und unbiegsame Kinder habe.
Bey mir war es Unwissenheit; und ich will gerne hoffen,
es ist's itzt auch bey ihnen. — Einem Mann gab ich vor
dreyßig Jahren ein Paar tüchtige Ohrfeigen ; und sonst
noch einer oder zwoo Balgereyen bin ich mir auch bewußt.
Aber ich habe mir deßwegen nie starke Vorwürfe gemacht.
Zum Theil ward ich angegriffen, oder ich hatte sonst ziem=
lich gerechte Ursachen böse zu werden. Erwähnter Mann
hatte meinen Vater wegen einem vom Wind umgeworfe=
nen Tännchen im Gemeindwald vor dem Richter verklagt;
der gute Aeti wurde unschuldiger Weise gebüßt. Nun
brannte freylich die Rachbegier in meinem Busen hoch
auf. Eines Tages nun ertappt' ich den boshaften Ankläs
ger, daß er selbst — Stauden stahl; da ja versetzt' ich ihm
eins, zwey, oder drey, daß ihm Maul und Nase überloffen.
Noch blutend rannte er zum Obervogt. Der citirte mich ;
aber ich gestuhnd nichts, und der andre hatte keine Zeu=
gen. Er mußte also das Empfangene vor sich behalten. —
Im Handel und Wandel betrog ich sicher niemand, son=

dern zog vielmehr meist den Kürzern. — Nie mocht' ich
in Gesellschaften seyn, wo gezankt wurde, oder wo sonst
jemand unzufrieden war; nie wo schmutzige Zotten aufs
Tapet kamen, oder es sonst konterbunt — wohl aber wo
es lustig in Ehren hergieng, und alles content war. Mehr
als einmal hab' ich mein eigenes Geld angespannt, um andern Vergnügen zu machen. — Viel hundert Gulden hab'
ich entlehnt, um andern zu helfen, die mich hernach ausgelacht, oder es mir abgeläugnet, oder die ich mir wenigstens damit, statt zu Freunden zu Feinden gemacht. —
Das schöne Geschlecht war freylich von jeher meine Lieb-
lingssache. Doch, ich hab' ja über dieß Kapitel schon ge-
beichtet. Gott verzeih' mir's wo ich gefehlt! — Dießmal
ist's um Entschuldigungen und Trostgründe zu thun. Und
da bin ich in meinem Innersten zufrieden mit mir selber,
daß gewiß kein Weibsbild unter der Sonne auftreten und
sagen kann, ich habe sie verführt; keine Seele auf Gottes Erdboden herumgeht, die mir ihr Daseyn vorzuwerfen hat; daß ich kein Weib ihrem Mann abspenstig gemacht, und eine einzige Jungfer gekostet — und die ist
meine Frau. Diese meine Blödigkeit freute mich immer,
und würde mir noch itzt anhangen. Auch das ist mir ein
wahrer Trost, daß ich sogar nur nie keine Gelegenheit
gesucht — höchstens bisweilen in meiner Fantasie die Narrheit hatte, einen guten Anlaß zu wünschen; aber wenn sich
denn derselbe — glücklicher oder unglücklicher Weise eräugnete — ich schon zum Voraus an allen Gliedern zitterte. —
Meinem Weib hab' ich nie Unrecht gethan — es müßte
denn das Unrecht heissen, daß ich mich nie ihr unterthan
machen wollte. Nie hab' ich mich an ihr vergriffen; und
wenn sie mich auch auf's Aeusserste brachte, so nahm ich
lieber den Weiten. Herzlich gern hätt' ich ihr alles ersinnliche Vergnügen gemacht, und ihr, was sie nur immer
gelüstete, zukommen lassen. Aber von meiner Hand war ihr

niemals nichts recht; es fehlte immer an einem Zipfel. Ich
ließ darum zuletzt das Kramen und Laufen bleiben. — Auch
meinen Kindern that ich nicht Unrecht; es müßte denn das
Unrecht seyn, daß ich ihnen nicht Schätze sammelte, oder
wenigstens meinem Geld nicht besser geschont habe. In,
den ersten Jahren meines Ehestands nahm ich mit ihnen
eine scharfe Zucht vor die Hand. Als aber itzt meine zwey
Erstgebohrnen starben, macht' ich mir Vorwürfe, ich sey
nur zu streng mit ihnen umgegangen, obschon sie mir in
der Seele lieb waren. Nun verfuhr ich mit den übriggebliebenen nur zu gelinde, schonte ihnen mit Arbeit und
Schlägen, verschaffete ihnen allerhand Freuden, und ließ
ihnen zukommen was nur immer in meinem Vermögen
stand — bis ich anfieng einzusehn, daß meines Weibs
dießfällige öftere Vorwürfe wirklich nicht unbegründet wa,
ren. Denn schon waren mir meine Jungen ziemlich über
die Hand gewachsen, und ich mußte eine ganz andre Miene
annehmen, wenn ich nur noch in etwas meine Authorität
behaupten wollte. Aber die Leyer meiner Frau konnt' ich
darum auch itzt noch unmöglich leyern; unmöglich stunden-
lang donnern und lamentiren; unmöglich viele hundert
Waidsprüche und Lebensregeln, haltbare und unhaltbare,
in die Kreuz' und Queer' ihnen vorschreiben; und wenn
ich's je gekonnt hätte, sah' ich die Folgen einer solchen
Art Kinderzucht nur allzudeutlich ein: Daß nämlich am
End' gar nichts gethan und geachtet, aus Uebel immer
Aerger wird, und das junge Füllen zuletzt anfängt wild
und taub hintenauszuschlagen. Ich begnügte mich also
ihnen meine Meinung immer mit wenig Worten, aber im
ernsten Tone zu sagen; und besonders nie früher als es von-
nöthen war, und niemals bloße Kleinigkeiten zu ahnden.
Mehrmals hatt' ich schon eine lange Predigt studirt; aber
immer war ich glücklich genug, sie noch zu rechter Zeit zu
verschlücken, wenn ich die Sachen bey näherer Untersu-

chung so schlimm nicht fand, als ich es im ersten Ingrimm vermuthet hatte. Ueberhaupt aber fand ich', daß Gelindigkeit und sanfte Güte, zwar nicht immer, aber doch die meisten Male mehr wirkt, als Strenge und Lautthun. — Doch, ich merke wohl, ich fange an meine Tugenden zu mahlen — und sollte meine Fehler erzählen. Aber noch einmal, in diesen letzten Zeilen möcht' ich mich, so gut es seyn kann, ein wenig beruhigen. Meine aufrichtigen Geständnisse findet der Liebhaber ja oben, und wird daraus meinen Character ziemlich genau zu bestimmen wissen. Schon seit Langem hab' ich mir viele Mühe gegeben, mich selbst zu studiren, und glaube wirklich zum Theil mich zu kennen — meine Frau war mir ein trefliches Hülfsmittel dazu — zum Theil aber bin ich mir freylich noch immer ein seltsames Räthsel:

So viele richtige Empfindungen; ein so wohlwollendes, zur Gerechtigkeit und Güte geneigtes Herz; so viel Freude und Theilnahm' an allem physisch und moralisch Schönen in der Welt; solch betrübende Gefühle beym Anblick oder Anhören jedes Unrechts, Jammers und Elends; so viele redliche Wünsche endlich, hauptsächlich für andrer Wohlergehn. Dessen alles bin ich mir, wie ich meyne, untrüglich bewußt. Aber dann daneben: Noch so viele Herzensstücke; solch einen Wust von Spanischen Schlössern, Türkischen Paradiesen, kurz Hirngespinnsten — die ich sogar noch in meinem alten Narrenkopf mit geheimem Wohlgefallen nähre — wie sie vielleicht sonst noch in keines Menschengehirn aufgestiegen sind. — Doch itzt noch etwas

LXXIX.

Von meiner gegenwärtigen Gemüthslage. Item von meinen Kindern.

Auch darüber find' ich mich gezwungen, die reine Wahrheit zu sagen; Zeitgenossen und Nachkömmlinge mögen daraus schliessen was sie wollen. Noch such' ich mich nämlich sogar zu bereden, jene fantastischen Hirnbruten seyen am End ganz unsündlich — weil sie unschädlich sind. Sicher ist's, daß ich damit keine menschliche Seele beleidige. Ob dann aber sonst das selbstgefällige Nachhängen sonderbarer Lieblingsideen die schwarzen Farben verdienen, womit ohne Zweifel strenge Orthodoxen sie anstreichen dürften, weiß ich nicht. Ob hinwieder mein guter Vater im Himmel meine Thorheiten so ansehe, wie's die Menschen thun würden, wenn mein ganzes Herz vor ihren Augen offen an der Sonne läge, daran erlaube man mir zu zweifeln — oder vielmehr nicht zu zweifeln. Denn Er kennet mich ja, und weißt was für ein Gemächt ich bin. — Bemüh' ich mich doch wenigstens, immer besser — oder weniger schlimm zu werden. Wenn ich z. B. seit einiger Zeit so meine Strasse ziehe, und noch itzt bisweilen heimlich wünsche, daß ein Kind meiner Fantasie mir begegnen möchte — und ich mich denn dem Plätzchen nähere, wo ich darauf stossen sollte — und es ist nicht da — Wie bin ich froh! — Und doch hatt' ich's erwartet. Wie reimt sich das? Gott weißt es; Ich weiß es nicht; nur das weiß ich, daß ich's Ihm danke, daß es mich auf sein Geheiß ausweichen mußte. — Einst stuhnd wirklich eine solche Geburth meiner Einbildungskraft — und doch gewiß ohne mein Zuthun da, gerade auf der Stelle, die ich im Geist ihm bestimmt hatte. Himmel, wie erschrak ich! Zwar näherte ich mich demselben; aber ein Fieberfrost rannte mir durch alle Adern. Zum Unglück oder Glück stuhnden zwey böse Buben nahe bey uns, kicherten und lachten sich Haut und Lenden voll; und noch auf den heutigen Tag weiß ich nicht, was ohne diesen Zufall aus mir geworden wäre. Ich schlich mich davon, wie ein gebissener Hund. Die Buben pfiffen mir nach, so weit sie mich sehen konnten. Ich brannte vor Wuth. Ueber wen? Ueber mich selbst — und übergab meine Sinnlichkeit dem T * * und seiner Großmutter zum Gutenjahr. In diesem Augenblick hätt' ich mir ein Ohr vom Kopf für den verwünschten Streich abhauen lassen. Bald nachher erfuhr ich, daß, da man mich wegen meinem unschnirten Wesen im Verdacht hatte, diese Falle mir mit Fleiß gelegt worden; und daß jene Bursche ausgesagt, sie hätten mich so und so ertappt. Das Gemurmel war allgemein. Meine Feinde triumphirten. Meine Freunde erzählten's mir. Ich bat sie ganz gelassen, zu sehen, daß sie mir nur die stellen, welche so von mir reden. Aber es getraute sich niemand. Gleichwohl zeigte man mit Fingern auf mich. Diese Wunde hat mich bey Jahren geschmerzt, und ist noch auf den heutigen Tag nicht ganz zugeheilt. Aber, Gott weiß! wie dienstlich sie mir war. In der ersten Wuth meiner gekränkten Ehrliebe hätt' ich die Buben erwürgen mögen; nachwerts dank' ich noch meinem guten Schutzgeist, der sie hergeführt hatte, sonst' wär' ich vielleicht dieser Versuchung nicht widerstanden. Ein Freund (der mich wohl ebenfalls in falschem Verdacht hatte) rieth mir, künftig diese Strasse nicht mehr zu brauchen. Hierinn aber folgt' ich ihm nicht, sondern gieng gleich meiner Wegen fort, und sah denen die mir begegneten herzhaft und scharf in die Augen, als wenn ich ihre Gedanken errathen könnte. Und so hab' ich wirklich nach und nach alle die Leuthe kennen gelernt, die sich mit jenem Gerüchte befasset hatten;

und wurde mir vollends einer nach dem andern genannt, von dem ersten Aussager an bis auf den letzten; wie, und mit welcher Vergrösserung man sich's ins Ohr bot, u. s. f.

Uebrigens hat sich seit der Zeit meine Denkart in so weit geändert, daß mich bey ferne nichts mehr so stark angriff wie ehmals, und jene Grillen, die mir einst so unbeschreiblich viel Angst machten, merklich ins Abnehmen geriethen, und ich wenigstens mir nur nicht mehr träumen ließ, daß die Erfüllung meiner oft so fantastischen Wünsche mir irgend woher zufliessen sollte, als aus der Hand der gütigen Vorsehung. Von jeder andern wäre das grösste Glück mir fürchterlich vorgekommen. Freylich lagen dann in meiner Einbildungskraft hundert und hundert verschiedene Mittel, wie ich dazu gelangen könnte. Auch die häufigen Vorwürfe meiner Frau griffen mich izt nicht mehr so stark an. Ich bin derselben gewöhnt; weiß daß diese ihre Verfahrungsweise nun einmal ganz in ihre Natur verwebt ist; lasse ihre immerwährende Predigten zum einten Ohr ein und zum andern wieder aus, ohne darum minder in der Stille zu prüfen, was allenfalls daran begründet seyn mag, und solches zu meinem Beßten zu benutzen. — Wie gesagt, nicht daß ich mir selbst auf den heutigen Tag meine Schlauraffen-Ländereyen total möchte entreissen lassen; vielmehr gewähren sie mir alten Thoren auch izt noch vielfaches Vergnügen. Aber ich lache mich dann doch selber wieder aus, trachte wenigstens immermehr diese Narretheyen zu verachten, und suche dafür mich an der Rückerinnerung meiner ersten unschuldigen Jugendjahre zu ergötzen. Aber da steht wieder eine Klippe auszuweichen: Daß mich nämlich diese Rückerinnerung nicht unzufrieden mache mit den allmählig anrückenden Tagen, von denen man sonst spricht: Sie gefallen uns nicht. Und das Mittel dazu ist dieses: Daß ich mich bemühe, so viel es je ohne Verletzung des Wohlstands seyn kann, auch dieselben mir so angenehm wie

möglich zu machen, und allen mir etwa widrigen Begeg-
nissen mit kaltem Blut unter die Augen zu treten. Damit mich aber die mancherley Zufälle des Lebens desto minder aus meiner Fassung bringen, bestreb' ich mich freylich
sorgfältiger als noch nie, so zu wandeln, daß mir wenigstens mein Gewissen keine Vorwürfe mache, daß durch
meine Schuld etwas versäumt worden — und mich gegen
alle meine Nebenmenschen, besonders aber gegen die Meinigen, so zu betragen, daß keine Seele sich mit Recht
über mich zu beschweren habe. Also laß ich z. B. im Handel und Wandel, und überhaupt in Worten und Werken,
immer lieber andern den Längern, und ziehe selber den
Kürzern, und mache dadurch, daß jeder gern mit mir zu
thun hat. Auch genieß' ich das Glück, bey einigen Nei-
dern ausgenommen, überall wohlgelitten zu seyn. Zu meiner Gesundheit, welche ich, dem Höchsten sey's gedankt!
in höherm Maaße genieße, als in jüngern Jahren nie,
trag' ich ebenfalls mehrere Sorge als ehedem. In meiner Jugend ward ich lange Zeit von Flüßen geplagt. Kopf-
und Zahnschmerzen, allerley Geschwüre, und ein scharfes
Geblüt, waren mir, so zu sagen, wie angeerbt; durch
den Genuß hitziger Speisen und Getränke, die ich ungemein liebte, genährt; und sie plagen mich noch bis zu dieser
Stunde, ob ich itzt gleich eine ziemlich genaue Diät beob-
achte. Zweymal in meinem Leben war ich gefährlich krank.
Itzt ist mir die Gesundheit ein köstlich Gut, und die edel-
ste Gabe des Höchsten, welche ich mit der eifersüchtigsten
Sorgfalt bewahre. Sorgen der Nahrung laß' ich mich
wenig anfechten, und meinem Brodtkorbe nachzudenken
raubt mir nicht viele Zeit. Was mich am meisten beun-
ruhigt, sind meine Jungen. Diese schweben mir täglich
vor Augen, und ich sehe mich in ihnen, von meiner ersten
Kindheit an, wie in einem Spiegel. Alle Vergehungen,
die ich gegen meine Eltern begangen, muß ich von ihnen

an mir gerochen sehn. Auch wie ich mich an meinen Brü=
dern und Schwestern verfehlt, gewahr' ich mit Betrübniß,
daß sie's nunmehr eben so gegen einander üben. Freylich
auch meine bessere Seite find' ich wieder an ihnen; und
alles zusammengenommen hat die Freude an meinen Kin=
dern mir meinen Ehestand vornämlich erträglich gemacht.

Ohne Kinder, weiß ich nicht, was aus mir geworden
wäre; und ich hab' es meiner Frau vorhergesagt, daß,
wenn wir das Unglück hätten, keine zu bekommen, ich
meiner Noth kein End' wüßte. Aber mein Wunsch ward
erfüllt. Ich bin mit sieben Kindern gesegnet worden. Die
beyden ältesten, für welche ich die größte Zärtlichkeit heg=
te, wurden mir durch den Tod entrissen. Dieß sezte mich
Anfangs zwar in grosse Betrübniß; aber bey ruhigerm
Nachdenken war's noch eher ein Trost für mich, daß der
gütige Vater aller Menschen diese meine Lieben gerade in
den Tagen zu sich genommen, welche die traurigsten wa=
ren, die ich erlebt habe, und in denen ich nicht die gering=
sten Aussichten hatte, daß ich diese theuern Früchte wohl
erziehen und versorgen könnte. Damals hätt' ich sogar
auch die andern noch gern heim zu ihrem himmlischen Be=
rather reisen gesehn, so weh' es mir gethan. Jene waren
zwey Herzensschäfchen; und, wollte Gott! daß sich ihre
Gutherzigkeit auf die Zurückgebliebenen fortgeerbt hätte.
Meine Frau gebahr von allen sieben keins hart, und kam
bey allen glücklich davon. Aber desto strenger waren alle=
mal die Anfänge der Schwangerschaft. Sonst genoß sie
überhaupt in der Ehe einer dauerhaftern Gesundheit als
im ledigen Stand. Auch brachte sie mir lauter wohlge=
bildete Nachkommen zur Welt. Einige indessen mögen ge=
wisse Gebrechen von ihr geerbt haben; wie z. B. neben
den zwey frühe Verbliechenen, mein Sohn Jakob, der,
ob er gleich schön gerade in die Höhe wächst, dennoch nie
recht gesund ist. Sie war eine sorgfältige, obgleich nicht

eben zärtliche Mutter. Unsagliche Mühe, rastlose Tage
und schlaßlose Nächte kostete ihr die Pflege der Kleinen und
die Erziehung der Grössern. Ich gieng ihr aber so viel
möglich an die Hand, und vertrat mit Kochen und Wa-
schen, Wasser- und Holztragen, ordentlich Kindermagds-
stelle; und zwar mit vielem Vergnügen. Manch' hundert
Stunden hab' ich meine Jungen auf dem Arm getragen,
geherzt, gewiegt u. s. f. und zumal die zwey Verstorbenen
auf meinen Knieen mit inniger Wolluft lesen und schreiben gelehrt. Da die andern viel stockiger waren, fieng's
mir an zu verlaiden, und ich jagte sie in die Schule.

Nun, ihr meine Lieben! die ihr noch lebet, so lang der
Herr will, laßt mich euch beschreiben der Reihe nach, so
wie ihr mir vorkömmt, und mein, gewiß nicht hartes,
Vaterherz von euch urtheilt. Die dunkle Zukunft sogar,
wenn's in meiner Macht stühnde, möcht' ich euch prophe-
zeyen! — So will ich euch wenigstens meine Muthmaaß
sungen von den Folgen euers Verhaltens, so wie es sich
aus euern Charackteren schliessen läßt, nicht verhehlen.
Wollte Gott! ich könnt' euch mit Wahrheit sagen, ihr
hättet die guten Eigenschaften eurer Mutter und die bessere
Seite euers Vaters geerbt. Aber ich muß mit Wehmuth
sehen, daß ein Gemisch von ihr und mir — und leider
vom schlimmern Theil — ein Gemisch von ihrem choleri-
schen Blute und meinen sinnlichen Säften, in euern Adern
rollt. Ich finde mich lebendig in euch, und das Bild
eurer Mutter nicht minder. Ich bin euer Vater. Ihr
seht mir nach den Augen, wenn eure Mutter euch etwa
auf eine allzuungestümme Art zu Erstattung eurer Pflicht
anhalten will; und ich muß deswegen viele Vorwürf' anhören, als nähm' ich immer eure Parthey. Nun, ich kann
nicht helfen! — Aber Gott weiß — und ihr müßt Zeugen seyn, daß es nicht so ist. Wohl möcht' ich die über-
triebenen Foderungen um etwas herabstimmen. Aber da

läßt sich nun nichts ändern. Ich kann sagen was ich will, da hilft nichts. Sie ist eure Mutter — hat jedes von euch neun Monath' unterm Herzen getragen — mit Schmerzen gebohren, und mit unbeschreiblicher Arbeit und Sorgfalt erzogen. Bedenkt's, meine Lieben! Und dann meint sie's gewiß am End herzlich gut mit euch — möcht' euch gewiß alle, so gut als ich, recht glücklich machen — obschon euch die Art und Weise wie sie's anstellt, nicht recht ge= fallen will — und mir auch nicht. Sie irrt in Man= chem — und Ich auch — und Ihr seyt gar noch junge unwissende Tröpfe! — Ich, Ich selbst habe nun aus fünf und zwanzig jähriger Erfahrung gefunden, daß mir eine solche Zucht, wie die ihrige, heilsam ist; wie viel mehr noch werdet Ihr bey reiferm Verstand einsehen lernen, wie gut es euch war, diese und keine andre Mutter zu ha= ben! Betet auch dießfalls um frühe Weißheit, und sie wird euch gegeben werden. Beherzigt das fünfte Gebot, und sucht alle alle Sprüch' in der Bibel auf, wo euer Va= ter im Himmel euch die Pflichten gegen eure irrdischen El= tern so ernsthaft einschärft! Ich meines Theils könnt' an euch manche Unart, manche Widerspenstigkeit wohl ver= schmerzen — und glaubte eben nicht, wie eure Mutter, daß euer Wille sich in allen Stücken ganz dem meinigen unterwerfen müßte — wenn ihr dadurch nur glücklicher würdet. — Aber es ist gerade das Gegentheil, und mir wahrlich allein um euer Wohl zu thun. An Euch selbst handelt ihr sehr übel. Jeder Ungehorsam muß wieder an euch gerochen werden — haarklein, in dieser oder in je= ner Welt. Glaubt mir's, ich weiß es aus Erfahrung. Also noch einmal, als euer zärtliche Vater bitt' ich euch — denn befehlen würde da wenig helfen — um eurer selbst, um eurer zeitlichen und ewigen Wohlfarth willen: Liebet und ehrt eure Mutter! Sie hat's an euch wohl verdient. Und wenn sie auch je nach eurer Meinung zu viel von euch fodert, denke nur ein jedes immer: „Sie darf es; ich „bin ihr grosser Schuldner, und wenn ich schon unmög„lich alle ihre Befehle befolgen kann, will ich doch das „Mögliche thun; will ihr wenigstens nicht ins Angesicht „widersprechen, nicht widerbefzgen, nie mit ihr zanken und „das letzte Wort haben wollen. Lieber will ich auf die „Seite gehn, mein Herz prüfen, und mich fragen: Ist's „nicht itzt itzt gerade die rechte Zeit, daß ich lerne gehor„chen, damit ich einst desto vernünftiger befehlen könne„.

Denn die Ursache, warum so viele Eltern und Herrschaften ihren Kindern und Untergebnen so läppisch befehlen, ist gewiß keine andre, als daß sie sich nicht frühe ans gehorchen gewöhnt. — Also nur kein solch hönisches Gesicht, kein Greinen und kein Grunzen, meine Söhn' und Töchter! wenn schon etwa ein kleiner oder grösseres Wetter über euch geht. Es steht euch durchaus nicht zu, die Ueberei, lungen euers Vaters und die Schwachheiten eurer Mutter zu necken oder zu rügen. Und wenn's euch zustühnde, was hölf' es euch! Was hat je, auf Schelten, das Wiederschelten vor Nutzen gebracht? Wohl erzeugt's tagtäglich so viele tausend elende Lust-oft sogar jämmerliche Trauer, spiele auf Erde, daß der Teufel und alle seine Gesellen schon darüber mit Händeklatschen genug zu thun haben.

Und nun wend' ich mich noch an jedes aus euch insbesonders.

Anna Catharina! Dein frecher, wildaufbrausender Character macht mich oft sehr besorgt für dich. Hingegen dein theilnehmendes, gefühlvolles Herz freut mich in der Seele, so oft ich eine kleinere oder grössere Probe davon sehe oder erfahre. — Aber, deine Unbiegsamkeit kann dich noch theuer zu stehen kommen. Du wirst das Schicksal deiner Mutter haben, wenn dich das nämliche Loos im Heyrathen trift; trift dich aber ein anderes, ein Mann von einer dir ähnlichen Gemüthsart — O Wehe! da wird's

happern. Bewahre übrigens nur deine Unschuld wie deine
Gebährerin, so wird die Vorsehung schon für dich sorgen,
und dir verordnen, was du verdienst — oder vielmehr,
was dir gut ist.

Johannes, mein älterer Sohn! O daß du den Cha-
rackter deines seligen Brüderchens ererbt hättest, wie einst
Elisa des Elias Mantel. Ich kenne mich nur halb in dir,
so wie ich hingegen deine Mutter ganz in meiner obigen
Tochter finde. Deine unfeste, wankelmüthige Denkungsart — wenn es je eine Denkungsart heissen kann — würd'
mir oft angst und bange machen, wenn ich nicht schon
längst gewöhnt wäre, alles einer höhern Hand anheim-
zustellen. Also, meine Vaterliebe läßt mich ein Besseres
hoffen. Aber du hättest gute Anlage, ein Taugenichts
und Wildfang zu werden. Bald auffahrend, bald wieder
gut und nachgiebig; aber niemals herzfest. Wenn dir eine
Gehülfin bescheert ist, die dich zu leiten weiß, so kann's
noch leidentlich gehn; wo nicht, so leite dich Gott! —
Eins hab' ich mir gemerkt, und das freut mich. Du
machst's wie jener, der immer sagte: Nein, ich thu's
nicht! und dann hingieng, und's that. Aber keine Unze
Geschmack am Lesen und allem was gründliches Erkennen
und Wissen heißt — es müßten denn Mord- und Gespen-
stergeschichten, oder andre Abentheuer seyn. Uebrigens ein
nimmer satter Alltagsplauderer. Ich wünsche, daß ich
mich irre — Aber, aber!

Jakob, mein zweyter Sohn! in dem ich mich oft wie
in einem Spiegel sehe, wenn schon unsre Erziehung sehr
ungleich war. Ich wurde rauh und hart, in einer wüsten
Einsamkeit gebildet; du hingegen unter den Menschen, in
einer mildern Gegend, und, weil du immer kränkeltest und
oft dem Tod nahe warest, weich und zärtlich. Hätt' ich
Vermögen, das Nöthige auf dich zu verwenden, glaubt'
ich, daß etwas aus dir werden könnte, wenn ich anders

auf eine dauerhaftere Gesundheit bey dir zählen dürfte.
Dein Bruder würde sich übrigens eher zu roher Arbeit,
du dich zu allerley Tändeleyen schicken, wo man mehr den
Kopf als die Hände gebrauchen muß. Aber ich muß eben
alle meine Kinder bey meinem Gewerb anstellen, und kann
nicht jedes thun lassen, was es will. Sonst hoff' ich, du
werdest dereinst noch Geschmack am Denken, Lesen und
Schreiben finden, ungefähr wie dein Vater; obschon du
noch zur Zeit den mir verhaßten Hang nährest, von einem
Haus zum andern zu laufen, um allerhand unnützes Zeug
zu erfragen oder zu erzählen. Aber deines Broderwerbs
halber bin ich sehr verlegen. Doch wenn du deinen Kopf
brauchst, und dem Herrn, der dich schon mehrmals dem
Rachen des Todes entriß, weiter deine Wege befiehlst, wird
er's schon machen *).

Susanna Barbara, meine zweyte Tochter! Du flüch-
tiges, in allen Lüften schwebendes Ding! Wärst du das
Kind eines Fürsten, und gerieth'st darnach unter Hände,
so könnte ein weibliches Genie aus dir werden. Dein Fals
kenaug macht dich verhaßt unter deinen Geschwistern, wenn
du's schon nicht böse meinst. Dein empfindsames Herz
leidet Schaden unter so viel spitzigen Zungen; und das don-
nernde Gelärm deines rohen Hofmeisters macht dich er-
wilden. Ach! ich fürchte, allzufrüh erwachende Leidenschaften, und dein zarter Nervenbau, werden dir noch
Schmerzen genug verursachen!

Anna Maria, meine jüngste Tochter, meine letzte Kraft,
mein Kind — noch das einzige das mich herzt, und an
das ich hinwieder meine letzte Liebe verschwende! Still und
verschlagen, das gesetzteste unter allen bist du — kleine Anfälle von boshaften Neckereyen und Stettköpfigkeit ausgenommen. Du, mein Täubchen, schwätz'st immer minder
als du denkst. Ich trau dir's zu, eine gute Hausmutter

*) Er starb den 8ten Jenner 1787.

zu werden, wenn anders die Vorsehung dich dazu bestimmen will.

Nun, meine Kinder! Dieß sind itzt übrigens nur so
kleine hingeworfene Züge von euch. Keines zürne es, keines werde eifersüchtig auf's andre. Meine Vaterliebe erstreckt sich gewiß auf euch alle; von allen läßt sie mich
noch immer das Beßte hoffen. Wahr ist's, bey allen seh'
ich Unarten genug, die meine Liebe geneigt ist, zuzudecken;
aber auch an jedem bemerk' ich löbliche Eigenschaften, und
bemühe mich mehrere auszuspähen und anzufachen, wo
nur ein gutes Fünkgen verborgen ist.

Beßter, gütigster Vater im Himmel! Vater der Kleinen
und der Großen! Dir, Guter über alle Guten! befehl'
ich meine Kinder und Nachkommen in Zeit und Ewigkeit!

LXXX.
Glücksumstände und Wohnort.

Nur Weniges bleibt mir noch übrig, und dann wird's
genug seyn. Ein Häuschen und ein Gärtchen ist mein
ganzes Vermögen. Eine Frau und vier Kinder, also sechs
Mäuler und ein Dutzend Hände machen meinen Haushalt
aus. Aber das gesunde Speisen der erstern (Kleider und
anders miteingezählt) zerrt das Produkt einer noch so muntern Arbeit der letztern beynahe völlig auf. Meinen Baumwollengewerb hab' ich schon beschrieben. Dieser ist wie ein
Vogel auf dem Zweig, und wie das Wetter im Aprill.
Wer sein ganzes Studium darauf wendet, und zumal die
rechte Zeit abzupassen weiß, kann noch sein Glück damit
machen. Aber dieß Talent in gehörigem Maaße hatt' ich
nie, war immer ein Stümper, und werd' es ewig bleiben.
Und doch hab' ich diese Art Handel und Wandel (die
von vielen sonst einsichtsvollen Männern, welchen aber nur
seine schlimme Seite auffällt, wie's mir scheint, so unschuldig

schuldig verlästert wird) gleichsam von Jahr zu Jahr lieber gewonnen. Warum? Ich denke natürlich: Weil derselbe das Mittel war, durch welches mich die gütige Vorsehung, ohne mein sonderliches Zuthun, aus meiner drückenden Lage wenigstens in sehr leidliche emporhub. Freylich wär' ich, ohne die Rolle eines Handelsmanns zu spielen, vielleicht auch niemals so tief in jene hineingerathen?
— Doch, wer weiß? Es wäre wohl gleich viel gewesen,
mit welchem Berufe ich mich — läßig, unvorsichtig und
ungeschickt beschäftigt hätte. Und heißt's, denk' ich, auch
hier: Der Hund, der ihn biß', leckt' ihn wieder, bis er
heil war. Genug, itzt liegen mir meine kleinen Geschäfte
wirklich am Herzen, ich nehme mich ihrer mit allem mir
möglichen Fleiß an, und denke auch meinen Sohn darinn
fortfahren zu lassen, wenn er anders Lust dazu hat, und
meinen Unterricht, so weit dieser reichet, annehmen will —
der alles leitende Himmel ordne denn etwas anders und
besseres für ihn, oder dieser Gewerb komme ganz in Verfall. Derselbe hat mich fünfzigjährigen Mann, itzt dreyß-
sig Jahre beschäftigt. In der ersten goldenen Zeit hätt'
er mir die beßten Dienste gethan, wenn ich ihn verstanden, oder vielmehr ihn zu verstehen nur den rechten Willen
gehabt. Auch Dato würd' ich ihn an keine andre Profes-
sion vertauschen, obwohl manche ihren Mann, wo nicht
reicher doch sicherer nährt. Meine Ausgaben bemüh' ich
mich einzuschränken. Meine Kinder haben's so, daß sie's
besser und schlimmer auch annehmen könnten. In den
Kleidern muß ich's freylich andern gleich halten; doch laß'
ich sie keinen übermäßigen Aufwand machen. Sonst aber
gestatt' ich ihnen, vielleicht nur gar zu gern, alles erlaubte Vergnügen, versage ihnen keine öffentliche Lustbarkei-
ten, gewöhnliche Trinktage, u. s. f. und habe wohl gar
schon selber mit ihnen kleine, nicht wenig kostbare Reiß-
chen gemacht. Aber dann säh' ich auch herzlich gern, daß

sie wacker die Hände brauchten, und auch einmal so viel
Verstand bekämen, daß sie lernten, meinen und ihren Nutzen zu fodern. Sonst ist, wie gesagt, ihr Vergnügen
auch mein Vergnügen; und nichts kränkt mich mehr als
ihre Unzufriedenheit. Auch ausser meinem Hause, und bey
andern Menschen, geht es mir eben so: Ich kann keine
traurige Miene sehn, und erkaufe die frohen oft aus meinem eigenen Beutel. Wenn ich schon tausend Vorsätze
fasse, eigentlich ökonomisch zu handeln, geht's doch immer
den alten Schlendrian — und wird weiter so gehn. Ihr
seht also, meine Lieben! daß Schätze sammeln meiner ganzen Natur zuwider ist; und ich glaube auch nicht, daß es euch
viel Nutzen brächte. Aber das ist euch nutz und gut, wenn
ihr schon frühe lernt, euer bescheidenes Brodt in der Ehre
der Unabhängigkeit zu erwerben. Wenn mir Gott Leben
und Gesundheit fristet, werd' ich dann schon trachten,
jedes so zu versorgen, wie es nach meinen Umständen möglich ist. Einem von euch wird mein artiges Häuschen zu
Theil werden, dessen Lage mir itzt noch zu beschreiben
übrig bleibt.

Mein Vaterland ist zwar kein Schlauraffenland, kein
glückliches Arabien, und kein reitzendes Pays de Vaud.
Es ist das Tockenburg, dessen Einwohner von jeher als
unruhige und ungeschliffene Leuthe verschrien waren. Wer
ihnen hierinn Unrecht thut, mag's verantworten; Ich
müßte bey der Behauptung des Gegentheils immer par-
theyisch scheinen. So viel aber darf ich doch sagen: Aller Orten, so weit ich gekommen bin, hab' ich eben so grobe,
wo nicht viel gröbere — eben so dumme, wo nicht viel
dümmere Leuth' angetroffen. Doch wie gesagt, es gehört
nicht in meinen Plan, und schickt sich nicht für mich, meine Landleuthe zu schildern. Genug, sie sind mir lieb, und
mein Vaterland nicht minder — so gut als irgend einem
in der Welt das seinige, und wenn er in einem Paradiese

lebte. — Unser **Tockenburg** ist ein anmuthiges, 12. Stunden langes Thal, mit vielen Nebenthälchen und fruchtbaren Bergen umschlossen. Das Hauptthal zieht sich in einer Krümmung von Südost nach Nordost hinab. Gerade in der Mitte desselben, auf einer Anhöhe, steht — mein Edelsitz, am Fuß eines Berges, von dessen Spitze man eine treffliche Aussicht beynahe über das ganze Land genießt, die mir schon so manchmal das entzückendste Vergnügen gewährte: Bald in das mit Dörfern reich besetzte Thal hinab; bald auf die mit den fettesten Waiden, Wiesen und Gehölze bekleideten, und abermals mit zahllosen Häusern übersäete Anhöhen zu beyden Seiten, über welche sich noch die Gipfel der Alpen hoch in die Wolken erheben; dann wieder hinunter auf die durch viele Krümmungen sich mitten durch unser Hauptthal schlängelnde Thur, deren Dämme und mit Erlen und Weiden bepflanzten Ufer die angenehmsten Spatziergänge bilden. Mein hölzernes Häuschen liegt gerade da, wo das Geländ' am allerlieblichsten ist; und besteht aus 1. Stube, 3 Kammern, Küche und Keller — Potz Tausend die Nebenstube hätt' ich bald vergessen! — einem Geißställchen, Holzschopf, und dann rings um's Häuschen ein Gärtchen, mit etlichen kleinen Bäumen besetzt, und mit einem Dornhag dapfer umzäunt. Aus meinem Fenster hör' ich von drey bis vier Orten her läuten und schlagen. Kaum etliche Schritte vor meiner Thüre liegt ein meinem Nachbar zudienender artiger beschatteter Rasenplatz. Von da seh' ich senkrecht in die Thur hinab — auf die Bleiken hinüber — auf das schöne Dorf **Wattweil** — auf das Städtgen **Lichtensteig** — und hinwieder durch's Thal hinauf. Hinter meinem Haus rinnt ein Bach herab, der Thur zu, der aus einem romantischen Tobel kömmt, wo er über Steinschrofen daherrauscht. Sein jenseitiges Ufer ist ein sonnenreiches Wäldchen, mit einer hohen Felswand begränzt. In

dieſer niſten alle Jahr etliche Sperber und Habichte in einer unzugänglichen Höhle. Dieſe, und dann noch ein
gewiſſer Berg, der mir um die Tag und Nacht Gleiche
die liebe Sonne des Morgens eine Stunde zu lang aufhält, ſind mir unter allem, was zu dieſer meiner Lage
gehört, allein widerlich. Beyde würd' ich gern verkaufen, oder gar verſchenken. Die vertrackten Sperber zumal
plagen nicht nur von Mitte April bis ſpäth in den Herbſt
mit ihrem Zettergeſchrey meine Ohren, ſondern — was
noch weit ärger iſt — verjagen mir die lieben Singvögel-
chen, daß bald kein einziges mehr in der Gegend ſich ein-
zuniſten wagt. Meine Nachbarn ſind recht gute ehrliche
Leuthe, die ich aufrichtig ſchätze und liebe: Freylich läuft
bisweilen auch ein andrer mitunter, wie überall. Innige
Freunde, mit denen man Gedanken wechſeln und Herzen
tauſchen kann, hab' ich in der Nähe keine. Dieß erſetzen
mir meine platoniſchen Geliebten in meinem Stübchen.
Im Frühlinge liegt mir der Schnee auch ein Bißchen zu
lang in meinem Gärtchen. Aber ich fange einen Krieg
mit ihm an, zerſetze ihn zu kleinen Stücken, und werfe ihm
Aſche und Koth auf die Naſe; dann verkriecht er ſich in
die Erde, ſo daß ich noch mit den Früheſten gärtnen kann.
Und überhaupt macht mir dieß kleine Grundſtück viel Vergnügen. Zwar iſt die Erde ziemlich grob und ungeſchlacht,
obgleich ich ſie ſchon an die fünf und zwanzig Jahre bearbeitet habe: Dem ungeachtet giebt das Ding Kraut, Kohl,
Erbſen, und was ich immer auf meinen Tiſch brauche,
zur Genüge; mitunter auch Blumwerk, und Roſen die
Fülle. Kurz, es freut mich ſo wohl als manchen Fürſten
alle ſeine Babyloniſche Gärten. — Sag' alſo, Bube! iſt
unſer Wohnort nicht ſo angenehm, als je einer in der
Welt? Einſam, und doch ſo nahe bey den Leuthen; mitten im Thal, und doch ein wenig erhöht. Oder geh' mir
einmal im Maymond auf jenen Raſenhügel vor unſerer

Hütte. Schau durch's buntgeschmückte Thal hinauf; sieh',
wie die Thur sich mitten durch die schönsten Auen schlängelt; wie sie ihre noch trüben Schneewasser gerade unter
deinen Füssen fortwälzt. Sieh', wie an ihren beyden Ufern
unzählige Kühe mit geschwollnen Eutern im Gras wa-
den. Höre das Jubelgetön von den grossen und kleinen
Buschsängern. Ein Weg geht zwar an unsern Fenstern
vorbey; aber der ist noch nichts. Sieh' erst jenseits der
Thur jene Landstrasse mitten durch's Thal, die nie lär
ist. Sieh' jene Reihe Häuser, welche Lichtensteig und
Wattweil wie zusammenketten. Da hast du einigermaassen, was man in Städten und auf dem Lande nur haben
kann. Ha! (sagst du vielleicht) Aber diese Matten und
Kühe sind nicht unser! — Närrchen! freylich sind sie —
und die ganze Welt ist unser. Oder wer wehrt dir, sie anzusehn, und Lust und Freud' an ihnen zu haben? Butter
und Milch bekomm' ich ja von dem Vieh, das darauf
weidet, so viel mir gelüstet; also haben ihre Eigenthümer nur die Mühe zum Vortheil. Was braucht' es, jene
Alpen mein zu heissen? Oder jene zierlich prangenden Obst-
bäume? Bringt man uns ja ihre schönsten Früchte in's
Haus! Oder jenen grossen Garten? Riechen wir ja seine
Bluhmen von weitem! und selbst unser eigener kleiner;
wächst nicht alles darinn, was wir hinein seyen, pflegen
und warten? — Also, lieber Junge! wünsch' ich dir,
daß du bey all' diesen Gegenständen nur das empfinden
möchtest, was ich dabey schon empfunden habe, und noch
täglich empfinde; daß du mit eben dieser Wonne und Wol-
lust den Höchstgütigen in allem findest und fühlest, wie ich
ihn fand und fühlte — so nahe bey mir — rings um mich
her, und — in mir; wie er dieß mein Herz aufschloß, daß
er so weich und so fühlend schuf. Lieber, lieber Knabe!
Beschreiben kann ich's nicht. Aber mir war schon oft,
ich sey verzückt, wenn ich all' diese Herrlichkeit über-

schaute, und so, in Gedanken vertieft, den Vollmond über mir, dieser Wiese entlang hin und herging; oder an einem schönen Sommerabend dort jenen Hügel bestieg — die Sonne sinken — die Schatten steigen sah — mein Häuschen schon in blauer Dämmerung stand, die schwirrenden Weste mich umsäuselten — die Vögel ihr sanftes Abendlied anhuben. Wenn ich dann vollends bedachte: „Und dieß alles vor dich, armer, schuldiger Many„? — Und eine göttliche Stimme mir zu antworten schien: „Sohn! dir sind deine Sünden vergeben„. O! wie da mein Herz in süßer Wehmuth zerschmolz — wie ich dem Strohm meiner Freudenthränen freyen Lauf ließ, und alles rings um mich her — Himmel und Erde hätte umarmen mögen — und noch selige Träume der folgenden Nacht mein gestriges Glück wiederholten.

Seht, meine Lieben! Das ist meine Geschichte bis auf den heutigen Tag. Künftig, so der Herr will und ich lebe, ein Mehrers. Es ist ein Wirrwarr — aber eben meine Geschichte.

Gott verzieh' mir's, wo ich, selbst ohne mein Wissen, irgend ein unwahres Wort schrieb! —

Jesu Blut tilge meine Schulden, die ich verhehlte, und die ich gestuhnd!

Bester Vater im Himmel! Dir, und dir allein, sey der Rest meiner Tage geweiht!

Anhang.

(1788.)

Drey Jahre sind wieder dahingeflossen, ins Meer der Zeiten, seitdem ich mein Lebensgeschichtgen aus allen meinen kuderwelschen Papieren zusammengestickt. Was mir seither merkwürdiges vorfiel, hab' ich in mein Tagebuch verzeichnet; und da auch dieses einmal das Licht der Welt erblicken wird, bleibt mir hier nur sehr weniges übrig, von meiner gegenwärtigen Lage, und den bisherigen Schicksalen meiner armen unschuldigen Authorschaft.

Noch wall' ich im Lande der Lebendigen meinen alten Schlendrian fort, und zwar — je länger je lieber; trotz etlichen Neidharten, die mir jeden heitern Tag, jedes frohe Weilchen — Gottes Sonne mißgönnen — und doch mir kein Haar krümmen können. Denn fest ist meine Burg unter dem Schutz des Allerhöchsten.

Ein und ebendasselbe ist mein Wohnort. Einförmig, ein und eben dieselben sind Beruf, Geschäfte, Laune, Glück und — Menschengunst. Dafür lachet mich die ganze Natur an: Der größre und bessere Theil meiner Nebenmenschen mögen mich recht wohl leiden; ich geniesse sogar das unschätzbare Gut, etliche Herzensfreunde zu haben. Die edle Gesundheit ist besser als noch nie.

Mit der Harmonie in meinem Hause — Ha! da bleibt's immer beym Alten; und die dießfällige Unvollkommenheit meines Zustandes gehört — kurz und gut — unter die unvermeidlichen Uebel in der Welt, die man nicht so leicht ändern als sich — drüber wegsetzen kann. Doch eben in dieser Kunst bin ich noch nicht Meister; aber schon als Lehrjunge seh' ich ihre ganze Vortreflichkeit ein.

Meine liebe Ehehälfte ist frischer als je, und übertrift mich noch weit weit an Munterkeit. Die häufigen Er-

schütterungen ihres Zwerchfells, und das Einziehen der
balsamischen Luft auf unserm Belvedere geht ihr für alle
Arzneyen. Sonst freylich immer ihre alte Leyer! Doch,
Zeit und Gewohnheit machen alles leicht, zuletzt selbst angenehm — und oft gar unentbehrlich. Dieß würde gewiß unsre Trennung beweisen.

Meine Jungen, hab' ich schon angezeigt, sind hoch auf-
gewachsen, gesund und munter — nur Ein Gran mehr
wäre zu viel: Zwar noch ziemlich roh' und holpricht; aber
Zeit und Geschick wird schon abfeilen was ich nicht vermag; und kurz, ich hoffe, daß/es noch aus allen etwas
Brauchbares für die menschliche Gesellschaft absetzen kann.

Lesen und Schreiben ist mir wieder mehr als jemals
zum unentbehrlichen Bedürfniß geworden. Und soll' ich
auch die gleichgültigsten Dinge in mein Tagebuch kritzeln,
oder in alten Kalendern studiren! Doch, ich habe keinen
Mangel an Büchern. Wenn mir schon mein geringes Vermögen keinen eignen Vorrath gestattet, giebt's Menschen-
freunde in der Nähe und Ferne genug, die meiner Wiß-
und Neugierde fröhnen, und mir alles, was immer den
Weg in unser abgelegenes Tockenburg finden kann, unentgeldlich zukommen lassen. Gott vergelte ihnen auch
diese Wohlthat in Zeit und Ewigkeit.

Ueberhaupt genieß ich ein Glück, das wenigen Menschen
meiner Klaße zu Theil wird: Arm zu seyn, und doch keinen Mangel zu haben an allen nöthigen Bedürfnissen des
Lebens: In einem verborgnen romantischen Erdwinkel in
einer hölzernen Hütte zu leben, auf welche aber Gottes
Aug' eben so wohl hinblickt, als auf Caserta oder Ver-
failles: Den Umgang so vieler lebenden guten Menschen,
und die Hirngeburthen so vieler edeln Verstorbnen (freylich auch etwa unedler mitunter) zu genießen; beydes ohne
Kosten und ohne Geräusche: Mit einem solchen Produkt
in der Hand in einem schönen Gehölze, von lustigen Wald-

bürgern umwirbelt, spatziren zu gehn, und den besten und
weisesten Männern aller Zeitalter wie aus dem Herzen zu
lesen — Welche Wonne, welche Wohlthat, welche Schadloshaltung für so viele hundert bittere Pillen, die man
vor und nach verschlucken muß!

Ist's ein Wunder, daß ich, bey diesem meinem Lieb-
lingszeitvertreib, dem Drang, auch meine Gedanken allmälig auf's Papier zu werfen, nicht widerstehen konnte,
und zuletzt gar, das vorstehende kleine Ganze daraus zu
ordnen, versucht wurde. Aber gewiß hätt' ich's mir nie
in meinem einfältigen Kopf aufsteigen lassen, solch kunter-
bunt Zeug dem — von mir sicher geehrten Publiko mitzutheilen, wenn nicht unser vortresliche Pfarrherr Imhof
(dessen scharfem Blick in unsrer weitläuftigen Gemeinde
Wattweil nichts entgeht) auch mich Geringen entdeckt,
seiner unverdienten Achtung, zuletzt gar seiner vertrauten
Freundschaft gewürdigt, und mich gleichsam von Stuffe
zu Stuffe auf die wagliche Bahn eines neuangehnden —
zum Glück aber bereits vier und funfzig jährigen Schrift-
stellers geleitet hätte. So fadenackt, wie es war, überließ ich itzt mein Geschmier zitternd und zagend ganz seiner Willkür. (Er bestimmte es nämlich einstweilig für
das seit etlichen Jahren in Zürch erscheinende Schwei-
tzer-Museum; und ich hatte den festen Vorsatz, es
bey besserer Musse anders einzukleiden, und wo möglich
wenigstens von den gröbsten Fehlern zu säubern. Dieser
Mühe überhob mich zu gutem Glücke (denn das Feilen
war nie meine Sache, und ich glaube es wäre in Ewigkeit nie dazu gekommen) der Herausgeber erwähnter Monatschrift, ein Freund meines geliebten Seelsorgers, Herr
F.** von Z.** der seither (7. Jul. No. 88.) auf seiner Reise durch unser Tockenburg mit seiner zarten lieben Frau Gemahlin auch mir die Ehre eines kurzen, aber

unvergeßlichen Besuchs gönnte *). Nur bedaur' ich, daß gerade damals ein widriges Begegniß mich in eine düstere Laune setzte, die ich mit keinem Lied besiegen konnte **). Itzt will gedachter Herr vollends die Gütigkeit haben, eine besondere Ausgabe meiner sonderbutischen Geschichte, und im Verfolg' auch meiner Tagebücher in einem gedrängten Auszuge, und niedlicher Gestalt zu besorgen. Nun so sey's!

Geb' also hin in alle Welt, mein Büchel! und predige meine Thorheit — zu ihrer Besserung — vielen Creaturen. Denen erstlich die dich mit einichem Wohlgefallen aufnehmen, entbiete schönen Dank! in meinem Namen. Solche zweytens, welche mich aus vollem Halse belachen, mögen hinwieder uns — danken, für diese andre Art von Lust die wir ihnen verschaffen. Denen drittens, welche zwar hineingucken in dieses Kuderwelsch, aber es bald wieder zur Seite schmeissen, sage nur: Ihr thut recht, man muß ein Bißchen eckel im Lesen seyn! Viertens und fünftens: Gescheidten Kunstrichtern danke, danke wieder zum Höchsten! Den Ungescheidten wünsche sonst zeitliches und ewiges Wohl. Sechstens und endlich: Eigentlich boshaften Splitterrichtern aber in der Nähe und Ferne würdest du, denk' ich, ewig vergebens bezeugen, daß ich am Ausbecken deiner Wenigkeit — nur die leidende Schuld bin. Denen übrigens mache zum Beschluß ein Geschenk mit folgendem Gespräche.

*) Ich lasse diese Stelle ohne das mindeste Bedenken ganz unverändert stehn, da sie mich an zwey der angenehmsten Tage meines Lebens erinnert, die ich an der Seite des Verfassers, seines würdigsten Pfarrherrn, und des liebenswürdigen Herrn St * * von L. * * * zugebracht.

**) Und meinen geliebten B * * nur um so viel liebenswürdiger machte.

Peter und Paul.

Peter (mit einer Zeitung in der Hand).

Ha, ha, ha! Muß einer noch des Elends lachen. Was doch die Zeitungsschreiber heut zu Tag' alles aufgabeln. Als wenn's nicht Staats- und Kriegsnachrichten aus allen Theilen der Welt genug gäbe, ohne daß sie dergleichen Narrn'spossen in ihre Blätter 'nein schmierten. Ich lese keine Zeitung mehr.

Paul. Ey, was ist's denn? Machst einen Ketzerslerm! Laß sehn.

Peter. Guck da: Lebensgeschicht' eines armen Manns im Tockenburg. 's möcht einer aus der Haut schleufen. Bald muß man sich schämen ein Tockenburger zu seyn. Unser Ländchen ist ohnedem schon verschreyt genug. Wenn's denn noch solche Narren giebt, die sich selbst in Druck stellen, und sogar in die Zeitung setzen lassen, werden wir aller Welt zum Gespött werden. Du sollst's hören und sehen, wie man zu Z. * *, St. **, und H * *, drüber die Nase rümpft; und ein teuflisches Gelächter anfängt. Und denn mag mir das eine saubere Lebensgeschicht' abgeben. Man kennt die Mäbis —

Paul. Das ist, beym Sapperment! nicht brav. Man hat da dem armen Mann einen verzweifelten Streich gespielt. Ich weiß, wie's ihm durch Mark und Bein gehen wird. Freylich hat er sein Geschrieb dem Herr Pfarrherr übergeben, Gebrauch davon zu machen, wenn er's irgend wohin tauglich finde; aber doch mit dem Beding, daß es hier zu Land nicht allgemein bekannt werde, weil er seine hiesigen Freunde nur zu gut kennt. Nun hatte der Pfarrer einige Auszüg davon in eine Monathschrift einrücken lassen, die hier wenig gelesen wird. Da geht der H * * Novellist in * * und drückt's in seiner Zeitung nach.

Aber nur Geduld. Unfer Paftor wird fchon forgen. Ich wette, die Fortfetzung kömmt nächfte Woche nicht mehr.

Peter. Aber, was nützt dem Narrn fein Schreiben? Wenigftens wenn ich der Pfarrer wär', nähm' ich mich des Zeugs nicht an, und fagte dem Lümmel gerad heraus: Hock lieber bey deiner Arbeit, und laß die Lumpenftaufen bleiben.

Paul. Nicht fo wild, nicht fo wild Herr Peter! Warum itzt den Pfarrer ins Spiel ziehen, der doch auch hier nichts anders als einen neuen Beweis feiner Menfchenfreundlichkeit abgelegt hat? Glaub' mir's nur, er kennt feine Leuthe, und läßt den Näbis-Uli nicht fchelten; und ich auch nicht, du — —

Peter. Du magft mir gerad' auch ein Halbnarr feyn, wie der Uli. Ich kenne ihrer drey oder vier; 's ift, bey Gopp! einer wie der ander. Oder ich frag' dich noch einmal, was nützt, was trägt dergleichen Zeug wohl ein? Bringt die Nafenweisheit des hochmüthigen Witznarrn feiner Frau und Kinder Brodt ins Haus? Wo hat je einer im Tockenburg etwas mit Schreiben erworben, auffer Amts wegen; und etwa höchftens noch der Schulmeifter Am Bühl *)? Aber dergleichen Faxen und Bocksfprüng' in Druck geben, ift Narrheit über Narrheit.

Paul. Du weißt's vielleicht nicht — Der Am Bühl war eben des Ulis befter Herzensfreund. Vom Nutzen oder Nichtnutzen aber verftehft du fo viel als die Kuh von der Muskatnuß. Ich einmal will feiner Zeit die Gefchicht' gern lefen, obgleich fie freylich nichts fonderbares enthalten kann.

Peter. Das denk' ich auch, und wollt' dir's grad itzt fagen, wie's Vater Unfer. Bin mit dem Lappe aufgewachfen, und muß es ja wiffen. Seine Eltern hieß man immer die Näbis von ihrem Wohnort her, einem elenden

*) Verfaffer der Brieftafche aus den Alpen.

Reſt von zwey armſeligen Hütten. Man kann ſich die abe-
liche Familie denken. Sie ſtellten auf zwey und zwanzig
Beine 11. Kinder, zügelten hernach von einer Stelle zur
andern, und konnten ſich des Betelns kaum erwehren. Im
Dreyſchlatt mußte ſein Vater gar mit ſeinen Gläubigern
capituliren, und mit dem ganzen Faſel halb nackt davon
ziehn. Ulſ, den älteſten, kannt' ich ſchon als Schuler-
bub', in der Zeit da er ein Biß'l elend leſen und ſchreiben
gelernt. Er, wie die übrigen alle, wuchs halb nackend
und wild auf, mit ſeiner ſchmuzigen Roznaſ'. Jedermann
neckt' und lachte ihn aus, weil er ſo tölpiſch dahergieng,
alle Augenblick' über Stock' und Stein ſtolperte, alle Vögel begaffte, und nie zu ſeinen Füſſen ſah. Als er nun
allmälig zu einem groſſen ſtarken Bengel emporſchoß, und
itzt ſeinem Vater an die Hand gehen ſollte — nahm er
den Weiten, und gieng unter die Soldaten; riß aber bald
wieder aus, weil er das Pulver nicht riechen konnte; betelte ſich dann wieder heim; machte in ſeiner Montur, Fri-
ſur und Schnurrbart den Gecken; war zur Bauernarbeit
zu faul, und brütete nun, ohne einen Heller in der Ta-
ſche zu haben, in ſeinem Kopf den Kaufherr; und wirklich glückte es ihm durch ſeines Vaters Fürſprache, daß
er 100. Thlr. und etwas Baumwolle auf Credit bekam.
Auch wußt' er ſich bey dem Spinnervolk durch die ſeltſam-
ſten Careſſen ſo einzuſchmeicheln, daß man ihn nur den
Garnbetler hieß. Dann baute er ſich ein Neſtchen, und
freyte ein Weib (nur Schad' um ſie!) die eine gute Mannszucht mit ihm vornehmen wollte. Aber es war leider zu
ſpäth'; er folgte ſeinem harten Eſelskopf. Nichts deſto
minder ſchien auch itzt noch die Glücksſonn' ihn anzula-
chen, und es nahm die Leuth' Wunder, wie einem ſolchen
Löffel alles ſo gut gelingen könnte. Aber er machte ſchlech-
ten Gebrauch davon, verſtuhnd weder Handel noch Haushalt, ſtolperte ſorglos herum, wie's ihm juckte, hieng ſein

Geborgtes an alle Lumpen und Lempen; fieng an seine
Nase in die Bücher zu stecken, und, weil sein Seckel ihm
nicht erlaubte, dergleichen zu kaufen, betelte er sich in die
Gesellschaft *) ein. Nun glaubte er gar, der Tag steh'
ihm am Hintern auf, floh' unser einen und unsre altvä-
terschen Zusammenkünfte, hockte immer an seinem Pult
in einem Winkel, vernachläßigte seine Geschäfte, die er
ohnehin nicht verstund, und gerieth in einen solchen Schuldenlast, daß er, besonders in den theuren Siebenzigerjah-
ren ein starkes Falliment gemacht, wenn nicht seine Gläubiger gute Leuth' gewesen, und dem Narrn, zwar nicht
seinet-sondern Weib und Kinder wegen, geschont hätten.
Ob er sich seither erholt oder nicht, ist mir unbekannt;
denke aber doch, daß es noch mißlich genug um ihn stehe.
Denn noch immer fährt er in seiner alten commoden Lebensart fort, macht sich gute Täg'l, besonders wo er's
verstohlen thun kann, sieht andre ehrliche Leuth' über die
Achsel an, legt sich auf lauter gelehrte Possen, und hat
doch keinen Hund aus dem Ofen zu locken. Kurz, er ist
ein läppischer Hochmuthsnarr, der sich immer auszeichnen, und aus seiner Betelfamille hervorragen will, obgleich auch diese wenig genug auf ihm hält. Doch, das
wär' alles noch nichts. Aber daß dieser Erzschöpf' itzt gar
seine eigne Geschicht' in die Welt ausgehen läßt, das ist
zum Rasendwerden. Wenn doch nur gewisse Herren so
gescheidt wären, als sie witzig seyn wollen, so würden sie
an solchen Lauskerlen — —

Paul. Genug ist genug, Peterle! Das ist zu arg. Wär'
ich auch nie des Manns Freund gewesen, so müßt' ich
doch itzt seine Parthey nehmen. Denn das ist nun so einmal meine Art: Wenn ich höre, daß einem so offenbar
Gewalt und Unrecht geschieht, wallt mir das Blut in allen
Adern. Also wird mir's der Herr nicht übel nehmen, wenn

*) Lesecommun.

meine Vertheidigung des guten Uli's etwas unfreundlich
ablaufen sollte. Nicht daß ich denke, ihm damit einen
sonderlichen Dienst zu leisten. Ich kenn' ihn zu gut, und
Er kennt dich zu gut, und weißt wie boshaft du ihn überall anzuschwärzen bemühet bist, achtet's aber auch so wenig, wie Fliegengesums, und würde dir mit lachendem
Mund Am Bühls bekanntes Lied: Juchhe! Ich bin
ein Biederman! frisch unter die Nase singen. Aber, auf
meine eigene Rechnung, sag' ich dirs, Kerl! Du lügst,
du lügst, wie kein andrer Schelm, im Kleinen und Grossen; und wo's noch gut geht, machst du dem armen guten Mann Dinge zu Verbrechen, die eher dein Mitleid
verdienen sollten. Daß seine Eltern z. B. nicht das Talent hatten, Schätze zu sammeln, wie du, soll das ihnen
oder ihm zum Vorwurf gereichen? Waren sie nicht, trotz
aller ihrer klemmen Umstände, ehrliche Leuthe? Nähren
sich nicht alle ihre Kinder redlich mit ihrer Hände Arbeit?
Und Uli selber, dem du Faulheit vorwirfst, fällt nichts
schwerer als Müßiggehn. Er soll von Hochmuth strotzen;
und von allen möglichen Leidenschaften plagt ihn keine weniger als diese, und kein Mensch von allen die ich kenne,
lebt lieber im Verborgnen als er? Daß er mitunter an
Lesen und Schreiben ein so grösses Vergnügen findt, was
geht das dich an? Läßt er dir nicht auch deine Freude,
Batzen zu saucken? Wenn du also nur die Leuth unge-
schoren liessest. Aber an dir, Bursch'! wird eben das
Sprichwort wahr:

> Kein Messer in der Welt schärfer schneidt,
> Als wenn der Bettler zum Herrn wirdt.

Von des armen Manns Schreiberyen wäre gewiß nichts
vor deine Augen gekommen, wenn nicht jene Zeitung den
verdammten Lerm veranlasset hätte; liesest du doch sonst
nichts als etwa diese, um darinn etwas aufzuschnappen,

daß du mit deinem Senf wieder auftischen kannst, oder
im Calender, und in deinem Rechenbuch. So begehrt
auch Uli gewiß weder hervorzuragen noch Figur zu machen, wie du und deine Helfershelfer, die ihre hohe Weisheit auf allen Kirchen- und Marktplätzen, hauptsächlich aber
in allen Wirthshausgelagen ertönen lassen, und mit ihrem
breiten Maul über Dinge absprechen, wovon sie keine
Laus verstehen. Da muß jeder, der nicht nach eurer Pfeife
tanzt, Spißruthen laufen. Da werden weder geist- noch
weltliche Vorgesetzte geschont. Landsordnungen und Gebräuche, alles liegt euch nicht recht. Euer Wohlweisheiten
würden das Ding viel besser machen. Und eben darum hat
der arme Mann sich euern Haß aufgeladen, daß er (der
doch nach euerm Sinn weit unter euch steht, und sich's
wohl herrlich zur größten Ehr' hätte rechnen sollen, bey
euch gelitten zu werten) euch vielmehr sorgfältig vermied,
und Gespanen suchte die mehr nach seinem Geschmacke
waren — oder in deren Ermanglung lieber mit einem redlichen Bauer von Holz und Feld, Heu und Stroh plau-
derte — oder sich zuletzt mit dem ersten besten Handwerks-
pursch unterhielt — wenn er nur euch, Allerweltshofmei-
ster! ausweichen konnte.

Peter. Du redst halt, wie ein Mann ohne Kopf.
Heißt das, auf meine Frage geantwortet? Ich fragte
dich, was solche Bücherfresser und Papierverderber sich
oder andern für Nutzen brächten? Zeig' mir den an, und
dann halt's Maul, oder man wird dich's lehren. Sag'
also an, deine Tagdiebe und Fantasten, sind sie besser oder
reicher als andre?

Paul. Nur nicht zu rasch, Peterle! Ob sie besser oder
nicht besser sind, müssen ich und du dem einzigen Herzens-
kündiger überlassen. Aber so viel weiß ich wohl, daß sich
viele aus ihnen ernstlich bemühen, besser zu werden; und
daß jene Geistesbemühungen ihnen auch hierin vortrefliche

Dienste

Dienste leisten. — Ob sie dadurch reicher werden? — Daß du verdammt werdest mit deinem Geld! Einen solchen Gesell, wie du bist, darf man eben nicht fragen: Was er vor edler halte, Seel' oder Körper? Man weißt es schon, da alle deine und deiner Zunftgenossen Dichten und Trachten nur darauf zielt, euern Mädensack zu verpflegen, wenn ihr euch gleich mit all' euerm Silber und Gold nur keinen faulen Zahn wieder gut machen könnt. Mittlerweile jener ihre vornehmste Sorge darauf geht, ihr Herz zu reinigen und ihren Geist auszubilden, und, vergnügt mit der Befriedigung ihrer unentbehrlichen Bedürfnisse, unzählige edle und entzückende Freuden genießen, die ihr mit euern schielenden Augen nicht einzusehen, mit euerm thierischen Verstand nicht zu begreifen, und euch besonders nie zu dem erhabenen Urquell derselben zu erheben vermögend seyt — so ungefehr wie die Schweine, welche freylich auch die Eicheln unter dem Baum begierig auffressen, ohne sich um den Bau der Frucht, oder um den Schöpfer des Baums zu bekümmern — Was thut indessen Ihr? Mit eurer Natterzunge alle eure Nebenmenschen begeifern, ihre löblichsten Handlungen verkleinern und die unschuldigsten verleumden, ihr Pharisäer! die ihr, mit euerm Schmolk und Habermann in der Hand freylich alle Sonntag zur Kirche läuft, und keine Sylbe von der Predigt versteht oder behaltet; und dann damit wähnt alles gethan, und euch zumal das Recht erworben zu haben, die ganze noch übrige Zeit des Tags das halbe Tockenburg mit eurer falschen Elle zu messen; gegen jeden, der besser ist als ihr, mit Quackern, Duggenmäuslern, Bibelfressern, Jesuiten, Papierleckern und andern derley läppischen Schimpfnamen herumzuwerfen, und, wo ihr an jemand kein einzig offenbares Laster finden könnt, ihm dafür zehn geheime anzudichten; wie ihr's z. E. eben dem armen Manne macht, den ihr geradezu unter die

gröbsten Zöllner und Sünder sezt, und ihm besonders solche Fehler andichtet, von denen er am allerweitsten entfernt ist. Doch, seyt seinetwegen nur ohne Sorgen. Seine wirklichen Mängel gestehet er selbst zu allererst ein —
und die ersonnenen schiebt er auf den Nacken ihrer Erfin-
der zurück, lacht euch unter die Nase — oder schweigt,
wenn er noch klüger ist. Ueberhaupt aber kann in unserm
lieben Land Tockenburg keine noch so heilsame Neuerung,
keine noch so gemeinnüzige Verordnung, kein noch so löbliches Justitut stattfinden, über die ihr nicht mit euern
Breitmäulern daherfährt, sie auf allen Gassen zu verlä-
stern, und den Einfältigen dagegen in Aufruhr zu bringen sucht. Will's denn öffentlich nicht gelingen, so schleicht
sich etwa ein wohlberedtes Mitglied aus eurer saubern Zunft
in die Spinnstubeten ein, sizt mit einem Halbduzend ebenfalls hochweiser Frauen zusammen, trägt ihnen mit gerun-
zelter Stirn' und verspreiteten Armen in einer häufig mit
Ach! und wieder Ach! unterbrochenen schöngesezten Sermon den landsverderblichen Casus vor, und ruht nicht,
bis diese neuen Amazonen in Feuer und Flammen gerathen, und schwören, Himmel und Erde zu bewegen — und
besonders ihre Männer so lang' zu plagen, bis sie sich entschliessen, das Uebel mit Stumpf und Stiel auszurotten.
Dabey aber ist es immer ein Glück, theils daß Weiberzorn
nie von langer Dauer, theils daß es Gott Lob! auch noch
vernünftige Frauen giebt, und ihr so nicht selten anprellt,
und euch selbst bey allen Klugen zum Gelächter macht.
So gieng's euch z. E. bey Anlaß unsers freylich kostbaren
Strassenbaues, wo ihr's auch jedem in's Ohr rauntet, der
einfältig genug war, es euch zu leihen: Daß, sobald wir
neue Weg' hätten, Krieg in's Land kommen würde. Aber,
gelt! euch artigen Herren zu Troz hat es unsern wohlge-
sinnten Vorstehern geglückt unser gutmüthiges Volk bald
eines andern und bessern so zu belehren, daß sie izt mit

der freudigsten Willfährigkeit, wirklich herkulische Arbeiten verrichten, und davon einst, neben dem Nutzen, auch ge. bührendes Lob und Ruhm einernoten werden. Was die moralische und Lesegesellschaft betrift — —

Peter. Ha! Da kömmst du mir eben recht. Man merkt's dir an deinen Plaudereyen an, daß du dich auch schon längst gern' hättest zu jenem Orden einkleiden laß. sen, der wohl saubre Geheimnisse besitzt, da seine angese. hensten Mitglieder in der Beste ihrer Jahren in's Gras beissen, die witzigsten ausser Lands ihr Brodt suchen muß. ten, und andre sonst ihr Glück verwahrloset haben, die übriggebliebenen aber das seltsamste Gemisch von curiosen Köpfen, alten Pastoren, dann wieder jungen Herren mit grossen Hüten und weiten Hosen, ausmachen, und itzt gar, wie ich höre, mit einander uneins geworden sind. Wahr. lich, eine herrliche Verbrüderung! Gelt, gelt, ich weiß es — —

Paul. Ja, ja! und Ich weiß es auch, daß solche Spin; nen, wie du, aus den schönsten Bluhmen, wo die Biene nur Honig findet, das Gift saugen. Wo ist ein Acker, auf dem, nach Verlauf vieler Jahre, nicht auch in irgend einem Winkel Unkraut wächst? Und wenn der beßte, rein. ste Saamen darein gesäet wird, so ruhet der böse Feind um so viel minder, bis er — und sollt' er die Nacht dazu nehmen — auch etwas von jenem drunter gestreut hat. Und war es nicht auch gerad' so einer, wie du, der den ersten Zunder zu jenem Zwist anblies, der aber, Trotz dei. ner Schadenfreud', von keinen erheblichen Folgen seyn wird, so daß bald wieder alles in's alte Gleis kommen soll. Indessen, noch einmal: Bey euch, Herren! ist das Ver. mögen immer die Hauptsach'. Wem das Geld fehlt, der ist in euern Augen schon per se ein unnützer Knecht. Aus der Nähe und Ferne zergliedert ihr die Glücksumständ' eines jeden, den ihr kennt oder nicht kennt, und zählt ihm

feine Batzen in der Tasche. Da heißt's bey euch bald alle
Tag: Huchhey! Dort ist auch wieder ein Kalb auf dem
Schragen — A. liegt schon in den letzten Zügen — B.
pfeift ebenfalls auf dem letzten Löchlin — und C. muß wenigstens capituliren. Doch habt ihr eben auch schon manchem längst zu Grabe geläutet, der, zu euerm grossen Her-
zenleid, heutigen Tags noch so frisch und gesund ist als
einer, und wohl auch alsdann noch aufrecht wie ein Bolz
stehen wird, wenn — Ihr wenigstens ihm die Todtenglocke
nicht mehr zieht. Freylich müßte vielleicht mancher noch
so haushälterische Ehrenmann Hof und Heimath mit dem
Rücken ansehn, wenn alle Menschen so dächten wie ihr,
ihr unerbittliche Treiber — der schuldlosen wie der schuldigen Armuth! Ihr schwarzgallichte Unglücksrocher —
Ihr — —

Peter. Wie? — Was? — Bin ich nicht ein Narr,
einer solchen Schandgosche, wie deine, so lang zuzuhö-
ren — und dich nicht lieber krumm und lahm zu schlagen,
du S * * *! — Aber, nur Geduld! es soll dir nicht geschenkt seyn.

Paul. Hätt'st Courage, ich weiß wohl, würdst du gewiß nichts sparen. Aber es ist eben ein Glück, daß du
und fast alle deines Gelichters nur dapfer mit dem Maul
sind. Ich vor mich hab' dir gerad' von der Leber wegge-
redt; und zwar nicht meines Vortheils wegen, sondern
um die gekränkte Ehre vieler guten Menschen überhaupt,
und des armen Mannes seine insbesonders, gegen dich und
deinesgleichen in Schutz zu nehmen. Itzt bin ich fertig;
mein Herz ist geräumt, los und ledig von allem weitern
Grimm und Groll; und füg' ich nur noch den einzigen
wohlmeynenden Wunsch bey: Daß ihr könftig liebreicher
und behutsamer von euern Nebenmenschen — — —

Peter. Und Ich wünsch' dir alle Schwernoth auf den
Buckel, du vertrackter Erzschurke, du! Man hört's nun

wie gut du von ehrlichen Leuten denkst, die in ihrer Einfalt an ihrem Nächsten, ohn' ihn darum zu hassen, freylich nicht nur seine Tugenden, sondern auch seine Mackel
sehn.

Paul. Das wußt' ich wohl. So wenig ein Mohr seine Haut, oder ein Parder seine Flecken ändern kann, so
wenig können die eines gutmüthigen Sinnes werden, die
eines böswilligen gewohnt sind. Ihr haßt keinen Menschen, sondern nur ihre Thorheiten und Laster — nicht
wahr? Aber, wer ist in euerm Augen tugendhaft? Gewiß keiner, der nicht euer Lied singt — brav Geld zusam-
menscharrt, und besonders — euch in allen Dingen den
Vorzug läßt. Uebrigens seyt ihr einander selbst nicht treu;
keiner traut, jeder betriegt den andern, oder schlägt ihm
wenigstens ein Bein unter; und nie seyd ihr einig, als
wo's drauf losgeht, den Drittmann zu übertölpeln, oder
wetteifern, wer auf seinen Mitchrist am meisten Böses — sey's nun wahr, halbwahr oder erdichtet, bringen
kann. Doch, ich bin müde, länger eure schlimme Seite
zu schildern. Die gute aber mögt ihr selbst zeigen. Wohl-
bekomm's, meine Herren! Adieu!

II.

Taktische Bemerkungen über den Burgundi-
schen Krieg überhaupt, und besonders über
die Schlacht bey Granson.

Die Geschichte des Burgundischen Krieges muß uns
Schweizern ungemein wichtig seyn, sowol in Hinsicht
auf die Thaten selbst, welche unsre tapfern Altvordern
in demselben verrichtet, als auch besonders deßwegen,
weil diese Feldzüge die ersten gewesen, in denen dieselben
nicht nur durch jenen sieggewohnten Heldenmuth, der

sie so sehr auszeichnete, sondern auch durch weises Betragen und eine meisterhafte Leitung kriegserfahrener Anführer gesiegt, und zu siegen verdient haben. Eben dieses,
daß die Schweizer in den Burgundischen Feldzügen
zuerst nach einem regulären, der damaligen Kriegskunst
anpassenden, System ihre Schlachten gewonnen, macht
den bemeldten Burgunder-Krieg in der Geschichte unsers
Militärs und unsrer Taktik ungemein merkwürdig. Damit wollen wir aber nicht sagen, daß die vorherigen Kriege der Schweizer gänzlich von aller Taktik entblößt, und
allein zufälliger Weise für solche glücklich abgelaufen seyen.
Man würde sich hierinn gewaltig irren; und der einzige,
kurz vor dem Burgundischen Krieg unternommene, Feld-
zug der Eidgenossen wider den Herzog Siegmund von
Oestreich würde uns schon deutlich genug das Gegentheil
beweisen *).

Wir wollen dem Leser den Anfang und die Veranlassung zu diesem Kriege, die darinn geschehenen Waffenthat-
ten bis auf die Belagerung von Murten, und eine, so
viel an uns liegt, vollständige Beschreibung des Kriegs-
schauplatzes, auf welchem solche geschehn sind, nebst verschiednen Anmerkungen über das Betragen beyder feindli-
cher Partheyen vorlegen.

Die Eidsgenossen, d. i. der, damals aus den VIII.
ersten Kantonen bestehende Helvetische Freystaat, hatten
seit ihrer Trennung von Oestreichs Herrschaft beständig
mit diesem Hause zu kämpfen gehabt, und ihre Freyheit
mit den Waffen in der Hand behaupten müssen; daher
denn ein beständiger Groll zwischen beyden Theilen wal-
tete, und öftere Ausbrüche desselben durch geringfügige
Gegenstände veranlaßt wurden.

J. J. 1468. reizten die beständigen Neckereyen, welche
Bilgeri (Peregrin) von Heudorf, ein vornehmer Oest-

*) S. May Hist. Milit. des Suisses, T. III.

reichischer Beamter im Elſaß, gegen die Angehörigen
der Schweitzer-Kantone, und ihrer Verbündeten von
Schaffhauſen und Mühlhauſen, verüben ließ, den Zorn
der Eidsgenoſſen dermaaſſen, daß ſie mit Heeresmacht
auszogen, das Sundgäu, Hegäu und Klettgäu ver-
wüſteten, Waldshut, obwol vergebens, belagerten, und
den Herzog Siegmund von Oeſtreich zu einem, ihm
nachtheiligen, Frieden nöthigten, welches denſelben ſo ſehr
erbitterte, daß er ſich zuerſt an König Ludwig XI. von
Frankreich, und, da dieſer, in Erinnerung der bey St.
Jakob erprobten Schweitzerſchen Tapferkeit *), nicht
einwilligen wollte, an den kühnen und mächtigen Herzog
Karl von Burgund wendete, welchem, bey ſeinem Glücke und groſſen Reichthume, nichts als der Königs-Titel
fehlte. Herzog Siegmund fand bey dieſem bald mehr
Eingang, und erhielt von ihm, nebſt ſchönen Geſchenken,
80000. Rh. Gulden, wofür er von dem Burgunder die
geſamten Oeſtreichiſchen Vorlande, das Elſaß, Sundgäu, Briſgäu, die vier Waldſtätte am Rhein, die
Grafſchaften Pfirt und Hauenſtein, u. ſ. f. zum Unter-
pfand einſetzte. Dieſes geſchah i. J. 1469.

Durch die bemeldte Verpfändung hatte der Herzog
Siegmund den Schweitzern den furchtbarn Burgundiſchen Fürſten auf den Hals zu hetzen gedacht. Allein
ſein Kunſtgriff ſchlug vornämlich wider ihn ſelbſt aus;
denn kaum hatte Peter von Hagenbach, den der Burgunder zu ſeinem Statthalter in dieſen Herrſchaften einſetzte, im Namen ſeines Herrn von dieſen Landſchaften
Beſitz genommen, als er nicht nur die benachbarten Bas-
ler, Berner, Solothurner, Mühlhauſer, u. ſ. f. auf
alle Weiſe plagte und beleidigte, ſondern auch ſeine Untergebnen ſo gottlos drückte und mißhandelte, daß ſie ih-

*) Am 25. Auguſt. 1444.

ren Eigenthumsherrn, den Herzog von Oestreich, unabläßig ersuchten, die Pfandschaft aufzuheben, und sie sämt-
lich wieder einzulösen. Derselbe gieng aber sehr ungern
daran; theils aus Haß gegen die Schweizer, welche er
über kurz oder lang mit Herzog Karl in Krieg zu verwi-
keln hofte; theils auch aus Furcht, den stolzen Burgunder dadurch vorn Kopf zu stoßen, und gegen sich selbst in
Harnisch zu jagen. Es nahm aber alles eine ganz unerwartete Wendung.

König Ludwig XI. durch dessen schlaue Politik die
Macht von Frankreich gegen dem Ende des XV. Jahrhunderts ungemein gestiegen war, hatte schon lange die
geheime Absicht gehegt, das, ihm so gefährliche, Burgundische Haus, wo immer möglich, zu stürzen. Ihm
war zwar ein ganz neuer Versuch, die Lütticher und
andre Niederländische Unterthanen des Herzogs von Burgund wider ihren Herrn zu empören, so übel gerathen,
daß er fast wie ein Gefangener mit dem Herzoge Karl
vor Lüttich ziehn, und ein Zeuge der grausamen Zerstörung dieser Stadt seyn mußte. Er änderte also seinen
Plan, und beschloß, seinem Todfeinde anderswo, und so
viele Gegner als möglich, auf den Hals zu hetzen, ohne
sich jedoch im geringsten bloßzugeben. König Ludwig
glaubte dieses am beßten durch eine Vereinigung des Herzogs von Oestreich und andrer Oberdeutschen Reichs-
stände mit den Schweizern bewerkstelligen zu können,
und brachte es durch seine beständigen Werbungen wirklich dahin, daß die beyden, einander sonst so aufsätzigen
Partheyen, Oestreich und die Schweizer, zu jedermanns Verwunderung am 30. Merz 1474. zu Konstanz
miteinander ein Bündniß schlossen, welchem die Bischöfe
von Basel und Straßburg, die Städte dieses Namens,
und noch mehrere andre Reichsstädte und Prälaten bey-
traten. Hierauf hinterlegte Herzog Siegmund die ihm

von Karln vorgestreckten 80000. Rh. Gülden in der Stadt
Basel, kündigte dem Burgunder die Pfandschaft auf,
zog seine Landschaften wieder zu Handen, und ließ, mit
Rath und That der Eidsgenossen, den tyrannischen Landvogt Hagenbach zu Brisach beym Kopfe nehmen und
hinrichten. Die Verbündeten waren nunmehr kühn genug, dem Herzog Karl abzusagen, und den Krieg gegen
ihn zu erklären; besonders, da Steffan von Hagenbach, des Hingerichteten Bruder, mit 6000. Reitern und
einer starken Anzahl Fußvolks in die Grafschaften Pfirt,
Mümpelgard und ins Sundgäu eingebrochen war, und,
ohne vorhergegangene Kriegserklärung, die größten Feind-
seligkeiten verübt hatte. Die Schweitzer und ihre Bundsgenossen zogen auf die erste Mahnung Herzog Siegmun-
den zu Hülfe ins Feld, um Karln anzugreifen, der zu
gleicher Zeit mit dem ganzen Teutschen Reiche zu schaffen, und zu Gunsten Pfalzgraf Ruprechts bey Rhein,
welcher von einer Parthey des Kölnischen Domkapitels
zum Churfürsten erwählt worden, mit 80 100000. Mann
die Stadt Nuis und Köln belagert hatte, worinn sich
Landgraf Hermann von Hessen, Ruprechts Nebenbuh-
ler, befand. Da die trefliche Gegenwehr des Heßischen
Fürsten die Burgundische Macht sehr lange vor diesem
Ort aufhielt, so benutzten die Bundsgenossen diesen Zeitpunkt, und drangen, die Unterwaldner allein ausgenommen, welche sich vorjtzt auf nichts einlassen wollten, im
Spätjahr 1474. in die Freygrafschaft Burgund ein;
rückten, 14-15000. Mann zu Fuß und 4000. Reiter stark,
vor Elikourt (oder Erikourt) unweit Gray, und belagerten um St. Martins Tag diesen haltbaren und wolbesetz-
ten Ort, der sich tapfer wehrte. Zum Entsatze von Erikourt, zogen Graf Jakob von Safoyen-Romont, einer von Karls besten Feldherren und nächsten Vertrauten,
und der Graf von Neuenburg, Großmarschall von

Burgund, ein Heer von 20000. Mann zusammen, und erschienen am Sonntag nach St. Martin im Angesicht der Vereinigten, welche auf die Nachricht hievon dem Feinde entgegenmarschierten, und ihn selbst anzugreifen beschlossen.

Wenn die Nachrichten des Herrn Verfassers der neulich herausgekommnen und beträchtlich vermehrten Hist. Militaire de la Suisse, zuverläßig und gegründet sind *), so bestand das Korps, welches die Vereinigten zur Fortsetzung der Belagerung von Erskourt zurückliessen, aus 4000. Mann Infanterie von Straßburg, Schlettstatt und Basel, unter Anführung des Ritters Zerter und des Freyherrn von Bärenfels; alle übrigen Kriegsvölker, 15=16000. Mann stark, giengen in vier Kolonnen, mit einem starken, aus dem Kerne der Infanterie bestehnden, Vorderzug (Avantgarde) auf den Feind los. Da sie durch einen dichten Wald, viel Gesträppe und beschwerliche Hohlwege marschieren mußten, so hatten die zwo mittelsten Kolonnen, in welchen sich die ganze Infanterie befand, grosse Mühe, beysammen zu bleiben, indem solche alle Augenblicke abbrechen, und wieder aufmarschieren mußten. Da auch die rechte Flanke des Heers bey diesen Umständen einem feindlichen Angriff ziemlich bloßgesetzt war, so marschierte die Infanterie des Vorderzugs auf derselben auf, und deckte durch solches Manöver die Formierung der Kavallerie dieses Flügels, welches die Oestreichische war, an deren Spitze sich der Graf von Thierstein befand. Das Fußvolk der Kolonne rechter Hand bestand aus den Völkern von Zürch, Uri, Schweiz, Zug, Glarus und einiger Deutschen Infanterie, linker Hand aber aus denen von Bern, Luzern, Basel, Freyburg, Solo=

*) Von Herrn May von Romainmotier, dermal Landschreiber zu Landshut und Fraubrunnen. Acht Theile. 8°. Gedr. u. verlegt zu Losannen bey Heubach 1788.

Thurn, u. f. f. und dem Reſte des Deutſchen Fußvolks.
Die Reiterey des linken Flügels von Straßburg, und
aus dem Biſchof-Baslischen, wurde durch den Grafen
von Montfort angeführt.

Die Beſchreibung des Treffens bey Erikourt, welche
wir in bemeldter neuer Hiſt. Milit. de la Suiſſe finden,
weicht in verſchiednen Umſtänden von derjenigen ab, welche wir z. B. in Schillings Burgundiſchen Kriegen
leſen.

Jener zufolge wurde die bundsgenößiſche Reiterey beyder
Flügel von der Burgundiſchen übern Haufen geſchniſ-
ſen, wogegen das Fußvolk der Vereinigten im erſten Angriff das gegenſeitige trennte, und ſchlug *). Dieſer hingegen will hievon nichts wiſſen, ſondern meldet bloß: Die
feindliche Reiterey habe ihrem geſchlagenen Fußvolke zu
Hülf kommen wollen; einigemal, jedoch ohne Erfolg,
an die Schweizerſche Infanterie geſetzt, und endlich die
Flucht ergriffen, wobey ſie durch die von dieſer Infanterie kräftig unterſtützte Oeſtreichiſche Kavallerie verfolgt,
angefallen und zerſprengt worden ſey **). Bey einer ge-
nauern Unterſuchung könnten indeſſen vermuthlich beyde
Erzählungen nebeneinander beſtehn.

Der Sieg bey Erikourt, welcher den Vereinigten
wenig Blut, den Burgundern hingegen z. 4000. Mann
koſtete, zog die Uebergabe dieſes Platzes nach ſich, welcher alsbald von den erſtern beſetzt, und Ritter Friedrich
von Kappeler zum Kommandanten daſelbſt ernannt wurde. Die ſtarke Kälte und der einbrechende Winter nö-
thigte die Bundsgenoſſen von fernern Unternehmungen ab-
zuſtehn, und den Rückmarſch anzutretten, auf welchem
dennoch das feſte Schloß Frakmont auf den Biſchof-
Baoliſchen Gränzen mit ſtürmender Hand erobert und

*) May in bemeldtem Werke. II. Th. S. 423.
**) Schilling, (Diebold) Beſchreibung der Burgund. Kriege.

zerſtört wurde. Die gemachten Eroberungen, welche man zu behaupten gedachte, wurden im Namen der Herrſchaft Oeſtreich beſetzt.

Herzog Karl von Burgund ſpie Feuer und Flammen, als er dieſe Vorgänge erfuhr, und wurde vermuthlich auch hiedurch bewogen, ſich mit Kaiſer Friedrich und dem Deutſchen Reich zu vergleichen, und vor Nuis abzumarſchieren. Er rüſtete ſich ſodann mit ganzer Macht, auf Oeſtreich und die Schweitzer, ſamt ihren Verbündeten, loszugehn, und ſich aufs nachdrücklichſte an ihnen zu rächen.

Da die Burgundiſchen Kriegesrüſtungen eine geraume Zeit erfoderten, ehe der Herzog alles beyſammen hatte, ſo bedienten ſich die Schweitzer und ihre Verbündeten dieſes Aufſchubs, die Burgunder und ihre Anhänger zu beunruhigen, und einen Theil ihres Gebiets zu verwüſten und wegzunehmen. Die Oeſtreichiſchen und Schweitzerſchen Generale, Graf von Thierſtein, die Freyherren von Eptingen, Scharnachtal und Dießbach, drangen auf einer Seite in Hoch-Burgund ein, eroberten Nan, l'Jole, Blamont und andre nicht unwichtige Plätze, ohne daß die Burgunder etwas dagegen unternehmen durften; und auf der andern bemeiſterten ſich die Völker der Kantone Bern, Luzern, Freyburg und Solothurn des ganzen Pays de Vaud, welches ihrem erklärten Feinde, dem Graf von Romont, zugehörte, in ſehr kurzer Zeit, und beſetzten vornämlich die Gränzorte, Iferten, Granſon, l'Esclees und Orbe, nebſt dem an der Schweitzerſchen Gränze gelegnen vortheilhaften Paſſe von Joigne in Burgund, mit den Völkern der gemeldten Kantone. Die übrigen waren zu weit entlegen, und wollten ſich nicht zu ſehr in dieſen Krieg vertiefen. Das Fußvolk von Baſel und den übrigen Deutſchen Bundsgenoſſen wurde zu Beſatzung der Elſaßiſchen Gränzen ge-

gen Burgund gebraucht; und Graf Oswald von Thierstein, welcher auf Herzog Siegmunds Befehl mit 3000.
Oestreichischen und Teutschen Reitern wirklich bis nach
Welsch-Neuenburg hinaufmarschiert war, um die fernern Operationen der vier besagten Kantone zu unterstü-
zen, kam zu spath, und mußte bey Annäherung des Win-
ters zurückgehn.

Ehe wir den Einbruch des Burgundischen Herzogs in
die Helvetischen Gränzen und dessen unternommene Belagerung von Granson beschreiben, müssen wir unsre Leser, soviel an uns steht, mit der Lage und Beschaffenheit des Kriegs-Schauplatzes und derjenigen Gegenden
der Schweitz, welche demselben am nächsten lagen, bekannt machen.

Zunächst an der Rhone, nur wenige Meilen von Genf,
thürmt sich das steile Jura-Gebürge, dessen oberstes
Joch den Namen Mont-Dolaz führt, und macht den
Anfang von einer Bergkette, welche in verschiednen Gliedern bis gegen Basel sich erstrecket. Der Hauptarm dieses rauhen und hohen Gebürgs zieht sich zwischen der
Waat und Frey-Burgund hinunter, und aus demselben
entspringen verschiedene kleinere Ketten, welche wieder
eben so viele Thäler bilden, wie z. E. im Pays de Vaud
das Valorbe-Thal unweit Romainmotier an der Burgundischen Gränze; im Neuenburgischen die Thäler
Travers und Lokle; das Erguel, Münster- und Dels-
perger-Thal im Bißthum Basel, u. s. f. bis an die Gränzen von Sundgäu und Mümpelgard. Unterhalb Basel, wo der Jura aufhört, erheben sich die sogenannten
Vogesischen Gebürge, welche Lotharingen und Elsaß
von einander trennen, und wahrscheinlich eine Fortsetzung
der Kette des Jura sind.

An der Ostseite des Jura-Gebürges lagen zur Zeit des
Burgunder-Kriegs die, dem Hause Savoien-Romont

zugehörige Waat, das Fürstenthum Neuenburg, die
Stadt Biel, der ganze Kanton Solothurn und ein Theil
des Kantons Bern. Das Gebiet der Stadt und des Bischofs von Basel waren von zwo ansehnlichen Ketten dieses Gebürgs gänzlich eingeschlossen; und an dasselbe gränz-
ten noch das Sundgäu und die Oestreichischen Herrschaften diesseits dem Rhein, oder das Friktal. Zu oberst
in der Waat, von Morsee her, floß die Tiele oder Toile, mit welcher sich untenher der Stadt Orbe das bey
Valorbe aus dem Jura herabströmende Flüßgen Orbe
vereinigt. Jene ergießt sich bey Jfferten in den Neuenburger-See; aus diesem fließt die Ziel, wie sie hier heißt,
etwann 1. ½. Stunden weit, fällt untenher St. Johannes
Insel in den Bieler-See, tritt zu Nidau schon wieder
aus solchem heraus, und vereinigt sich unterhalb dem Klo-
ster Gottstatt mit der Aare, welche von Arberg herab-
kömmt, bey Büren vorbeyrinnt, untenher Solothurn
die Emmen, bey Arburg die Wiggern, bey Windisch
die Rüß, und nicht weit davon beym Dorfe Vogelsang
die Limmath aufnimmt, andre kleinere Flüsse ungerechnet, bis sie sich zwischen Coblenz und Waldshut in den
Rhein ergießt. Im Münsterthal entspringt zunächst an
dem merkwürdigen Felsen Pierre-Pertius die Birs, welche durch das Münster- und Delopergerthal hinab-
strömt, unterwegs verschiedene unbeträchtliche Flüsse aufnimmt, bey Dornach und Basel vorüberfließt, und in
letzter Stadt sich im Rhein verliert.

Das ganze am Jura liegende Geländ war ehemals fast
eben so rauh und wild, als dieses Gebürg selbst, und
das Terrain mit kleinen Flüssen, Seen, Morästen, und
besonders mit weitläufigen dichten Waldungen und engen
beschwerlichen Pässen und Wegen durchschnitten, so daß
ein Feind, wenn er auch durch keine künstlich angelegten
Festungen in seinem Fortrücken gehemmt, doch durch diese

natürlichen Hinderniſſe ſehr aufgehalten ward. Da vor
Zeiten in unſerm Land alle Wege und Straſſen ganz un-
gebahnt und mühſam zu paßieren waren, ſo konnte ein
zahlreiches, mit vielem Geſchütz und Troſſe beladenes Heer
nur ſehr langſam auf denſelben fortkommen, und fand in
den Wäldern und Gebürgen weder Unterhalt für den
Mann, noch Fütterung für das Pferd. Die rauheſten
Straſſen über den Jura waren: Im Neuenburgiſchen
der Paß von Verriere und St. Sulpi, welcher von Pons-
tarlier herkömmt; im Biſchof-Baſliſchen die Straſſen
aus dem Mümpelgardiſchen über Brunntrut und Bel-
lelai, wie auch vom Sundgäu herauf über Delsperg
und Münſter nach Biel; ſodann die Straſſe von Baſel
über den Obern und Untern Hauenſtein nach Solothurn
und Olten, und endlich diejenige, welche von ebendaher
durch das Frikthal hinauf übern Bözberg nach Bruck
führte. Unter anderm waren die Päſſe übern Hauenſtein, an den meiſten Orten dermaaſſen enge und ſteil,
daß kaum zwey Mann nebeneinander, etwas groſſe Wagen und Kanonen aber meiſtens gar nicht durchkommen
konnten. Eben ſo beſchwerlich oder nur wenig beſſer waren die Straſſen aus Mümpelgard und Burgund ins
Münſterthal und weiter in die Schweitz hinein, und
auf dieſen und auf jenen konnten die Schweitzer, welche
alle Wege, Stege, Fußpfade und Schlichen in den Gebürgen kannten, dem größten Kriegsheere unſaglichen Abbruch thun, und ſolchem den Marſch äuſſerſt beſchwerlich
machen, wo nicht gar daſſelbe gänzlich aufreiben. Ein
auf der Seite von Mümpelgard über Brunntrut in unſer Land eindringendes feindliches Heer würde dieſes mit
ſeinem größten Schaden erfahren haben. Denn auf dieſem Wege konnte daſſelbe an dem vortheilhaften Felſen-
paſſe von Pierre-Pertuis ſehr lang aufgehalten, und halb
zugrundgerichtet werden; und wenn ſolches auch das Glück

hatte, dieses Thermopylä mit Strömen von Blut zu erstürmen, so mußte das geschwächte Heer noch drey ganze Stunden lang in einem rauhen Wege, welcher auf beyden Seiten von steilen Felsen begränzt, und durch die aus dem Erguel herabströmende Süß (la Suze) noch mehr verschmälert wird, den Anfällen der Schweitzer, welche hier ungestraft die größte Macht nur mit Steinen übel beschädigen, oder gänzlich aufhalten konnten, ausgesetzt bleiben; es mußte jeden Schritt mit Blut erkaufen, und Gott danken, wenn es nicht noch gar in die, rechter Hand der Strasse liegenden, gähen Abgründe, in welchen die Süß fürchterlich daherrauscht, hinabgestürzt wurde; und selbst im glücklichsten Falle war der Feind so sehr geschwächt, daß er mit leichter Mühe geschlagen, ja gänzlich aufgerieben werden konnte. Denn im Herabmarsch vom Gebürge stieß er gerade auf die Stadt Biel, welche mit einiger Hülfe den ersten Anfall aufhalten, und durch den See immer einige Gemeinschaft und Zufuhre bekommen konnte. Wagte es der Feind sich links gegen Büren und Solothurn zu wenden, oder sich des Passes über die Zihl zu bemeistern, ehe er Biel und Nidau weghatte, so war ihm der Rückzug völlig abgeschnitten, oder er mußte solchen wieder mit vielem Verluste erkaufen, wenn er nicht noch gar eine Niederlage erlitt. Und was würde wohl zuletzt auch aus einem Heere von 100000. Mann geworden seyn? Nichts anders, als was aus des Varus Legionen in Teutebergs Niederlage — Haufen von Erschlagnen, und zerstreute Flüchtlinge! In diesem letztern Falle aber wäre an einen Rückzug, auf dem Wege, woher der Feind gekommen, für ihn ganz und gar nicht zu gedenken, sondern das gelindeste und glücklichste Schicksal in diesem Falle das nämliche gewesen seyn, welches i. J. 1703. die Bayern und Franzosen betraf, als sie sich durchs Tyrol miteinander vereinigen wollten, und darüber in den

engen

engen und beschwerlichen Pässen dieses Lands, besonders
am Brenner, von den Tyrolischen Bauern und Berg-
schützen mit Steinen, ganzen Felsenstücken und Lagen aus
kleinem Gewehr jämmerlich zusammengeschmissen und mit
grossem Verlust zum Lande hinausgejagt wurden; ich sage, dieß wäre noch das mindeste gewesen, was einem äusserst geschwächten und noch dazu geschlagenen und zersprengs
ten Feinde auf seinem allfälligen Rückzuge durch die beschwerlichen Pässe des Münsterthals u. s. f. hätte begegnen können. Von ungeheuern Strapazen, und der Mühe, eine genugsame Subsistenz zu finden, wollen wir nur
nicht reden.

Die vornehmsten, durch Natur und Läge begünstigten,
und durch angelegte Befestigungen mehr oder minder wich-
tigern Städte und Plätze von Genf bis nach Basel, zwischen dem Jura, der Zihl und der Aare gelegen, waren
folgende: Nion, Aubonne, Orbe, Cesclees, Jfferten,
Granson, Neuenburg, Neuenstatt, Landern, Erlach, Arberg, Nidau, Biel, Büren, Solothurn,
Arburg, Olten, Arau, Bruck, Dornach, Liestal,
und im Bischof-Baslischen Delsperg und Brunntrut.
Innert den Helvetischen Gränzen war die Waat, obwohl
sie damals noch nicht zur Schweiz gehörte, das zum
Kriegführen tauglichste Land, worinn ein Kriegsheer seine
Märsche und Operationen am leichtesten unternehmen,
leiten, und sich mit Proviant und Fütterung am bequem-
sten versehen konnte, sobald es aus Burgund über Joigne
und Pontarlier bis nach Orbe vorgedrungen war. Besonders war dieses gegenwärtig der Fall, da das ganze
Savoysche Haus, zu welchem auch der Bischof von Genf
gehörte, die Burgunder mit Rath und That, heimlich
und öffentlich, unterstützte.

Herzog Karl von Burgund hatte das ganze Jahr
1475. theils mit Unternehmungen gegen den Herzog Re-

nat von Lothringen, als einen ihm widerwärtigen Fürsten und Anhänger des Hauses Oestreich und der Schweizer, zugebracht, und ihn von Land und Leuthen vertrieben; theils aber hatte er sich eifrigst mit Kriegsrüstungen
beschäftigt, um ein grosses Heer zusammenzuziehn, und
sich an seinen Feinden aufs nachdrücklichste zu rächen.
Er wurde mit seinen Rüstungen zu Anfange d. J. 1476.
fertig, und hatte ein Heer auf die Beine gebracht, welches samt dem Troß gegen 100000. Mann stark gerechnet
wurde, und eine ungeheure Menge Artillerie, Gepäcke
und Wagen mit sich führte. Der Herzog von Burgund
selbst brach am 11. Jenner von Nanci auf, welchen Ort
er, so wie die meisten andern eroberten Plätze in Lothringen, mit einer Besatzung versehn hatte, und traf am
22. zu Besancon ein; gieng aber am 6. Hornung schon
wieder von dort ab, und näherte sich den Schweitzerschen Gränzen, wo sich seine ganze Macht zu versammeln
Befehl erhalten hatte.

Der Herzog von Burgund hatte, wie wir aus dem
folgenden schliessen können, anfänglich die Absicht gehabt,
mit seinem Heere durch den Paß bey Jour und Verriere
ins Neuenburgische zu marschieren. Gelang ihm dieses,
so war ihm das Eindringen in die Schweitz sehr erleichtert, und er fand keine weitern Pässe von Wichtigkeit vor
sich. Die Posten und Pässe zu Erlach und Arberg waren wol stark genug, ein detaschirtes Korps von 10 15000.
Mann aufzuhalten; aber weder ihre Lage noch ihre Befestigung liessen gegen ein so zahlreiches Heer einen nachdrücklichen Widerstand hoffen. Dieses würde aber die
Stadt Bern, welche Karln besonders verhaßt war, der
größten Gefahr ausgesetzt haben. Denn obwol das Terrain zwischen Bern und Arberg so beschaffen ist, daß es
gegen einen von Biel oder Neuenburg herkommenden
Feind mit ziemlichem Vortheil vertheidigt, und vornäm-

sich auf der linken Flanke, welche von der Aare gedeckt
wird, nicht leicht umgangen werden kann; so hätte man
doch von der allzunahen feindlichen Uebermacht alles zu
befürchten, und kaum so viel Zeit gehabt, die Hülfsvölker
von den Eid, und Bundsgenossen an sich zu ziehn, wie
man hernach bey den Belagerungen von Murten, und
Granson die Zeit und Gelegenheit dazu hatte. Ueberdieß
würde ein vor Erlach oder Arberg gestandenes feindliches Heer jeden Entsatz von Hülfsvölkern um allen denjenigen Zuzug geschwächt haben, den die Berner sonst aus
den Städten und Grafschaften Erlach, Arberg und Nidau, von Neuenstatt, Biel, Solothurn und aus dem
Bischof-Baslischen zu hoffen hatten; weil alsdann die
einten von Feinden gedrängt waren, die andern aber wegen der nahen Gefahr ihre eignen Völker nicht wol hätten missen können.

Karl ließ den bemeldten Paß von Verriere durch den
Freyherr von Chateauguyon an der Spitze eines Deta-
schements von Reiterey und Arquabusirern rekognoszie-
ren; dieser aber fand solchen so gut verschanzt, und mit
hinlänglichem Geschütz und Manuschaft von Bern, Neuenburg und Biel, welche Heinrich Matter von Bern be-
fehligte, hinlänglich besetzt, so daß sein Bericht davon
dem Herzog Karl alle Lust, daselbst einzudringen, ver-
trieb, und er einen andern Weg in die Schweitz suchen
mußte.

Wenn auf dieser Seite die Berner sehr kluge Maaßregeln, ihrem mächtigen Feinde den Weg zu versperren,
getroffen hatten; so begiengen sie doch zu gleicher Zeit einen andern, und, wegen den Folgen, die er haben konnte, wichtigen Fehler, indem sie den, auf der Burgundischen und Schweitzerschen Gränze gelegnen vortheilhaften, Paß und Posten zu Joigne unvorsichtiger Weise
räumten. Man könnte zwar dagegen einwenden: Da die-

ser Platz so weit von Bern und den übrigen Kantonen
entlegen, die Erhaltung desselben aber und ein Entsatz
selbst sehr kostbar und beschwerlich gewesen, so hätte man
besser gethan, denselben zu verlassen, und mit der darinn
gestandenen Mannschaft und zubehörigem Geschütze die nä-
hergelegenen Plätze Jfferten und Granson zu verstärken.
Allein es scheint gleichwol, daß Joigne nothwendig hätte
besetzt bleiben sollen, wodurch der Herzog von Burgund
entweder zu einer vermuthlich langwierigen Belagerung
dieses Orts, oder einen andern Paß in die Schweitz zu
suchen, gezwungen worden wäre. Schlug er dann nicht
die Wege über Genf oder gar das Desilé von St. Claude
ein, welche beyde ihm von den Schweitzern nicht ver-
wehrt werden konnten, so blieben ihm nur die Straffen
durchs Münsterthal hinauf oder die über Brunntrut
noch übrig; und wir haben schon gezeigt, was auf diesem Marsche für beträchtliche Hindernisse vorkommen
mußten; so daß der Herzog wohl wissen mochte,
warum er diese letztern nicht nehmen wollte. Von allen
Wegen, welche damals aus Burgund in die Schweitz
führten, war keiner kürzer und bequemer für ihn; denn
er konnte seine Völker längs der Gränze zusammenziehn,
sie mit aller Nothdurft versehen, und ihren Marsch von
Besancon aus am besten leiten. Nur mußte Karl
Meister von Joigne seyn; und diesen äusserst vortheilhaften Paß, wo man die ganze Burgundische Macht hätte
aufhalten können, liessen ihm die Schweitzer aus Unvorsichtigkeit oder unzeitiger Sparsamkeit gänzlich offen.

Eben also hatten diejenigen Kantone, welche im Jahre
zuvor die Waat mit geringer Mühe eroberten, dieselbe
eben so leicht geräumt, und von allen eroberten Plätzen
nur die von Jfferten und Granson behalten, obwol sie
zuletzt nur noch diesen letztern, und zu Erhaltung der Ge-

meinschaft mit demselben noch Stäffis mit einigen hundert Mann von Freyburg, besetzt hielten.

Sobald die verschiednen Divisionen der Burgundischen Macht zwischen Pontarlier und Joigne auf den Helvetischen Gränzen eingetroffen und versammelt waren, rückte der Freyherr von Chateauguyon, welcher indessen die zerstörten Festungswerke dieses letztern Orts wieder in brauchbaren Stand hatte setzen lassen, mit seinem unterhabenden Korps bis gegen Lesclees vor, und bedeckte mit dieser Avantgarde den Marsch des ganzen Heers, bey welchem nun auch Herzog Karl an der Spitze seiner Englischen und Wallonischen Leibwachen zu Fuß, und eines starken Korps Kavallerie und Arquebusierer, angelangt war. Dieser Fürst traf am 10. Horn. zu Orbe ein, ließ seine ganze Macht einiche Tage lang zwischen Lesclees, Orbe und Jfferten kampieren, und durch seine Kavallerie Granson berennen, wo die Schweitzersche Besatzung an dem nämlichen Tag mit den in Jfferten gelegenen Völkern von Bern, Luzern und Freyburg, und dem bey sich habenden Geschütze, Kriegs- und Mundvorrathe verstärkt worden war, nachdem solche vorher diesen Ort eingeäschert, und dessen Befestigung zerstört hatten. Die Besatzung in der Stadt und dem Schlosse zu Granson war zwischen 12 - 1500. Mann stark, unter der Anführung Georgs von Stein und Johann Tilliers von Bern, welcher letztre über das Geschütz zu befehlen hatte. Die Absicht des Herzogs von Burgund gieng allerdings dahin, sich durch die Eroberung dieses Platzes einen Weg in die Schweitz zu bahnen, und die Burgundischen Waffen, deren Glanz bey Erikourt und andern Gelegenheiten ziemlich verdunkelt worden, wieder herrlich und den Schweitzern furchtbar zu machen.

Granson ist eine kleine, enge und etwas finstre Stadt, oben am Westlichen Ufer des Neuenburger-Sees, unge-

fähr einen guten Kanonenschuß weit von Jfferten gele=
gen, wenn man in gerader Linie dahin kommen könnte;
sonst aber mögen beyde Orte eine gute halbe Schweitzer=
Meile voneinander entfernt seyn. Ehe diese Stadt an die
Schweitzer kam, gehörte sie dem Hause Chalons, aus
welchem Ludwig von Chateauguyon, einer von Her=
zog Karls Anhängern und Feldherren, darüber zu gebie=
ten hatte. Vom See landeinwerts erhebt sich Granson
amphitheatermäßig von Süden gegen Norden; und am
nördlichen Ende des Städtchens liegt auf der Höhe am
See, das Schloß.

Die Gegend und das Terrain um Granson ist also
beschaffen: Westwerts und eine kleine Stunde davon liegt
das Schloß Chamblon auf einer angenehmen nicht un=
beträchtlichen Anhöhe, unter welcher sich die Hauptstrasse
aus Burgund und von Orbe her durch Cigneroles und
Matoud, durch das unten am Fusse dieser Anhöhe ge=
legene Dorf Treikovagne, nach Jfferten und Granson
zieht. Wir vermuthen nicht ohne Grund, daß das Schloß
Chamblon erst seit dem Burgunder=Krieg erbaut wor=
den sey; denn seine Lage, welche so wohl Jfferten als
Granson beherrscht, war zu wichtig, als daß man sich
desselben in diesem Kriege, und auch 60. Jahre hernach,
bey Eroberung der Waat, nicht sollte bedient und die
Vortheile derselben benutzt haben; und doch geschiehet,
unsers Wissens, in der Geschichte des Burgundischen
Kriegs keine Meldung von Chamblon. Zwischen der Hö=
he von Chamblon und der Stadt Granson liegt eine
ziemlich gleiche Fläche, welche aber meistens eine sumpfigte
mit Bächen und morastigen Gräben durchschnittene Wiese
ist, die sich von bemeldter Hauptstrasse westwerts nach
dem Fusse des Jura hinüber erstreckt. Jenseits dieser
Fläche sind die Dörfer Valeire und Montagni, welches
letztre, mit einem guten Schloß versehen, an eine, nun,

mehr mit Weinreben bepflanzte Reihe von kleinen Hügeln stößt, die sich schief gegen dem Neuenburger-See hinaus, und dann ungefehr bey der Tuilerie in einem kleinen Dreyecke stracks neben Granson herauf nach der Ebene erstreckt. Diese Weinberge beherrschen die Stadt und zum Theil auch das Schloß Granson gänzlich. Die Strasse von Orbe und Jferten nach Granson gehet zunächst am Fusse dieser Hügel, und so nahe am See vorbey, daß solche von den Wellen bespült werden kann. Am halben Wege von Montagni nach Granson ist das Fleß Pitet, und linker Hand derselben am Abhange der Weinberge sind noch einiche Wiesen und Baumgärten. Von oftbemeldten Weinbergen an bis gegen das Jura-Gebürge hinüber ist das Terrain ziemlich eben, und wird nur durch die Arnon, einen nicht geringen Bach, durchschnitten, welcher am Chässeron entspringt, durch St. Croix herab, neben Witteboef vorbey, durch die Plänen zwischen Granson und dem Gebürge hinünter, und zwischen Corsalette und der Poißine in den Neuenburger-See fließt. Durch Montagni und Witteboef führt eine Strasse über den Mont-Chasseron und den Paß von St. Croix nach Pontarlier, u. s. f. in Frey-Burgund hinüber. Dieser Paß war zwar ebenfalls durch einiche Mannschaft aus den Besatzungen zu Jferten und Granson besetzt gewesen; weil man sich aber denselben nicht zu behaupten getraute, fast zu gleicher Zeit mit dem von Joigne verlassen worden. Auch war es unnüß, den einten ohne den andern zu behalten, und man lief Gefahr, daß die Besatzung von diesem oder jenem Posten durch den Feind abgeschnitten wurde, und verloren gieng. Auf der Nordseite von Granson ist der Boden bis auf Comise, vornämlich dem See nach, ziemlich offen und eben. In der Gegend zwischen Granson, dem Jura und dem Neuenburger-See, findet man die Dörfer Fiez, Orgi,

Giez, St. Maurice, Champagne, Corsalette, Bonpillar, Onnens, Corcelle, Comise, und am Fuße der Felsen, wo das Gebürge sich in den See hinauszieht, die Karthaus la Lance. Hier wird das Terrain fast in einen Triangel verschmälert, und die Felsen des Jura erheben sich thurmshöhe senkrecht über dem See. Dieselben bilden da gleichsam eine natürliche Scheidwand zwischen der Landvogtey Granson und dem Fürstenthum Neuenburg; sie sind, so wie der ganze übrige Bergrücken, mit Holz bewachsen, und die Straße von Granson ins Neuenburgische zieht sich oberhalb der Karthaus mit verschiedenen Krümmungen, aber etwas steil, über diese Felsen, welche ein Theil der Bergböhen sind, an denen die la-Lance- und Comise-Weinberge sich befinden, und mit denen von Onnens und Bonvillar zusammenhängen. Vor der Karthaus ist ein mit Gesträuch und Buschwerk hin und wieder bewachsener Grund, welcher sich vom Abhange des Gebürgs, wo man bergauf zu steigen beginnt, bis gegen den See hinunter erstreckt. Wenn man endlich, nicht ohne Mühe, die Höhe der Felsen erreicht hat, so muß man durch eine lange Waldung, welche jedoch minder steil und beschwerlich ist, auf der Neuenburger Seite herabsteigen, und das Schloß Vaurmarkus linker Hand lassen. Jenseits dem Gebürge, von Vaurmarkus an, gegen Neuenburg hinein, wird der Boden immer fruchtbarer und angebauter, und die Wälder, Berge und Wildnissen entfernen sich je länger je mehr. Oberhalb Vaurmarkus, tiefer ins Gebürge hinein, liegen die Dörfer Vernea und Provence, welches letzte theils zum Neuenburgischen, theils aber nach Granson gehört. Dieses ist überhaupt die Beschaffenheit des Kriegs-Schauplatzes, auf dem die erste, nicht sowol wegen der Stärke der beydseitigen Armeen oder wegen der Menge der Erschlagnen, als ihrer besondern Umstände wegen merkwürdige Schlacht im Burgunder-Kriege vorfiel, und dessen Gestalt sich seither nicht gar sehr verändert hat.

Als das Burgundische Heer vor Granson ankam, so marschierte der größte Theil desselben über Montagni, das Dorf, das Schloß und die Weinberge daselbst Rechts behaltend, in die Ebene, über das Arnon-Flüßgen gegen Champagne, schwenkte sich Rechts herum, und rückte zwischen Corsalette und der Poißine bis an den See hinunter, so daß Granson auf allen Seiten eng eingeschlossen wurde. Die Burgunder kampierten, unsers Erachtens, in folgender Ordnung: Ihr rechter Flügel stieß an die von den Schweitzern zugrundgerichtete Stadt Iferten, und war hiemit durch die Toile gedeckt. Von hier lief die Linie hinterm Fief-Pitet durch, gegen Montagni, wo sich das Hauptquartier des Herzog Karls befand. Daselbst kann man den Anfang des feindlichen Centrums festsetzen, wo die Linie hinter den Weinbergen weg, schräg durch die Ebene bis an die Arnon, und jenseits dieses Wassers gegen Champagne fortlief. Von da weg zog sie sich Links zwischen Corsalette und der Poißine hinter einer kleinen Erdhöhe herunter, deren Abdachung gegen Norden abfällt; so daß der linke Flügel, der bey Champagne, linker Hand des Dorfs, anfieng, sich bis an den See erstreckte, und von solchem gedeckt wurde. Da indessen ein Heer, welches, nach dem genauesten Maaßstabe, 70000. Mann stark gewesen, und mehr als 200. Kanonen mit sich geführt haben soll, einen weit grössern Raum brauchte, so ist leicht zu erachten, daß ein grosser Theil desselben, vornämlich die Reiterey, welche bey Belagerungen wenig oder nichts thun konnte, in den hinter der Linie befindlichen Gegenden und Dörfern, z. E. zu Treikovagne, Valeire *), Fiez, u. s. f. verlegt werden mußte.

*) Dieses Valeire wird mit dem Zunamen für Granson von einem andern Dorfe gleichen Namens unterschieden, welches unweit Orbe liegt.

Orbe, welches wieder in Vertheidigungsstand gebracht, und besetzt worden war, deckte den Rücken der Burgundischen rechten Flanke; die Pässe von Joigne und St. Croix, welche in des Herzogs Gewalt waren, sicherten die Zugänge zum Rücken des Mittelspunkts, und die Zufuhren an Kriegsvorräthen und Lebensmitteln aus Burgund; auch hielt sich Karl durch den beschwerlichen, und deßwegen unbesetzt gelassenen Paß bey der Karthaus von la Lame im Rücken seines linken Flügels für gesichert. Wir wollen aber an seinem Ort zeigen, welche schlimme Folgen die Unterlassung dieser Kriegsvorsicht den Burgundern auf den Hals gezogen hat.

In dem Burgundischen Feldlager vor Granson herrschte ein wahrhaft orientalischer Pracht; denn Herzog Karl, sowohl als die Fürsten, welche, theils aus Furcht vor ihm, theils auch aus politischen Absichten, und um seine einzige reiche Erbtochter, die Prinzeßin Maria, nachherige Gemahlin Kaiser Maximilian I. zu erhaschen, seinen Fahnen nachzogen, oder ihm durch ihre Gesandten aufwarten ließen, wohnten unter den schönsten seidnen, mit Gold und Silber durchwirkten Zelten. Die Trutz- und Schutzwaffen der Fürsten und der vornehmsten ihres Adels, waren vom hellsten aufs feinste polierten Stahl, mit Gold und Silber künstlich eingelegt und geziert, die Helme mit grossen Federbüschen von verschiednen Farben aufgeputzt, und ihre Streitgäule von den stärksten und raschesten Spanischen, Neapolitanischen und Englischen Pferden. Diese waren ebenfalls mit den prächtigsten Roßpanzern, und kostbaren purpurfarbnen, mit Gold, Silber und Perlen reich gestickten und verbrämten Decken, oder mit den schönsten Luchs- und Parderfellen umgürtet und belegt. Die Zäume und Gebisse hatte man mit Elfenbein und Silberdrat durchflochten und ausgeziert, und die Hengste trugen überdieß, gleich ihren Reitern, vielfarbigte Federſträuſſe auf den Köpfen. Der Herzog von Burgund hatte zu gröſſerm Beweiſe ſeiner Herrlichkeit faſt alle, von ſeinen Vorfahren und ſeinem Vater, Herzog Philipp dem Guten, ererbten Reichthümer an Baarſchaft, Kleidern und Kleinodien, deren Verzeichniß in unſern Schriftſtellern hin und wieder vorkömmt, mit ſich zu Felde genommen, und es herrſchte in ſeinem Lager ein, in dem armen Schweitzerſchen Berglande zuvor noch nie geſehener Ueberfluß und wahrhaft fürſtlicher Pomp, welcher das Burgundiſche Heerlager einem Perſiſchen gleich machte.

Die Burgundiſche Artillerie wurde, unmittelbar nach der Ankunft des Herzogs Karl, auf der groſſen Anhöhe bey Montagni, in verſchiedenen Batterien aufgepflanzt, und aus dieſen die Stadt und das Schloß zu Granſon am meiſten und nachdrücklichſten beſchoſſen. Andre Batterien waren in der Ebene am Arnon errichtet, und alle Furten und Zugänge an dieſem Waſſer ſtark verſchanzt, und mit mehr als 50. der gröſten Feldſchlangen beſetzt, um den Schweitzern, bey ihrem Anmarſche zum Entſatze, deſto nachdrücklicher zu begegnen. Auch gegen dem See wurden Batterien gerichtet, um allen, von Murten oder Stäffis nach Granſon ſegelnden Zufuhren und Verſtärkungen das Anländen zu verwehren; zu welchem Ende auch einige Völker in das Dorf Comiſe verlegt waren. Wahrſcheinlich hielt auch ein Detaſchement Infanterie in gleicher Hinſicht die Karthaus beſetzt.

Die Anzahl und vortheilhafte Stellung der Burgundiſchen Batterien auf den Anhöhen zwiſchen Granſon und Montagni hatte bey der ununterbrochen fortgeſetzten Kanonade verſchiedene beträchtliche Breſchen in die Stadtmauern von Granſon bewirkt, und am 24. Horn. muſten die Schweitzer, nach einem, drey Stunden lang muthig ausgehaltenen Generalſturme, mit Verluſt von

200. der ihrigen sich aus der Stadt ins Schloß zurückziehn. Die Burgunder setzten sich in dem verlassenen
Neste fest, und beschossen am folgenden Tage das Schloß
eben so heftig und ununterbrochen, ja mit verdoppelter
Wuth, um die Besatzung noch vor der Ankunft eines Entsatzes, wovon sie bereits einigen Wind hatten, zur Uebergabe zu nöthigen.

Da die Gewalt bisher noch nicht so viel, als man ver-
hofft, gegen die Schweizer ausgerichtet hatte, so nahmen die Burgunder ihre Zuflucht zur List und zum Be-
truge.

Ein in Diensten des Herzogs von Burgund stehender
Edelmann aus der Waat, Namens Ronchant, über-
nahm es, die Besatzung von Granson zu berücken, und
in Karls Hände zu liefern. Versprechungen, Ueberredun-
gen, alles wurde angewandt, um die einfältigen Schweizer ins Garn zu locken. Das lange Ausbleiben des Entsatzes, die fehlgeschlagene Hofnung der ihnen von Stäffis
aus zugesandten Verstärkung u. s. f. und die seit dem
Anfange der Belagerung ausgestandenen Gefahren und
Beschwerlichkeiten, machten die Besatzung muthlos, und
bestimmten vollends ihren Entschluß, sich auf gute Bedinge
zu ergeben; und am 29. Horn. zogen sie aus dem Schlosse
ab. Allein wie groß war die Bestürzung dieser Leuthe,
als man ihnen deutlich genug zu verstehen gab, daß der
Herzog von Burgund nichts von der Kapitulation wissen
wollte; und noch grösser mußte sie werden, da sie umringt, gefesselt, und auf den Befehl dieses stolzen und er-
grimmten Fürsten auf eine eben so grausame als treulose
Weise theils an die nächsten Bäume gehängt, theils aber
im Neuenburger-See ertränkt wurden. Herzog Katl
wollte seine Grausamkeit damit bemänteln: Die Schweizer hätten bey der Eroberung von Eroclees, Orbe,
Stäffis u. s. f. die Besatzungen dieser Plätze gleichfalls

ohne Verschonen niedergemacht, und darum galt er ihnen das Gegenrecht. Es ist freylich nicht ohne Grund,
daß auch von den Schweitzern hin und wieder Grau-
samkeiten gegen die Besatzungen der eroberten Plätze begangen worden seyn; aber diese Plätze giengen alle mit
stürmender Hand über, wo die erhitzten Soldaten nicht
sogleich in Ordnung gehalten werden konnten. Man
hat auch gar keine Beyspiele, daß die Schweitzer auf
solche treulose Weise eine Kapitulation gebrochen hätten. Die Rache für jene an der Besatzung zu Granson verübte Grausamkeit blieb aber nicht aus. Denn
von diesem Augenblick an hatte der Herzog von Burgund
weder Glück noch Heil mehr, erlitt innert einem Jahre
drey nachdrückliche Niederlagen, und büßte sogar sein Leben ein. Der unglückliche Fürst dachte am 29. Horn.
1476. als er die Schweitzersche Besatzung von Granson
ausziehn und hinrichten sah, wohl nicht daran, daß er
selbst, schon am 6. Jenner des nächstfolgenden Jahres
vielleicht durch das Schwerdt eines Blutverwandten von
einem dieser Schlachtopfer seines Grimms werde umkommen müssen. Denn die meisten Soldaten von der Besatzung zu Granson waren Berner; und ein Berner war
es, der im Verfolgen vor Nanci den Herzog Karl, obwohl unerkannt, zu den Schatten sandte.

Die Fortsetzung nächstens.

III.

Rüge einer statistischen Lüge.

Abermal ein Pröbchen, wie sehr man sich auf Nachrichten selbst der größten und einsichtsvollsten Männer verlassen kann, wenn sie nur von Hörensagen schreiben; und

ein Land nicht selbst gesehen, oder die Verfassung desselben nur aus Büchern studirt haben.

Der den ganzen Dank des Publikums verdienende französische Ueberseßer der vortreflichen Coxischen Reisen in die Nordischen Reiche giebt uns die Bestäthigung der schon längst gemachten Beobachtung, daß die größten Geschicht-schreiber und Statistiker gemeiniglich ihr Vaterland am wenigsten kennen. Er sagt in einer Note:

Depuis que Mr. *Coxe* a été en Suisse, le Canton de *Glaris*, le *seul* qui conservât l'usage de l'ancien Calendrier, a pris la resolution d'adopter le nouveau. Le premier n'est *plus* reçu que dans une partie des Communautés des Ligues des *Grisons*; & ces sont les Communautés *catholiques*, qui y sont le plus attachées, puisque l'année derniere, quelqu'un ayant proposé à ces Communautés d'adopter le nouveau style, *elles* repondirent, que ce seroit trop accorder aux Protestans, que de retrancher dix jours entiers; mais que s'ils vouloient en retrancher cinq de leur coté, il y auroit moyen de s'arranger.

Erste Anmerkung. Nicht der Kanton Glaris hatte nur allein (seul) den Gebrauch des alten Kalenders beybehalten, sondern auch der Kanton Appenzell Ausser Rhoden; und dort ist er meines Wissens noch in Uebung.

Zwote Anmerkung. Im ganzen Bündtnerlande war und ist auch nicht eine einzige Katholische Gemeinde, welche den alten Kalender beybehalten hätte, als nur allein die Gemeinde Churwalde; und diese einzig und allein aus Liebe zum Frieden und aus Gefälligkeit gegen ihre protestantischen Brüder und Nachbauern, die mit ihnen in einem und demselben Tempel den Herrn aller Herren anbeten.

Also nicht (les catholiques) die Katholischen Gemein-den des Bündtnerlandes hangen am alten Kalender, sondern die Reformirten; und auch diese mehr aus Hang zum Sonderbaren, zum alten Herkommen, und der Gewohnheit ihre häuslichen und Feldarbeiten nach den Kalender-Festen einzurichten, als aus Abneigung gegen eine weise Verordnung des Pabstes.

Dritte Anmerkung. Als man den reformirten Gemeinden in Bündten die Abschaffung des alten Kalenders vorschlug, waren sogleich Chur, Tusis, Jlanz und eine grosse Anzahl anderer willig und bereit dazu, und haben auch wirklich den neuen, trutz des Widerspruchs der alten Weiber, (denn diese waren die einzigen, die sich widersetzten,) eingeführt; einige andere aber gaben zur Antwort: Sie wollten beym alten Herkommen bleiben. Ich behaupte hiemit öffentlich, kühn und keck, daß kein Mensch je, die zwar witzige und lächerliche Antwort des Herrn Uebersetzers irgend einer Gemeinde wird beweisen können. Daß doch Voltairens häßliches Principium: Auf Kosten der Wahrheit witzig zu seyn, auch bey den beßten französischen Schriftstellern Wurzel gefaßt hat!!

Man muß weder die Regierungsverfassung, noch den Grad der Aufklärung, der unter den Vornehmen dieses herrlichen Landes herrscht, kennen, wenn man sie zu solchen Dunsen herabwürdigen will, als sie in jener witzig seyn sollenden Anmerkung geschildert werden.

H. C. Lehmann von Detershagen.

IV.

Auf einiche Beyträgler zu einem gewissen Journale.

Wo nehmen sie das Gift zu allen Pfeilen,
Die Neid und Haß auf ihren Bogen legt?
In Millionen Eiterbeulen,
Die ihnen die Verachtung schlägt.

Joh. Rud. Wyß.

Inhalt.

I.

Taktische Bemerkungen über den Burgundischen Krieg überhaupt, und besonders über
die Schlacht bey Granson.

(Fortsetz. S. das vorhergehnde Heft, S. 293. u. ff.)

Kaum hatten die Burgunder Granson in ihren Gewalt
bekommen, und kaum war der unmenschliche Befehl des
Herzogs an der Besatzung vollzogen worden, als die Nachricht vom Anmarsch eines Schweitzerschen Entsatzes ein-
lief. Schon seit dem 10. Horn. 1476. hatten die Berner alle übrigen Eyd. und Bundsgenossen um Hülfe an-
gerufen, und sichre Verheissungen eines kräftigen Zuzugs
erhalten. Die rauhe und strenge Winterwitterung aber
hatte den Schweitzern so viele Hindernisse in den Weg
gelegt, daß vor Ende desselben Monaths nur noch 8000.
Berner, samt den Hülfsvölkern von Freyburg, Solothurn und Biel, in einem Lager bey Murten standen,
von wo sie nach Neuenburg marschierten, und in der
Gegend dieser Stadt die Ankunft der übrigen Bundsgenossen erwarteten, welche auch in den letzten Tagen des
Hornungs ankamen. Nur die Völker des Herzogen von
Oestreich und die aus Elsaß und Schwaben waren
noch nicht angelangt. In der Meynung, die Besatzung
zu Granson halte sich noch, sey aber wirklich auf dem
Aeussersten, beschloß der Schultheiß von Scharnachtal,

' welcher die Berner anführte, nebſt den Kriegshäuptern der übrigen Kantone, über Boudri und St. Aubin ge= gen Dauxmarkus zu marſchieren, und von dort her, oh= ne die Ankunſt der Oeſtreicher und Deutſchen abzuwar= ten, gerade auf den Feind loszugehn, und Granſon, es koſte was es wolle, zu entſetzen. Dieſe Abſicht erreichten ſie leichter als man vermuthete.

Der Stolz des Herzogen von Burgund war durch die Eroberung von Granſon aufs höchſte geſtiegen, und nun noch durch die Nachricht von dem Anzuge der Verbunde= nen gereizt und beleidigt. Er entſchloß ſich in der erſten Wuth, alsbald auf die Schweitzer loszugehn, und ſie, wie er meinte, zu vertilgen; doch ließ er einen Kriegs= rath von den vornehmſten Anführern ſeines Heers zuſam= menkommen, um ihre Gedanken zu vernehmen.

Obwohl nun eine Verſammlung von Kriegsbefehlsha= bern, zumal von verſchiednen Nationen, und gewöhnlich auch von verſchiednem Intereſſe und entgegengeſetzten Ge= ſinnungen, im Kriege mehrentheils gröſſern Schaden als Nutzen ſtiftet, und den Fürſten oder deſſen oberſten Feld= herrn nicht ſelten in Verlegenheit bringt; ſo hat ſolches doch auch wieder ſeine gute Seite. Prinz Eugen von Savoyen pflegte zu ſagen: Wenn er im Felde nichts thun wolle, ſo brauche er nur ſeinen Kriegsrath zu ver= ſammeln, weil darinn niemals über etwas entſchieden würde; auch trug er kein Bedenken, ſich öffentlich zu äuſ= ſern: „Darum wäre Cäſar ein gröſſrer Feldherr worden „als er, weil jener keine Deputirte (Holländiſche) bey ſich „gehabt, welche ihn an ſeinen Progreſſen gehindert hät= „ten„. Einer von Eugens Nachfolgern im Kommando der Oeſtreichiſchen Armeen, Feldmarſchall Daun, be= diente ſich ſeines Feldkriegsraths, ſo zu ſagen, nur darum, um ſeine Unthätigkeit im ſiebenjährigen Kriege damit zu beschönigen *), und Friedrich der Grosse that, ohne einigen Rathgeber als sein schöpfrisches Genie, die erstaunenswürdigsten Dinge. Indessen, wenn gleich viele Rathgeber oft gute Anschläge verderbt haben, so kann doch auch nicht selten der Rath eines klugen und erfahrnen Mannes viel nützen. Wenn z. E. schon alle Bewegungen und Schritte eines Heers bey den Schweitzern um ein gutes langsamer giengen, als sie wahrscheinlich unter einem einzigen, von andern unabhängigen Feldherrn von statten gegangen seyn würden; so waren hingegen die Rathschläge der versammelten Kriegshäupter meistentheils so wenig übereilt und so reiflich durchgedacht und erwogen, daß, unter der Anführung von solchen des Kriegs erfahrnen Männern, die Sachen nothwendig gut ablaufen mußten; die Burgundischen Heerführer im Gegentheil, obwohl sie meist geprüfte Krieger waren, und Einem Herrn dienten, unterschieden sich in Ansehung ihrer Denkungsart und besondern Absichten, sowohl als durch ihren Charakter und die Verschiedenheit der Nation; denn da waren Deutsche, Flamänder, Engländer, Franzosen, Italiener, Burgunder, und hiemit fast so viele Sinnen als Köpfe.

In diesem Kriegsrathe des Herzogs von Burgund stimmten die beßten, getreusten und erfahrensten Offiziere einmüthig dahin, und riethen Karln an: „Er sollte in „seinem festen und vortheilhaften Lager den Angriff er„warten, und sich auf einem Terrain schlagen, wo er „immer Meister von seinen Bewegungen wäre, und alle „seine Völker und alle Arten von Waffen gebrauchen „könnte.‟ Dieser Rath war der beßte und der Klugheit

*) Die Schlacht bey Breslau am 22. Nov. 1757. und der Ueberfall bey Hochkirch am 14. Oct. 1758. hatte Daun meistens seinem damaligen Unterfeldherrn, dem jetzigen Feldmarschall Lasci, zu danken.

gemäſſeſte, aber dem ſtolzen und verwegenen Gemüthe des
Herzogs nicht am willkommenſten; und eben ſo wenig
dem Intereſſe König Ludwigs XI. von Frankreich an-
gemeſſen, welcher ſeinen Feind, den Herzog Karl, mit
Hinterliſt fällen wollte, und zu dieſem Ende verſchiedene
Burgundiſche Feldherren mit vielem Golde erkauft hatte.
Dieſelben alſo, und unter ihnen Comines, welcher die
Geſchichte dieſer Kriege, obwohl ſehr unvollkommen und
unzuverläßig, beſchrieben, Creveceour, Campobaſſo,
des Herzogs Günſtling, u. ſ. f. überredten ihren Herrn:
„Er ſollte dieſen kleinmüthigen, und ſeinem Waffenruhm
„ganz nachtheiligen Rath, wie ſie ihn nannten, verwer-
„fen, mit ſeiner völligen Macht ausrücken, den Schwei-
„tzern entgegenziehn, und ſie ſelbſt angreifen; es werde
„ihm ein leichtes ſeyn, ſeine Gegner, welche bey weitem
„kein ſo groſſes Heer ins Feld ſtellen könnten, mit Einem-
„mal übern Haufen zu ſchmeiſſen, und durch einen ſo
„nachdrücklichen Streich die Schweiz in Schrecken zu
„ſetzen, und zu erobern, u. ſ. f.„. Der ſtolze und übermüthige Karl ließ ſich durch die ſcheinbaren Gründe dieſer Verräther in ſein Unglück führen; denn der Himmel
verblendte ihn, und an ihm erwahrten ſich die Worte des
Deutſchen Dichters *):

> Kühnheit iſt Göttergabe!
> Nichts Edleres gaben ſie!
> Ueber den Stolzen goſſen die Düſen
> Verwegenheit in Strömen aus!

Wir wollen hier ein wenig ſtehn bleiben, um unſern
Leſern die gewaltige Unbedachtſamkeit des Herzogs von
Burgund recht in die Augen fallen zu machen.

*) Hermann und die Fürſten, ein Bardiet von Klopſtok.
Hamburg 1784. S. 8.

Das Burgundische Lager war, nach der Eroberung des Platzes Granson, eines der vortheilhaftesten, das man finden konnte. Wir haben schon gesagt, daß die Furten der Arnon verschanzt, und mit einer starken Artillerie besetzt waren.

Durch die Eroberung von Granson wurde durch einen kleinen Contremarsch die Stellung des Burgundischen Heers auf das vortheilhafteste verändert, und war also beschaffen: Der rechte Flügel lehnte sich nunmehr an den See, und konnte durch das Feuer aus dem Schlosse zu Granson bestrichen werden; er stand auch auf eben der Lisiere von kleinen Erderhöhungen, welche diesen Flügel, der vorher den linken ausmachte, gegen das Schweitzersche Geschütze gedeckt hatten. Dieser Flügel gieng bis hinter Champagne hinaus, und wurde durchgängig von der Arnon, welche untenher Poißine in den Neuenburger-See fließt, in einiger Entfernung längs der Fronte vor einem Angriffe gesichert. Poißine selbst, Corsalette und Comise, nebst der Karthaus la Lame, waren mit Detaschementern von Infanterie besetzt, und diese von Distanz zu Distanz durch Reiter-Divisionen unterstützt, und dienten zu Vorposten, um einen anrückenden Feind aufzuhalten, und der Armee Zeit zu geben ins Gewehr zu tretten. Das Centrum der Burgunder lief hinter den verschanzten Furthen der Arnon hinauf, und wahrscheinlich stützte sich der linke Flügel, zwischen welchem und der Mitte die Dörfer St. Maurice, Orgi, u. s. f. vorwärts lagen, fast an Wittebeuf an. Onnens und Bonviller befanden sich weiter vor der Fronte des Centrums am Fuße des Jura-Gebürgs; Montagni lag im Rücken des Heers. Die auf den dasigen Rebhügeln gepflanzten Batterien schossen über die Schlachtordnung hinaus, und bestrichen das ganze Terrain vor der Fronte; so daß die Schweitzer nicht nur unterm Feuer der am Arnon po-

stierten feindlichen Artillerie, sondern auch unter einer gewaltigen Kanonade des längs der ganzen Feindes-Fronte
und auf den Weinbergen vor Montagni vertheilten Ge-
schützes, über das Wasser hätten defilieren müssen, einen
harten Stand gehabt, und viele brave Leuthe verloren haben würden, ehe sie einmal mit den Burgundern handgemein worden wären. Man muß also billig erstaunen,
daß Herzog Karl unüberlegter Weise so viele Vortheile der
Natur und Kunst fahren ließ, um einem Feind' ent-
gegenzugehn, dessen Muth seine Völker schon zu mehrern Malen erprobt hatten.

Dem Entschlusse und den Befehlen ihres Herrn zufolge,
machten die Burgundischen Feld-Obersten alle Anstalten
zum Aufbruche, der auf folgenden Morgen den 4. Merz
bestimmt war.

Unmittelbar nach der Eroberung von Granson hatte
Herzog Karl durch einen seiner Feldherren und nahen
Blutsfreunden, den Bastart Anton von Burgund, mit
einem Korps Infanterie und Kavallerie, das jenseits der
Karthaus und des Jura-Passes gelegene ziemlich feste
Schloß Daurmarkus, welches durch einige Mannschaft
des Marggrafen Rudolf von Hochberg, Herrn zu
Neuenburg, besetzt war, wegnehmen lassen; hieburch
bekam er einen Fuß und vortheilhaften Posten im Neuenburgischen, der dem Herzoge von vielem Nutzen seyn
konnte, wenn er nicht blindlings seinem Kopfe gefolgt
wäre. Denn obwohl Marggraf Rudolf eine genaue Neu-
tralität für seine Grafschaft Neuenburg beobachten wollte, und darum auch die Zugänge gegen Burgund mit
Völkern besetzt hatte, auch sein Sohn, Marggraf Philipp, einer von Karls Feldherren war; so kehrte sich dieser dennoch nicht daran, sondern wollte, unterm Vorwand daß die Schweizer ein gleiches thäten, seinen Weg
durch die Grafschaft nehmen. Darinn nun, daß der Her-

zog von Burgund des Postens zu Vaurmarkus sich be-
meisterte, that er ganz wohl, und handelte, wo nicht den
Kriegsregeln, welche damals noch sehr wenig gekannt und
befolgt wurden, doch der Klugheit gemäß. Allein dabey
hätte er nicht still stehn sollen; sondern er mußte sogleich
wenigstens das ganze Korps des Bastarten von Burgund
a Portee dieses Postens setzen, um denselben kräftig zu
unterstützen, im Falle, wie leicht vorauszusehn war, die
Schweizer solchen wieder wegnehmen wollten. Der
Herzog mußte auch den Paß und Kamm der Gebürgshöhen bey der Karthaus mit einem hinlänglichen Detaschement besetzen, um auch dannzumal, wenn je die Schweizer sich des Schlosses von Vaurmarkus wieder bemächtigen sollten, ihnen den Fortmarsch über das Gebürge zu
versperren, oder doch dem Hauptheer den Paß zum Entsatze dieses Schlosses frey zu behalten. Uns dünkt es, der
Herzog hätte beyden Absichten dadurch ein Genügen leisten können, wenn er den Bastarten von Burgund in
einer zweckmäßigen und vortheilhaften Stellung auf dem
Kamme des Bergrückens oberhalb la Lame postiert, mit
genugsamer Artillerie versehn, und ihm Befehl, sich zu
verschanzen, ertheilt hätte.

Das allerbeste, sicherste und der militärischen Klugheit
angemessenste aber war wohl dieses, daß Herzog Karl,
wenn er je den Schweizern auf den Leib gehen wollte,
gleich bey erhaltener Nachricht von ihrem Anzuge, mit
ganzer Macht eiligst aufgebrochen, über la Lame hinaus
marschiert, und in den für ihn zum Treffen besser gelegenen Gegenden jenseits Vaurmarkus hinaus deploijert
wäre. Denn im Kriege ist es eine Hauptregel, lange Defileen oder enge Pässe hinter sich, und wirklich zurückge-
legt zu haben, wenn man mit dem Feinde schlagen will;
und wir finden, daß unter den größten Feldherren neuerer Zeit Friedrich der Grosse diesen Grundsatz genau

befolgte, als er im Sept. 1756. den Feldmarschall Brou-
ne durch eine Schlacht verhindern wollte, den Sachsen
entgegen zu gebn, und sie zu befreyen; indem er durch
ein Korps unterm Herzog von Bevern, welches sich zwischen Welmina und Aujest setzen mußte, die Anhöhen
und Defileen von Baskopol besetzen ließ, und sich dadurch dieser beschwerlichen Eingänge in Böhmen dermaassen versicherte, daß er, sobald er wollte, mit seinem
ganzen Heer in die Flächen von Lowositz und Sulo-
witz debouchieren konnte, welches zum glücklichen Aus-
gange der am 1. Okt. gleichen Jahrs daselbst gelieferten
Schlacht nicht wenig beytrug *).

Am 4. Merz brach der Bastart von Burgund, welcher wieder zum Burgundischen Hauptheere hatte stossen
müssen, mit der Avantgarde auf. Diese bestand in 20000.
Reitern, welche unter ihm die Grafen von Ravenstein
und Marle, und der Freyherr von Chateauguyon kom-
mandierten. Schon diese Anordnung zeigt die blinde Toll-
kühnheit des Herzog Karls mehr als zu deutlich; denn
welcher kluge Feldherr ließ sich's bisher noch beygebn,
in einer engen und bergigten Gegend, in welcher noch
überdieß beschwerliche Wege zu paßieren waren, und, so
zu sagen, à la barbe de l'ennemi, mit der schweren Kavallerie die Tete und den Vortrab seines Heers machen
zu lassen; an Orten zumal, wo ein Paar hundert Bauern
mit Stöcken und Steinen diese schwerfälligen Kolossen
ungestraft übel mißhandeln, ja gar über die Felsen hinab
in den Neuenburger-See sprengen konnten. Sogar
der stolze und mehr als übermüthige Xerxes würde es
kaum gewagt haben, Thermopylä, wenn solches auch
unbesetzt gewesen wäre, mit der Persischen Reiterey zuerst
zu paßieren! Aber es war einem Leopold bey Morgar-

*) Gesch. des siebenjähr. Kriegs in Deutschl. Mit Anmerk. von
Gen. Loyd u. Oberstlieut. Tempelhof. S. 42.

ten und Karl dem Kühnen bey Granson vorbehalten,
sich Dinge in den Kopf zu setzen, welche dem Asiatischen
Sultan schwerlich zu Sinn gestiegen wären, und woran
heut zu Tage auch nicht einmal ein sehr mittelmäßiger
Anführer denken würde. Weil indessen im Kriege auch
der geringste Fehler nicht ungestraft bleibt, so wurden
auch der Oestreicher am Morgarten und der Bur=
gunder bey Granson für die ihrigen nachdrücklich ge=
züchtigt, wie wir jetzt gleich sehen werden.

Die Kommandanten der Burgundischen Kavallerie
hatten Befehl, sich hart bey der Karthaus am Fuße des
Gebürgs in zwey Flügel zu formieren, sobald das Gefecht
mit den Schweizern angegangen wäre; und zwischen
diese sollte ein Theil des Fußvolks, besonders die Engli=
sche und Wallonische Garde des Herzogs zu stehn kom=
men. Letztre waren bestimmt, die Avantgarde zu unter=
stützen. Herzog Karl selbst stand an der Spitze eines
Korps der auserlesensten Karabiniers und Speerreitern,
unweit einer Batterie, welche auf einem kleinen Hügel
rechter Hand der Straße von Corcelette nach Comise er=
richtet war, und die Kavallerie, im Fall sie zurückgetrie=
ben würde, bedecken sollte. Die Kavallerie von der Avant=
garde hatte noch die Bestimmung, ein Detaschement leich=
ter Infanterie, welches etwa 12,1500. Mann stark im
Gehölz am Passe von la Lame nach Daumarkus po=
stiert stand, zu unterstützen.

Man muß die ganze Gegend und das Terrain bey Co=
mise, la Lame u. s. f. genau kennen, um die Dispositio=
nen des Herzogs von Burgund gehörig beurtheilen zu
können. Schon sein bloßes Vorhaben, mit Verlassung
aller Vortheile, welche ihm Natur und Kunst vielfältig
darboten, den Schweizern entgegenzurücken, war der
Klugheit sowohl als seinem eigenen Interesse zuwider;
und das Manöver, mit der Kavallerie die Avantgarde zu

formieren, höchst elend. Dabey blieb es aber noch nicht; sondern man sahe nur, wie wenig Beurtheilungskraft, Augenmaaß und Terrainkenntniß der sonst so kriegserfahrene Sieger von Montlehery hier zeigte. Das Terrain zwischen dem Jura und dem See ist zunächst bey der Karthaus kaum ein Paar hundert Schritte breit, sehr uneben, und damals mochte es noch um ein gutes buschigter und koupierter seyn, als heut zu Tage. Auf diesem soll sich eine ganze Reiterey in Schlachtordnung formieren, und, wenn sie vom Feinde gedrängt wird, sich unter Begünstigung einer, hinter ihr placierten Batterie durch andre Schwadronen zurückziehn, und hinter der Infanterie wieder setzen! Hier aber, wo das Terrain so schmal und uneben war, konnte dieß vollends alles nicht platzfinden; man mußte den Feind für gutmüthig oder dumm genug halten, daß er die einmal geworfne Kavallerie unangetastet und im Frieden würde haben hinziehen lassen, und sie nicht vielmehr in ihr eigenes Kanonenfeuer und auf ihre eigene Infanterie zurückgeschmissen hätte. Jeder andre Mensch, als der Herzog von Burgund, oder seine mit Französischem Gelde bestochene Feldherren und Höflinge, konnte mit Händen greifen, daß dieses Terrain nicht einmal eine mittelmäßige Linie von Infanterie, geschweige denn mehrere Schwadronen Kavallerie nebeneinander fassen möchte, und daß wenn letztre nur ein wenig in Verwirrung gerieth, solche allgemein werden, und selbst den Gebrauch der Infanterie und Artillerie unnütz machen würde. Mit Einem Wort, die Schlachtordnung der Burgunder zwischen Granson und la Lame hatte viel ähnliches mit derjenigen, welche Darius vor dem Treffen bey Issus annahm. Auch Er steckte seine grosse Kriegsmacht in die Cicilischen Bergengen, wo er sie am wenigsten gebrauchen konnte. Ein gleiches that Herzog Karl; und gleichwie jener von Alexandern, also wurde dieser hier von den Schweizern geschlagen. Zu dem allem setze man den unglücklichen Einfall, einen für die Burgunder so wichtigen Paß, wie der bey la Lame war, so zu sagen im Augenblicke des feindlichen Anmarsches, nur mit 12=1500. Mann leichter Infanterie zu besetzen, und solche durch blosse Kavallerie, welche fast nirgends agieren konnte, unterstützen zu lassen. Und alsdann sage mir einer: Daß Karl nicht hätte sollen geschlagen werden!

Die Schweizer waren am nämlichen Morgen schon in voller Bewegung; sie hatten ihre, zwischen Neuenburg und St. Aubin kantonierten Völker zusammengezogen, und nach dem Schlusse ihres Kriegsraths in Einer Kolonne den Marsch angetretten, um Granson, von dessen Uebergabe und dem traurigen Schicksale der dortigen Besatzung sie noch gar nichts wußten, zu ensetzen. Das vereinigte Heer belief sich auf 22.23000. Mann, fast lauter Fußvolk, und führte 20=30. Kanonen mit sich; unterwegs wurde dasselbe durch den größten Theil der am Paß bey Verriere gestandenen Mannschaft verstärkt, und machte sich nun zum schlagen fertig.

Der Herr Verfasser der neuern Hist. Milit. des Suisses meldet: „Die Völker des Herzog Siegmunds von „Oestreich, der Bischöfen von Basel und Straßburg, „und der Reichsstädten im Elsaß, welche 2000. Büchsen= „schützen und 3000. Reiter stark, und unter der Anfüh= „rung Graf Oswalds von Thierstein und des Frey= „herrn von Eptingen in vollem Anmarsch gewesen, um „zu den Eidgenossen zu stossen, wären erst am Abend „nach der Schlacht, oder gar am Tage darnach, bey densel= „ben angekommen„; also, ausser der wenigen Reiterey von Bern und Basel, gar keine Kavallerie beym vereinigten Heere gestanden *). Stettlers kleinere Chronick hingegen belehrt uns: „Es hätten sich 7.800. Reiter von

*) Tom. II. p. 487.

„Oestreich, Straßburg, u. s. f. dabey befunden, wel-
„che aber am Tage der Schlacht selbst entweder auf die
„Fütrung geritten, oder zuletzt in der Arrieregarde mar-
„schiert, und kaum noch zum Verfolgen des Feindes zu
„rechter Zeit angelangt wären „ *). Beyde Erzählungen
können aber darinn miteinander bestehn, daß etwa am
nämlichen Morgen, als die Schweizer aufgebrochen,
oder bey Vernehmung, daß es zum Treffen kommen würde, die bestberittenste Deutsche Kavallerie ihren Marsch
beschleunigt, und, obwohl erst gegen dem Ende der Schlacht,
beym verbündeten Heere sich eingefunden, und den fliehenden Feinden nachgehauen habe.

Die Anführer der Eid- und Bundsgenossen suchten
den von ihnen begangenen Fehler, daß sie den Posten von
Vauxmarkus so leicht hatten in feindliche Hände gerathen lassen, zu verbessern, und solchen, da sie dessen Wichtigkeit nunmehr einsahen, auf der Stelle wieder wegzunehmen. Sie waren eben im Begriff, ihre Völker zum Sturm
zu befehlnen, als ihnen das Feuer aus kleinem Gewehr
und die einkommenden Berichte meldeten, daß Schwarz-
maurer und von Mülinen, mit der leichten Infanterie,
das Korps von Rosinbos, nach einem heftigen Widerstande, vom Paß oberhalb la Lame vertrieben und zu-
rückgeworfen hätten. Zugleich erfuhren sie von jenen zwey
Befehlshabern, daß die Burgunder in vollem Anmar-
sche, und bereits die ganze Kavallerie, nebst einiger Infanterie und Artillerie, am Fuße des Bergs bey der Karthaus im Formieren begriffen wären, und ihnen immer
mehrere Kolonnen Fußvölker nachfolgten. Auf dieses hin
ließ der Feldherr und Schultheiß von Scharnachtal und
Ritter Johann von Hallweil, ihre zum Sturme fertige
Völker rechtsum machen, und in starken Schritten, oberhalb Vauxmarkus, die Dörfer Norea und Provence
rechts behaltend, gegen den Wald marschieren; die übri-
*) I. Theil. L h. a.

gen Bundsgenoffen folgten ihnen, und es wurden nur et-
niche Mannschaften von Bern zu Beobachtung der Befa-
ßung in Daurmarkus zurückgelaffen. Alle diese beydfei-
tigen Anstalten und kleinen Vorfälle währten bis um 10.
Uhr Vormittags.

Die Burgunder waren noch immer mit Formierung
ihrer Linien beschäftigt, (wovon die erste und vorderste,
welche, wie gemeldt, aus lauter Kavallerie bestand, um
den nachfolgenden Plaß zum Aufmarschieren zu geben,
sehr nahe am Gebürge und in einem beschwerlichen Terrain zusammengedrängt war,) als sie durch das zurück-
geworfene Korps des von Rosinbos den Anmarsch der
Schweizer vernahmen. Da diese leßtern in einer Kolonne nur sehr langsam marschierten, und zugleich aus
Vorsicht, um den Vortheil der Anhöhe zu behalten, sich
von der gebahnten Strasse mehr rechts gewendet, und also einen äusserst ungebahnten Weg durch dichte Waldung
und Gebüsche zu paßieren hatten; so konnten sie nicht eher
als um den Mittag aus solchen heraus, und in die Weinberge vor Cottise und la Lame hervor deboushieren,
und sich mit verdoppelten Gliedern in Bataille formieren.
Ihre Stellung war nunmehr folgende: Die Avantgarde,
oder der rechte Flügel, 4-5000. Mann stark, formierte
sich an den Gebürgshöhen des Jura dermaassen, daß
er Front gegen dieselben machte, und die gebahnte Strasse
von Neuenburg nach Granson im Rücken behielt; die
äusserste rechte Spiße dieses Flügels wurde wahrscheinlich
durch die waldigten Abhänge und Gründe des Jura gedeckt, und die linke lief so weit vor, daß sie an die rechte
Flanke des Korps de Bataille anstieß, welches Front gegen Granson machte, und bey welchem sich alle Panniere
der Eid. und Bundsgenossen befanden. Dieses bestand
aus 10000. Mann, lauter auserlesene Infanterie, und
hatte auf einer kleinen Anhöhe rechter Hand 20-30. Kano-

nen vor sich. Rechts und Links neben dem Centrum war die Schweizersche leichte Infanterie in zwey Divisionen aufmarschiert, und deckte die Flanken des Korps de Bataille und des rechten sowohl als des linken Flügels, oder des Korps de Reserve, welches von gleicher Stärke wie jener war, und gegen den Neuenburger-See Front machte; so daß dieser Flügel rechter Hand an die linke Flanke des Centrum und der daselbst postierten leichten Infanterie, links aber wieder an die Abhänge und Gründe des Gebürgs nächst dem See anstieß. Diese Stellung des Eidgenößischen Heers war also einem Griechischen II. ähnlich, dessen geschloßne schmale Linie Front gegen Granson präsentierte, weil es das enge, gebürgigte und mit Waldung durchschnittene Terrgin nicht anders zuließ.

Die Schweizer waren kaum gänzlich durchmarschiert, als sie durch ihre, auf bemeldter kleinen Anhöhe gepflanzten Kanonen, die ihnen vor der Stirne stehnden Schwadronen des Freyherrn von Chateauguyon lebhaft beschossen, und solche, sowohl als die Englische und Wallonische Leibwachen des Herzogs von Burgund, nicht wenig beschädigten. Diese Infanterie war eben im Begriffe, sich zwischen der Kavallerie, welche unter bemeldtem Freyherrn und dem Bastarten von Burgund den rechten und linken Flügel ausmachen sollte, zu formieren, welches aber zu der entstehnden Verwirrung viel beytrug. Die Burgundischen Karthaunen und Feldschlangen konnten der Schweizerschen Artillerie mit keinem Nachdruck antworten, weil sie schlecht bedient und meistens zu hoch gerichtet waren.

Herzog Karl hatte sich von seinen Garde du Korps zu Pferde hinweg, und zur Kavallerie des von Chateauguyon begeben, um die Stellung der Eidgenossen zu besichtigen, und seine Maaßregeln darnach treffen zu können, als er dieselben mit einmal aus dem Gehölze heraus-

marschieren sah. Dieses befremdete ihn aber nicht so
sehr, als das plötzliche Niederfallen derselben, um auf
den Knien das gewöhnliche Schlachtgebet zu verrichten.
Sein Stolz verleitete ihn zu glauben, dieß geschähe nur,
ihn um Gnade zu flehn; und in diesem Wahne wurde er
durch das grausame Geschrey seiner Garden und der Kavallerie bestärkt, welches mit Schimpfworten gegen die
Schweizer vermischt war. Karl schwur bey St. Jör-
gens und seiner Ehre: Er wolle dieses Lumpengesindel
ohne Verschonen niedermetzeln laßen! und ertheilte sofort
Befehl, daß Chateauguyon mit seiner Reiterey den
Schweizern auf den Leib gehn, und sie zu Boden tretten
sollte. Dieß war aber leichter gesagt als gethan. Denn
obwohl die Kavallerie, diesem unvernünftigen Befehl zufolge, in vollem Trabe auf das Centrum der Eidsgenoß-
sen anrannte, so war ihr nicht nur das enge und beschwerliche Terrain bergauf ganz zuwider, so daß sie sich
weder recht rühren, noch in gehöriger Ordnung bleiben
konnte, sondern die Eidsgenossen standen so mauerfest,
daß alle Angriffe vergebens waren, und die ganze Kavallerie des von Chateauguyon mit Einbuße vieler Todten, unter denen sogar dieser Anführer selbst sich befand,
in Verwirrung zurückgehen mußte; derselbe hatte seine
Person dermaaßen gewagt, daß er dreymal auf dem Punkte
war, daß Panier von Schweiz zu ergreifen, darüber
aber von Hansen von der Grub, einem Berner, erschlagen wurde.

Zu gleicher Zeit, als Chateauguyon angriff, gieng
der Bastart von Burgund mit seinem Reiterflügel, welcher linker Hand der Herzoglichen Fußgarden an einem
Eichwalde postiert stand, durch diesen Wald auf die rechte
Flanke der Eidsgenossen los. Das für die Kavallerie
zum agieren äußerst unbequeme Terrain brachte die natürliche Wirkung hervor, daß die anprellenden Schwadronen

hier sich öfneten, dort sich aufeinander warfen, wankten, und in ziemlicher Unordnung angriffen; so daß, bey dem unerschrockenen Widerstande, mit dem sie empfangen wurden, ihr Anfall eben so fruchtlos ablief. Sich unterm Feuer und in der Nähe der Eidsgenossen wieder zu formieren, war zu gefährlich, und das Terrain ließ es ebenfalls nicht zu; und dennoch wagte der Bastart von Burgund einen wiederholten aber eben so schwachen Angriff auf das Schweizersche Fußvolk. Aber nun geschah, was nothwendig geschehen mußte: Die, durch verschiedene mißlungene Angriffe muthlos gemachte und in Verwirrung gebrachte Burgundische Kavallerie warf sich auf das hinter derselben stehnde Fußvolk zurück, weil der enge Raum, auf dem sich Karls Völker formiert hatten, nur sehr kleine, oder gar keine Intervallen gestattete, durch welche sich die geschlagenen Schwadronen hinter ihre Infanterie zurückziehen konnten. Dieß war die erste Folge von Herzog Karls schönen Disposizionen! Nun frage ich einen jeden, der nur die mittelmäßigste Kenntniß von Taktik und Terrain hat: Ob nicht die beßte und braofste Kavallerie, von der furchtbaren Preußischen an bis auf die elende Chinesische und Siamische Reiterey hinunter, auf eine so unzweckmäßige Weise postirt und zum Treffen geführt, gegen eine ungleich schlechtere Infanterie, wenn sie auch ohne grobes und kleines Geschütz, und bloß mit Spiessen und Steinen bewafnet wäre, an und für sich selbst den Kürzern ziehn, und noch von Glück reden müßte, wenn sie von einer solchen Schlachtbank noch mit blauem Auge davonkommen könnte?

Die Schweizer bemerkten kaum die unter den Feinden einreissende Verwirrung, als sie dieselbe zu vergrössern und zu benutzen suchten. Das Feuer aus ihrer Artillerie wurde daher verdoppelt; und ihre ganze Infanterie avancierte, mit Rechts- und Linksherumschwenken beyder Flan-

ken

ten, jedoch ohne sich völlig aus ihrem Vortheile zu begeben, auf die feindliche los. Diese war, gleich ihrer Kavallerie, ohne genugsame Zwischenräume in das enge Terrain zwischen dem Gebürg und dem See eingedrängt, konnte
keinerley Bewegungen machen, oder sich des grossen und
kleinen Gewehrs bedienen, um ihre Kavallerie zu vertheidigen, welche nunmehr auf sie selbst zurückgeprellt war.
Die Burgundische Infanterie mußte sich überdieß, aus
Mangel des nöthigen Terrains, anstatt mit einer grossen
und breiten Fronte, um die Schweizer zu überflügeln,
in verschiednen kleinen Linien hintereinander formieren,
so daß die hintersten Abtheilungen, welche sich erst zu formieren begonnten, dichte vor der Arnon aufzumarschie-
ren gezwungen waren.

Ungeachtet aller Bemühungen der Burgundischen Feldherren und Herzog Karls selbst, der seine Leuthe mit
blossem Schwerdte Stand zu halten zwingen wollte, machten die vordersten Rechtsumkehrt, liefen zurück, und stürz-
ten eine Linie nach der andern übern Haufen. Die Verwirrung wurde nunmehr allgemein; Infanterie und Kavallerie flohe über und durcheinander, wie Heerden von
schüchternen Schaafen vor einem reissenden Wolfe. Herzog Karl tobte und schäumte vor Wuth wie ein ange-
schweißter Eber; und da weder Verheissungen noch Drohungen etwas fruchten wollten, so hieb er selbst einige von
den verzagtesten Flüchtlingen zusammen; aber alles umsonst! Tausende rissen Tausende mit sich fort; er selbst
ward von dem Strome gleichfalls dahingerissen, und das
Schrecken so groß unter den Burgundern, daß sie nicht
einmal in ihrem verschanzten und mit vielen Kanonen bepflanzten Lager jenseits der Arnon Stand halten wollten,
sondern dieses alles im Stich liessen, und ihr Heil nur in
der Flucht suchten. Zu diesem trugen die Schweizer
das ihrige bey; konnten aber kaum die Hintersten errei-

chen, obwohl sie so schnell marschierten, als es ihnen, bey einem, seit Morgens frühe gethanen, langen und beschwerlichen Marsche nur möglich war.

Wenn die Kavallerie, oder die unzweckmäßige Anwendung derselben, eine von den Hauptursachen der Burgundischen Niederlage bey Granson war, so verursachte hingegen der Mangel an solcher, oder ihre Entfernung vom eidsgenößischen Heere, daß die Schweizer ihren leichten und unblutigen Sieg nicht gehörig benützen konnten. Da, der Stettlerschen Chronick zufolge, 7:800. Oestreichische und Straßburgische Reuter, auch wahrscheinlich einiche von Bern und Basel, bey dem Verbundenen Heere sich befunden haben; so waren sie jedoch, der Klugheit gemäß, nicht beym Vortrab oder beym Centrum, sondern zur Arrieregarde gestellt, welches vornämlich alsdann geschehn mußte, wenn sie, als die Avantgarde der Deutschen Hülfsvölker, nur erst angelangt waren; denn diese stiessen noch am gleichen Abend zum bemeldten Heere. Eben diese Chronick sagt sogar: Es wären verschiedne Detaschementer von gedachter Kavallerie, weil man sich sobald keines Treffens versehn, aufs Fouragieren ausgeritten. Auf die erste Nachricht, daß ihre Parthie mit den Burgundern handgemein worden sey, zog sich die ganze vorhandne Kavallerie so geschwind als möglich zusammen, und erwartete nur die Befehle zum Vorrücken: Diese wurden aber erst ertheilt, als man die Wendung sah, welche das Gefecht zu Gunsten der Eidegenossen nahm; und von der Fronte des siegenden Heers bis gegen Vaurmarkus war es eine gute Strecke zurück. Die bundsgenößische Kavallerie erhielt also die Befehle zum avancieren ziemlich späth, und erst als die fliehenden Burgunder schon ein gutes Stück Wegs voraus hatten; dennoch rückte diese Kavallerie so geschwind vor, als es ihr immer das unebne und bergigte Terrain und die starken Defileen erlauben wollten. Sie formierte Schwadronen, so wie sie unten am Fuße des Gebirgs ankam; jagte in vollem Trab und Galopp durch das Dorf Onnens und längs demselben vorbey gegen Bonvillars, oder, welches noch wahrscheinlicher ist, zwischen Onnens und Comist durch Corcelle, Polßine, zc. wo die Gegend viel ebner wird, denen Flüchtigen nach; sie hatte aber nicht Gelegenheit, sich sehr hervorzuthun, sondern mußte sich damit begnügen, einige wenige von den Hintersten niederzuhauen und gefangen zu nehmen. Das ganze Verbündete Heer konnte aus Müdigkeit und Entkräftung, weil jedermann seit dem frühsten Morgen nüchtern geblieben war, nicht weiter als bis nach Monragni verfolgen; daselbst machte man Halt, und ließ die Burgunder ihre Flucht theils über Wittebóuf durch den Paß bey Ste. Croix, meistentheils aber des Wegs, den sie hergekommen waren, über Joigne zc. ungestört fortsetzen.

Ein trauriges Spektakel war's für die Sieger, da sie zunächst am Schloß und an der Stadt Granson ihre erwürgten und erhängten Mitbrüder von Bern und Freyburg, welche hier in Besatzung gelegen waren, erblickten! Wuth und Rache befeuerte sie bey diesem Anblick! Wenig fehlte, daß sie nicht noch gleichen Abends gestürmt hätten; und am folgenden Tage, da sich die von den ihrigen verlaßne Burgundische Besatzung, nebst denjenigen, welche sich nach verlorner Schlacht in Granson geworfen haben mochten, auf Gnad und Ungnade an die Eid. und Bundsgenossen ergeben mußten, wurden nur einige wenige Burgundische Edelknaben mit der Hinrichtung verschont, um gegen sie den gewesenen, hinterlistiger Weise gefangengenommenen, Bernerschen Kommandanten von Granson, Brandolf zum Stein, auszuwechseln. Alle übrigen mußten über die Klinge springen, oder wurden an die nämlichen Bäume bey Gran-

son herum aufgehängt, von welchen die Leichname der
unredlicher Weise ermordeten Schweitzer abgenommen,
und nach damaliger Kriegsmanier begraben worden waren.

Die Bundsgenoffen verloren in diefem Treffen nicht
über 50. Todte; fie zählten aber defto mehr Verwundete.
Auch die Burgunder hatten bloß etwa 1500. Mann
verloren, unter denen jedoch die meiften von der Kavallerie, Befehlshaber derfelben, und von hohem Adel waren;
zu diefen gehörten **Ludwig von Chalons, Freyherr von
Chateauguyon,** und die Grafen von **Marle, Poitiers,
Lignano,** ꝛc. Ihre Niederlage war daher mehr fchimpf-
lich als der Verluft an Leuthen beträchtlich; hingegen
büßten fie ihr ganzes Lager mit allem was darinn war,
und dazu gehörte, ihre Artillerie, Munition, Lebensmittel, viele Pferde, und Herzog Karl alle feine zur Schau
mitgebrachten Schätze ein, und die Schweitzer theilten
fich in eine Beute, deren ganzer Werth einige Millionen
Gulden betragen mochte. Der Herzog von Burgund
erfuhr bey Granfon eben das Schickfal, das den Kerres,
Darius, Antiochus, Tigranes und andre eitle und
ftolze Monarchen des Orients betroffen, welche, wie er,
arme, freye und tapfre Völker, die Griechen, Maze-
donier und Römer befiegen wollten, und durch ihre,
unkluger Weife denfelben vorgefpiegelten Reichthümer,
fie nur deftomehr angereizt hatten, ihre weibifchen und
durch Wollüfte entnervten Gegner zu fchlagen; obwol
die gemachte Beute alsdann auch die Sieger verderbte,
und, fo zu fagen, die Befiegten an ihnen felbft rächte, welches auch unfre Vorfahren zu ihrem und der ihrigen Schaden, leider! mehr als zu fehr erfahren.

Wir wollen unfre taktifche Befchreibung des Burgunder-Kriegs ꝛc. noch mit einigen Anmerkungen begleiten,
und den Lefer fodann nicht weiter ermüden.

Die Stellung der Schweizer im Treffen bey Gran=
son war so vortheilhaft, als sie es bey einer in Eil ge=
troffnen Disposizion nur immer seyn konnten, weil sie sich,
so zu reden, auf der Stelle schlagen mußten. – Sie hatten
hier die Anhöhen, auf deren Kamme sie standen, gänzlich
zum Vortheil; konnten sich, obwol mit einiger Beschwer=
lichkeit, so gut möglich, und wie sie wollten, ausbreiten,
und überflügelten gewissermaassen, noch ehe sie mit Aus=
dehnung und Herausdeployierung ihrer beyden Flanken die
Fronte vergrösserten, das unten am Fusse des Bergs in=
einandergedrängte Burgundische Heer schon um etwas.
Die verschiednen Attaken, welche von der Burgundi=
schen Kavallerie sowel Bergab als Bergan auf die dicht=
geschloßnen Maßen der Eidsgenößischen Bataillone ge=
schahen, waren nicht viel mehr als bloße Luftstreiche, und
also wenig zu fürchten, weil man auf keine Weise die
Schweitzer in der Flanke, und noch minder im Rücken
fassen konnte, und, wie wir oben bereits gezeigt haben,
einiger Angriff von Kavallerie, bey solcher Lage und unter
solchen Umständen, ein wahres Ungeheuer in der Kriegs=
kunst ist. – Erwägt man vollends die übrigen Manövers und
Disposizionen des Herzogs Karls; so fällt es einem von
selbst in die Augen, daß er den Kopf verloren hatte. Ein
unvergleichbar größrer Feldherr als er war, der Oestrei=
chische General Laudon, wurde unter günstigern Um=
ständen und Aussichten am 15ten August 1760. bey Parch=
witz von den Preussen geschlagen, weil seine Infanterie
auf dem koupierten Terrain zwischen Pohlschildern und
Bienowitz ebenfalls in kleinen, höchstens 5 — 6. Batail=
lone starken Linien aufmarschieren konnte, also von der
Preußischen beständig überflügelt, und durch die Kaval=
lerie dieser letztern, welche mit der gegenseitigen eben fer=
tig worden war, in der Flanke gefaßt, und eine auf die
andre zurückgeschmissen wurde. – Da das Burgundische

Vordertreffen einmal in Verwirrung gerieth, so konnte derselben schwerlich gesteuert werden; sie mußte zuletzt allgemein werden, und den Burgundern half ihr vortheilhaftes Lager auf den Anhöhen zwischen Granson und Montagni nun nichts mehr; ihre unordentliche Flucht hinderte ihre eigene Artillerie mit Nachdruck zu spielen, und dieselbe zu decken; oder wenn solche auch agiret hätte, so würde die Würkung davon die nämliche gewesen seyn, welche seither in der Schlacht bey Minden am 1. August 1759. eine Französische Batterie auf dem rechten Flügel gethan hat. Diese spielte nämlich ohne Unterschied, auf die fliehenden Franzosen sowohl als auf die siegenden Allierten.

Unsers Erachtens mußte der Herzog von Burgund, wenn er ja nicht noch vor der Ankunft des Vereinigten Heers jenseits dem Passe von la Lance in den ebnern Gegenden zwischen Boudri und Neuenburg stehn, und ihnen daselbst zuvorkommen wollte, vor allem aus den Kamm des Gebürgs, nicht bloß mit 12,1500. Mann leichten Fußvolks, sondern, wie bereits oben angemerkt, durch ein starkes Korps Infanterie besetzen, und sich auf diese Weise des Passes gänzlich versichern. Dieses Korps mußte, soviel möglich, mit Artillerie versehn und wenigstens durch einige Verhacke gedeckt seyn, und auf der Stelle von der ganzen Burgundischen Armee unterstützt werden können. Die ganze Infanterie derselben mußte in kleinen Kolonnen in einer verhältnißmäßigen Distanz hinter bemeldtem Korps formiert stehn, um bey einem Angriffe die ermüdeten oder weichenden Völker durchzulassen und abzulösen; und hinter dieser Infanterie hätte die Kavallerie mit gehörigen Zwischenräumen in der Ebene aufmarschieren müssen. Onnens, Conctse, Bonvillar und Corcelle mußten mit Kanonen und Infanterie stark besetzt werden, sowohl um dieser Kavallerie die Flanken zu decken, als auch um einen allgemeinen Rückzug des Heers zu beschützen. Obwohl nun dieses alles nicht so, sondern ganz verkehrt geschah, so blieben doch noch Mittel übrig, wo nicht die Niederlage gänzlich abzuwenden, doch die übereilte schimpfliche Flucht in einen ehrlichen Rückzug zu verwandeln. Man muß aber hiebey voraussetzen, daß Karl nicht i. seiner vortheilhaften Stellung, sondern auf seinem Vorsatze, die Schweizer anzugreifen, verblieben wäre. Diese Mittel sind ungefehr folgende: Da die leichte Junfanterie des von Rosinbos geschlagnen und in Unordnung von dem Passe auf la Lance zurückkam, so mußte der Herzog Karl, anstatt seiner Kavallerie, das erste beste Infanteriekorps nehmen, und damit die Schweizer, so lang es angieng, aufzuhalten suchen, um seinem ganzen Heere Zeit zu verschaffen, daß es sich gehörig formieren konnte. Man möchte bald glauben, daß die Burgunder im Treffen bey Granson das Vorspiel zu dem 280. Jahre hernach bey Roßbach vorgefallnen hätten liefern wollen. Denn verschiedne Umstände von diesen beyden Waffenthaten sind einander ziemlich ähnlich; sogar die begangenen Fehler der Burgunder sowohl als der Franzosen waren die nämlichen, und sie hatten auch die gleichen Folgen. Wir finden z. E. daß die letztern ihre Infanterie-Kolonnen beym Aufmarsche zuweit vorwerts gegen Reichertswerben formierten, und sich dadurch dem kreutzenden, und sie überall enfilierenden Preußischen Kanonenfeuer gänzlich bloßgaben *). Ebendasselbe war auch in diesem Treffen geschehn; nur mit dem Unterschiede, daß, wie jene mit ihrer Infanterie, also diese mit der Kavallerie, und zwar auf einem für solche ungünstigen Terrain, sich zuweit vorwärts formierten, und sich dem wohlunterhaltnen Schweizerschen Artilleriefeuer aussetzten, welches zum

*) Gesch. des Siebenjähr. Kriegs u. s. f. mit Anmerk. von Gen. Loyd und Oberstlieut. Tempelhof. Th. I, S. 260.

Verluſte der Schlacht für die Burgunder nicht wenig beytrug, und die übrigen begangenen taktiſchen Fehler des Herzog Karls krönte. Die Hälfte der Burgundiſchen Infanterie und Kavallerie war hinlänglich, das Terrain zu beſetzen, auf welchem ſie nur zu gedrängt aneinander ſtand, und wo ſie ſich, anſtatt ſo weit vorwerts, wie ſie that, noch hinter Conciſe, dieſes Dorf hart vor ſich, und Onnens ein wenig links ſeitwerts laſſend, formieren konnte. Hier war das Terrain ebener, offener, und daher zu Manövern bequemer als bey der Karthaus. Der Herzog mußte daher mit der andern Hälfte von der Infanterie und ſeiner meiſten Artillerie, durch ein ſtarkes Korps Kavallerie unterſtützt, ſein vortheilhaftes Lager am rechten Ufer der Arnon und auf den Weinbergen bey Granſon garnieren, und ſolche dergeſtalt poſtieren, daß dieſe Truppen den übrigen, im Fall ſie zurückgeſchlagen werden ſollten, den Rückzug decken, und die Schweizer verhindern konnten, ihren Sieg vollſtändig zu machen. Dieſe würden ſich mehr als einmal bedacht haben, ein Heer von 70000. Mann in ſeinem feſten Lager anzugreifen, worinn daſſelbe alle Arten von Waffen mit Vortheil gebrauchen, und von welchem aus es das Gefecht mit Vortheil erneuern konnte. Der ganze Krieg nahm eine andre Wendung; und auch im glücklichſten Fall würde der Angriff den Schweizern ungemein viele Leuthe gekoſtet haben, ohne daß deßwegen die Slacht entſcheidend geweſen wäre.

Die Anführer der Eidsgenoſſen wählten, im Gegenſatze mit dem Herzog von Burgund, die zweckmäßigſten Manövers, um Granſon, wenn ſich dieſer Platz noch halten würde, nachdrücklich zu entſetzen. Ihr Marſch von Murten auf Neuenburg war ein geſchickter Kontremarſch, und konnte ihren Feind einigermaaſſen auf die Gedanken bringen, ſie wollten alle Verſuche eines förmlichen Entſatzes fahren laſſeu. Durch dieſe Wendung brach.

ten sie den Herzog am ersten aus seinem verschanzten Lager; und ihr Scheinangriff auf den Posten von Vaurmarkus wurde, so zu sagen, der Köder, mit dem sie ihn
fiengen. Auf diese Weise tournierten sie den Herzog.
Denn, gesetzt, daß Karl, dem weisen Rathe seiner klüg-
sten Generale zufolg, in seinem festen Lager bey Granson
unverrückt stehn geblieben wäre, so war doch die Festigkeit und die Güte dieser Stellung noch nicht so beträchtlich, als sie's dannzumal gewesen seyn würde, wenn ihn
die Schweizer von Jfferten her anzugreifen versucht
hätten. Dieselben mußten alsdann, die übrigen Schwierigkeiten auf dem Marsche und wegen der freyen Zufuhr
ungerechnet, das Burgundische Lager eben auf der stärksten Seite, und hingegen mit vielem Nachtheil von der
ihrigen, attakieren.

Wenn man das Burgundische Lager, Front gegen
Jfferten, betrachtet, so findt es sich, daß sein linker Flü-
gel an den See anstieß, und durch den eroberten Platz
Granson selbst gesichert wurde. Die Fronte des ganzen
feindlichen Heers stand auf Anhöhen, welche mit starken
Batterien versehen waren. Die Dörfer Montagni und
Valcire lagen sodenn vor der Mitte, und am rechten
Flügel, welcher sich bis gegen die untersten Abhänge des
Jura hinauf erstreckte. Vor der ganzen Fronte befanden
sich sumpfigte Wiesen und Bäche, und die Eidsgenossen
konnten, nachdem sie die Coile bey Jfferten paßiert hatten, sich nicht anders als unterm feindlichen Kanonenfeuer
formieren, welches von den Weinbergen bey Granson
mit der größten Wirkung ihre ganze Linie bestrich *).
Diese Burgundische Position war überdieß gar nicht

*) Im Treffen bey Sorr am 30. Sept. 1745. konnte sich der
Preuß. rechte Flügel unterm Kanonenfeuer des Oestreichischen
Generals von Zagenbach dennoch formieren, weil die feindli-
che Stellung einen wesentlichen Fehler hatte.

zu tourniren, weil die Schweitzer fast überall ihre
Flanke oder den Rücken bloßgeben mußten. Dagegen hatte
der Herzog Karl, außer diesen Vortheilen, daß er weder
tourniert, noch von Orbe und seinen Pässen bey Joigne
und St. Croix abgeschnitten werden kennte, noch den,
daß er in solchem Fall den Eidsgenossen eine einzige
Linie, nebst einer hinlänglichen Reserve, in allem etwa
30—40000. Mann entgegen stellen, mit seinen übrigen
Völkern aber ungehindert ins Neuenburgische eindringen,
daselbst den Meister spielen, und durch zwey abgeschickte
Korps, deren das einte über St. Croix marschieren und
sich sodann rechtsherumschwenken mußte, die Schweitzersche Besatzung am Passe zu Verriere zwischen zwey Feuer
bringen, und sich desselben bemeistern konnte, welches geschwind genug zu verhindern die Schweitzer nicht im
Stande gewesen wären; weil, im Fall sie von Jferten
zurück, und dem Neuenburgischen hätten zueilen wollen,
das bey Granson stehn gebliebene Hauptkorps der Burgundischen Armee sich alsdann bereit gehalten haben würde, mit gehöriger Vorsicht, und ohne etwas zu übereilen,
die Arriergarde der Schweitzer unaufhörlich zu necken,
und dieselben, wenigstens mit der ganzen Kavallerie und
leichten Infanterie, in gewisser Entfernung ein Stück
Wegs zu begleiten.

Beym ersten Anblicke scheint es, daß die Eidsgenossen darinn nicht wenig gefehlt, daß sie den in Feindes
Händen befindlichen Posten von Vaurmarkus im Rücken
lassend, gerade auf die Burgunder losmarschierten. Dieses Manöver ist indessen weder in den ältern noch in den
neuern Zeiten ohne Beyspiel; und man hatte bundsgenöß-
sicherseits die Vorsicht nicht unterlassen, die feindliche Besatzung in bemeldtem Posten durch einige Völker zu beobachten, obwol dieselben so schlechte Wache hielten, daß
solche, auf Vermerken eines übeln Ausgangs des Treffens

für die Burgunder, unter Begünstigung der Dunkelheit und des grossen wilden Schloßgrabens, in die nächsten Gebirge entrinnen konnte.

Maherbal sagte nach der Vertilgungsschlacht bey Kannä zu Hannibal: Er wisse wohl zu siegen, nicht aber seinen Sieg zu benutzen! Eben dieses muß man auch unsern Vorfahren nachreden. Im J. 1475. hatten sie die ganze Waat erobert. Entweder aus Unvermögen die Kriegskosten zu erschwingen, oder aus Unbedachtsamkeit, liessen sie alle ihre gemachten Eroberungen, Stäffis, Granson, Iferten und Joigne ausgenommen, im Stiche, und auch diese zwey letztern Plätze verliessen sie bey der Annäherung des Burgundischen Heers, worüber noch das ein und andere zu bemerken wäre. Karl eroberte nun auch Granson und Vaumarkus. Hier aber scheiterte sein ganzes Glük; die Bundsgenossen schlugen ihn aus dem Felde, und die einzige Frucht ihres Siegs war — bloß und allein die Wiedereinnahme bemeldter beyden Plätze, da es doch nur bey ihnen stand, das ganze Pays de Vaud nochmals wegzunehmen, und sich darinn festzusetzen. Indessen war wieder ihr Unvermögen, die Besatzungen aller eroberten Plätze (welche sie jedoch einzig durch einzutreibende Brandschatzungen hätten bezahlen können) zu unterhalten, oder vielleicht eine andre und politische Ursache Schuld daran, daß die Schweitzer, der angelangten Verstärkung von deutschen Hülfsvölkern ungeachtet, mit Ausnahme derjenigen Detaschementer, welche zu Verstärkung des Passes bey Verriere und zur Besetzung von Granson gebraucht wurden, nur wenige Tage nach der gewonnenen Schlacht, mit Beute reich beladen, auseinander giengen, und auf diese Weise dem Herzog von Burgund abermal freyes Feld liessen, durch die Waat hinein, bis nach Murten, welches in einer geringen Entfernung von Bern und Freyburg liegt, vorzudringen, und die ganze Eidgenoßschaft in grosse Gefahr ihres Untergangs zu stürzen.

Vor einigen Jahren hat der Verfasser das Vergnügen gehabt, zu sehen, daß seine taktischen Anmerkungen über die Schlacht bey Murten — dieses Helvetische Platää — durch den Tit. Herausgeber des Schweizer-Museums seiner beliebten Monatsschrift eingerückt; und von dem lesenden vaterländischen Publikum mit Beyfall aufgenommen worden sind. Diese günstige Aufnahme derselben ermunterte ihn seither, ähnliche Bemerkungen über die Schlacht bey Laupen herauszugeben; und er wird sich's zur Pflicht machen, diesen für ihn so schmeichelhaften Beyfall ferners zu verdienen. Möchten nun gegenwärtige Betrachtungen über den Burgundischen Krieg auch damit beehrt werden. Möchte diese seine Bemühung, dem ganzen Helvetischen Vaterlande zu nützen, ersprießlich seyn. Wie ehrenvoll wär' es für ihn!

> Reitzend töne des Ruhmes Silberklang
> An das klopfende Herz!
> Denn die Unsterblichkeit ist ein grosser Gedanke,
> Und des Schweisses der Edleren werth!
>
> Klopstock.

Wem schwillt das Herz nicht, wenn er denkt: So waren die Thaten der Väter im Gefilde der Schlacht! So schlugen sie den Kühnen von Burgund, dessen Eroberungssucht und streitbare Heere vormals ganz Europa zittern machten. Durch solche Thaten wurden sie gefürchtet, und Schiedsrichter der Könige dieses Welttheils! — Und ihr könntet zaghaft beben, ihr Enkel jener dapfern Helvezier! Vor denjenigen Fürsten beben, deren Vorfahren die unsrigen demüthig um Hülfe, und um Rettung ihrer Länder anflehten! Erwachet aus dem gefährlichen Schlummer, weil es noch Zeit ist! Behauptet eure

Freyheit, errungen durchs Blut so vieler Helden, der
Sieger am Morgarten, bey Laupen, Sempach,
Granſon und Murten! Dann werdet ihr von ganz Europa geehrt, und des unſterblichen Vaterruhms würdig
ſeyn!   Haller, Hauptmann.

II.

Das neue
Von
der Bürger zu Bern.

Es iſt bekannt, daß vor einichen Jahren die Regierung
zu Bern jedem regierungsfähigen Bürger die Freyheit ertheilte, das Von ſeinem Namen vorzuſetzen. Ueber dieſen
Schluß iſt mannichfaltig geſchwatzt und geſchrieben worden. Man tadelte, man vertheidigte ihn; aber die Ernde
des Tadels fiel inſonderheit reichlich aus. Die Sache
dürfte wohl aus dem unrechten Geſichtspunkte betrachtet
worden ſeyn. Man riß ſie aus der Verbindung mit der
Staatspolitick von Bern heraus, mit der ſie doch unzer-
trennlich zuſammenhängt; und ſo war es leicht, ihr ein
wunderliches Anſehn zu geben.

Die Politick republikaniſcher und monarchiſcher Staaten weichet in manchem ſehr von einander ab. Was den
Flor der einten nach ſich ziehet, iſt oftmals gerade was
die andern ſchwächt. So iſt der groſſe Unterſchied der
Stände, der Macht, des Ranges, der Reichthümer, welcher in einer Monarchie ſeinen Nutzen haben kann, gewöhnlich der Ruin einer Republick. Je mehr ſich die Bürger derſelben gleich ſind, deſto feſter und glücklicher iſt ſie;
und alle Ungleichheit zu heben, und die höchſte mögliche
Gleichheit hervorzubringen, iſt einer der erſten Grundſätze

republikanischer Staatsklugheit. Wird er vernachläßigt, so sind Spaltungen, Unruhen, Verabsäumung des gemeinen Besten, Tyrannen, die natürlichen Folgen dieser Vernachläßigung. Geschlechter, die einen hellen unternehmenden Kopf an ihrer Spitze führen, oder sich Reichthümer und dadurch Ansehn und Einfluß unter Mitbürgern erworben haben, oder sonst durch die Umstände begünstigt werden, setzen sich, wo ihnen nicht entgegengearbeitet wird, nach und nach in den Besitz aller Würden und Ehrenstellen, und schliessen ihre Mitbürger von denselben aus. Diese fühlen das Unrecht. Sie kommen zu gemeinschaftlichen Klagen zusammen, verbinden sich zu gegenseitigem Schutz und zur Vertheidigung ihrer gekränkten Rechte, und es entstehn innerliche Unruhen, von denen die Geschichte der meisten Republicken, und auch die Geschichte von Bern Beyspiele aufzuweisen hat. Zugleich vermehren sich die Reichthümer der erstern im Genusse der Ehrenstellen; sie suchen sich zu befestigen; werden von Tage zu Tage gewaltiger; vergessen es, daß sie zum Besten des Volkes da sind, und suchen nur ihren Privatnutzen. Sie haben die Macht des Staates in ihren Händen; erheben sich vollends, je nach den Umständen, zu Einzelherrschern oder Oligarchen; werden Despoten, Unterdrücker, Tyrannen; und die Staatsverfassung ist umgestürzt, die Freyheit hat ihr Ende, und der Unterthan ist ein elender Sclave, um so viel elender, je mehrere Tyrannen er hat. Diese Unthätigkeit, mit der man zusah, wie sich einzelne Bürger vergrösserten, und der daraus entstehende Anwachs ihrer Macht, richtete die republikanische Verfassung der Römer zu Grunde, und warf das Joch der Nerone und Domitiane auf ihren Nacken.

Bern kennet und fühlet die Nothwendigkeit, unter seinen Bürgern eine allzugrosse Ungleichheit zu verhüten, durch eigene Erfahrung belehrt.

In den ältesten Zeiten der Republick war die Verfassung wahrscheinlich demokratisch. Als sich aber ihr Gebiet vergrösserte, als ihre Macht heranwuchs und der Regierungsgeschäfte zu viele wurden, so war die demokratische Form nicht mehr möglich. Die Gemeine von Bern (so nannte sich die gesetzgebende Bürgerschaft) überließ ihre Rechte einem Ausschuß. Man war aber nicht genugsam auf seiner Hut; die Macht im Staate concentrierte sich zu sehr, und endlich war die Verfassung einer Oligarchie nicht unähnlich, deren Folgen schon überall sichtbar wurden.

Da wachten Patrioten auf, die die Gefahr einsahen. Sie streuten den Saamen einer bessern Politick und einer edlern Denkungsart aus; und seither keimte unter den Mitgliedern des grossen Rathes der gemeinnützige Grundsatz auf: Mehrere Gleichheit unter den Bürgern einzuführen, jeder Art der Vergrösserungssucht entgegenzustehn, und keinem Geschlechte, und keinem Staatsbeamteten, und keinem Tribunale, zu viele Vortheile und zu grosse Macht einzuräumen. Ihm haben wir die glücklichsten Verfügungen zu danken, welche die kräftigsten Stützen zur Wiederherstellung und Aufrechthaltung der gegenwärtigen Verfassung und Freyheit sind. Die jetzt eingeführte Uebung z. B. die bey der Regimentsergänzung beobachtet wird, ist eine seiner Würkungen. Sonst war dieses wichtige Geschäfte den vier Vennern und dem deutschen Seckelmeister überlassen, die dadurch einen ungeheuern Einfluß im Staat erhielten, weil sie nur ihre Blutsfreunde und Anhänger in die Regierung aufnahmen. Nachher ordnete man ihnen sechszehn Mitglieder des grossen Rathes, und endlich den ganzen kleinen Rath bey, wodurch die gleiche Gewalt auf drey und vierzig vertheilt ward, die sonst in der Hand von fünfen stand. Die billichere Vertheilung der Aemter, die jetzt durchs Loos mit aller möglichen Vorsicht geschiehet, leitet sich von eben diesem

Grundsätze her. Ehemals konnten oft die verdienteßen
Männer in ihrem Leben kein Amt erhalten, weil sie nicht
Vermögen genug zur Anwerbung hinlänglicher Stimmen
hatten. Andern hingegen wurden drey bis vier der ein-
träglichsten zu Theil, auf denen sie Reichthümer zusammen-
brachten, die sie weit über ihre Mitbürger erhoben. Jetzt
herrschet die höchste Billichkeit: Jedes Mitglied der Regierung hat gleiche Rechte und gleiche Vortheile; es kann
weder Erbitterung und Neid, noch Zurücksetzung und Uebermacht entstehen; und die Urheber dieser Revolution,
unter denen sich der Rathsherr Holzer auszeichnete, verdienen den Dank aller Bürger und Unterthanen, so lange
die Republick bestehn wird. Der grosse Rath nahm sich,
seitdem er auf die Gleichheit unter den Bürgern bedacht
war, der Staatsverwaltung auch weit mehr an. Jetzt
versammelt er sich wöchentlich aufs wenigste zweymal, da
er sich ehemals nur selten versammelt und die Regierungsgeschäfte fast gänzlich dem kleinen Rath überlassen hatte,
dessen Gewalt dadurch allzuweit ausgedehnt, und allzuver-
führerisch wurde. Um der Familienmacht Schranken zu
setzen, hütet man sich jetzt so sehr zwey Beysitzer des kleinen Rathes aus Einer Familie zu wählen, daß keine auch
nur von weitem Mine machen darf einen zweyten empfehlen zu wollen. Der Unterschied zwischen Adelichen und
Unadelichen, der in einer Republick eine verhaßte Quelle
der Ungleichheit und ihrer Folgen ist, ward auch so gut
es sich thun ließ geschwächt. Die Vorrechte, die man einichen adelichen Familien über die andern gestattet hatte,
wurden keiner mehr eingeräumt; und in der Kleidung hat
der Adel kein Unterscheidungszeichen vor dem Bürgerstande
voraus, da er doch vorhem durch die Schnäbel an den
Schuhen, Rockschweife, und mehrere andere sehr unre-
publikanische Zierrathen, von denen der Bürgerstand ausgeschlossen war, über diesen hervorragte.

Alle

Alle diese und noch verschiedene merkwürdige Revolutionen waren Früchte des Grundsatzes: Unter den Bürgern von Bern mehrere Gleichheit einzuführen. Und diese Gleichheit ward auch durch sie immer mehr und mehr hergestellt, und ist jetzt weit grösser als in den letztern Jahrhunderten. Die einer Oligarchie ziemlich nahe verwandte Verfassung ward wieder aristokratisch; und die Fesseln die dem Bürger und dem Unterthan geschmiedet waren, verrosteten ungenützt.

Noch in neuern Tagen war das gleiche System, das die Rettung des Kantons bewürkte, sehr nothwendig, wenn er glücklich und frey bleiben sollte. Verschiedene Geschlechter suchten immer noch die ausschliessende Gewalt an sich zu ziehen, bedienten sich der feinsten Kunstgriffe, und formten Plane auf halbe Jahrhunderte hinaus, um sich aller Vortheile zu bemächtigen, und ihre Mitbürger von der Regierung zu entfernen. Es bedurfte der vereinigten Wachsamkeit und der kühnsten Entschliessungen aller übrigen, wenn sie nicht durchbringen, alle Würden, Reichthümer und Macht an sich reissen und dem Vaterland ihr Joch auflegen sollten. Aber jene patriotische Denkungsart herrschte noch, und hielt ihnen den Zügel zurück. Und so lange sie den grossen Theil der Regierung beseelen wird, so lange wird die Freyheit im Lande blühen, und die Unterdrückung den Tag scheuen.

Es konnte von ihr nicht unbemerkt bleiben, daß noch eine Scheidewand die Bürger trenne. Ihre Voreltern hatten sie zwar erschüttert, aber noch nicht die Kühnheit gehabt sie ganz darnieder zu werfen. Es war der Adelstand. Noch gab es zwey verschiedene Classen von Bürgern: Adeliche und Unadeliche; und dieser Unterschied äusserte seinen übeln Einfluß schon lange auf das Vaterland. In Frankreich, Deutschland, und überall, wo sich der Adelstand vom Bürgerstande absönderte, hatte der

Mann mit dem Von Zutritt in denjenigen Gesellschaften, von denen der Mann ohne Von ausgeschlossen war. Der Mann mit dem Von konnte Stellen unter dem fremden Militair bekleiden, zu denen der Mann ohne Von nicht gelangte. Der Mann mit dem Von ward mit Achtung behandelt, der Mann ohne Von geringgeschätzt. Diese Distinktion zeugte Verachtung der Ungeadelten von Seite der Adelichen, die, von der Geringschätzung mit der ausländischer Adel gewöhnlich vom Bürgerstande zu denken und zu reden pflegt, angesteckt, nach Hause kamen, und sich über ihre ungeadelten Mitbürger erhaben glaubten. Sie erhob den Geadelten selbst in seiner Vaterstadt zu grösserm Ansehn, zu mehrern Ehrenstellen, zu höherer Macht, weil sie ihn in der Fremde auf erhabenere Stufen stellte und zu reichern Einkünsten führte. Sie trennte den Edelmann vom Bürger. Denn weil sie nicht Zutritt in die gleichen Gesellschaften hatten, so pflegten sie weniger Umgang mit einander, und es entstand eine gegenseitige Kälte. So lange sie sich ausser der Schweiz befanden, zeigte sich dieses freylich so sichtbar noch nicht; weil der Gedanke eines gemeinschaftlichen Vaterlandes, die Abhänglichkeit, und die insgemein gleiche Bestimmung das Gegengewicht hielten. Aber wenn diese Nebenumstände einmal aufhörten, und beyde sich zu Bern befanden, dann entwickelten sich allgemach die Neigungen zu denen der Saame in ihrem Charakter lag. Selbst unter denen, welche die Mauern von Bern niemals aus dem Gesichte verlohren hatten, bewürkte das widerliche Von eine gewisse Verschiedenheit in der Denkungsart, und hemmte das freundschaftliche Zutrauen, das einen so glücklichen Einfluß auf einen Staat hat. Die Höflichkeit mußte die Stelle der Freundschaft vertretten. Bald äusserte sich die Kälte, wo man mit Wärme hätte Hand in Hand schlagen sollen. Stolz und Verachtung auf einer Seite; Eifersucht, Neid

und Unzufriedenheit auf der andern beherrschte die Gemüther; sie sonderten sich in geheime Parthehen ab, hatten
ein getheiltes Interesse, und verbanden sich weniger zum
Wohl des Staates. Mancher der gemeinnützigsten Vorschläge ward nur deßwegen verworfen, mancher Mißbrauch
nur deßwegen von neuem in seine verderblichen Rechte eingesetzt, weil die Harmonie zwischen dem Adel und dem
Bürgerstande fehlte. So litt das Vaterland unter dem
Unterschiede, den eine Chimäre zwischen die Bürger von
Bern brachte.

Patrioten mußten darauf denken, diesem Uebel abzuhelfen. Aber wie? Die Frage war mit Schwierigkeiten verbunden, die sich so bald nicht lösen liessen. Es ist leichter Berge abzutragen, als Chimären zu vertilgen.

Das Vorurtheil auszurotten, das den Adel über den
Bürgerstand erhebet, das konnte keinem einfallen, der die
Menschen nur ein wenig kennet. Man konnte auch dem
Adel die Vorrechte nicht nehmen, die man ihm seit Jahrhunderten eingeräumt hatte; es wäre ein zu gewaltsamer
Eingriff in seine Rechte gewesen. Und verschiedene Geschlechter aus seinem Mittel, z. B. die Edeln von Erlach,
hatten sich zu viele Verdienste um die Republik erworben,
als daß man sich diesen Schritt ohne Undank hätte erlauben können: Ein Theil der Berner hätten dabey die Vortheile eingebüßt, die ihnen der Adel unter fremden Fürsten
verschafte; und es war weit vernünftiger diese Vortheile
wo möglich auch auf den andern Theil zu ziehen, als die
ganze Bürgerschaft derselben zu berauben. Und wie wäre
es endlich möglich gewesen ein solches Vorhaben durchzusetzen, da sich natürlicher Weise der ganze Adel mit allen
seinen Anhängern einmüthig dagegen gestemmt hätte?

Da man nun den Adelstand nicht zum Bürgerstande
heruntersetzen konnte, so blieb kein anders Mittel übrig,
die Scheidewand zwischen ihnen wegzuschaffen, als dieses

— den Bürgerstand zum Adelstand emporzuheben. Man wählte daſſelbe, und ertheilte jedem Unadelichen die Freyheit das Von vor ſeinen Namen zu ſchreiben, und ſich dadurch dem Edelmann an die Seite zu ſetzen. Hierdurch ward im Grunde keiner geadelt, ſondern vielmehr der Adel entadelt. Wenn zwey Groſſe am Hofe zu ungleich in ihrem Vermögen ſind, und der Fürſt es gefährlich findet, ſo kann er den Aermern bereichern, ohne daß ſich der Andre zu beklagen hat; und dann iſt vergleichungsweiſe keiner mehr reich. Sobald Alle das Von tragen, ſo hat keiner einen Vorzug vor dem andern, es iſt keiner mehr geadelt. Darum theilte es die Regierung von Bern allen ihren Bürgern mit, und erreichte dadurch ihren groſſen Endzweck ohne den Rechten des Adelſtandes und den Vortheilen der geſamten Bürgerſchaft zu nahe zu tretten. Und ſelbſt ein Theil des beſten Adels begünſtigte dieſen Schluß, der mit dem Wohl des Vaterlandes unzertrennbar in Verbindung ſtehet.

Indeſſen war es ſehr begreiflich, daß dieſer ungewohnte Schritt einer Republick, nachtheiligen Erklärungen und Beurtheilungen unterworfen war. Unterthanen monarchiſcher Staaten konnten die Abſicht deſſelben nicht abſehen. Von Jugend auf mit Grundſätzen genährt, und an eine Politick gewöhnt, die von der Denkungsart und der Staatskunſt eines Freyſtaates himmelweit entfernt iſt, können ſie mit dieſer nicht vertraut ſeyn. Sie betrachten alles von ihrem Standpunkte, und daher fallen ihnen die Gegenſtände ſchief ins Auge. Sie prüfen republikaniſches Begriffe nach monarchiſchen Begriffen, republikaniſches Intereſſe nach monarchiſchem Intereſſe; und man muß es ihnen zu gute halten, wenn ſie urtheilen wie der Lappe von dem Clima Italiens. Nothwendig mußten ſie dieſen Schritt der Bernerſchen Regierung mißverſtehn. Inſonderheit war von denjenigen unter ihnen, die ſich's nun einmal vorgenommen haben ihren Witz an den Republiken, abzustumpfen, und die Alpen mit ihren Gänsefedern zu bestürmen, jenes mitleidige Lächeln zu erwarten, durch das sie ihre Unkunde an Pranger stellten.

Adeliche, deren Privatabsichten vereitelt, deren Rangsucht gekränkt, deren Stolz beleidigt ist; Adeliche, die vielleicht kein Verdienst als ihren Adelsbrief auf Thierhaut besaßen, und sich nunmehr allmählich noch andern Verdiensten werden umsehen müssen, wenn sie über ihre Mitbürger hervorragen wollen; natürlich war es, daß solche Adeliche eine für sie so verderbliche Politik haßten. Dem wahren Edeln, der seinen Adel nicht in seiner Geburt, sondern in seiner Denkungsart suchet, und in seiner Liebe zum Vaterlande zeiget, dem kann ein Schritt nicht unwillkommen seyn, der zum Beßten dieses seines Vaterlandes gereichen muß. Er hat auch keinen Nachtheil von demselben zu befürchten, weil ihn höhere Verdienste und ungeborgte Größe über andere erheben, und seine Enkel sich immer vor den übrigen auszeichnen werden, so lange sein Geist auf ihnen ruhet. Aber jene, die es vorsehen wie sie sinken werden, und sich weniger um den Fall des Vaterlandes als um den ihrigen bekümmern — sie müssen mit unwilligem Auge auf den fatalen Schluß sehen, der ihnen ihren Fall bereitet. Was Wunder, wenn diese klein genug waren, ihren Unwillen in Satyren, Pasquillen und Zeitungen auszulassen?

Worinn hat's aber eigentlich die Regierung versehen, daß sie sich die Ungnade der fremden und heimischen Heeren zugezogen hat? Das Adeln, wendet man ein, ist ein Vorrecht der Könige, das einer Republick nicht zustehr. Woher haben die Könige dieses Recht? Sie nahmen es selbst, und nichts als das Alter dieser Gewohnheit hat ihr ein ehrwürdiges Ansehen verschaft. Sie mögen ihr Recht auch nach Gefallen geltend machen, sobald sie es ihren Staaten zuträglich finden; keine Republik wird es ihnen streitig machen. Aber warum wollen sie es den Republiken absprechen? Was schließet diese davon aus? Das Gesetz der Uebung? So wären auch die Fürsten davon ausgeschlossen gewesen; denn das Adeln war nicht immer in Uebung, und hat auch in Monarchien einen Anfang gehabt. Und wer sich auf das Gesetz der Uebung beruft, der wird kein grosser Beförderer des gemeinen Beßtens werden; und es den Wilden zum Verbrechen anrechnen, wenn sie aufhören ihre Feinde zu fressen. Will sich eine Republik der Uebung nicht mehr sclavisch unterwerfen, fängt sie einmal an Adelsbriefe zu ertheilen, so thut sie gerade was Fürsten gleich eigenmächtig unternommen haben. Was hat übrigens ein monarchisch Geadelter vor einem republikanisch Geadelten voraus? Ist er besser, verdienstvoller? Giebt ihm der fürstliche Adelsbrief innere wahre Würde? Adel ist ein Geschöpf der Einbildung, das seine Existenz dem Vorurtheil verdankt; und beyder Adel ist — Nichts. Seit wenn hat auch eine Republik das Recht verloren, für das Beste des Staates zu sorgen? Seit wenn darf sich nur eine Monarchie um dasselbe bemühen? Was die Verfassung des Landes aufrecht hält; was seine Bürger vor Unterdrückung schützt; was Neid und Partheygeist verbannet, gegenseitiges Zutrauen schaft, und gemeinnützige Anstalten befördert; was das Volk zu einem freyen glücklichen Volke macht, zu dem sollte doch eine Republik berechtigt seyn! Doch Bern that ja den Schritt hiezu, ohne eigentlich geadelt zu haben. Jeder seiner Bürger war von Altem her ein Edelgebohrner, und die Regierung gestattete das Von nur Edelgebohrnen. Und zwar nicht um ihren Adel zu erhöhen und bemerkbar zu machen, sondern um den Adel derer, die das Von schon lange vor ihrem Namen führten, zu vertilgen.

Es ist lächerlich, sagen andere, geadelte Schmiede, geadelte Drechsler, geadelte Strumpfwirker, geadelte Kaminfeger zu haben. Dem vernünftigen Manne und dem Patrioten ist nichts lächerlich, was dem Vaterlande nützlich ist, und Einfluß auf das Wohl der Menschheit hat. Ehrwürdig ist es dem Manne von edler menschenfreundlicher Seele. Nur dem Egoisten kann es lächerlich seyn, der mit geheimer Lust den Ruin seines Vaterlandes belauchzte, so bald er sich über seinen Trümmern emporheben könnte. Zudem ist's in der Schweiz, und besonders im Bernerschen Freystaate eine ganz gewöhnliche sehr alte Sache, über die sich bisher niemand aufgehalten hat. Seit sehr langer Zeit, führte mancher Handwerker zu Bern das Von. Und auf dem Lande geben viele der ältesten Edelleute, deren Adel vor Jahrhunderten stiftsmäßig war und dem ersten Bernerschen Adel nichts nachgiebt, hinter dem Pfluge her. Verdienet der Mann deßwegen weniger das Von vor seinen Namen zu setzen, weil er den Hammer oder den Pflug, anstatt der Feder oder des Degens in seiner Hand hat? Das Vorurtheil, das den Handwerker vom Adelstand ausschließet, schreibet sich von jenen barbarischen finstern Zeiten her, da die Kaiser ihren Vasallen die Freyheit ertheilten im Winter auf der Jagd dem ersten beßten ihrer Gassen den Bauch aufzuschneiden und die Füsse in demselben zu wärmen; da mancher Edelmann nicht lesen und seinen Namen nicht schreiben konnte, und überhaupt die krasseste Unwissenheit und der dümmste Aberglaube Europa entehrte. Wir haben wohl nicht Ursache, auf dieses Erbtheil, jener Zeiten stolz zu seyn! Der Handwerker ist einer der nützlichsten Bürger eines Staates, und wer ihn verachtet, zeiget schon wie klein seine Einsicht, wie groß sein Uebermuth ist; wie unzulänglich seine Fähigkeit den Werth der Dinge zu beurtheilen. Wenn man auf Gemeinnützigkeit

ſtehet, und die Vernunft zu Rathe zieht, anſtatt ſich durch
Vorurtheile blenden zu laſſen, ſo hat der Handwerker ſo
gut ein Recht zum Adel, als der Mann der unthätige
Hände hat, oder ums Geld unglückliche Unterthanen noch
unglücklicher macht, und Leute, die ihn niemals beleidigt
haben, ermordet. Der ganze Unterſchied zwiſchen manchem geadelten Handwerker und manchem alten Edelmann
beſtehet darinn, daß der Edelmann ſeinen ganzen Adel
dem Adelsbriefe zu danken hat, da hingegen der Handwerker ſeinen Adelsbrief adelt.

Solche Einwendungen und Vorwürfe, die der Bernerſchen Regierung gemacht werden, weil ſie es wagte wohlthätig gegen ihr Volk zu ſeyn, können von nichts als Unkunde, verhinderten Familienplanen und beleidigtem Adel-
ſtolze herrühren. Wer dadurch nicht am richtigen Sehen
gehindert wird, dem iſt es klar, daß dieſer Schritt eine
Würkung der beßten republikaniſchen Politick iſt, und ſich
in den ſchönſten Folgen zeigen muß.

Einige von denen, die ihn unterſtützten, mögen wohl
ihre Nebenabſichten gehabt haben. In welchem Staate
geſchieht eine wichtige Revolution, die nicht von dem einten oder dem andern aus den niedrigſten Beweggründen
begünſtigt würde? Der Endzweck derer z. B. welche das
Von einzig den Mitgliedern der Regierung oder nur ſolchen Familien geſtatten wollten, welche der Regierung Mitglieder liefern, mag nicht ſehr gemeinnützig geweſen ſeyn.
Aber ihr Vortrag wurde auch verworfen. Und was hindert's
an der Klugheit und Nutzbarkeit eines Schluſſes, ſelbſt
an den großmütigen Geſinnungen derer die ihn auf die
Bahn bringen und durchſetzen, wenn ſchon einzelne Voti-
rende dabey ihr Privatintereſſe ſuchen?

Soll aber das geſtattete Von einen milden Einfluß auf
das gemeine Beßte haben, ſo muß es der Bürger von
Bern jetzt nicht vernachläßigen, ſondern annehmen. Die

Folgen davon, die jetzt vielleicht gering scheinen, können für den Privatmann sowohl als für das Vaterland wichtig werden. Ist das Ohr schon noch nicht daran gewöhnt, so wird es bald daran gewöhnt seyn, und das Auffallende darinn nicht mehr empfinden. Die künftige Generation wird das neue und das alte Von mit gleicher Fertigkeit aussprechen, und bald wird niemand als etwa ein genealogischer Kopf eins vom andern zu unterscheiden wissen. Diejenigen Geschlechter, die es jetzt annehmen, werden nach Verlauf von hundert oder zweyhundert Jahren, (wenn die französischen Renten die Republick nicht vorher zu Grunde richten,) mit den adelichen Geschlechtern in ebendieselbe Klasse gesetzt werden, und gleiche Vortheile genießen. Wer es dann nicht hat, der könnte in Rang und Ansehen desto tiefer gesunken, und in allen Vortheilen desto weiter zurückgesetzt seyn, je mehr man sich zu glauben gewöhnt haben wird, daß jede ehrliche alte gute Familie das Von tragen müsse. Und wer ist Bürge dafür, daß nicht einst ein Feind des Vaterlandes aufstehe und seine Mitregenten bereden könnte, den gegenwärtigen Schluß zurückzunehmen, und das Von keinem mehr zu ertheilen? Dann würden diejenigen, deren Väter es jetzt nicht fordern, auf immer davon ausgeschlossen, und von den übrigen auf eine desto erniedrigernde Weise unterschieden seyn. Es ist darum das wahre Interesse jeder Familie, und eine vernünftige Vorsorge für ihre Enkel, daß sie sich ohne Ausnahme der erhaltenen Freyheit bediene. Und was das Interesse einzelner Familien ist, ist auch das Interesse des Staates. Der grosse Endzweck — die Gleichheit der Bürger; die Harmonie unter ihnen; das gegenseitige Zutrauen; und die freundschaftliche, weder durch Kälte noch Eifersucht geschwächte, warme theilnehmende Verbindung zu allem was dem Vaterlande gut und nützlich seyn kann — dieser grosse Endzweck wird und kann nie

maß erreicht werden, wenn nun die Bürger den Weg
dazu nicht einschlagen wollen, den die Regierung gebahnt
hat. Nehmen sie das Von nicht an, so bleibt alles gerade beym Alten, und sie setzen sich dem allgemeinen Beß-
tern entgegen. Vaterlandsliebe, die in der Brust jedes
rechtschaffenen Republikaners glüht, edle Vaterlandsliebe
sollte sie dazu bewegen. Sechszehn Geschlechter haben ihnen würklich das Beyspiel gegeben; die Sache hat nichts
auffallendes mehr. Fürchten sie das Lächeln, das sie treffen könnte? Man hat bereits ausgelacht; und es ist so
leicht sich über das seichte Lächeln der Lächler von Pro-
feßion wegzusetzen!

III.

Politisches Fragment.

Der Mensch lebt einzeln oder als Bürger. Der einzelne
ist ein Wilder oder ein Crusoe. Beyder Leben ist einfach;
sie können des Unterrichts entbehren, und folgen der Stimme der Natur, die sie nicht verkennen können.

Der Bürger braucht Bildung. Er stehet unter vielen
Verhältnissen, die einander begränzen; ohne Unterricht
fällt es ihm sehr schwer, oft unmöglich, sie zu kennen. Es
sind viele um ihn gezogene Kraise, die einander einschlief-
sen, und die er doch nie verwechseln muß. Je grösser
und zahlreicher seine Verhältnisse, desto nöthiger der Unterricht. Dieser stehet in genauem Verhältniß mit der
Grösse des Staates und der Vielheit der Ständen darinnen; daher in grossen und verwickelten Staaten Bildung
des Bürgers die erste und heiligste Pflicht der Souveraine
ist. Seyd regierbar, fodert er; und dieses schließt in
sich, daß der Gesetzgeber sie regierbar mache.

Also liegt in den Grundideen von Staatsverfassung schon
die Foderung der Bildung. Allein es liegt noch mehr
darinnen. Die Objekte der Bildung selbst, und die Me-
thode. Vom erstern jezt. So wenig ist in dieser Sache
der Willkühr überlassen, daß ich mich wundere die Erzie-
hungslehrer so sehr unter sich verschieden zu sehn. Wenigstens ist mir bis jezt keiner bekannt worden, der seine
Vorschläge auf feste Säze gegründet hätte.

Ich will den, manchen widrigen, Ausdruck: Gesell-
schaftlicher Vertrag, und ähnliche, nicht brauchen,
obschon alles daraus sich vollkommen demonstrativ herleiten läßt; ich will zärtlichen Ohren annehmlichere Worte
brauchen.

Was fodert, frage ich, der Staat, der Souverain,
vom Unterthan, vom Bürger?

I.) Lerne die Verfassung kennen.

II.) Lerne die Verbindlichkeit kennen, den die Verfassung bestimmenden Gesetzen gemäß zu leben.

III.) Mache dich geschickt dazu.

Ich hoffe, jeder Souverain, eingeschränkt oder uneingeschränkt, eine einzelne oder eine kollektive Person, jeder Staatsmann, jeder Bürger, werde darinn einstimmen,
daß keine Gesellschaft anders, keine mehr, keine weniger
vom Unterthan fodern könne; auch daß derjenige ein
vollkommener Bürger sey, der in obigen drey Stücken
eine vollkommene Bildung erhalten. Nach vieljähriger
Untersuchung dieser drey Foderungen habe ich keine entdecken können, welche nicht unter einer derselben enthalten sey.

Von der größten Wichtigkeit aber ist ihre natürliche
Folge. Es ist unmöglich sich zu etwas geschickt zu machen, das man nicht kennet; und alle Geschicklichkeit hilft
nichts, wenn man von der Verpflichtung keine Ueberzeugung hat. Wollen ist die Vollenbung der Geschicklich-

keit. Wer arbeiten kann und arbeiten will, der erst ist geschickt zum Arbeiten.

Verpflichtung zu etwas das man nicht kennet, ist ein Unding, ist unsicher, ist blosser Zwang, der würket, so lange kann gezwungen werden. Innere Güte muß verpflichten. Also muß die Kenntniß dessen, dazu man verpflichtet wird, vorangehen.

Das erste und immer das erste ist also Kenntniß der Verfassung, und, da diese in Gesetzen enthalten ist, Kenntniß der Gesetze. Ohne diese ist alles schwankend, fliessend, unsicher, willkührlich, auf Sand gebaut. Es haltet nur durch Zwang, durch Gewalt zusammen, und zerfällt, so bald diese Gewalt nachläßt oder aufhöret zu zwingen.

Diese Wahrheit ist so ausgemacht gewiß, daß sie selbst aus den öffentlichen Verhandlungen in ganz despotischen Staaten sich beweisen läßt, ja sogar in solchen, wo man den schrecklichen Grundsatz befolgt: Eine despotische Verfassung habe keine Grundsätze, in ihr liege eine vollkommene Willkührlichkeit. Eine Annahme, die so ungeheuer ist, daß man's kaum glauben kann, da es demonstrabel ist, daß, je schrankenloser von aussen eine Despotie sey, desto fester, zusammenhängender, in einander greifender, kurz scientifilcher, unwillkührlicher die innere Einrichtung müsse beschaffen seyn. Jedesmal wanket der Thron eines Despoten, so oft er seine eigene Gesetze übertrittet; und so viele Lücken er in dem Gesetzbuch läßt, so viele Gruben gräbt er sich selber. Nur nach Gesetzen kann sich ein Mensch einem andern überlassen; unbedingte Ueberlassung fodert selbs die Gottheit nicht. Daher hat der Natur der Sache nach kein Staat eine strengere und bestimmtere Verfassung als der despotische; daher auch die ganze Geschichte zeiget, daß, je lockerer eine solche Verfassung gewesen, desto öfterer die Revolutionen, desto kürzer die Dauer, desto unsicherer der Souverain selbst.

Der erſte, wichtigſte, nöthigſte Gegenſtand der Bürger-Bildung iſt alſo: Kenntniß der Verfaſſung.

Um practiſch zu ſeyn, will ich mich immer in den ſchlimmſten Fall ſetzen, und geradezu mir eine Legislation von zwanzig Folianten einbilden. Aus Diſcretion will ich über eine ſolche Legislation keine Anmerkung machen; ich will die dreyhundert verſchiedene Loix, Us & Coutumes in Frankreich für ein Meiſterſtück halten; und ich will bey allem dieſem zeigen, daß, deſſen ungeachtet, es möglich iſt, dem Bürger eine hinlängliche Kenntniß ſeiner Lage beyzubringen.

Aus dem einzigen Fall weiß ich mir nicht zu helfen, wo die Verfaſſung ein Staatsgeheimniß iſt, wo keine Geſetze ſind, oder wo man noch darüber ſtreitet ob man Geſetze habe oder nicht, und was die Geſetze wollen. In einem ſolchen Staat iſt's vielleicht beſſer, wenn man keinen Bürger wiſſen läßt, wie es darinn ausſiehet. Man ſchlage darauf los, und richte in jeder Stadt oder Dorf eine Comedianten-Bude auf, damit die Geſchlagenen bey Arlekins Poſſen ihre Wunden vergeſſen.

Ich will auch niemand mit der Anmerkung beleidigen, eine zu complicirte Verfaſſung müſſe ſimplificirt werden, damit ſie die Bürger überſehen können; damit es möglich ſey zu wiſſen, was das Geſetz iſt. Ich will die Sachen nehmen, wie ſie in manchem Staat ſind, bunt und rohe, und zeigen, daß auch in ſolchem es nicht unmöglich ſey, wenn nur die Confuſion nicht zu groß iſt, dem Bürger beyzubringen, was er als Bürger zu wiſſen nöthig hat.

Ein Bürger iſt Menſch, iſt Bürger. Als Menſch iſt er Sohn, Vater, Bruder, Gatte, Blutsverwandter, Nachbar, Freund. Als Bürger iſt er von einem Stand, von einem Beruf, von einem Amt, von einem Dorf, Kreis, Provinz; Theil des Ganzen.

In diese Verhältnisse trittet er allmählig; daher auch der Unterricht in denselben allmählig geschehen muß. So siehet man den vollkommenen Bürger-Curs im Unterricht von den Jahren an, da er etwas zu behalten und überlegen fähig ist, bis zu den Jahren, wo er in die vollen Bürgerrechte eintrittet.

In dem grossen Gesetzbuch von 20, 30, 40. Folianten, muß doch stehn, was er in diesem Verhältnisse zu thun habe.

Man läßt es also ausziehen, in eine dem Subjekt verständliche Sprache übersetzen, und sagt's oder liest's ihm allmählig, wie er in die Relationen eintrittet, oft vor, oder läßt's ihn lesen; so lernet er's zuverläßig auswendig. Darwider ist nichts einzuwenden. Vom 8. bis 25. Jahr oder der Majorennitet sind 17. Jahr; und geben wir nur so viel Stunden als Tage im Jahre sind, so macht dieses 6205. Stunden, binnen welchen alles so vielfältig kann wiederhohlet werden, daß ein sehr eingeschränkter Mensch sein Gesetz vollkommen einbekommen kann.

Würde man ihm am Ende des Bürger-Curses ein etwas weiter ausgeführters Exemplar übergeben, so müßte er sich daraus in den mehresten Zufällen seines Bürger-Lebens Raths erhohlen können.

Man werfe nicht ein, daß ihm das Buch nicht verständlich zu machen wäre; das hieß' Pflichten von einem fodern, die er nicht verstehen kann. Was man von ihm fodert, sind Sachen des gemeinen Menschenverstandes; in seiner Sprache gesagt, muß er sie verstehen; und wären wenige fremde Ausdrücke aus einer feinen Sprache nöthig, so würde er auch diese gewiß verstehen lernen. Eine bloße deutliche siebenzehnjährige Vorlesung über Dinge, die er von seinen Dorfgenossen immer üben siehet, würde ihm das Gesetz so deutlich machen, als wenn es gemahlet wäre.

Da man annehmen darf, der Gesezauszug sey in einer
guten Ordnung abgefaßt, wozu nur gesunder Menschen-
verstand erfodert wird, so würde diese Ordnung selbst sich
seinem Verstand einprägen; er würde ordnungsvoll denken;
er würde analogisch eines richtig ans andere hängen, aus
dem andern herleiten lernen; und so würde dadurch unfehlbar so viel Verstand, als er zur Gesezanwendung nöthig hat, ohne künstliche Mittel in ihm entwickelt werden.

Ich spreche mit Absicht hier von den untersten Ständen, weil man bey diesen so viele eingebildete Schwierigkeiten findet, daß man verzweifelt. Die Ursache ist, weil
die Furchtsamen Gelehrte sind; Juristen, Philosophen und
ähnliche. Sie glauben, eines Cujas, eines Lokes scharfe
Bestimmungen seyen hier nöthig; sie sind gewohnt sich all-s
unter lateinische und griechische Kunstlermen zu gedenken;
sie stellen sich ein allgemeines auf alle Stände passendes Gesezbuch auf einmal vor. Würden sie einige Wochen auf
einem Dorf auf die wahren Verhältnisse und Denkart
der Landleuthe Achtung geben, so würde alles leicht werden. Wenn auch ein allgemeines Gesezbuch vorhanden,
so würde ein solches diesen Menschen doch nicht können
vorgelegt werden. Ein Auszug für sie wäre von unum-
gänglicher Nothwendigkeit. Allein dieser Auszug, ich ver-
bürge mich davor, wäre leicht zu machen.

. Diesen Gesezauszug den jungen Bürgern vollkommen
einzuprägen, wäre nothwendig, sie denselben in der Schule
abschreiben zu machen. So würden sie zwey Dinge zugleich
lernen; und beyde nur desto besser.

IV.

Beschreibung des Domleschgerthals.

(Fortseß. S. des fünften Jahrg. I. Heft.
S. 15. u. ff.)

Politische Verfassung.

Diese sämtliche obbeschriebene Dörfer und Höfe sind also unter dem Namen der Gemeinde Fürstenau begriffen, und bilden einen unabhängigen Staat im Staate. Sie haben ihr eigenes Civil= Criminal= und Ehegericht; und zwar kann von beyden leßtern nicht weiter, vom Civilgerichte aber an die Obrigkeit von Ortenstein, und, doch nur in seltenen Fällen, an den ganzen Bund appelliert werden. In Criminalsachen läßt die Obrigkeit durch 3. bis 4. der einsichtsvollsten Männer aus ihrer Mitte den Prozeß formieren; gestattet den Delinquenten einen Fürsprech (Advogat), und nimmt, wenn das Endurtheil gefällt werden soll, noch 6. obrigkeitliche Personen von der Gemeind Ortenstein zu sich, welche der Zuzug genannt werden. Nicht sie kann wählen; sondern die Ortensteiner=Obrigkeit macht unter sich den Ausschuß. Aber recht sehr bedauerlich ist es, daß auch da, wie an so vielen Orten, keine Criminal=Prozeßordnung vorhanden, sondern alles der Willkühr des Richters überlassen ist, der denn freylich gewöhnlich nach Karolingischer peinlicher Halsgerichtsordnung verfährt; aber immer so, daß auch der, welcher sein Verbrechen gutwillig gesteht, oder durch unverwerfliche Zeugen und Beweise überführt worden, dennoch seine Aussagen an der Folter bestätbigen muß. O ihr Männer von Herz und Kopfe, die ihr am Ruder des Staates sißet, menschenfreundliche Ulysses, Hans Ulrich, Rudolfe, Anton, Stefan, Peter, Vincenz,

Her=

Hercules von Salis; Hercules von Sprecher;
Landrichter von Capol, von Castellberg,
von Buol, von Juwalta, von Travers,
von Tscharner, von Petrelli, von Ender-
lin, und ihr Säulen des Hauses von Planta! Ver-
zeihet mir's, wenn ich es wage, Euch aufzufodern, diese
Ueberbleibsel barbarischer Grausamkeit, wo nicht durch
ein allgemeines Staatsgesetz aus euerm Vaterlande zu ver-
bannen, dieselben doch wenigstens in euern Gemeinden,
die in diesem Stücke, so wie in der Abschaffung des Kalenders, ungebundene Hände haben, abzumehren! Ihr
dürft ja nur wollen, so geschieht's. Ist doch das Herz
des Volks in euern Händen, und leitet ihr's wie Wasser-
bäche nach euerm edeln Belieben! Folget dem Beyspiele
der Stadt Chur, die sich fast erschöpft, um Mittel zu
erdenken, den Verbrechen vielmehr zuvorzukommen, als
solche zu bestrafen. Dagegen schaffet die Freystätten und
das Componiren mit den Amtleuthen und mit den Verwandten eines Ermordeten ab, das so viel Unheil erzeu-
get. Sehet zu, daß der Informativ-Proceß schleunig,
thätig und nachdrücklich vorgenommen, und nur geschickten Leuthen anvertraut werde; und eben so auch das Rich-
teramt, zu welchem man übrigens aus verschiedenen wichtigen Gründen jene nicht sollte zuziehen dürfen. Vielleicht
wäre es sogar gut, wenn man nicht einmal Advocaten
im Gericht dulden würde; welche gemeiniglich die Gerechtigkeit zu sehr an Systeme und Gesetzbücher binden,
und die mit jedem Verbrechen verbundenen besondern Umstände so oft aus dem Gesicht lassen, ohne deren genaue
Erwägung doch selten ein eigentlich richtiges Urtheil gefällt werden kann. Von der Beobachtung dieser Regel
hat die Gemeinde Schiersch im Brettigäu vor einichen
Jahren ein sehr löbliches Beyspiel gegeben. Sonst werden (welches ebenfalls rühmlich ist) die Sentenzen mit

der größten Feyerlichkeit, unter freyem Himmel, vor al
lem Volk ausgesprochen. Jeder Richter hat ein Paar be-
waffnete Männer, welche seine Leibwache ausmachen, bey
sich. Diese schliessen den Krais, und erhalten Ordnung
unter dem Volke. Die Vergichten und die Urtheile werden von dem Gerichtschreiber laut abgelesen; der Bluts
richter frägt noch einmal die sämtlichen Richter um ihr
Urtheil, bricht nun den Stab, und übergiebt den Delinquenten dem Nachrichter. Der Magistrat selbst begleitet
ihn zur Richtstätte, wohnt der Execution und einer Predigt bey, und zieht in ernster Stille wieder aufs Rathhaus. Die Hinrichtung selbst ist auffallend und abschre-
ckend, selten grausam. Die Nothwendigkeit, einem Menschen das Leben zu nehmen, setzt alles in tiefe Traurigkeit. — Aber bey dem allem bleiben Lebensstrafen meistens
ohne grosse Wirkung für die übrigen Glieder der Gesellschaft, und sind vielmehr bloß ein Schauspiel für das
neugierige Volk. Das Civil-Gericht von Fürstenau besteht aus 13. Personen: Nämlich dem Landvogt (Ma-
strel) welcher das Präsidium führet, und, im Fall die
Stimmen einstehen, entscheiden kann, und 12. Geschwornen oder Rathsherren (Giuraus), davon der vornehmste,
der die erste Stimme hat und die rechte Hand des Lands
vogts ist, weil dieser ihn ernennen kann, und er in desselben Abwesenheit Gericht hält, Statthalter (Locteng-
niant) genannt wird. Dann sind 3 Bediente, die keine
Stimme haben: Nämlich der Gerichtschreiber oder
Kanzler, der das Protocol führen soll; der Seckelmeister oder Fiscal, welcher auf Verlangen der Partheyen
den Kläger macht, auch die Strafgelder und Prozeßkosten
einkaßirt; und der Weibel, oder Gerichtsdiener, welcher vor Gericht bieten, die Gefangenen besorgen und
schliessen, auch die Urtheln und Beurtheln dem Volke
vor der Rathsstube ankündigen muß. Die Processe wer-

den sehr geschwind entschieden; innert einer bis zwey Stun,
den weiß jeder woran er ist. Nur in sehr wichtigen Sa,
chen braucht man Advocaten. Jeder bringt seine Sache
selbst vor, so gut er kann. Der Landvogt eröffnet die
Seßion bey offenen Thüren: Die Partheyen werden vor,
geladen : Der Kläger wählt sich einen Fürsprech aus der
Mitte der Obrigkeit, welcher gemeiniglich keine Stimme
geben kann: Dann thut der Beklagte das nämliche, und
vertheidiget sich: Die Partheyen disputiren mit einander,
saußen ein wenig auf den Tisch; müssen auf Befehl des
Landvogts wieder das Maul halten: Man examinirt
die Papiere; man schlägt das Statutenbuch auf, lieset
Gesetze und Verordnungen für und wider ab, und muß
endlich samt dem zuhörenden Volke abtreten. Nun nimmt
der Landvogt das Wort: Er sucht die Sache auseinan,
derzusetzen, und erbittet sich noch ein Paar Männer zu
einer Deputation, um einen Versuch zu machen, die Par,
theyen gütlich zu vergleichen. Man bescheidet eine nach
der andern in ein besonderes Zimmer; da es dann meist
auf der Stelle zu einem gütlichen Vergleiche oder zu ei,
nem Kompromisse kömmt; so daß eine Parthey nur sel.
auf einem Rechtsspruche beharret, wohl aber öfters einst,
weilig eine sogenannte Beyurthel, d. h. eine Sentenz
bloß über einen Theil der streitigen Frage, und nicht über
den ganzen Handel begehrt (um von derselben auf einen
glücklichen oder unglücklichen Ausgang der Hauptsache zu
schliessen) und sich darnach in der Annahme oder Verwer,
fung des neuerdings vorgeschlagenen Kompromisses zu
richten pflegt. Vergleichen sich die Partheyen, so wird
auch unter ihnen ausgemacht, wie viel jede an die, stets
unerheblichen, Gerichtskosten bezahlen soll; und die Sache
hat damit ihr Ende erreicht. Bey einem Kompromisse
kömmt man wegen der Confidenten überein, und wählt
einen Spruchherrn. Dieses ist selten jemand anders, als

ein im allgemeinen Rufe der Billigkeit und Gerechtigkeit stehnder Edelmann.

Bey einem von den Kompromißherrn gethanen Ausspruche muß es bleiben, und kein Theil darf weiter appelliren. Ergebt eine förmliche Urtheil, so wird dieselbe öffentlich durch den Weibel abgerufen, und den Partheyen eine Kopie derselben durch den Gerichtsschreiber ausgefertigt.

Die Richter haben an einigen Orten ein kleines Sitzgeld; zu Fürstenau aber halten sie, wenn das Gericht geendiget ist, eine ländliche Mahlzeit, für 10 bis 15. Bz. auf den Kopf, und die darzu erforderlichen Unkosten werden gemeiniglich von den sämtlichen an diesem Tage streitenden Partheyen erhoben; ja wenn auch nur eine seyn sollte, so können sich diese Kosten höchstens auf einen Neuen Louisd'or erstrecken, weil gemeiniglich beyde Theile gleichviel daran bezahlen müssen. Oefters aber werden an Einem Tage sieben bis acht Händel beendigt. Alles dieses ist sehr löblich; nur wenn man wähnen sollte, daß deßwegen des Proceßierens kein Ende seyn sollte, so kann ich versichern, daß es gerade das Gegentheil ist *).

Gewöhnlich wird jährlich bloß drey- bis viermal Gericht gehalten. Die ausserordentlichen Gerichtstage sind sehr selten. Man pflegt sie mit dem Namen eines erkauften Gerichts zu belegen, weil der Kläger im Voraus 6. bis 7. Neue Thaler erlegen muß, die ihm von dem Beklagten, im Fall dieser den Handel verliert, vergütet werden müssen. Der Beklagte kann zwey bis drey vier-

---

*) Auch ich bin hievon, wie von meinem Daseyn überzeugt: Daß grosse Gerichtssporteln, und kostbare Justizpflege, die in unsern Schweizerlanden sogenannte Trölerey, weit entfernt dieselbe zu vermindern, sie vielmehr zu nähren, und die Rechtshändel zu vervielfältigen, zu erbittern, und, nach Auslands Weise, zu verewigen — das ächte spezifische Mittel seyn würde. F.

zehntägige Termine begehren; der Landvogt aber ihm solche verweigern, oder zugestehn. Während dieser Zeit suchen die Partheyen und ihre Freunde die Sache, wo möglich, gütlich ins Reine zu bringen. Ein Ausländer muß einen Bürgen stellen, wenn er rechten will. Lebhafter geht es denn freylich her, wenn ganze Familien, oder sonst sehr vornehme Partheyen an einander gerathen. Da giebt es Urtheln über Urtheln, Revisionen, Appellazionen, u. s. f. und um so viel mehr, wo Familien-Kästen vorhanden sind, aus denen die Unkosten bestritten werden. Man hat zwar ein Gesetzbuch unter dem Titel: „Statu- „ten und Satzungen der Gemeind Fürstenau und Or- „tenstein„, welche 1702. auf der zu Kierberg gehalte- nen allgemeinen Besatzung des ganzen Hochgerichts zum letztenmal feyerlich sind gutgeheissen worden. Diese sind aber nichts anders, als ein Haufen alter Gebräuche und Gemeinsverordnungen, die zu verschiedenen Zeiten gemacht worden, und bloß als Manuscript in einigen Privathäu- sern aufbehalten werden. Denn im ganzen Gotteshaus- bunde haben nur zwey Gemeinden, nämlich Oberhalb- stein und Puschlaf (iene i. J. 1716. in 80. Capiteln, und diese i. J. 1757. in 3. Theilen, davon der erste die ökonomischen Gesetze auf 96. Seiten in 43. Cap. der an- dere die Criminalgesetze auf 78. S. in 55. Cap. und der dritte die Civilgesetze auf 65. S. in 37. Cap. enthält) ihre Statuten drucken lassen.

In allen übrigen Gemeinden, die insgesamt voneinan- der mehr oder minder abweichen, sind sie, wie gesagt, bloß in Handschrift vorhanden. Die des Obern En- gadins sind am weitläuftigsten und am besten bearbeitet; und das scheint auch dort am nöthigsten zu seyn, weil die Einwohner reich sind, keine Arbeit haben, und also, ohne dieß Mittel, zum Procesiren mehr Reitz haben dürf- ten. Die Geschichte des Entstehns, und eine vernünftige

Beurtheilung dieſer Statute, würde, ſo ſchwer ſie freylich iſt, über den Geiſt und die Sitten der Nation ein
groſſes Licht verbreiten und ſeinem Verfaſſer Ehre machen,
und z. B. eine eines U. v. S. M. — H. U. v. S. S.
oder Podeſta T. v. C. höchſtwürdige Arbeit ſeyn *).

Auſſer dieſen Gemeinds-Statuten, giebt es dann freylich noch eine unendliche Menge öffentlicher Geſetze, d. h.
ſolcher, welche auf den Bundstagen ſind abgefaßt und
nachgehends durch die mehrern Gemeinden gutgeheiſſen
worden. Eines dieſer Decrete aber ändert nicht ſelten
das andere. Da findet man Geſetze über andere Geſetze;
Geſetze ohne vorkommende Fälle, und noch weit mehr
vorkommende Fälle ohne Geſetze — mit allen natürlichen
Folgen einer ſolchen Verwirrung. Inzwiſchen hat man
alle dieſe Decrete in 4. Folios-Bände drucken laſſen. Der
erſte enthält Extracte der Decrete L. Gemeinen Lande, die
herrſchenden Lande insgemein betreffend, auf 215. S.;
der andere: Decrete die Amtleute und das Veltlin betreffend auf 366. S.; der dritte, Decrete die Zölle,
Straſſen und Flöſſe betreffend, auf 206. S.; der vierte
endlich enthält die verſchiedenen Regiſter. Dieſe Sammlung iſt aus den Abſcheiden und Protocollen von 1567.
bis 1767. gemacht worden, und iſt ein unentbehrliches
Hülfsmittel für den Geſchichtſchreiber dieſes Landes. Herr

---

*) Noch jetzt kann man von den Geſetzen der Gemeinden des
Gottshausbundes ſagen, was Agobardus, Biſchof zu Lyon,
in Libr. adv. Legem Gundobaldi Cap. 4. ſagt: Si non huic
tantæ divinæ operationis veritati aliquid obſiſtat tanta diver-
ſitas legum, quanta non ſolum in ſingulis regionibus aut civi-
tatibus, ſed etiam in multis domibus habetur. Nam plerumque contingit, ut ſimul eant aut ſedeant quinque homines,
& nullus eorum communem legem habeat cum altero. Wirklich findet man oft fünf Perſonen bey einander, davon keine
mit der andern unter Einem Geſetze lebt.

Bundslandamman Johann von Planta von Wildens-
berg zu Malans hat sich bey Bearbeitung dieses Werks
unendlich um sein Vaterland verdient gemacht. Bey einer
andern Gelegenheit werde ich einige Auszüge daraus liefern.

Ein ganz besonderes Recht in Bündten ist das
Zugrecht. Ein Anverwandter, Dorfmann, Gemeinsmann, Bundsmann, und endlich Bündtner, kann die
liegende Güter, welche man kauft, die Anverwandten in
einem Zeitraum von 1. Jahre, 6. Wochen und 3. Tage
von Bündtnern, und von Fremden zu ewigen Zeiten,
wenn sie auch nicht verläuflich sind, gegen die Erlegung
des Kaufschillings an sich ziehen. Um sich wider dieses
Zugrecht zu sichern, pflegen einige den Kaufschilling im
Kaufbriefe höher anzusetzen; können aber vom Züger zum
Eyd genöthiget werden. Andere tauschen ein kleines Stück
Gut mit ein; und dann findet das Zugrecht nicht statt.
So hat man das Gesetz zu hintergehen gelernt.

Eine sehr reiche Familie hat das alte Lombardische
Gesetz, da kein Verwandter vom weiblichen Stamme
zur Erbschaft zugelassen wurde, unter sich sehr weislich
eingeführt; und ihr grosses Vermögen ist und bleibt
Stammgut, Manns-Vortheil, Fidei-Kommiß, und dergleichen. Die Mädchen aus diesem Hause sind daher
sehr übel daran, und können niemals oder doch selten
nach Neigung heyrathen.

Man siehet also hieraus, wie da so alles von dem Willkühr der Richter, fast nichts von den Gesetzen abhängt;
und dennoch muß man zur Ehre der Vornehmen sagen,
daß sie ihre Gewalt nicht zur Unterdrückung der Unschuld
mißbrauchen. Billigkeit ordnet ihre Handlungen; die gesunde Vernunft entscheidet ihre Streitigkeiten, und der
gemeine Mann ist unter ihrer Leitung glücklich. Unter
einer aus 12. Personen bestehenden Obrigkeit, sind freylich
wohl 8. Säumer, Alp- und Ackersleuthe befindlich; allein

mit ihnen sitzen an den meisten Orten einige Adeliche im
Gericht, denen es weder an Kenntnissen noch an Menschlichkeit fehlt.

Die 13. Personen des Civilstabes sind auch Eherichter:
Doch wohnen die Pfarrherrn von Almens, Sils und
Scharans als Beysitzer dem Gerichte bey; aber ohne
selbst eine Stimme geben zu können. Die Bussen sind
meist ebenfalls willkührlich. Die Grade der Verheyra-
tung sind in den Synodal-Gesetzen bestimmt, können aber
dispensirt werden. Die Katholicken von Almens stehen
in Ehesachen unter dem Bischofe von Chur.

Diese Obrigkeit nun, welche die höchste Gewalt in
Handen hat, wird jährlich zu Fürstenau, dem von Plan-
tischen Hause gegenüber, mit mehrerer Hand von der über
16. Jahr alten Mannschaft des halben Hochgerichts auf
folgende Art entweder neu erwählet, oder auch nur bestätigt. Den ersten Sonntag im Mayen findet sich das
Volk Nachmittags gegen 2. Uhr zu Fürstenau ein. Alsdann begleitet die Obrigkeit den abgehnden Landvogt
auf den Besatzungsplatz. Nur er und sie sind mit einem
Degen bewaffnet; das ganze übrige Volk nicht. Man
schließt einen Ring. Der alte Landvogt legt in einer
kurzen romanschen Rede seine Stelle nieder. Dann hält
sein gemeiniglich schon bezeichneter Nachfolger zuerst, und
so, dem Range nach, wenn mehrere Competenten da sind,
jeder eine Rede, und sucht durch alle rednersche Künste
die Herzen des Volkes zu gewinnen. So hört' ich einmal den Herrn Gesandten von Planta reden, und in
der That seine Worte:

Comme un ruisseau murmurant & flatteur,
Charment l'Oreille & coulent jusqu'au Coeur.

Denn wenn schon der Bündtner-Democrat kein Athe-
niensisches Ohr hat, so giebt es doch Bündtnersche De-

mosthenes, die ihren Zweck so gut erreichen wie jener. Sind dann diese Reden geendet, so frägt der abgetrettene Landvogt zuerst den Statthalter, nud so dem Range nach die übrigen Rathsherren an: Wen sie, die Landvogtey zu verwalten, am tüchtigsten achten? und pflegt gemeiniglich ein Wörtchen zur Empfehlung dessen zu sagen, den er zum Nachfolger zu haben wünscht. Werden mehrere er= nennt, so zählet man die Stimmen. Oft giebt es De= batten, bisweilen auch Schläge. Aber das Herumbalgen dieses Volkes ist selten gefährlich und von Folgen, es er= hält und ernährt vielmehr den republikanischen Geist; und Muth, Kraft und Wille sichern es für den Eingriffen der Tyranney. Daher hat selbst der gemeine Mann in Bünd= ten etwas Erhabenes in Minen und Gebehrden, und ein geistvolles Auge, von Vaterlandsliebe beseelt. Eigensin= nig, wankelmüthig, leichtsinnig ist indessen der gemeine Mann überall. Daher kann auch die Wahl nicht immer auf den Würdigsten fallen; mancherley Leidenschaften ver= blenden die Wähler. Daher denn ferners die beständige Abwechselung der Regierung unter einem solchen Volke. Eine Person spielt da die Rolle aller Stände. Heute seh' ich einen Bauer sein Land pflügen, Morgen Gesetze geben, Uebermorgen eine holländische oder französische Ko= karde an seinem Hute stecken, und endlich wieder pflügen. Wann nun der neue Landvogt von der Würde Besitz ge= nommen, so trägt er die übrigen Angelegenheiten vor. Zuweilen betrift es Staats= und Landsachen; zuweilen Verträge oder Streitigkeiten mit benachbarten Gemeinden; Strassen= und Brückenbau; neue Polizey=Gesetze, daran es grossen Mangel hat, weil ein jeder dießfalls thut, was er für gut findet; die Verpachtung des Zolls zu Für= stenau; ökonomische Vorschläge; andere patriotische Ideen, die lange nicht aufkeimen mochten, und nun un= ter der Wartung eines edeln Mannes aufspriessen, sich entwickeln und ihr Haupt hoch emporheben sollen; vor allen Dingen aber den Verlauf der Veltliner-Aemter.

Die sämtlichen Unterthanen-Lande werden nämlich von einem Landshauptmann und dem Vicäre zu Sonders, den Podestaten zu Trahona, Morbegno, Teglio, Tirano, Wormio, Plurs, und dem Commiſſar zu Cleven, alſo von 9. Amtleuten beherrſchet. In der ſeiner Zeit folgenden Beſchreibung des Veltlins werde ich hiervon weitläufiger reden. Hier nur noch etwas von dem Preiſe dieſer Aemter. Dieſelben ſind auf alle Gemeinden der III. Bünde vertheilt; und zwar ſo, daß ſie insgeſamt im Obern Bund alle 48. Jahr, und im Zehngerichtenbund alle 42. Jahr einmal in eine Gemeinde fallen; im Gottshausbunde aber hat man die ſogenannten Comparten errichtet, vermöge deren eine Gemeinde dieſes, eine andere jenes Amt in ihrer Reihe zu verkaufen hat. Man muß ein Bundsmann ſeyn, wenn man ein Amt des Bundes kaufen will; doch hat ein Gemeinsmann das Zugrecht. Die Gemeinden Fürſtenau und Ortenſtein haben die Landshauptmannſchaft und das Vicariat zu Sonders, das Kommiſſariat zu Cleven, die Syndicaturpräſidenterie, Syndicatorſtelle, und das Kavallir-Amt zu Sonders; hingegen keine einzige Podeſtarie zu verkaufen. Auf Fürſtenau trift die einträgliche Landshauptmannſchaft; auf Ortenſtein das unbedeutende Kommiſſariat, und das Vicariat von ungleichem Ertrage, je nachdem man es zu benutzen weiß. Die übrigen Aemter wechſeln unter ihnen ab. Jedes dieſer Aemter dauert 2. Jahre lang; ausgenommen die Syndicatorſtellen, welche nur 6. Wochen währen. Heut zu Tage zahlt man dieſe Aemter gemeiniglich auf folgendem Fuſſe.

1.) Die Landshauptmannſchaft zu Sonders 12. bis 15000. fl.

2.) Das Vicariat 4. bis 6000. fl. ohne die Nebenum-
kosten.

3.) Das Kommissariat zu Cleven 8. bis 10000. fl.

4.) Tiran und Morbegno 6. bis 8000. fl.

5.) Trahona 5. bis 7000. fl.

6.) Teglio 3. bis 5000. fl.

7.) Plurs 2. bis 3000. fl.

8.) Worms bis 2000. fl.

9.) Die Syndicatur-Presidenterie 1500. bis 2000. fl.

10.) Eine Syndicator-Stelle 3. bis 500. fl.

Die Hälfte des Kapitals muß gemeiniglich beym An-
kauf, die andere Hälfte beym Antritte des Amtes bezahlt,
und also auch noch verintereßirt werden. Die ganze Summe wird auf die Stimmen vertheilt.

Inzwischen giebt es einige Gemeinden, die ihre Aemter
wohlfeiler als obsteht verkaufen; und sogar kenn' ich eine,
die eine weit höhere Summe ausschlug, die ihr jemand
angeboten hatte, als ein Herr ihrer Commun kam, sie
aus den edelsten Beweggründen um ein Paar tausend Gulden wohlfeiler verlangte, solche auch wirklich erhielt, und
dann dem ersten höhern Bieter um den erstandenen Preiß
dahin gab.

Aus den zuverläßigsten Handschriften weiß ich, daß sint
der Einführung des Verkaufes der Aemter, dieselben um
das vierfache gestiegen sind.

J. J. 1647. verkaufte man die

Landshauptmannschaft um — — —	3000. fl.
Das Vicariat — — — — —	700. —
Kommissariat — — — — —	1700. —
Syndicaturstelle — — — — —	200. —
Stipendium von Mailand — — —	100. —
Amtsknecht — — — — —	100. —
Jahrgelder — — — — —	100. —
Die Landammannschaft — — —	65. —

Im Jahr 1662. waren sie schon beynahe um ein Viertel gestigen. Mit dem Anfange dieses Jahrhunderts bezahlte man das doppelte. Im Jahr 1738. galt das Vicariat schon 3000. fl., das Kommissariat 4000. fl. u. s. f.

Noch habe ich vergessen, daß der Landvogt von Fürstenau seine Stelle, die ihm ordentlicher Weise keinen
Kreuzer einträgt und mit viel Beschwerlichkeiten verbunden ist, auch immer noch mit 300. fl. bezahlen muß.
Dafür kann er 2 Jahre auf den Bundstag im Namen
der Gemeinde sitzen. Auch besucht er die Beytäge, prä-
sidirt in allen Tribunalien, wacht für die öffentliche Sicherheit, kann gefangen nehmen lassen, und ist gewöhnlich, wenn er ein Volksmann ist, Alles, und, wenn er
etwas mehr seyn will, Nichts. Seine Gewalt darf er
nicht mißbrauchen, weil er nach 2. Jahren wieder blosser
Bürger ist, und zur Verantwortung gezogen werden kann.
Mäßigung, Herablassung, Standhaftigkeit, Muth und
Kenntniß der Gesetze, Gebräuche und Köpfe seiner Gemeinde, muß er im vorzüglichen Grade besitzen. Vasallen
hat er keine. Seine Würde und seine Macht hängt bloß
von der Gunst des Volkes ab. Nur seine Leutseligkeit,
Freygebigkeit, Einsichten, können ihm die Liebe desselben,
und Ansehn und Ehrenstellen im Staate erwerben.

Seine Stelle, so wie alle übrigen im Lande, sind blosse
Titel, die der Bürger ehrt und schätzt, ohne sie zu fürchten. Der Mann am Ruder hat also Macht genug das
Gute zu thun, niemals genug um Böses auszuführen,
oder der allgemeinen Freyheit zu schaden. Eines seiner
vorzüglichsten Vorrechte, welches er in der Gemeinde Fürstenau genießt, ist, daß er das Gemeindssiegel verwahret,
(welches ein schwarzer springender Steinbock im silbernen
Felde ist, und das die Gemeinde schön vor dem Eintritt
in den Bund geführet hat), und seinen Statthalter, eine

von dem Landmann sehr gesuchte Stelle, aus der Zahl
der Geschwornen ernennen kann.

Die Rathsherren oder Geschworenen werden zu Fürstenau nicht mit der mehrern Hand, sondern durch sogenannte Besetzer erwählt. Das Dorf Scharans giebt 4;
Fürstenau 2, Sils 3, und Almens 3. Geschworene.
Die Nachbauern eines jeden dieser Dörfer treten noch
vor der Besatzung des Landvogts zusammen, und bera-
then sich, was sie in ihrem Dorfe für Besetzer wählen
wollen? Jedes Dorf ernennt deren so viel als es Geschworene hat. Der Dorfmeister (Cuvig) eines jeden Dorfes,
ist allemal Besetzer vermöge seines Amtes. Jeder noch
im Amte stehende Geschworene ernambset, wie man in
Bündten sagt, einen Besetzer, und die Gemeinde meh-
ret dann darüber, ob sie ihn annehmen will? Wenn nun
auf diese Art die 12. Besetzer erwählet sind, so begeben
sie sich mit dem neuen Landvogt in die Kirche, und setzen
nun die neue Magistratur. Der Landvogt hat das Votum decisivum, und folglich auch Macht und Gewalt genug, die Geschworenen der alten Regierung, die ihm unangenehm sind, auszumerzen, und ihre Stellen mit andern zu besetzen. Man soll zwar bis zum nächsten Ge-
richtstag nicht wissen, wer erwählt und wer verworfen
worden. Allein es wird gleich ruchtbar. Den neuen
Statthalter behält der Landvogt auch noch in Petto;
bis er das erstemal, gemeiniglich acht Tage nach der Besatzung, den neuen Rathsherren bieten läßt. Den Kanzler, Seckelmeister und Weibel erwählt das Volk auf
öffentlichem Platze mit der mehrern Hand. Diese Stellen
tragen nichts ein; und dennoch drängt man sich um dieselben.

Stants- und Landssachen werden öfters auf der ganzen
versammelten Gemeinde vorgetragen; und da alles Volk
gemeiniglich davon wenig versteht, so kömmt alles meist

auf das Votum der Herren an. Da es indessen doch
Fälle geben kann, wo man Widerspruch befürchtet, so
giebt man den Dorfmeistern (Cuvigs) den Auftrag, die
Nachbarschaft, das heißt, eine Versammlung der stim=
menfähigen Personen seines Dorfes zu halten, und über
den Abscheid, oder die von den Herren Häuptern an
die Gemeinden ausgefertigten Schreiben, ihre Willensmey=
nung zu vernehmen. Jetzt mehrt jede Nachbarschaft be=
sonders, schickt einen ihrer Geschwornen und den Dorf=
meister mit ihrem Mehre aufs Rathhaus; dort verfertigt
der Landvogt aus allen eingebrachten Mehren ein Gan=
zes, und sendet's auf den Bundstag, oder bringt's in
seiner Instruction selbst mit.

. Noch eine andere Frage wird vor der Landsgemeinde
aufgeworfen; sie betrift die Annahme neuer Gemeinds=
leuthe. Jede Nachbarschaft hat das Recht, Nachbauern
umsonst, oder gegen Erlegung einer gewissen Summe an=
zunehmen; eben so auch jede Gemeinde und jeder Bund.
Die Nachbarschaftsrechte zu erhalten, hält in armen Ge=
meinden nicht schwer; desto schwerer in reichen. Gemeinds=
rechte findet man, aber um grosse Summen. Bunds=
rechte vermag kein Fürst, geschweige dann ein Privat=
mann zu bezahlen; aber man verschenkt sie zuweilen.

Herr Doktor Amstein, ein Schwager des Herren Mi=
nisters Ulysses von Salis, einer der vortreflichsten und
brauchbarsten Männer die ich kenne, und Herr Bredov,
ehemaliger Hofmeister der Herren von Salis zu Chur,
sind für ihre Vertheidigung der Nation gegen die unge=
rechten Beschuldigungen eines berühmten Theaterdichters,
der sie Räuber=Rollen spielen ließ, naturalisiert worden.
Ehedem war es sehr leicht, ein Bündtner zu werden. Ver=
schiedene Hugenottische und Waldensische Familien sind
als solche aufgenommen und anerkannt worden; ja man
hat selbst Unterthanen diese Ehre erweisen. Vom Jahr

1636. bis 1721. sind eine grosse Menge derselben als Bundsleute anerkannt worden. Die Familien, Alberti, Calderati, Castelli, Imeldi, Paravicini, Pellizari, Peretti, Pestalozza, Stampa, Stoppa, und der Herr Baron Thum von Neuenburg, sind insgesamt damit beehret worden. Sonderbar ist es, daß schon im Jahr 1672. bey hoher Busse verboten wurde, um Bunds-rechte anzuhalten, und man doch im Jahr 1708. einem Peretti, 1709. dem Baron Thum, und 1721. dem Ca-valier Alberti dergleichen ertheilte. Allein um das Jahr 1738. blies' ein anderer Wind. Ein gewisser angesehener Mann fand die Annahme neuer Bundsleuthe nicht zuträg-lich für seine Familie. Er würkte ein Decret aus, kraft dessen den Herren Pedretti und Mazetta nicht nur die Bundsrechte abgeschlagen wurden, sondern sogar derjenige in 300. Kronen Buß verfallen seyn sollte, der einem Un-terthanen seine Stimme zur Erlangung der Bürger-rechte geben würde. Ja im Jahr 1740. legte der Gottes-hausbund, zur Verhinderung des Ankaufs der Bunds-rechte, auf jede Stimme 1. Neuen Louisd'or an; und die bey-den übrigen Bünde folgten diesem Beyspiele bald. Aber, warum denn das? Um zu verhindern, daß nicht ein und eben dieselbe Person in mehrern Bünden Bundsrechte besässe. Es ist ein Fundamental-Gesetz, daß das die Ge-meinde eines Bundes betreffende Amt von einem Ge-meinds- oder doch Bundsmann verwaltet werden soll. Der Gemeindsmann hat das Zugrecht. Er kann auch auf Bunds- und Beytägen Namens seiner Gemeinde, und keiner andern sitzen.

Natürliche Beweggründe vermochten daher bald diesen, bald jenen, sich in verschiedenen Gemeinden, und damit auch in verschiedenen Bünden Bürgerrechte anzuschaffen, um solche Aemter verwalten zu können.

Daher kam es, daß öfters eine Person in 3. 4. und mehrern Gemeinden Aemter kaufen und verwalten konnte. Um diesen Mißbrauch abzuschaffen, machte man ein Ge, seß, nach welchem es jedem Particular unmöglich fallen muß, Bundsrechte zu kaufen; und nur bloße Gemeinds. rechte nußen ihm nichts. Niemand kann also heut zu Tage aus einem Bund in den andern wandern. Wirklich giebt es nur zwey Familien, die in allen III. Bünden Bunds. rechte haben. Die eine ist die Familie von Planta von Wildenberg und Rietberg, zu Mallans; und die andere die Familie von Buol von Straßberg zu Rei: chenau. In zwey Bünden hingegen sind mehrere Fa: milien zu Hause. Das Gesetz ist nun da, und wird steif und fest beobachtet; aber es hat seine Absicht nicht erreicht, und folglich ist es unnüß. Man entlehnt nämlich den Namen eines andern, und verwaltet so das Amt.

Gemeindsrechte hingegen werden noch heut zu Tage an Bundsleuthe und Ausländer verkauft. An einigen Orten ist aber auch dies unmöglich; vorzüglich an sol. chen, wo eine adeliche Familie ihren Siß aufgeschlagen hat. Man hat in einer gewissen Gemeinde des Gottes: hausbundes dafür bey 50000. fl. verwenden wollen; und dennoch umsonst. Hingegen hält's an andern Orten nicht gar schwer. Hier das Muster einer Gemeindrechts: Urkunde vom Jahr 1684.

„Wir Landvogt, Gricht und Gmeind zu Fürstenau,
„urkunden hiemit, wie daß uf gnugsames und billichs
„Erinnern, Vorbringen und Begehren des Wohledeln,
„Gestrengen Herrn Kommissari Dietrich Jäcklin von
„Hohen Realten den 23. April 1684. von unserm Gricht,
„hernach den 27. dto. von ganzer unser Loblichen Gmeind
„uf der Jörgen:Besaßung gemehret, beschlossen und ge.
„willfahret worden, wie folget: Namlich, wann Er Herr
„Kommissari Dietrich, oder sein teziger Sohn Jkr. Ru:
dolf

„dolf Ruinel, oder einer der Nachkommenden umb all-
„hiesige Gemeindrechte über kurz oder lang sich anmelden
„wurde, so solle derselbige, in Erinnerung dessen so schon
„Ao. 1664. versprochen und empfangen gewesen, von un-
„serer Gmeind ohne Widerred und Anstag zum Gmeinds-
„mann angenommen seyn und gehalten werden; in Mas-
„sen derjenige, so sich, wie obgedacht, anmelden wurde,
„dannethin samt seinen Nachkommenden all der Gmeind
„Frey- und Nutzbarkeiten fähig, und dargegen allen Dero
„Beschwerlichkeiten auch unterworfen seyn solle, und ge-
„halten werden wie andere Gmeinds-Leut in allem und
„durchaus. Dargegen klar bedinget worden, daß umb
„die 1664. in Namen gemelten Herren Kommissari vor
„seine Gemeindrechte bezahlte Auslag der fl. 50., weder
„Er noch sein Junker Sohn, noch Dero Nachkommen,
„weder jetzo, noch in das künftig, sie meldend sich, wie
„obgemelt, an oder nit, kein Ansprach mehr haben sol-
„lend, noch mögend. Deme zu mehrerer Urkund und
„Bekräftigung so hat der Wohlgedachte, Ehrenfeste und
„Wohlweise Herr Jacob Battaglia, der Zeit regieren-
„der Landvogt aus Unserem Befelch, Unserer der Ehrs.
„Gmeind Fürstenau Ehren-Insiegel hier unten getruckt,
„das geben worden den 27. May des 1684. Jahrs.

Jacob Battaglia   (Cristian Conrad)
                    (L. S.)
(Der Zeit Landvogt.)   Der Zeit Gerichtsschreiber.

Damals also kostete ein Gemeindsrecht 50 fl. Hingegen hat man neuerliche Beyspiele, daß eines an die 3000.
fl. gewerthet wurde.

Es sind zwar Gesetze vorhanden, welche ohne Consens
des Bundes die Anschaffung neuer Gemeinrechte gerade
zu untersagen; allein man bekümmert sich wenig darum.

Nachbarschafts-Rechte zu ertheilen, wurde in den
Jahren 1690. 1703. und 1704. allen Gemeinden ausdrück-

lich unterfagt: Allein auch dieſes Geſetz iſt aus der Mode
gekommen; und überdieß iſt es ſelten, daß man ſie zu erhalten ſucht.

Man legt den Hinderſäſſen an den meiſten Orten ein
ſo geringes Hinderſitz Geld auf, daß es ſich nicht der
Mühe lohnen würde, darum anzuhalten.

Ueberhaupt genieſſen Ausländer, ſelbſt oft ſehr geringe
Leuthe, ungemein viel Freyheit; und man geht vielleicht
nirgends in der Schweitz ſo höflich und gut mit ihnen
um, als in Bündten. Sie dürfen frey und ungehindert
ohne alle Abgaben Handwerke treiben, und nach Gefallen handeln und wandeln. Alles was man fodert, iſt einige Tage Arbeit an den ſogenannten Gemeinwerken.
Und dieſe übertriebene Güte ſchadet wohl unendlich viel.
Ein Schwarm Tyroler und Savoyarden durchkreutzt
das ganze Land und nährt ſich vom Schweiſſe des Land-
mannes. Alle Artickel des Luxus, der Galanterie und
der Bequemlichkeit, ſelbſt ſeine nothwendigſten Geräthe,
werden ihm von Krämern zugeſchleppt, welche ihm die
Waaren ſehr hoch anſchlagen, und ſeine Unwiſſenheit
und Mangel an Kenntniß des Preiſes dieſer Artickel auf
eine ſchändliche und betrügliche Weiſe mißbrauchen. Warum muntert man doch den Bündtner nicht auf, ſelbſt
zu handeln? Der innere Handel, (Wein, Korn, Salz
und Tabak ausgenommen) iſt faſt allein in den Händen
der Ausländer, die das Land ausſaugen. Ohne ein Mo-
nopolium einzuführen, würde es ein weiſes Staatsgeſetz
ſeyn, wenn man fremde Krämer verbannete, und das
Hauſieren verböte. Bloſſes Erſchweren mit Anlegung von
Zöllen und dergleichen nutzt nichts; denn der Krämer
ſchlägt's wieder auf ſeine Waaren.

Man dürfte ja nur die weiſen Verordnungen von mehrern Eydgenöſſiſchen Ständen dießfalls zum Muſter nehmen. Man wird erſtaunen, wenn ich in der Folge ein

Verzeichniß der ein= und durchgegangenen Waaren vorle=
gen werde, wie es möglich sey, daß ein solch kleines Land
einen so grossen Aufwand für ausländische Waaren bestrei=
ten könne. Hier mag es genug seyn.

Jede Gemeinde hat zwar eine Art Oekonomie, welche die
Obrigkeit verwaltet; allein zu Fürstenau wird alles, was
in den Gemeindsschatz fließt, sogleich vertheilt.

Sonst hat jedes Dorf oder jede Nachbarschaft eine
Dorfkasse, und verwaltet sein Oekonomicum selbst.

Der Dorfmeister (Cuvig), der alle Jahre erwählt wird,
steht an der Spitze dieser Verwaltung. Er versammelt die
sämtlichen Nachbaren, wenn Gemeinwerk, Wuhren,
Strassenverbesserungen, Alpfahrten, Holzfällen, Hirten=
dingen, u. dgl. vorgenommen werden soll. Er muß über
die Allmeinden, Waldungen, Zäunung, Felder, Wuhre
2c. genaue Aufsicht haben, die Armen besorgen, u. s. f.
und ist für seine viele Mühe und Arbeit sehr schlecht bezahlt.

Da er aber in den Fürstenauer=Dörfern Besetzer ist,
so wird diese Stelle dennoch immer gesucht. Gemeinig=
lich ist er auch Alpen=Vogt) wenn anders die Gemeinde
eigene Alpen besitzet. Er muß vor der ganzen Nachbar=
schaft von Einnahme und Ausgabe Rechnung geben; und
wenn diese jene übersteigen, so schnitzt man bald auf die
Köpfe, bald aufs Vieh, bald auf die Aecker. Eigentliche
Fonds sind selten vorhanden, und Abgaben bezahlt der
Bündtner keine, um solche anzulegen. Eine Nachbar=
schaft ist reicher als die andere, je nachdem ihre Vorältern
wohl gewirthschaftet, ihr Gebiete groß, und ihre Verfas=
sung weise ist. Einige vertheilen die Aemter=Gelder nicht,
und sparen sie auf Nothfälle, oder kaufen Alpen. So be=
sitzt Scharans zwischen den Vazer= und Scholler=Alpen,
die Alpen Parnell und Danis, und miethet für ihre
Schaafe den Colmer von Klein=Schol um 4. fl. Sils

hat einen Ochsenberg, Krox genannt, der gegen Mutta
zu liegt. Fürstenau und Almens haben keine.

Die Fortsetzung nächstens.

V.

Olten.

(1787.)

Verbann', Helvetier, den Neid aus deiner Brust.
Wer Gutes thut und lehrt, sey deines Herzens Lust!
Schätz' alter Helden Stamm, der Neuern Witz und Tugend;
Horch' auf der Alten Rath, und lenk' das Feuer der Jugend!

Lob' dir den Freyheitssinn im weisen Demokrat;
Den festen sichern Gang in dem Geschlechterstaat —
Wo Recht und Weisheit herrscht, das bleib' dir ungetadelt.
Des Volkes Wohlstand ist's, der die Regenten adelt.

Wann den gemischten Staat der beyden Vorzug schmückt,
Der Bürger frey sich fühlt; der Führer sich beglückt,
Weil Liebe ihn erhob, Vertrau'n ihn stets begleitet,
Da blüht ihm jedes Glück, und Ruhe weit verbreitet.

Ehr' in dem Alpensohn die Stimme der Natur,
Und wen der Weisen Chor führt auf der Wahrheit Spur.
Gieb Lob der Wissenschaft, und so dem Mutterwitze;
Der Pflanzstatt muntrer Kraft, und so dem Musensitze.

Wer in des Wahnes Nacht nach reinerm Lichte strebt,
Im Kampf mit Wahn und Tand Gott und der Tugend lebt;
Wer froh des hellern Tags die Sonne nicht verkennet,
Von reiner Andacht Gluth und Menschenliebe brennet —

Mit dem streb' höher an, und stähle deinen Muth;
(Der Freyheit immer hold, seyd ihr der Menschheit Gut;)
Den drück' ans Schweizerherz, dem weihe reine Triebe,
An seiner Hand gestärkt, zur Vaterlandesliebe.

VI.

Der Genfersee.

Von

Matthisson.

(1789.)

An deinen Ufern, wo am frohen Heerd
Des Winzers, wie in stolzen Marmorhallen,
Der Ueberfluß sein goldnes Füllhorn leert
So weit der Freiheit Jubelhymnen schallen;

Wo stets die Freude mir, sokratisch mild,
Die wolkenfreie Stirn mit Epheu kränzte
Seitdem, o See! des Montblancs Riesenbild
Zum erstenmal in deiner Fluth mir glänzte;

Wo Agathon, den Grazien vertraut,
Der Musen Stolz, bewundert im Pallaste,
Des Volkes Lust bis wo der Jura blaut,
Wie seinen Gran, mit Liebe mich umfaßte;

Wo Bonnet, der nicht früher als sein Ruhm,
Nicht früher als der Erdball sterben sollte,
In seines Tempels lichtem Heiligthum
Das große Buch der Wahrheit mir entrollte;

Wo er mir zurief: Ueber Grab und Zeit
Schwingt sich der Geist; sein dunkler Schleier mobert!
Beglückt! wem Glaube der Unsterblichkeit,
Wie Vestas Feu'r, in reinem Herzen lodert;

Wo einsam oft, auf einer Klippe Rand,
Am Strom der brausend dir entgegenschäumte,
Mein Geist, an Xenophons und Platons Hand,
Sich des Jllissus Mirthenhaine träumte;

Wo meine Blicke, der Natur geweiht,
An ihr, wie Bienen an der Blüthe, hiengen:
O See! schwebt mein Gesang in jene Zeit
Da menschenleere Wüsten dich umfiengen,

Da wälzte, wo im Abendlichte dort,
Geneva, deine Zinnen sich erheben,
Der Rhodan seine Wogen traurend fort,
Von schauervoller Haine Nacht umgeben.

Da hörte deine Paradiesesflur,
Du stilles Thal, voll blühender Gehäge,
Die grossen Harmonien der Wildniß nur,
Orkan und Thiergeheul und Donnerschläge.

Kein Lustgesang der Traubenleserin,
Kein Erntejubel, keines Hirten Flöte,
Kein schmetternd Horn aus reicher Wälder Grün
Begrüßte da den Stern der Abendröthe.

Kein Rundetanz im sanften Vollmondschein!
Kein Freudenmahl vor Tells verehrtem Bilde!
Kein Gang der Liebenden im Frühlingshain,
An Veilchen reich wie Attikas Gefilde!

Die Oede schwieg; wenn auf verwachsnem Pfad,
Wo nur der Bär in Felsenklüften hauste,
Nicht etwa noch des Sees gewohntem Bad
Ein Uhr mit wilder Lust entgegenbrauste. -

Als senkte sich sein zweifelhafter Schein
Auf eines Weltballs ausgebrannte Trümmer,
So goß der Mond auf diese Wüstenei'n,
Voll trüber Nebeldämmrung, seine Schimmer.

Da hieß aus dieses Chaos alter Nacht
Der Herr, so weit des Lemans Fluthen wallten,
Voll sanfter Anmuth, voll erhabner Pracht,
Sich zauberisch dies Paradies entfalten.

Dieß stolzumthürmte Land, gleich Tempes Flur,
Mit jedem Reiz der Schöpfung übergossen!
Dies Wunderwerk der göttlichen Natur,
Von Schönheit, wie von Glanz die Sonn', umflossen!

Wo er, um dessen heil'gen Aschenkrug
Ein edles Weib den schönsten Kranz gewunden,
Die Bahn zum unerreichten Adlerflug
In Heloisens Zauberwelt gefunden.

O Clarens! friedlich am Gestad' erhöht,
Dein Name wird im Buch der Zeiten leben.
O Meillerie! voll rauher Majestät,
Dein Ruhm wird zu den Sternen sich erheben.

Zu deinen Felsen, die den Einsturz dräun,
In deren Schlund, wo nie die Dämmrung tagte,
Um Julien, mit Sapphos wilder Pein,
Mit Orpheus Thränen der Verbannte klagte;

Zu deinen Gipfeln, wo der Adler schwebt,
Und aus Gewölk erzürnte Ströme fallen,
Wird oft, von süssen Schauern tief durchbebt,
An der Geliebten Arm, der Fremdling wallen.

Und wär ich auch, mit Hallers Wissenschaft,
Von Grönlands Eis bis zu Taytis Wogen,
Mit Geßners Blick, mit Ansons Heldenkraft,
Mit Claude Lorrains Kunst die Erd' umflogen:

Doch weiht' ich ewig, im Erinnrungstraum,
Nur dir der Sehnsucht und des Dankes Thränen;
Doch würd ich mich in jedem Schöpfungsraum,
O See! verbannt aus deinen Himmeln wähnen!

An Aetnas Flammenschlund! in Tiburs Hain!
In Napels Feenwelt! auf Hellas Gipfeln!
Am Seinestrand! am königlichen Rhein!
Am Quell Petrarkas! unter Windsors Wipfeln!

Und selbst in deinem Schooß, du, dessen Höh'n,
Die mir als Kind gegrünt, ich fromm verehre,
O Dorf, wo ich das erste Licht gesehn,
Geliebter Schauplatz meiner ersten Zähre!

An diesem Hain, vom Felsenquell durchtanzt,
Ein Gärtchen nur vor einer kleinen Hütte,
Mit schlanken Pappeln malerisch umpflanzt,
Ist alles was ich vom Geschick erbitte.

Hier würde mir die Weisheit Rosen streun,
Des Himmels Friede meinen Geist umfliessen,
Und einst, o goldnes Bild! im Abendschein
Die Freundschaft mir die Augen weinend schliessen.

Hell würde sich des reinsten Glückes Spur
Mir dann entwölken, fern vom Weltgetümmel.
Wo Liebe, Freundschaft, Weisheit und Natur
In frommer Eintracht wohnen, ist der Himmel.

Auf jenem Vorland, von der Wog' umrauscht,
Wo die Betrachtung gern, auf grünen Matten,
Die leisen Tritte der Natur belauscht,
Erhübe sich mein Grab im Eichenschatten.

Kein Marmorbild, kein thatenreicher Stein
Vor dem erröthend sich die Wahrheit wendet,
Entehrte des Entschlummerten Gebein
Den eitler Grösse Schimmer nie geblendet.

Die Rose nur würd' über meinen Staub
Des zarten Mooses Wohlgeruch verhauchen,
Der Thränenweide niederhangend Laub
Mit leisem Flüstern in die Fluth sich tauchen;

Die Nachtigall, vom Lenzgesträuch umblüht,
Um ihren Freund dort in der Dämmrung klagen,
Und Daphne mir, von Zärtlichkeit durchglüht,
Das Opfer einer Thräne nicht versagen.

Auch würd' im Dorfe bald die Sage gehn:
Daß dort gedämpft, wie ferne Bienenchöre,
Sanft wie am Blütenbaum des Frühlings Wehn,
Der Hirt in stiller Mondnacht Lieder höre.

Erläuterungen.

Agathon) Karl Viktor von Bonstetten, Landvogt von Nion.

Wie seinen Gray) Herr v. B. war mit diesem Dichter durch die engsten Bande der Freundschaft verbunden. Seine Elegie auf einen Dorfkirchhof ist durch Gotters Uebersetzung auch in Deutschland bekannt geworden.

Sich des Jllissus) Ein Fluß, oder vielmehr ein nur zu Zeiten fließender Gießbach bey Athen, dessen Ufer durch die

Gärten der Philosophen verschönert wurden. · Chandler fand
sein Bette trocken.

Da wälzte wie im Abendlichte dort) „Aus dem aller-
gebräuntsten Winkel der Erde, von den Pforten und aus den
Wohnungen ewiger Nacht, wälzt der Fluß Rhodan seine Fluthen in stürmische Seeen, längst dem traurigen Lande der
Celten.„   Apollonius von Rhodus.   ·

Rein Rundetanz) Mit Gesang verbundene Rundetänze an
schönen Sommerabenden, auf öffentlichen Plätzen und Spa-
ziergängen, sind eine Nationalsitte im Pays de Vaud und in
einigen Provinzen des südlichen Frankreichs.

An Veilchen reich wie Attikas Gefilde) Das Veilchen
wurde, als die Lieblingsblume der Athenienser, in einigen Gegenden von Attika auch durch Kultur vervielfältigt.   Selbst
im Winter wurden, nach dem Aristophanes, Veilchenkränze
auf dem Markte von Athen feilgeboten.   Pindar nennt diese
Stadt die Veilchenbekränzte, und Maler und Bildhauer stellten sie als eine majestätische Frau mit einem Veilchenkranze
vor.   Die Vorliebe für diese Blume hatte ihren Grund in der
Anspielung ihres Namens (Ἴον) auf den Jonischen Ursprung
der Athenienser.

Uhr) Auerochs.

Ein edles Weib den schönsten Kranz gewunden)   S.
Lettres sur les Ouvrages & le Caractére de J. J. Rousseau.
(par Mad. de Staël) 1788.

Mit Ansons Heldenkraft) Das Andenken dieses grossen
Seehelden, dessen Reise um die Welt (von 1740 bis 44.) zu
den merkwürdigsten und gefahrvollsten gehört, die jemals unternommen wurden, bedarf noch keiner Erneuerung.

Mit Claude Lorrains Kunst) Claude Lorrain, eigentlich
Claude Gelée, starb zu Rom 1682.   Vielleicht der größte
Landschaftsmaler der je gelebt hat.

Tibur) Tivoli.

Hellas) Griechenland.

Auf jenem Vorland) Promentru, eine reizende Halbinsel,
bey welcher der Grosse Genfersee anfängt, ungefähr eine halbe
Stunde von Nion, dem Schlosse Prangins gegenüber.

Die Rose nur) Die Moosrose (la rose mousse).
Sie entglühen lieblicher, als der Schwestern
Blühendster Busch, düften süssern Geruch;
Auch schmückt sie ihr moosig Gewand.

Klopstock.

VII.

Kunigunde.

Schwache, stolze Weiberherzen,
  Die ihr euch nicht scharf bewacht,
Seht die That ergrimmter Hände,
Sehet stolzer Rachsucht Ende;
  Horcht und nehmt euch doch in Acht.

Ritter Wilhelm, edeln Blutes,
  Der im siebenden Turnier
Schon den Eichenkranz errungen,
Oft des Feindes Arm bezwungen,
  Seines Heldenstammes Zier,

Wilhelm, frept um eine Dirne
  Hoher Abkunft, schön von Leib.
„Fräulein, vor den Edeln allen
„Hast du meinem Blick gefallen;
  „Komm und sey mein liebes Weib! „

Freundlich hörte sie den Ritter,
  Prüft ihn, fand ihn treu und kühn.
„Werth ist mir das Wort der Liebe,„
Sprach sie, „und aus gleichem Triebe
  „Jüngling! will ich mit dir ziehn.„

Hochbeglückt durch Liebe lebten
  Beyde, bis vom Donaustrom
Ritter Albert hergekommen,
Gegen den ihr Herz entglommen
  Das sich von dem Gatten wand.

Gegen diese Neigung stemmte
  Zwar sich oft ihr Pflichtgefühl;
Aber von dem ersten Schritte
Glitschte sie auf jedem Tritte,
  Bis sie ohne Rettung fiel.

Lange härmte sich die Schwache
  Nur bey stummen Klagen ab:
Ferne von des Lebens Freuden
Fand sich nichts, das ihr im Leiden
  Linderung und Ruhe gab.

Endlich konnte sie nicht länger
  Ihrer Flamme widerstehn;
Wagt' es, Lieb' in Ton und Blicken,
Und, als Blick' und Ton nicht glücken,
  Lieb' in Worten zu erflehn.

„Albert, theurer Mann! du raubtest
  Kunigunden Fried' und Ruh!
Kann dein Herz zu mir sich lenken
Und mir Gegenliebe schenken,
  Ach, mein Leben rettest du„!

„„Wie, verirrtes Weib, du wolltest
  „Deinem Treuen untreu seyn?
„Halte deinen Blick in Schranken,
„Und verfluche den Gedanken
  „Einem andern dich zu weyhn!

„„Schwurst du ihm nicht Lieb' und Treue?
  „Und du brächest Treu und Schwur?
„Leb' und stirb wie du geschworen;
„Ewig bist du sonst verlohren,
  „Bist ein Scheusal der Natur!

„„Ich, den Wilhelm für erprobet,
  „Ich, den er für bieder hält,
„Ich soll ihm dein Herz entwenden?
„Ich sein Ehebett' ihm schänden?
  „Nein, Weib! nicht um eine Welt!„„

Und sie gieng, im Angesichte
    Schaam, im Herzen Wuth, davon.
„Zittre, schöner Stolzer! bebe!
„Schrecklich, ja so wahr ich lebe!
    „Schrecklich räch' ich diesen Hohn!

„Zittre, Albert! Denn ich schwöre:
    „Eh durch mich dein Auge bricht,
„Eh die Hand, von Grimm beseelet,
„Fürchterlich dich tod gequälet,
    „Ruhet die Verschmähte nicht„.

Jetzt war alles sanft entschlafen,
    Sie nur wacht' in stiller Wuth:
Und sie kroch in Alberts Kammer,
Fesselt' ihn zu schwerem Jammer,
    Leckte wild nach seinem Blut;

Riß nun plötzlich aus dem Rachen
    Ihm die fromme Zunge aus:
„Auf! wach' auf! mit Höllenqualen
„Sollst du deinen Hohn bezahlen;
    „Auf, wach' auf zu Tod und Graus!„

Langsam brannte sie die Wange,
    Mund und Aug' und Ohr ihm fort;
Sah mit höllischem Vergnügen
Ihn in seinem Blute liegen,
    Lächelte bey ihrem Mord.

„Ha! wie süß sind die Gebehrden
    „Sterbender Verzweifelung!
„Süßer noch, als meinem Herzen
„Bitter deines Hohnes Schmerzen,
    „Und der Liebe Weigerung„.

Als der Tag Entdeckung drohte,
    Bohrte, kaum der Teufelslust
Satt, noch zögernd Kunigunde
Mit dem Dolch die Todeswunde
    In des braven Alberts Brust.

Aber Der im Himmel wachte
Schwang den Rächerarm empor.
In der Nacht erschien der Schlange
Alberts Schatten sonder Wange,
Sonder Mund und Aug' und Ohr.

Unter wimmerndem Gestöhne
Schwebt' er wankend durch die Luft —
Schien dann auf geheimes Winken
Durchs Gewölb hinabzusinken —
Stieg nun wieder aus der Gruft.

Endlich stand er vor dem Bette,
Leichenbläß' in Blut getaucht.
Scheußlich war er anzuschauen;
Es durchbebte sie ein Grauen,
Daß ihr Odem fast verhaucht'!

In dem geisterhellten Saale
Scholl die Stimme: „Mörderinn!
„Deines Lebens schwarze Tage
„Seufzest du in gleicher Plage,
„Stets von ihm geschrecket, hin!

Todesangst im Busen, hatte
Sie der Sonne Lauf durchwacht:
Und sie sah des Ritters bleiche
Seufzende versengte Leiche
Wieder um die Mitternacht.

Lauter scholl die Stimm' und näher
Noch als gestern: „Mörderinn!
„Alberts Blut, das du vergossen,
„Ist nicht insgeheim geflossen;
„Rache, Rach' ist dein Gewinn!„

In verzweiflungsvollem Kampfe
Wälzte sie im Staube sich.
„Kannst und willst du Dich der Armen,
„Der Verlohrnen nicht erbarmen,
„Richter! so vertilge mich!„

In der dritten Nacht erblickte
Bey dem blassen Mondesstrahl
Die betäubte Kunigunde
Um die gleiche bange Stunde
Alberts Geist zum drittenmal.

Grabesnacht verhüllt' ihr Auge;
Und in Ohnmacht hingestreckt
Lag sie da, bis aus dem Schlummer
Sie zu neuem Todeskummer
Alberts Seufzer aufgeweckt.

Donnernd hörte sie die Stimme
Dreymal hallen: „ Mörderinn!
„Jetzt ist Alberts Blut gerochen,
„Jetzt dein Urtheil ausgesprochen:
„Deine Arme Seel' ist hin! „

Ihrer Burg Gewölbe bebten
Bey dem Fluch; es hub' ein Heer
Tod verkündigender Eulen
An, ihr Sterbelied zu heulen;
Geister flammten um sie her.

Rasend tobte Kunigunde
Wider Gott und sein Gericht.
„Brennt mir doch des Rächers Hölle,
„Warum schlägt mich auf der Stelle
„Seiner Rache Donner nicht? „

Sieh! da brüllte Gottes Donner
Durch die Welt, so brüllt' er nie!
Felsen rauchten, fressend Feuer
Ströhmte durch des Himmels Schleyer,
Und ein Blitz zermalmte sie!

VIII.

Der Bauerjunge und sein Vater.

(Bey einer Statüe der Gerechtigkeit.)

Mein Vater, was ist das da droben?
Ein schönes Mädchen steht erhoben,
Hält Schwert und Waage in der Hand,
Und um die Augen geht ein Band?
„Je! Das ist die Gerechtigkeit, mein Kind!„
Gerechtigkeit? — versetzt der Knabe —
So ist Gerechtigkeit denn blind?
— „Ja Kleiner! gegen Geld und Gabe,
„Derjenigen, die in Processen sind.„
Doch, Vater, kann sie nicht auch unterm Bande schielen,
Wie wir's oft thun, wenn wir die blinde Kuhe spielen?

Inhalt.

I.

Reise von Bex nach Sitten über den Berg Anzeindaz.

(J. J. 1786.)

Mundi moles operosa laborat.

Man kann sich, auf den Berg Anzeindaz zu kommen, zweener Wege bedienen. Der erste, weniger mühsam, dafür aber desto länger, steigt längst dem Avencon hinan, führt auf das Dorf Frenières, und durchschneidet das ländliche, häufig mit Wohnungen besäete Plansers-Thal. Der Strom, der zu den Füssen des Wandrers hinfließt, hie und da von Schaume weiß, oder von dem dunklern Colorite des Mooses an seinen Felsenufern grün gefärbt; die mannigfaltigen Wirkungen, welche der Kampf des Gewässers mit den Felsen hervorbringt, dem man durch die Wassergesträuche, die sein Bette schmücken, zuschaut; die abwechselnde Reihe Meyerhöfe, von welchen sich manche in einsamen Winkeln gleichsam verlieren; die zierlichen Pflanzen, die man beym Eintritt in das Gebiet der Alpen-Flora antrift — Alles dieses trägt zu dem Vergnügen des Reisenden bey, der sich diesen Weg wählt. Hätt' er sich denn, so wie es bey mir zutraf, zu erinnern, wie in diesen Gegenden ihn die ersten starken Rührungen ergriffen, welche der Anblick solch erhabener Scen-

nen, von der Natur selbst auf dem Schauplatz der Ge=
birge aufgeführt, in einer jugendlichen Seele erweckt;
dächte er, daß sich in diesen einsamen Thalen sein
Herzensgefühl für die ihm bisdahin beynahe unerkann=
te Schönheit der Natur entwickelte; könnt' er sich sa=
gen: Dem Reize dieser Einsamkeiten, diesen majestä=
tisch abwechselnden Gemälden, dem Anziehnden der hier
noch unversehrt gebliebenen Hirtensitten, und der Vereh=
rung, in welche ein noch unerfahrnes, lebendiges und
vernünftiges Wesen durch das Ganze dessen, was die Al=
pen und ihre Bewohner im Physischen und Moralischen,
für den der nur die Ebenen kennt, Reizendes ha=
ben, versetzt wird — — Diesem allem dank' ich den Ge=
schmack, und die unwiderstehliche Liebe zum Landleben,
zu der Feldarbeit, und jene Fühlbarkeit, welche alles was
die Natur Grosses und Schönes hat, eben durch den
Eindruck ihrer Grösse und Schönheit mit der Seele ver=
schwistert — — Gewiß könnte der nie ohne das zärtlichste
Gefühl vom Plansers=Thale sprechen, nie ohne entzücken=
de Rührung dasselbe wieder bereisen, und wie gerne wün=
schen, daß man seiner Einbildungskraft erlaube dahin
auszuschweifen, und sich in seinen Rückerinnerungen eine
Weile zu verirren.

Der andere Weg auf den Anzeindaz — und dieser
ist der, dem wir jetzt folgen — führt durch das Dorf
Grion. Sehr interessant wird dieses Dorf durch das
Hirtenleben, welches die Hälfte seiner Einwohner den
Sommer hindurch auf dem Berge Taveyannaz führt,
und wovon man eine Beschreibung in den Etrennes Hel=
vetiennes u. s. f. vom Jahre 1784. lesen kann *). Auf
einem ziemlich fruchtbaren Hügel zwischen der Grionne
und dem Avençon angebaut, sind seine Gegenden um=

*) Und aus denselben im Museum I. Jahrg. VIII. St. 757. S. u. ff.

ber reich an mahlerschen Lagen. Der Prediger des Orts, dessen Freundschaft mir immer höchst verehrenswerth bleibt, nahm mich mehr als Einmal unter sein wirthliches Dach auf. Auch dank' ich es seiner Sorgfalt, der reinen Luft die man in seiner Wohnung einathmet, und der Ansicht, beynahe hätt' ich gesagt, dem Einfluß der nahen Alpen, daß ich bey ihm eine Gesundheit wieder fand, die ein beständiger Aufenthalt in Städten zerrüttet hatte, und keine Hilfsmittel der Kunst mir wieder geben konnten. Ich glaube — nach dem was ich selbst erfuhr, und wofür ich überdas auch andrer Zeugnisse habe — es sind manche Krankheiten, (so wie die Wechselfieber, Vapeurs, Hypochondrie u. d. gl.) gegen welche der Aufenthalt auf den Bergen zur schönen Jahreszeit eines der einfachsten und sichersten Mittel darbietet. Denn alsdann ist eine solche Lebenskraft im Pflanzenreiche, eine solche Wirksamkeit in der mit aromatischen Ausdünstungen geschwängerten Luft, eine so wirksame Lebhaftigkeit in allen Sensationen welche man in derselben erfährt, und in allen den Erscheinungen die man da vor sich hat: Daß die Gesundheit, Fröhlichkeit, und jene süße Ruhe der Seele welche die Wallungen eines leidenden Körpers besänftigt, durch alle Poren einzudringen, alle Adern mit einem heilsamen Balsam zu durchströmen, und Theilnahme an alle dem zu erwecken scheinen, was die Natur mit wirkungsvoller Kraft hier hervortretten läßt. Oeftrer, als irgend ein Alpen=Thal, gewährt dasjenige, über welchem Grion emporsteht, ein Schauspiel, von welchem sich der, welcher es noch nie genoß, keine wahre Vorstellung machen kann. Ein Windstoß löst die über der Fläche aufgethürmten Wolken in Dünste auf, und dehnt so in Einem Augenblick einen Schleyer über die ganze Landschaft aus, welche dann aus dem Gemählde der sichtbaren Welt ausgelöscht zu seyn scheint: Ein zweyter Winds stoß nimmt diese Nebel eben so schnell hin, wie man einen Vorhang vor einer täuschenden Dekoration wegzieht; und die Gegend, die vorher für uns vernichtet war, geht, so zu sagen, vor unsern Augen aus dem Nichts hervor, und enthüllt sich in aller ihrer Pracht. Diesen Vorfall, der etwas Wunderbares und Uebernatürliches hat, hab' ich oft in einer halben Stunde bis auf zehn Male sich wiederholen gesehn. So wie ich den Kopf wandte, war alles wie verschlungen von einem Ozean weißlichter wogender Dünste — — Und sah ich dann wieder hin, so war alles wie durch eine neue Schöpfung aufs neue vorhanden.

Von Grion, am Fuße des Anzeindaz, an, schlängelt sich der Weg durch eine ziemlich lange Ebene hin, die in mehrere kleine Besitzungen getheilt ist, in deren jeder eins oder zwey solcher Gebäude stehn, in welchen das Futter verwahrt wird, und die man in der Landessprache Mazot nennt. Hier war ehedem nur ein Tannenwald, der noch nicht lange her ausgereutet ist, wie uns die Benennung Cerniement belehrt, welche man einem dieser Plätze giebt. Dieß Wort leitet sich von cerner, alles rund umher abhauen, ab; und Therniffa bedeutet in der Patoissprach eine Tanne, von der man einen Theil der Rinde abscheelt, um sie zu trocknen. Woraus man abnehmen kann, daß diese Gegenden, die gegenwärtig der Sense des Viehers und dem Zahn der Heerde reichliches Futter gewähren, in der Vorzeit dichter finstrer Wald waren. So wie man diese Fläche zurücklegt, kömmt man zwischen eine Menge von den nahen Höhen herabgefallener Felsstücke: Die meisten derselben sind mit fruchtbarer Erde bedeckt, und unterscheiden sich von dem übrigen Boden bloß durch den Hügel den sie bilden; und mit Pflanzen bekleidet, von dichtem Gesträuche beschattet, stellen sie dem Auge und der Einbildungskraft einen seltsamen Anblick dar: Die einen sind einer mit Grünem und Blumen besetzten Tafel ähnlich; die andern einem kleinen Theater, auf welchem drey oder vier Bäume nach den Stellungen und mannigfaltigen Biegungen die ihnen der Wind giebt, wenn man so sagen darf, eine Art von Pantomime spielen. Zuweilen steigt mitten aus einem gespaltenen Felsblock eine Gruppe junger Eichen empor, deren helleres Laub mit der schwärzlichen Farbe der Tannen einen zierlichen Contrast macht.

Je weiter man hinankömmt, desto mehr nehmen die schroffen Höhen zu; die Felsketten dehnen sich aus und verlängern sich, und die Pflanzenpracht der niedrigern Weiden erhöht sich durch die unfruchtbaren kahlen Gipfel jener noch mehr. Gerade als wir nach einem sehr gähen Steigen, mitten unter dem dumpfen Getöse vom gestrigen Regen angeschwollner Waldströme, unter dem Wiederhall des Echo, und unter dem Rauschen der wiegenden Wälder, die Ebenen von Anzeindaz erreichten, zogen Säume von Nebel einen Gürtel um die drey Spitzen der Diablerets. Sanft wehende Lüfte trennten diese Dünste, befransten und falteten sie in tausend verschiedene Gestalten. Wir befürchteten, sie möchten dieselben auch bald über die ganze Oberfläche dieser Höhen verbreiten, und uns des erhabensten Schauspiels berauben. Sehr zu rechter Zeit aber kam ein Windstoß, zerriß sie in Locken, und führte sie über die gewaltigen Massen weg, welche den Umriß des Amphitheaters bezeichnen, in das wir nun traten. Ich wundre mich nicht, wenn die feurige Einbildungskraft Oßians und andrer Caledonischer Barden in ihren melancholischen Bergen häufige Luftphantome wahrnahm. Auch ohne Dichter oder abergläubisch zu seyn, kann man daßelbe in unsern Alpen zu sehen glauben, wenn die aus tiefen Thalen sich emporhebenden leichten Wolken an den höhern Felsen hinglei-

ten; sich um ihre drohenden mit Tannen bewachsenen Gi
pfel legen, einen Augenblick hinter denselben verschwin-
den, sich mit zögernder Erhabenheit davon ablösen, zehn
mal immer in neuer Gestalt wieder darstellen, und durch
die Lüfte wogend die majestätischen Falten ihres Dufts
Gewandes auseinanderwickeln. — Da sieht der Freund
des Wunderbaren leicht die Schatten um ihn her irrens
der Gestorbener; und seine Täuschung vollendet sich noch
mehr, wenn, beym Schweigen der Nacht, der Mond
die flüchtigen Gestalten versilbert, ihre wellenden Ränder
erhellt, und gleichsam mit den Zephiren wetteifert ihnen
Bewegung und Leben mitzutheilen.

Die Weiden des Anzeindaz werden zur Linken von
den Felsen d'Argentine bekränzt, und von der schrecken-
den Kette der Diablerets, auf welche wir bald zu reden
kommen; zur Rechten reichen sie an andre Berge, die
sich gegen das PlansersThal senken. Sie enthalten sieben-
zehn Viehhütten, hie und da an den Quellen des Avens
çon, so wie es kam, hingeworfen. Hieher kommen denn
die Hirten von Bex und Ollon für ungefähr zwey Monathe mit ihren Heerden; von der ganzen übrigen Welt
abgeschieden geht ihr Tag mit Melken der Kühe des Morgens und Abends, mit Käsemachen, mit Reinhalten der
Milchgefässe, mit Fällen und Herbeyfahren des nöthigen
Holzes hin. Ungeachtet aller dieser Beschäftigungen
bleibt ihnen noch Zeit zum — Lesen, zum gesellschaftli
chen Umgange, und bisweilen zu feinen und seltenen Beobachtungen über die grossen Erscheinnngen übrig, deren
Zeugen sie oft sind. So fliessen ihre Tage süß vorüber;
und der erste Schnee heißt sie zu den niedrigen Waiden
herabzusteigen, ohne daß sie einen Augenblick Langeweile
gehabt hätten. Ich kenne zwar jedes Besondre ihrer Hir-
tengeschäfte sehr gut; allein so angenehm es manchem Leser seyn möchte, kann ich sie doch nicht beschreiben, weil

es mir an Kunstwörtern mangelt. Unsre cultivirte Sprachen sind zu arm für alle das, was die Kunst Käse zu
machen betrift, weil die Völker, welche dieselben reden,
nur keinen Begriff von den Zubereitungen dessen haben,
was den größten Reichthum unsrer Berge ausmacht.
Ich will nur sagen: Je höher die Weiden sind, desto
besser sind die Käse, die man daselbst verfertigt, wenn sie
gut gemacht werden, wegen der fürtreflichen kraftvollen Kräuter, von welchen sich die Heerden dort nähren.

Jährlich in der Mitte der Hundstagen, den ersten oder
zweyten Sonntag des Augusts, versammelt sich eine Menge jungen Volkes beyderley Geschlechts auf dem Anzeindaz, meist aus den Dörfern des Gouvernements Aigle.
Dieses ist denn ein Tag der Freude und Fröhlichkeit.
Da wird in Reigen gesungen, und auf dem elastischen
Rasen getanzt. Da werden mit Lust einfache, doch über-
flüßige Gerichte, wie sie die Gegend giebt, gespeis't. Alle
Gegenden umher widerhallen vom jauchzenden Tumulte
der frohen Schaar. Jeder Hirte versammelt um sich her
seine Verwandten und Freunde, derer manche schon Abends
vorher angekommen sind, und die ganze schöne kraftvolle
Jugend, im Mittelpunkte des erhabensten Locals beysammen; überläßt sich den Ergiessungen einer freyen, helvetischen Freude; theilt sich in verschiedene Gruppen, irrt
hie und da paarweise im Grünen zu schwatzen, und denkt
nicht an die Rückkehre zur oft sechs und sieben Stunden weit entlegenen Heimath, bis die letzten Strahlen
der Sonne den Gipfel der nahen Eisberge vergolden.
O! diese Bergfeste, wo ein freyes, einfaches, wohlha-
bendes Volk, mitten im Pracht der durch nichts entstell-
ten Natur sich belustigt — Welche Lust sie zu sehen und
mit zu feyern! Wie verschieden sind sie von jenen Stadt-
und Hof Festinen, wo das Vergnügen nach dem Commando
geht, wo die Freude ein Werk der Kunst ist, und wo die

Langeweile dennoch durch alle die Masquen bringt, mit
der man sie bedecken will; wo man sich zu belustigen
wähnt, weil man umhertreibt, und sich regelmäßig den
Kopf toll macht. Je mehr ich den Zustand der Bewoh=
ner unsrer Alpen studiere, desto geneigter bin ich zu glau=
ben: Es sey kein Volk der Erde, dem die Freude besser
zustehe, als dieses. Da wo man an die Kopfsteuer denkt,
die man Sonnabends bezahlte, und an den Frohndienst,
zu welchem man auf den Montag aufgeboten ist, wie
wäre da Sonntagsfreude möglich? Ach! man sieht wohl
diesen Tag zum Vater der Barmherzigkeit, weint am
Fuße seines Altars, und wirft einen Blick auf die bessere
Welt, von der uns der Tod trennt; das Herz aber bleibt
traurig und beklommen, denn es hat keinen Stoff zur
Freude, die es erweitert' und lüftete.

Diejenige Quelle des Avençon, welche nahe bey den
Sennhütten des Anzeindaz aus der Erde entspringt,
hat das Besondre, daß sie, so wie aller Boden umher,
mit versteinerten Muscheln angefüllt ist. Auf dem Jura
würde man sich darüber nicht wundern; in den Alpen
hingegen, auf einer solch hohen Stuffe, sind diese Denk=
münzen der grossen Wasserfluth ziemlich ausserordent=
lich. Das Gemische von Strombiten, Bucciniten,
Cochliten, u. s. w. sind Beweise der langen Aufenthalte
der Gewässer auf unsern höchsten Bergen. Ich überlasse
es den Naturforschern zu entscheiden, ob auch, wie man
behaupten wollte, Anzeigen von Lava, und Spuren eines
alten Vulkans in der Nähe seyen, und ob sich wirklich
Steinkohlenschichten unter den Felsen der Diablerets
befinden.

Um die natürlichen Bewohner dieser Wildniß ansichtig
zu werden, muß man sich von den Oertern entfernen,
welche von den Heerden besucht sind, so wie von den
stuffichten Fußsteigen, die der einförmige Gang dieser

Leuthe ausgehölt hat, um sich gewissen Schneebetten zu
nähern, welche man als die Vorwache der Eisberge ansehen kann, weil sie vielleicht kaum in einem von zehn
Sommern ganz abschmelzen. Von diesen entdeckt ein
geübtes Auge zuweilen Gemse, welche auf kleinen Gras-
plätzen zwischen unzulänglich scheinenden Felsen und Ab-
gründen weiden. Näher noch sieht man hin und wieder
Murmelthiere laufen, welche auf das Pfeiffen ihrer
Schildwache sich sogleich mit verdoppelten Sprüngen ihrer Höle zuflüchten; oft auch erblickt man eine Art Her-
meline weißlichter Farbe von einem Felsen zum andern
schlüpfen, denen ihr schlanker Körper und die kurzen
Beine von Ferne das Ansehn einer Schlange geben; eine
Schwalbe, kleiner, und seltnern Gesanges als die auf
der Ebene; der Ortelan, der nur des Sommers die Höhen besucht; der Lagopede, dessen Füsse, im Schnee zu
scharren bestimmt, wie in einem Handschuh von Pelz verhüllt und versteckt sind; das sind beynahe die einigen Vögel, welche man auf dem Anzeindaz antrift, indeß der
glänzende Apollo, dieser König der Alpen-Papillons,
um den Wandrer her flattert.

Von einer der Höhen des Anzeindaz zeigt man einen kleinen Gletscher, der in dem Lande aus folgender
Ursache berühmt ist. Ein junger Studierender gieng vor
ungefehr fünfzehn Jahren mit einigen Freunden auf die
Jagd. Er sieht ein Rudel Gemse. Diesem beyzukommen,
trennt er sich von seiner Gesellschaft — In dem Augenblick wo er die Flinte losdrücken will, schmelzt unter ihm
der Schnee auf welchem er steht, und er fällt zwischen
zwey Eismauern hinab in eine gewaltige Tiefe. Hier
beynahe ersäuft in der Wasserpfütze, die ihn aufnimmt,
sieht er die äusserste Gefahr, ohne jedoch den Muth zu
verlieren; mit unglaublicher Anstrengung gelingt es ihm,
die sehr enge Spalte hinanzuklimmen, indem er sich mit

dem Rücken und mit den Knien gerade so wie die Ka=
minfeger anstemmt. Allein in dem Augenblicke, da er
sich der Kluft entschwingen will, bricht die Eistafel auf
die er sich lehnt, und er schmettert, an allen Gliedern
gequetscht, in dieselbe Tiefe zurück. Hier verzweifelt er
einen Augenblick, und hält seinen Tod für unausweichlich.
Doch macht er einen zweyten Versuch; unter dem Beystand
des schützenden Himmels, klimmt er von neuem, weit
mühevoller als das erstemal, der Höhe zu, (denn die zer=
fleischten Hände und Kniee schmerzten ihn sehr,) und er=
reicht endlich die Mündung dieser Eishöle. Aus Furcht
vor einem neuen Unfall wagt er sich nicht hinaus; allein
sein wiederholtes Rufen vernahmen nun seine Jagdfreun=
de, die bisdahin nicht wußten wohin er gekommen war.
Sie eilen herbey, zittern ihm beyzukommen, vor Furcht
mit ihm in den Abgrund zu stürzen; und nur mit vieler
Vorsicht bringen sie es dahin, ihn dem Schlund zu ent=
reissen, über den ihn der Tod bangend hinhielt. Ich habe
die Geschichte aus seinem eignen Munde; und er ist nicht
der einige, der diese Rettung für eine Art von Wunder
betrachtet.

In der Nähe des Anzeindaz, doch auf einer niedri=
gern Bergfluffe, ist ein Thal, Namens Boulaire; diese
Benennung kömmt von dem Wort ébouëler, welches in
der Patoissprache ausweiden heißt, und sich von bouë,
Eingeweide, herleitet. Alte Waffen, die man hier fand,
bestätigen eine alte Sage, nach welcher der Ort der
Schauplatz einer Schlacht zwischen den Wallisern und
den Leuthen aus dem Gouvernement Aigle gewesen seyn
soll: Doch weiß man weder die Zeit dieses Vorfalls an=
zugeben, noch meldet irgend eins unsrer Zeitbücher etwas
davon. Ich muthmaasse: Dieser Kampf fiel gegen das
Jahr 1384. vor, in jenem blutigen Kriege, den der Her=
zog Amadeus VII. von Savoyen gegen die Walliser.

führte, seinen Bruder Eduard im Besitze des Bißthums
Sitten zu erhalten. Damals gehörte ihm das Gouvernement Aigle eigenthümlich. Einige alte Männer aus
dem Lande sagten mir, es wäre eine Parthie Walliser
gekommen, das Vieh von dem Anzeindaz und allen benachbarten Waiden wegzutreiben; ein Trupp Bauern
aber aus den Dörfern im Thale loffen herbey, setzten jenen nach, und warteten ihrer in ihrem Hinterhalt. So
wurden denn die Freybeuter in ihrem tumultuarischen
Marsche beym Eintritt in einen engen Paß überrascht,
getödtet oder zerstreut, und alles Vieh ihnen wieder weg-
genommen. Allein, setzten sie hinzu, da die Kühe, nach
einem besondern Instinct, von keiner andern können Blut
fliessen sehen, ohne daß sie sich mit einer Art Wuth über
dieselbe hermachen, und nun einige Stücke der Heerde,
im Kampfe derer, die sich um dieselben schlugen, ver-
wundet worden, so entstand itzt unter diesen selbst ein
bürgerlicher Krieg, der mehrern das Leben kostete. Daher
der Name Boulaire, den ich oben erklärt habe. Ist
dieser Abscheu gegen Blut bey den Kühen wirklich vorhanden, wie die Hirten versichern, so ist dieß ein besonderer Characterzug dieses friedlichen Thieres.

Noch eine Anecdote, höchstwürdig in den Archiven der
natürlichen Liebe aufbewahrt zu werden. Vor ungefähr
40. Jahren setzten Vater und Sohn, Namens Thomas,
aus dem Dorfe Plans, über Boulaire hin den Gemsen
nach. Es war im Dezember. Plötzlich glitscht der zwan-
zigjährige Sohn aus, rollt von Fels auf Fels eine Höhe
herab, die man mit 1324. Fuß Königsmaasses ausmaaß,
und bleibt zwischen Leben und Tod unten im Thale liegen. Der Vater kömmt herbey, findet ihn badend im
Blute, mit zersplittertem Haupte; nimmt ihn auf die Schultern, und trägt ihn durch Schnee und Abgründe hin,
wo er nirgends keinen Bahn hatte, bis in sein beynahe

4. Stunden davon entlegenes Haus. Der Jüngling wurde trepaniert, erholte sich, und lebt noch gegenwärtig. Ich sah' ihn zu verschiedenen Malen, und der gräßliche Fall hat ihm weder Gesundheit noch Kräfte gemindert.

O! wär' ich Mahler — wär' ich Greuze! — ich heiligte dem stärksten der Naturgefühle ein Gemählde. Mitten in der traurigen Winter-Landschaft der Alpen, erschiene das interessante Paar Menschen, im Begriff in ihr Haus zu tretten; das blutende entstellte Gesicht des Sohnes verbände die Züge des Schmerzens mit den Zügen der Dankbarkeit, und das Antlitz des Vaters stellte, bey dem Männlichen eines ermüdeten Hercules, alles dar, was die Empfindungen des Herzens in solchen Umständen auf dem Gesicht einzudrücken vermögen. Diese Gruppe hätte wahrscheinlich weit mehr Adel in den Stellungen u. s. f. als man gewöhnlich der Gruppe des Anchises und Aeneas giebt, wo umgekehrt der Sohn den Vater davonträgt. Unter dem Gemählde läse man die Verse aus der Henriade:

Une seconde fois il lui donna la vie.

Zu äuffirst am Anzeindaz begränzen sich die beyden Freystaaten Bern und Wallis. Nicht Menschenhände setzten diese Marchen, noch werden sie dieselben je verrücken; eine ungeheure Felsschnur macht hier die Scheidungslinie. Von der Höhe dieser natürlichen Gränzen steigt man auf einem Fußsteig, der an jedem andern Ort Abgrund hieße, in ein tiefes Thal hinab, wo die Hütten der Walliser-Hirten stehn. Mit diesen verglichen, sind die Berner-Sennhütten Palläste. Es sind Mauerstücke, aus übel zusammengepaßten Steinen aufgeführt; einige Bretter machen das durchsichtige Dach aus; das Ganze über und über von Rauch schwarz: Kleine Nischen, in die man nicht aufrecht hineingehen kann, so niedrig sind sie, dienen den abgehärteten Viehern zu Schlafkammern;

Stroh oder Laub sind ihre Betten, und die welche über=
das sich noch einer groben Decke bedienen, sind schon als
Weichlinge taxirt. Brodt und Wein kennen sie nicht,
während dem sie hier wohnen; sie nähren sich bloß von
süsser oder geronnener Milch, nebst Molke, in die einige
Stücke Zieger eingebrockt werden. Manche sind in Zie=
genhäute gekleidet, welches ihnen ein ganz besonderes An=
sehen giebt; in der Hand tragen sie einen langen Stock,
an Einem Ende mit einem Ringe beschlagen, an wel=
chem eiserne Schellen hangen. Wenn eine Kuhe sich
einem gefährlichen Orte nähert, so laufen sie ihr zu,
schütteln ihren Stock vor ihrem Kopfe, und hindern so
daß sie nicht über die Felswände hinabstürze. Nirgend
sah' ich in Absicht auf Physiognomie, Kleidung, und voll=
kommenste Unwissenheit über alles was nicht zu ihrem Kü=
herberufe gehört, Menschen, so ganz von allen Städtern
verschieden, und so nahe der Natur, als diese Walliser=
Hirten. Nicht eben daß sie bloß auf Instinct eingeschränkt
seyen, will ich sagen — sondern ihre Vernunft, nur noch
in einer kleinen Zahl von Vorfällen und Umständen geübt,
gleicht einem Kinde, das eben zu gehen anfängt, und
dem noch viel Entwickelung mangelt, um Mensch zu seyn.
Gleich ihrer ganzen Nation sind sie sehr gastfrey; bewill=
kommen die seltenen Neugierigen und Reisenden, die sie
besuchen, herzlich, und reichen ihnen alles was sie haben,
und was freylich in sehr wenigem besteht, emsig dar;
bezeugen aber auch nicht ihr Leid, daß sie nicht mehr
anzubieten haben, denn sie kennen nicht mehr; und es
däucht sie wohl, das, was für einen Menschen hinreicht,
möge auch dem andern genugsam seyn.

Wenn man aus der Tiefe dieses Thals, welches Che=
ville heißt, das Aug emporhebt, so sieht man sich von
einer Kette von Felsen beherrscht, die Diablerets benennt.
Dieser furchtbaren Massen, durch tiefe Ausschnitte von

einander getrennt, und von der andern Seite durch die
Laſt unermeßlicher Gletſcher gedrückt, ſind dermal·nur
noch drey. Zu Anfang dieſes Jahrhunderts waren es
vier, und in ältern Zeiten ungezweifelt noch mehrere;
denn rund um ſie her verkündigt alles öfters wiederholte
Zerſtörungen. Schon bey Mannsgedenken zählt man derer zwey fürchterliche. Die erſte trug ſich im Jahr 1714.
zu. Mehrere Tage vor der Cataſtrophe ließ ſich ein von
der innern Gährung des Gebirgs veranlaßtes unterirrdi-
ſches Getöſe hören. Hirten und Heerden hatten alle Zeit
ſich zu entfernen: Die meiſten thaten's auch: Die hingegen, welche zurückblieben, wurden das Opfer ihrer Saum-
ſeligkeit. In dem Augenblicke, wo einer der vier Zähne,
gröſſer als ein ordentlicher Berg, ins Thal ſtürzte, zitterten alle umliegenden Orte; es ſtieg ein dichter Rauch
empor, der im Grunde anders nichts war, als der Staub,
den das Reiben der losgewordenen Felsblocke verurſachte,
von welchen manche erſt in einer Entfernung von mehr
als zwey Stunden von ihrem erſten Lager halt machten.
Sahe man, wie man ſagt, Feuerfunken dabey, ſo iſt
dieß nicht die Erſcheinung eines Vulkans geweſen, ſondern nur das Anprellen der Pyriten. Der bloſſe Druck
der aus ihrem Gleichgewicht gerückten Luft bog und warf
ſogar Bäume zu Boden, die in der Nähe, doch auſſer
dem Wege ſtuhnden welchen der Bergfall nahm. Die
Einwohner einiger Dörfer im Thale, zogen von dieſem
Vorfalle den ſonderbaren Gewinn, daß ſie nun in einer
gewiſſen Jahrszeit die Sonne einige Minuten früher auf-
gehn ſehen, da itzt eine Wand der vierfachen Diablerets-
Pyramide verſchwunden iſt. Man ſprach über dieſe Begebenheit ſowohl in der Schweitz als im Auslande ſehr
verſchieden. Es iſt merkwürdig genug die Urtheile davon
zu hören, welche damals am meiſten Beyfall fanden. In
der Geſchichte der Akademie der Wiſſenſchaften zu

Paris v. J. 1715. S. 4. lieset man darüber folgendes:
„Im Monath Junius 1714. fiel mit Einmal ein Theil
„des Gebirges der Diablerets in Wallis herab, zwi-
„schen 2. und 3. Uhr Nachmittags, bey vollkommen hel-
„lem Himmel. Derselbe war von conischer Gestalt; er
„warf 55. Bauerhütten übern Haufen, erschlug 15. Men-
„schen und über 100. Ochsen und Kühe nebst vielem klei-
„nern Viehe, und verdeckte mit seinen Trümmern eine
„gute Quadrat-Stunde. Der Staub verursachte eine
„grosse Finsterniß; die Steinhaufen in der Ebene sind mehr
„als dreyßig Ruthen hoch. Diese Haufen dämmen Was-
„ser ein, welche neun tiefe Seen bilden. Bey alle dem
„aber war keine Spur weder von Bergharz, noch Schwe-
„fel, noch siedendem Kalch, also nichts von unterirrdi-
„schem Feuer. Wahrscheinlich fäulte sich die Grundlage
„des grossen Felsen von selbst durch, und wurde zu
„Staub „.

Diesem wollen wir einen Brief an die Seite setzen,
der das Eräugniß ganz verschieden von jener Erzählung
darstellt. Er ist zur Zeit der Catastrophe selbst von Herrn
Constant, Pfarrer zu Bex, an Herrn Frisching, damaligen Landvogt zu Morges, geschrieben. Ungeachtet es
scheint, daß der Verfasser den Schauplatz dieser Begebenheit nicht genau kannte, so verdient der Brief dennoch
aufbehalten zu werden; da der Schreiber ein verständi-
ger, glaubwürdiger Mann war.

Bex, den 28. September 1714.
„Die Erscheinung, welche sich unlängst in unsrer Nach-
„barschaft zutrug, ist es werth, Ihnen mitgetheilt zu
„werden. Es verhält sich damit so. Zween hohe Berge,
„der eine in Wallis, Namens Cheville, der andre im
„Canton Bern, Anzeinde genannt, stossen nahe an ein-
„ander. Zwischen ihnen liegt eine Quelle, die sich theilt

„und zu zween Flüſſen wird, wovon der eine der Aven-
„çon, der andre die Lyſerne heißt. Noch muß ich be-
„merken, daß der Gipfel des Berges Cheville ein ſehr
„hoher Fels iſt. Nach dieſem kleinen nothwendigen Vor-
„berichte melde ich Ihnen denn: Daß man letzten Sonn-
„tag den 23. ein dumpfes tiefes Getöſe auf dem Berg
„Cheville hörte, welches am 24. um Mitternacht noch
„heftiger war, und nun mit der Gewalt beſtändiger Ca-
„nonenſchüſſe 24. Stunden lang anhielt; worauf man
„von der Höhe des Bergs einen dichten Rauch emporſtei-
„gen ſah, und mitten darinn eine ſehr lebhafte lichte
„Flamme erblickte. Endlich zerſprang der Berg, und der
„Staub davon kam bis nach Freniere, einem Zehnten
„meiner Pfarre. Vierzehen Menſchen, alle Gebäude,
„und alles auf dieſem Berge befindliche zahlreiche Vieh,
„wurden unter dem Schutte begraben, und das Bette
„der Lyſerne ganz ausgefüllt, ſo daß man nicht einen
„Tropfen mehr von derſelben ſieht. Unſre Bergleuthe
„ſagten uns geſtern: Das Getöſe daure noch immer fort;
„es muß wohl eine in Flammen gerathene Schwefelmine
„ſeyn. Sollte ſich die, welche über Bevieux liegt, ent-
„zünden, (dieß iſt bekanntlich der reichhaltigſte Ort unſe-
„rer Salzquellen,) ſo wären wir auch hier in einer Ge-
„fahr, dafür uns Gott bewahre!„

Dieſe beyden Erzählungen der Akademie ſowohl als
des Predigers von Bex ſind mangelhaft, widerſprechen
ſich ſogar in manchen Punkten; und die eine wie die andere beruhet mehr auf Hörenſagen, als auf authentiſchen
am Orte ſelbſt aufgenommnen Zeugniſſen. Auch ſollten
ſie beſagt haben, daß ſich ſchon ſint langem kleine Berg-
ſtücke abgelöst, welche den nahen Sturz zu verkündigen
geſchienen. Denn noch auf den heutigen Tag, wenn man
in der Nähe iſt, gehen wenige Stunden vorbey, da man

nicht

nicht ein Getöse hört, oder einen kleinen oder grössern Stein herabrollen sieht.

Unter der Zahl der verschwundenen Wallisern war auch ein Mann aus dem Dorfe Aven; man stiftete ihm eine Seelmesse, erklärte schon seine Kinder für Waisen, und sein Weib für eine Wittwe. Drey Monathe nachher, Abends vor Weihnacht, erscheint er blaß, hager, abgezerrt, mit einigen wüsten Lumpen bedeckt, ganz in der Gestalt und Aufzug eines Gespenstes. Man verschließt die Thüre seines eigenen Hauses vor ihm. Das ganze Dorf geräth in Schrecken; man läuft zum Pfarrer, der ihn exorcisieren soll. Endlich vermag dieser die Leuthe zu überreden, daß er lebe; und nun vernimmt man von ihm: Er sey in dem Augenblicke der schrecklichen Catastrophe in seiner Hütte im Gebete begriffen gewesen, als eins der losgewordenen Felsstücke sich gegen das, an dessen Fuße seine Wohnung stand, gelehnet, und mit demselben einen Winkel gemacht. Bald darauf habe es schrecklich über ihm gerasselt, und Erde und Steine sich auf seinem Obdach und rund um die schützenden Felsen emporgehäuft. „Da„, sagte er, „fürchtete ich mir „nicht weiter, und verlor den Muth nicht, und arbeitete „unabläßig, mir einen Ausgang zu verschaffen. Einige „Käse, die noch in meiner Hütte waren, nährten mich; „ein Wasserfaden, der aus der Höhe herabfloß, löschte „mir den Durst; und erst nach vielen Tagen, die ich in „der langen Nacht dieses unterirrdischen Kerkers nicht „zählen konnte, fand ich durch Kriechen in den Trüm„mern umher eine Oefnung. Ich sah das Licht wieder, „das ich noch nicht ertragen konnte; und Gott, der mir „es nie an Hofnung fehlen ließ, dem ich auch immer „vertraut, sendet mich unter die Meinen zurücke, ein „Zeuge und Beweis seiner Macht und Güte zu seyn„. Es müßte ein eisenhartes Herz seyn, das beym Scheußli chen einer solchen Lage ungerühret bliebe. Die Religion muß eine sehr wesentliche Kraft haben, wenn selbst in einem so sonderbaren Gefängnisse noch Hofnung, Muth und Trost überbleiben kann. Man stelle sich den Zustand dieses Mannes vor; verloren in den Eingeweiden der Erde, abgeschieden von aller Welt vermittelst eines undurchdringlich geglaubten Walles, ohne alles Mittel die unbeweglichen Stunden seines finstern Verhaftes zu messen, durch nichts vom Wechsel des Tages und der Nacht belehrt, und immer ungewiß ob er je die Sonne wieder sehen würde, von welcher nie kein Strahl zu ihm durchdringen konnte — Das Herz bricht, wenn das Nachdenken sich mit einer solchen Schilderung beschäftigt; ein unwillkührlicher Schauer dringt so gar bis zu dem Sitze der Gedanken, und man glaubt eine wehklagende Stimme aus dem Schoos der Erde herauf steigen zu hören: DE PROFUNDIS CLAMAVI AD TE DOMINE!

Wir schreiten zu dem zweyten Sturze fort, der im Jahr 1749. erfolgte. Derselbe häufte neue Ruinen über den erstern, breitete seine Verheerungen über Weiden aus, die bis jetzt fruchtbar gewesen waren, nun aber zu ewiger Unfruchtbarkeit verdammt sind, und zerstörte in die vierzig Alpengebäude. Dasselbe unterirrdische Gebrülle ließ sich hören; die Walliser erkannten diese Vorbedeutung, und zogen sich mit ihren Heerden weislich zurücke, nachdem sie vorher zur Vorsicht den Berg beschwören ließen. Fünf Bernersche Bauern aber, welche zwey Stunden weiter unten sich in einer Sagemühle befanden, zahlten ihr eigensinniges Bleiben an diesem Orte mit dem Leben. Ungeachtet die Walliser in sie drängen daß sie sich flüchten sollten, und ungeachtet ihnen die Drohungen des obern Berges bekannt waren, verachteten sie die Warnungen alle, und glaubten, sie hätten in dieser Entfernung nichts zu befürchten. Allein der Stein- und Erdfroh; untermischt mit grossen Felsstücken, der von den Diablerets herunterstürzte, bedeckte sie auf immer. Man geht jetzt an der Stätte, wo jenes Gebäude stand, vielleicht tausend Fuß hoch über seiner ersten Stelle weg. Jemand von meiner Bekanntschaft sagte mir, er sey am Abend vor dem Tod dieser Leuthe schon von Hause gegangen, um sich zu denselben zu begeben und ihnen bey ihren Arbeiten Hand zu bieten, als ein unvorgesehener Zufall ihn hinderte, den Weg dahin zu machen, und folglich das sechste Opfer dieser schreckhaften Natur-Crisis zu werden. Ich durchwanderte die Ebene von bey nahe zwo Stunden, welche die Ruhien decken, und unter suchte sie genau in der Nähe. Hier, sagte mein Führer, wo Sie itzt aufgethürmte Felsstücke sehen, stand ein Fichtenwald: Dort ein kleines Thal, nun ein Hügel von zerbrockten Steinen: Da vor Ihnen lagen eine Menge Sennhütten auf einer weiten Waide umher zerstreut; an ihre Stelle ist ein See getretten. Die Liserne, welche den Schauplatz dieser Zerstörung durchschnitt, in ihrem Laufe gehemmt und wie von einem Damm zurückgehalten, verschwand acht Tage lang für niedrigere Thäler, welche sie sonst benetzt. Während dieser Zeit schuff sie zween Seen, deren der eine von dem andern eine halbe Stunde entfernt ist. Der kleinere, den man den See von Derborenze heißt, hat ungefehr die Grösse des Breters-Sees zwischen Moudon und Vevey, oder des Mauen-Sees im Canton Lucern. Er datiert sich also vom Jahre 1749. und ist ohne Widerspruch der jüngste See in der Schweitz; keine Carte bezeichnete noch seine Entstehung, kein Geographe kennt ihn vielleicht; denn keine Oerter werden weniger besucht, als die ich gegenwärtig beschreibe. Einige Hirten von den nahen Bergen, einige Steinjäger, einige Contrebandiers zur Zeit der verbotenen Ausfuhr der Früchte aus einem Staat in den

andern, das sind die einigen Menschen, welche an diese
unglücklichen Orte hinkommen. Keiner der Reisenden die
unser Vaterland eben so flüchtig beschreiben als durchlau-
fen, keiner der Mahler die unaufhörlich Schweitzerpro-
specte verfertigen, keiner der Naturforscher, Einen nur
nehm' ich aus, welche ganze Systeme über die Bildung
unsrer Berge aushecken, und nach der Mode des Jahr-
zehends allenthalben Vulkane suchen und finden, war je
noch an den Gestaden des Derborenzer-Sees. Die
Länge des Weges, den man zu Fuß nur machen kann,
hält den bequemen Reiser zurück; die Möglichkeit neuer
Bergfälle schreckt den Furchtsamen ab; und die Unbekannt-
schaft mit den sonst nirgends zu findenden Schönheiten,
welche diese Gegend umfaßt, macht, daß auch der nicht
hinkömmt, der sonst noch gienge.

Ich befragte so wohl Bernersche als Wallisische Bauern
über die Ursachen dieser Stürzungen; und es ist interessant genug ihre Antworten gegen einander zu halten, und
zu beurtheilen welche von der einen oder andern mehr
Einsicht oder Vorurtheil verrathen, je nach der Kultur,
die ein jeder erhielt. Die erstern sagten mir: „Diese
„Ovaille (so nennen sie es in der Patoissprache) kömmt
„daher, weil die Diablerets aus verschiedenen abwech-
„selnden Felsen und Erdschichten bestehen, und überdas
„noch einen Theil der Last von einem an sie hin reichen-
„den Gletscher tragen. Das Wasser, welches sich zwi-
„schen die verschiedenen Felslager hineinseigert, führt die
„dazwischen liegende Erde weg; so verlieren die Massen
„ihre Haltung und müssen nothwendig überstürzen. Und
„da die Gletscher immer zunehmen, so trägt auch ihr
„Druck zu der Verrückung bey. Indem bestehen die Fel-
„sen aus einem weichern Sande, das sich leicht auflöst,
„und wird theils vom Winterfroste, theils von den daran
„schlagenden Sommer-Regen zermalmt, und in der Tiefe

„wagt „.' Frägt man hinwieder den Walliſer-Bauer um ſeine Erklärungen darüber, ſo antwortet er — nach der Unwiſſenheit, die es immer bequemer findet ihre Zuflucht zu übernatürlichen als zu natürlichen Urſachen zu nehmen, und weil der Menſch je näher der Natur deſto größrer Freund des Wunderbaren iſt — die Diableretѕ ſey'n, wie ſchon ihr Name anzeigt, eine Vorſtatt der Hölle, wo ſich eine Colohie Teufel, oder wenigſtens Verdammter aufhalte; alles, wie iedermann weißt, ſehr boshafte Leuthe. Sie hätten ſich von einem Jeſuiten von Sitten ſagen laſſen, dieſe Feinde des menſchlichen Geſchlechts wären hier ſchon ſehr lange im Gefängniß, und theilten ſich in zwo Partheyen, deren die eine den Berg auf das Walliſer-Land, die andere auf den Canton Bern überwerfen wollte. Endlich wären die erſtern Meiſter geworden und hätten einen Theil ihres Kerkers ins Wallis niedergeſtürzt. Der Jeſuit, wie ſie beyfügen, that noch mehr; er nannte ihnen verſchiedene dieſer Dämonen mit Namen, ſagte den Tag des groſſen Bergfalls vorher, und verhieß ihnen, es ſollte kein Walliſer dabey umkommen. Ich führe dieß bloß an, um zwey verſchiedene Claſſen benachbarter Bauern zu characteriſieren, und es anſchaulich zu machen, wie wichtig es ſey das Volk aufzuklären, wär' es auch nur um daſſelbe von dem beſchwerlichen Joche des blinden Aberglaubens zu entledigen.

Es iſt zu befürchten, daß die drey übrigen Spitzen, von ähnlicher Bildung mit den geſunkenen, früher oder ſpäther in denſelben Paroxiſmus gerathen, und gleiches Unheil anſtellen. Ich weiß wohl, daß man jedesmal, wenn man auf der Walliſer-Seite Gefahr fürchtet, einen Mönch kommen läßt, Beſchwörungen anzuſtellen; allein dieſem Vorbauungsmittel würd' ich doch nicht alles zutrauen. Und ich weiß keine andre Auskunft, um in dieſer Nachbarſchaft ruhig ſchlafen zu können, als feſter Glau-

ben an die Vorherbestimmung (Prädestination), und finde
auch in der Ueberzeugung von dieser Lehre eine von den
Quellen der Getrostheit dieses Bergvolks, das weit mehrern Gefahren ausgesetzt ist, als der Flächenbewohner.

Nachdem man sich von den Hütten des Berges Cheville entfernt, betritt man gleichsam die Werkstätte eines
Genius der Zerstörung. Beynahe zwey Stunden lang
wandert man in Schoosse fürchterlicher Trümmer dahin,
— Nicht Ruinen einer Festung sind es, noch die einer,
auch noch so mächtigen Stadt; es sind die Trümmer
zweyer Gebirge! O wie klein ist der Mensch mitten unter dieser Scene! Von allen Seiten erheben sich kleinere
und grössere Felsbrocken, in tausenderley verschiedener
Gestalt; die einen so hoch als Pyramiden, wie Amphi-
theater geräumig die andern; isoliert oder in Haufen ge-
thürmt; hier in Säulen emporstehend, dort an einander
gelehnt wie Kartenschlösser; aber alle von Ferne ein ma-
jestätisch furchtbarer Anblick. Es ist unmöglich, die Man-
nigfaltigkeit der Gruppen, Lagen und Scenen zu beschreiben, welche man jeden Augenblick auf dem krummen
Fußsteige genießt, der, wenn ich so sagen darf, zwischen
den verschiedenen Theilen des Skelets einer hier begrabe-
nen Alpe fortläuft. In den ersten Jahren gleich nach diesem Vorfall muß dieß Schauspiel ohne anders noch gräßlicher gewesen seyn, ehe die Natur ihre Rechte über die
zerworfenen Theile ihrer Schöpfung wieder nahm. Nun
sind die gefallenen Bäume verfault; die triebvolle Erde hat
einen Theil des nackten Bodens wieder bekleidet, und
Flora eine neue Provinz für ihr glänzendes Reich gewonnen; sie säete rundum die zahlreichen Familien von En-
zian, Ranunkeln und Heideflachs; die hohe Feldlilie
schmückt ihre Seiten; aus ihren Spalten erheben sich
Steinbrechen, Anemonen und Immortellen von mancherley Farben. Die geruchreiche Mouterine, die schwärz-

lichte Orchis, die Bergprimulawerts wachsen da mit
Lust; eine grosse Menge Steine sind mit einer bunten
Tapete bekleidet, wo sich die Driade mit acht Petalen,
die Silene ohne Stengel, das braune Frauenhaar, und
die Fougeres mit dem schmalen Blatte auszeichnen. Das
Rhododendron mit der flammenfarbichten Blüthe, die
Citise deren Blüthenbüschel in Trauben niederhängen,
eine Menge Zwerg-Weiden haben hier Wurzeln geschlagen: Durchaus, wo Wasser läuft, erhebt die Eriophore
den Flaum ihres wollichten Haupts; die Parnassia, die
Soldanelle, die Kressen, die Pinguicules, die Pedi-
culaires sprossen neben dem Schnee hervor, der nicht
schmelzen mochte; und wilde Rosen, junge Tannen und
Lerchen krönen die Stirne und bekleben die Vorsprünge
der nun wieder unter die Herrschaft der Vegetation ge-
brachten Felsen. So stellt die Natur den Denkmalen der
Zerstörung gegenüber die lebenvollsten Bilder, verhüllt mit
Schwämmen und Moos die zerstreuten Gebeine eines
grossen Bergleichnams, und verbirgt unter weniger traurigen Gestalten die Beweise des Alterthums der Welt
und der Verheerungen der Zeit. Jedoch rührte mich keine
Landschaft so, wie der See von Darborentze. Er ist,
um eine englische Redensart zu entlehnen, eine im
Schoosse des Grausens schlafende Schönheit. Dieser See mag in seiner unregelmäßigen Gestalt der Länge
nach tausend Schritte gegen eine sehr ungleichförmige
Breite messen. Von der einen Seite umgibt ihn ein Gürtel über einander geworfner Felsen, von der andern bietet er geebnetere Gestade dar. Zur Rechten schwärzt ihn
der widerprellende Schatten der Tannen; und die Lisar-
ne, die von einem höhern Gletscher herabfällt, stürzt sich
brausend, nachdem sie noch einen Wasserfall bildete, hinein. Noch wohnt kein Fisch darinn; einige Bergvögel
nur streichen pfeifend über ihn hin. Nie befürchte noch

ein Schiff das schäumende Gewässer; nur ein von Wald-
wassern herbeygeführter Baum fluthet, dem Winde gehorsam, drauf umher.

Als ich schweigend an diesen trauervollen Ufern hinwan-
delte; als meine Seele — gebeugt vom Anblick dieser
wechselweise drohenden und verwüsteten Natur, vom Andenken an jene noch neuerlichen Erschütterungen, von der
Furcht naher ähnlicher Catastrophen, die gewiß die trauern-
de Landschaft wieder in neue Formen drücken würden —
sich in einer unaussprechlichen Schmerzensempfindung zu-
sammenrafte; als ich mir sagte: Wenn die Berge, diese
ewiggeglaubten Massen, ihre Krankheiten haben — ihren
Tod, ihre Auflösung, wie sollten wir zerbrechliche ephe-
merische Maschinen auf einer Welt fortdauern mögen, die
selbst altert, und vielleicht ihrem Todeskampfe nicht fern
ist? — Als meine Einbildungskraft diesen ganzen Detail
an die vor meinen Augen stehenden Bilder knüpfte, um
sich eine idealische Skizze von allen den fatalen Auftritten
zu schaffen, welche diese Gegenden seit der Weltschöpfung
bestanden haben, und mich in einen Irrgang von Gedanken hinriß, die mehr empfunden als durch die Sprache
mitgetheilt seyn wollen, kam mir plötzlich eine Ansicht zu
Hülfe, mein zu volles Herz zu erleichtern: Ich stieß auf
eine Heerde Schaafe und Ziegen, die, vor der Mittags-
hitze sich flüchtend, gekommen waren, an dem Wasserfall
zwischen dem See und dem Fuße des nahen Berges Erfrischung zu suchen. Und dieß ländliche lebensvolle Gemählde sammelte meine zerstreuten Sensationen wieder, entle-
digte mich der lästigen Beklommenheit die mich einengte,
und machte mir Luft, indem sie mich an der Stelle einer
dürren rastlosen Trauer in eine süße ruhige Wemuth
versetzte.

Nachdem die Lizerne dem See sein Daseyn giebt,
zieht sie sich unter Felsen hin, aus welchen sie wie neu

aufquellend wieder hervorgeht; verbindet sich dann mit dem Außfluß des zweyten Sees, der eigentlich nur einen Sumpf, in einem unfruchtbaren sandigten Becken einge, faßt, ausmacht. Man gebt oft auf Brücken von leichtem Flechtwerk verfertigt, darüber, deren Elasticität man mit jedem Fußtritte spührt. Die Unsicherheit ihres Laufs und ihr ungleiches Gewässer läßt nur solch wolfeile Brücken zu. Von der letzten derselben, die noch von gigantischen Massen des Bergfalls eingeschlossen ist, sieht man den Strom sich am Fuß der durch die Lauinen kahl geschürf, ten Berge hinabstürzen; ihre gedrängten Flanken gleichsam nöthigen, ihm einen krummgewundenen Ausgang zu ge, statten, und sich endlich unter einer Brücke in einen Schlund werfen, die, wie ich glaube, ihres gleichen nicht hat, als da wo man vom Gotthard herab ins Liviner, thal steigt. Hier ist ein Gewölbe von ewigem Schnee und Eise. Jährlich fällt eine Lauine an diese Stätte; die zurückgehaltene Lizerne gräbt sich einen Weg unter derselben hin. Der Anblick dieses Orts ist in der That grauenvoll. Die kühnsten Jäger gehen nicht ohne Furcht über diese gefährliche Arcade, unter welcher man den Waldstrom brüllen hört. Und dieß heißt doch viel gesagt; denn übrigens kenn' ich kein unerschrocknercs Wesen als den Alpjäger. Schnee, und Felskrüfenen gering achten; sich von einem Abhang zum andern schwingen; sich auf einer zwey Daumen breiten Stelle über unergründlichen Tiefen hangend erhalten; kriechend die Rasenplätze zwi, schen zwo kahlen Felswänden erreichen, wo die Gemsen auf Azung gehn; sich der Gefahr aussetzen in Eisspalten hinabzufallen, aus deren Tiefe keine Wiederkehr statt hat, oder von dem bis in sein äusserstes Asyl gejagten Thiere umgeworfen zu werden; zuweilen genöthigt seyn sich Hände und Füße aufzuritzen um den schlüpfrigen Fel, sen mit seinem Blute zu befeuchten; oft mehrere Nächte

zubringen ohne irgend ein ander Bette als die Erde oder
den Schnee, und ohne eine andere Decke als den Himmel — Dieß ist die Weise mit welcher der Alpenbewohner
die gefährliche Jagd treibt, welche jährlich mehrern das
Leben kostet.

Je weiter man auf dieser verwüstungsvollen Fläche fortgeht, desto grössere Feldblöcke trift man an. Ihre ausserordentliche Grösse gab ihnen auch eine proportionierliche
Schnelligkeit des Falls; in einer Minute müssen sie eine
Stunde Weges geflogen seyn. Die kleinsten derselben sind
von der Grösse einer Cathedral-Kirche. Beynahe am äus-
sersten Ende des Bergschuttes setzten wir uns an dem Ufer
einer reichen Quelle, und nahmen ein bescheidenes Mahl
zu uns, das uns durch die Eßlust zum Festin wurde.
Unmöglich könnte man in einem romantischern mit er-
habnerer Dekoration geschmückten Saale speisen; unsre
Tafel schien uns von der Natur auf dem Schlachtfelde
der Elemente bereitet zu seyn, unter den Denkmalen des
Sieges, welchen die Zerstörung über die Ordnung der
Vorzeit davontrug. Es finden sich in diesen Gegenden
eine Menge von Wirkungen mit keinem Ausdrucke zu erreichen; unter andern erinnere ich mich eines Hügels,
auf welchem dünne gesäet eine gewisse Anzahl Tannen
stehen, nur von einer Seite mit Aesten bekleidet, und
ganz gegen den Abhang niedergebogen der sie trägt. Man
lehrte mich, es sey dieses eine Folge der heftigen Nordwin-
de, die an der Seite das Wachsthum der Aeste hindern,
welche sie anwehn; von Ferne sind diese Bäume einer Nym-
phe mit fliegenden Haaren ähnlich, die gegen den Wind läuft.

Von da kamen wir auf den so geheissenen neuen Weg.
Allein welch ein Weg! Ein schmaler Saum nur ist es,
auf welchem kaum ein Maulthier Raum hat, und der
sich schlangenförmig über eine Stunde lang an der Seite
eines unermeßlichen Felsen hinzieht. Hier erstzen über

einander gelegte Bäume den Mangel des Erdrichs; dort
muß man unumgänglich unter einem Wasserfall hingehen,
und sich von diesem übergiessen laßen. Zu den Füßen hört
man das Gebrüll der Liserne, ohne sie zu sehen; rund um
hängt gleichsam der Tod über dem engen Raum, der uns
trägt. Dieser Weg führt nach dem Dorfe Aven, und
von da nach Sitten; er dient den Einwohnern der nahen Dörfer sich auf die entferntern Weidplätze zu begeben, zu deren einigen man nur auf Leitern kommen kann,
und wo man die Schaafe und Ziegen, welche einige
Wochen hier zubringen, hintragen muß. Ein Bauer,
der in diesen verlornen Winkeln Grundstücke besaß, war
der erste der den kühnen Fußsteig bahnte; er ließ ihn auf
seine Kosten brauchbar machen, gieng aber darüber zu
Grunde, und andre, die in denselben Gegenden Besitzungen hatten, nahmen es gemeinschaftlich auf sich, seine
Familie auf ihre Unkosten aus dem Elend zu ziehen.
Man kann nicht anders als zittern vor Grauen, an dem
Orte besonders welcher der Hundssprung heißt, am Rand
einer Mauer, von wo man den Abgrund, an welchem
man hinwandert, in seiner ganzen Tiefe entdeckt.

Am Ende dieses Weges, der in seiner Art ein Meister-
stück ist, steht eine kleine Capelle St. Bernhards. Eine
der belebtesten Aussichten dehnt sich hier mit Einmal vor
dem des immerwährenden Anblicks von Tannen, Abgrün-
den und Wüsten müden Auge aus. Der Blick senkt sich
in das schöne Thal, welches die Rhone benetzt, und oft
auch entgäßet. Vom Ufer seines gelben reissenden Gewässers bis an den Gipfel der ersten Berge entdeckt man
25. Dörfer, und die Stadt Sitten mit ihren drey Schlössern. Durchaus bietet der Feldbau seine emsigen Arbeiten dar; der Weinstock entwindet sich Felsen; Säume
goldenen Getraides breiten sich zwischen Tannwäldern
aus; grüne Weiden krönen den Gipfel der Hügel, welche

auf ihrer Oberfläche alle Arten von Anbauung enthalten.
So anziehend aber diese Landschaft ist, deren Einfassung
und Gränzen von allen Seiten verschiedene Alpen-Ketten
ausmachen, so flößt sie dennoch eher Traurigkeit als Vergnügen ein. Alle diese Wohnungen und bearbeiteten Felder sind so vielen Eroberungen ähnlich, die man in einem
langen und mühsamen Kriege gegen die Natur und die
zürnenden Elemente gemacht hat. Sehr große Plätze mit
Steinen besäet oder von Sande bedeckt, sind in ihrer
Dürre so viele Zeugnisse der Verheerungen der Rhone,
der Morge, der Lizerne. Die beyden letztern Ströme
haben, so wie sie einmal aus den sie dämmenden Gebirgen hervorgetretten sind, kein bestimmtes Bette mehr, und
schaffen sich beynahe jedes Jahr ein anderes. In einem
Königreiche, selbst in einem Freystaate, hätte man sie durch
Dämme gezwungen in einem bestimmten Canal zu bleiben;
in einer Demokratie aber, wie Wallis ist, muß der
Mensch alles von sich, nichts vom Staate erwarten; er
scheint seine gänzliche Freyheit mit alle den Vortheilen zu
bezahlen, die ihm eine thätigere Regierung verschaft hätte:
Er hat von Niemandem, weder Entschädigung für die
Catastrophen die ihn treffen, noch Vorbauung gegen die
welche ihn bedrohen, zu hoffen; und die Regierung unter
welcher er lebt, und welche sich auf die Aufrechthaltung
der allgemeinen Unabhängigkeit einschränkt, thut nichts
für den Nutzen des Einzelnen. Wirklich bezahlt der freye
Walliser dem Staate nichts, und kann also auch keine
Hofnung nähren, mehr von demselben zu ziehen, als er
ihm giebt. Alle Länder, welche einen öffentlichen Schatz
haben, woraus der Unglückliche einige Unterstützung schöpfen kann, haben diesen bloß den Beyträgen, die der Bürger auf die oder diese Weise dazu macht, zu danken. —
So aber verhält es sich weder in Wallis, noch in Bündten, noch in den kleinern Schweizer-Cantonen, wo

der Staat kaum die unausweichlichsten öffentlichen Aus,
gaben bestreiten kann.

Ein gemeines Sprüchwort, welches die allgemeine Mey,
nung unterstützt, besagt: Die Lizerne und der Aven,
çon entspringen aus demselben Hause. Jedoch schie,
nen mir die Quellen derselben sehr weit von einander ent,
fernt, so ähnlich die Ströme sich in ihrem Charakter sind:
Beyde drängen ihr Gewässer durch scheußliche Thäler hin,
durch; beyde schwellen sich beym Schneeschmelzen oder
nach langem Regen fürchterlich an; beyde nähren keine
Fische, ausser an ihrer Mündung gegen die Rhone; selbst
die Forelle, welche sonst die meisten Alpbäche bevölkert,
kann ihren Strom nicht hinansteigen.

Das erste Wallisische Dorf, welches man auf dem We,
ge, den wir nun gemacht haben, antrift, ist Aven; und
was ich von den Einwohnern desselben zu sagen habe,
kömmt, bis auf weniges, mit den übrigen zwischen der
Lizerne und der Stadt Sitten liegenden Dörfern über,
ein. Im Ganzen steht sich der Bauer da sehr gut; denn
er hat Aecker, Felder, Weinberge und Weiden, und sein
für sich schon ziemlich fruchtbares Erdrich erfodert eben
nicht die vollkommenste Bearbeitung; sein Wein ist brauch,
bar, wenn er nur besser gepflegt würde; sein Rockenbrodt
von gutem Geschmacke; grosser Ueberfluß an Früchten,
Butter und Käse: Dieß findet man bey den meisten.
Kein Gegenstand des Luxus neuerer Zeit hat sich noch
eingedrungen; selbst der Caffee nicht, der sich sonst aller
Orten einschleicht. Hingegen mangelt es ihnen an der
Erdapfelpflanzung; und es scheint mir unverzeihlich, daß
sie die Einführung derselben vernachläßigen, und das nütz,
lichste aller Geschenke die uns Amerika gemacht hat, ver,
achten. Pferde sind hier beynahe unbekannt: Die müh,
samen Wege machen, daß man sich bloß der Maulthiere

bedient; auch der ärmste Bauer hat wenigstens Eins, der Reichste sechs und sieben derselben. Diese Maulthiere tragen die Garben in die Scheunen, die Trauben unter die Kelter, den Dünger auf das Feld; sie holen die Käse aus den Bergen herab, das Brennholz aus den Wäldern; man sattelt und besteigt sie, und wo der Bauer immer hin will, ist er auf seinem Thiere. — Nichts kömmt der Gastfreygebigkeit dieser Dorfleuthe bey; so bald sie einen Fremden vorbeygehen sehen, rufen sie ihn mit dem Namen Sage *): (Dieß ist ihre Ehrenbenennung, Monsieur kennen sie kaum.) Sie führen ihn in ihren Keller, der das schönste Zimmer ihres Hauses ist. Man setzt sich auf grossen Brettern; eine umgekehrte Tonne macht den Tisch aus; hier stellt der Bauer Gläser hin, und, wenn er reich ist, silberne Becher; er tischt Brodt, alte Käse, Eyer auf, und je länger man bey ihm bleibt, sollte man die halbe Nacht durch essen, trinken, schwatzen wollen, desto zufriedner ist er mit dem Besuche! Um Bezahlung ist es hier nicht zu thun, das wäre Beleidigung für ihn, und er würde sich äussern: Ob man ihn denn für einen Wirth halte? Selbst sein eigen Bett mißt er gerne, um es dem Gast anzubieten. Allein, besser geht man doch auf dem Heu oder Stroh in der Scheune zu schlafen; denn neben den Lobsprüchen die man der helvetischen Gastfreygebigkeit dieser guten Leuthe ertheilen muß, kann man doch nicht umhin die entsetzliche Unreinlichkeit ihrer Kleider und Wohnungen zu tadeln. Selbst ihre Speisen machen selten lüstern; sie greifen ihre Butter und ihr eingesalznes Fleisch nicht eher an, als wenn es Zeit ist dieselben den Würmern streitig zu machen; und der Reisende thut wohl, wenn er sich an Brodt, Käse, Eyern und Milch genügen läßt, und selbst die Mühe nimmt die Gefäße zu reinigen, deren er sich bedienen will. Allerdings
*) Ihr Welschek!

ist öftre Unreinlichkeit der Gesundheit schädlich, so wie
die Unordnung, den sie in der häuslichen Oekonomie ver-
ursacht.

Ihre Sprache ist ein an sich ziemlich sanftes Patois,
das aber durch die Guttural-Prononciation, der sie sich
gewohnt sind, rauh klingt. Obgleich ich die verschiedenen Patois der französischen Schweitz ziemlich gut kenne,
so verstund ich doch anfänglich von dem dortigen nichts,
weil sie die meisten ihrer Wörter mit einem in die Länge
gezognen o oder a endigen; nach und nach aber merkt'
ich, daß sie sich einer Menge lateinischer Worte bedienen.
So heißt z. B. Mino von minor bey ihnen ein kleiner
Knabe; Cellay von cella, ein Keller; Cabé von scabel-
lum, ein Stuhl; Neura von norus, die Schnure; Majo
von major, der Greis; Mayen von Majus, (dem Monath wo sie dieselbe beziehen,) ihre Berghütte; Franzi
von frangere, brechen, u. s. f. Von manchen ihrer Wörter müßte man, wie ich glaube, die Abstammung aus
dem Celtischen schöpfen. Matta, eine Tochter; Mar-
ron, ein Knabe; Finmalle, eine Schuhschnalle; bretzi,
suchen, u. s. w. Man muthmaßt also, daß schon seit
den Zeiten, wo die Proscriptionen zu Rom in Uebung
kamen, und besonders in den Jahrhunderten, wo die nordischen Völker das Abendländische Reich überschwemmten,
Römische Familien in diesen Gebirgen einen Schutzort
gesucht, und sich nach und nach mit den Landeseinwoh-
nern vermischt haben; eine genauere Bekanntschaft mit
ihrer Sprache und Gebräuchen würde ohne Zweifel diese
Sage bestätigen.

Von Aven kömmt man in dreyen Stunden nach Sitten über sehr fruchtbare Felder und Weingelände, obgleich dieselben überhaupt besser gebaut seyn könnten.
Man sieht von da die Ruinen zweyer berühmten Schlösser
aus den ungestümen Zeiten, wo die Freyheit mit dem Jo-

che der Feudal-Regierung im Kampfe lag; zu verschiedenen Malen erobert, abgebrannt, und vom Volke, den Bischöfen und dem Adel wieder aufgebaut, sind sie dießmal bloß noch verfallene Mauern und — Denkmale. Diese Festungen hiessen Montorge und Seon. Von der Höhe des letztern stürzte der Freyher Anton de la Tour im J. 1375. seinen Oncle Guiscard de Tavel, Bischof von Sitten, nachdem er ihn nebst seinem Caplan hier überfallen und durchstochen hatte. Es war um einige Herrschaften zu thun, die der Bischof seinem Neffen abfoderte; doch bezahlte der Mörder seine Treulosigkeit wenige Monathe nachher sehr theuer. Nachdem er sich gegen das Volk, das seine Greuelthat rächen wollte, eine Armee geworben hatte, wurde er in einer blutigen Schlacht nahe bey St. Leonhard zwey Stunden von Sitten überwunden und niedergemacht; seine Schlösser giengen im Feuer auf, seine Partheygänger wurden aus dem Lande gejagt, und der Bischof erhielt eine Stelle unter den Märtyrern.

Nicht ohne eine Regung von Ehrfurcht betrat ich die alte Hauptstadt von Wallis — das Sitten, welches so oft in der Vorzeit von den Stürmen der Feudal-Revolutionen umhergeworfen wurde; so oft das Opfer eines langwierigen Kampfes zwischen dem Volk und den Grossen war, und so ganz seltsam zwischen drey Felsen gelegen ist, über welchen drey alte Schlösser emporgebaut sind, die nun aber niemand mehr in Furcht erhalten. Ich forschte sogleich nach den schönen römischen Innschriften, die uns den Namen der alten Seduner aufbehielten. Ach! da war die eine ausgelöscht, um an deren Statt die Wappen des Bischofs hinzusetzen: die andre hat man zwar zu ihrer bessern Verwahrung in die Mauer des Rathhauses gesetzt; sie kann aber nicht gelesen werden, man kehre denn den Marmor um, weil die intressanteste Seite

dessel-

deſſelben innerhalb der Mauer ſelbſt liegt. Man muß ſich alſo begnügen ſie bey unſern Alterthumsforſchern zu leſen, und den Einwohnern von Sitten ihre Nachläßigkeit in Aufbewahrung dieſer ehrenvollen Monumente verzeihen, um ihres Muthes, ihrer Vaterlandsliebe und Freygebigkeit willen, welche die auffallendſten Züge ihres Characters ausmachen.

Gerne hätt' ich das berühmte Schloß Tourbillon beſehen, ehedem der Schauplatz ſo vielen Streites und blutiger Scenen, nun aber blos der friedlichen Verſammlung der Stände gewiedmet; allein der Biſchof war abweſend, und ich konnte keine Schlüſſel bekommen. Dennoch klimmt' ich einen engen in die Felſen gehauenen Fußſteig, den einigen Weg dazu, hinan; und als ich rund um das Schloß gieng, ſah ich eine Lücke in der Mauer, verſuchte dieſelbe zu beſteigen, und ſprang in den innern Hof. Meiſter vom Schloſſe, denn alle Zimmer waren offen, durchſuchte ich daſſelbe nach Luſt. Weite, mobilienloſe, öde, ſtumme Sääle, meiſt ohne Fenſter, ſo daß der Wind freyen Durchgang hatte, und die Baumblätter, die er mithineinführte, im Kreiſe trieb; geheime Ausgänge für die unglücklichen Zeiten wo Flucht nöthig ward, und ein Gemach mit den Bildniſſen der Biſchöfe geziert, das iſt alles, was ich ſah. Ich denke, die Gemählde dieſer Sammlung, welche bis an den heiligen Theodorus Biſchof von Octodurum (nunmehr Martigny) gegen d. J. 380. hinaufſteigt, bis ins dreyzehnte Jahrhundert, ſeyen wohl blos aus der Einbildung gemacht. Sint Wilhelm von Saillon aber, der i. J. 1203. erwählt wurde, iſt ein Geiſt der Wahrheit und des Lebens drinne, der mich an ihre Originalität glauben macht; immer Walliſiſche Phyſiognomien, von denen es leicht iſt die kleine Zahl der Fremden abzuſondern, welche den biſchöflichen Stuhl von Sitten mit den Naturſöhnen des Landes theilten. Ueberhaupt ſchöne Kö

pfe, welche mehr Kraft als Geist, mehr Muth als Staats-
kunst verrathen. Durch seine sehr sprechenden Züge, ein
in die Länge gezogenes Gesicht, stolze Mine und kriegerschen
Anstand, zeichnet sich unter der Menge der berühmte Car-
dinal Schiner aus, der Meuter seines Landes und der
ganzen Schweitz, der Welschlands Ebenen mit dem
Blute unsrer Nation überschwemmte. Die Aussicht von
der obersten Höhe dieses Schlosses gegen dem Obern Wal-
liser-Lande hin ist in ihrer Art einzig, und die drey zerstörten Schlösser von Gradetz auf einer Insel der Rhone
machen einen sehr mahlerschen Theil derselben aus. Ueberhaupt findet sich in den Walliser-Landschaften ein erhabenes Gemische von Cultur und Verwüstung, lachenden
Lagen und furchtbaren Gestalten, Denkmalen der Ver-
heerung so wohl der Zeit als der Menschen, Zeugnissen
von der Abgelebtheit der Erde die ihrem Ende zueilt,
und von der Standhaftigkeit der Menschen, welche den
Eisbergen, den Stürmen, Waldströmen und Erderschüt-
terungen den Boden streitig machen, der sie trägt und
nährt.

Kein Theil der Schweitz vielleicht hat so viele Pheno-
menen der Natur und der Poltick aufzuweisen, im Physischen so wohl als Moralischen; und ich glaube die Verwüstung, welche den Einwohnern von Sitten in jedem
Sinne seit Jahrhunderten — nur droht, ist die Ursache,
warum sie jene Stelle des Psalms, welche zum Wahl-
spruch ihrer Stadt geworden ist, von sich deuten: Dominus dilexit *Sion* super tabernacula Jacob. Pf. CXXXII.

───────────

N. 6. Sint dieser Beschreibung hat alles in Sitten
eine andre Gestalt angenommen, und man wandelt nun
da über einen Haufen Asche und Schutt. Ein gräßlicher
Brand fraß den 4. May 1788. den größten Theil der

unglücklichen Stadt auf, so wie den Bischöflichen Pallast, das Schloß Tourbillon, und die Staatsarchive. Dieß ist schon der dritte, den sie erlitt; denn bereits i. J. 1384. wurde sie von den Bernern und Savoyern, und i. J. 1417. von den Hilfstruppen ihres eigenen Bischofs in Flammen gesteckt. Mehr Ordnung und Polizeyanstalten hätten vielleicht dem letzten Unfall Einhalt thun mögen; und — nicht zum Tadel des Vergangenen, sondern zu einer Belehrung für die Zukunft — sey es mir erlaubt zu sagen: Man sollte an den Spritzen arbeiten, nicht Proceßionen anstellen; man sollte Wasser ins Feuer werfen, nicht Heilige die in diesem Jahrhundert nicht mehr löschen; man sollte die zu Hilfe eilenden Bauern aufmuntern und ihnen Dank bezeugen, nicht sie übel behandeln. Auf diese Weise würde alles besser abgelaufen seyn. Zum Glücke, wenn je ein Land ist, wo solche Unglücksfälle bald wieder getilgt werden, so ist es die Schweitz. Nie zeigt sich der Vortheil des Bandes unserer allgemeinen Verbündung augenscheinlicher als bey dergleichen Catastrophen. Alle Glieder des helvetischen Körpers gaben der Hauptstadt von Wallis in die Wette Proben ihrer Verbrüderung. Bern bot eine beträchtliche Unterstützung an, ihr die Erhebung aus ihren Ruinen zu erleichtern. Genf allein sendete 700. Louisd'ors. Wir wiederhohlen es: Es ist wohl der Mühe werth, in einem solchen Lande gebohren zu seyn und zu leben. Möchte jeder von uns so innig davon durchdrungen seyn, als jener Greis in den Alpen, der mir auf die Frage: Ob er ein Schweitzer wäre? zur Antwort gab: Ja, von Gottes Gnaden!

Aus den Etrennes Helvetiennes vom Jahre 1789.

II.

Ain Klaglied vm̄ die chriſtlichen Jungkfrauw Margret Blaurerin.

Im Thon: Mag ich vnglück nit widerſton ꝛc.

M. D. XLII.

Vorbericht.

Unſere Leſer werden's nicht unangenehm finden, daß wir ſie mit einem nicht unbeträchtlichen Stück deutſcher Dich-tungsart aus dem XVL Jahrhunderte unterhalten, das ſeinen Werth, als ſolches, bey der alten Sprache und ei-nigen Schwächen itzt noch behält, und wenigſtens ſo viele erheblichere und unerheblichere Stücke gewiß aufwiegt, wo nicht weit übertrift, welche man die Zeit und Jahre her aus alten Rüſtkammern hervor und zu Ehren gezogen hat. Ehe wir es aber mittheilen, wird es nicht unnöthig ſeyn, ſowohl von der Perſon die es betrift, als auch von dem Dichter ſelbſt einige Nachricht zu ertheilen.

Was die Perſon betrift die darinn gelobt, und deren preiswürdige Tugenden angerühmt werden, ſo war ſie aus der uralten Familie der Blaarer, die zur Zeit der Reformation in der damals auch reformirten Stadt Con-ſtanz geblühet, und füraus in einem Kreis von Geſchwi-ſterten ſich ausgezeichnet hat, die wegen ihrer Gelehrſam-keit und hohem Verſtande ſo ſehr als wegen ihrer wahren Güte des Herzens und der reinſten Frömmigkeit allgemeine Hochachtung und Ehrfurcht ſich erworben. So war Ambroſius Blaarer ein würdiger und gelehrter Prediger, der in einigen Reichsſtädten ſich als Lehrer und Verbreiter des erneuerten Glaubens mit Segen und Nu-

zen verwandt, und von dem Herzog Ulrich von Wür=
tenberg (nachdem derselbe dem Hause Osterreich, mit=
ten in deffen größtem Glanze, seine schon eingenommenen
Erbländer wieder wie durch ein Wunder entriffen hatte,)
berufen ward, dem weitläufigen Herzogthume in Kirchen=
und Glaubensfachen vorzustehn, und das ganze Land der
neuen Lehre zu gewinnen. Von diesem wichtigen Berufe
gieng er dennoch gerne wieder in sein Vaterland zurück,
und stuhnd da aufs neue als Prediger an. Thomas,
sein Bruder, ward Bürgermeister zu Constanz, nachdem
er mit Redlichkeit und Einsicht alle Stuffen der Ehren
bestiegen hatte. Er stuhnd mit seinem Bruder, und mit
den übrigen Glaubensverbefferern, besonders mit den Zür=
cherschen Gelehrten, in beständigem Briefwechsel, und
war ihrer Lehre, die er immer für die einfachere und deut=
lichere hielt, treu ergeben. Eine Schwester von diesen
Männern nun, war die Heldin dieses Gedichts: Marga=
retha Blaarerin, die mit ihren Brüdern, wiewohl in
der beßten Eintracht die jemals unter Geschwisterten herrsch=
te, um alle die Vorzüge stritt, durch die sich dieselben
auszeichneten. So gelehrt wie sie, daß sie die alten Römer
und Griechen fleißig las, und mit allen Gelehrten in la=
teinischer Sprache einen lehrreichen Briefwechsel unter=
hielt; so tugendhaft wie sie, daß sie in Ausübung der
Gastfreyheit, in Wohlthätigkeit gegen die Armen, in Be=
sorgung von Wittwen und Waisen keinem nachgab. Und
durch diese Ausübung christlicher Liebe hat sie sich wirk=
lich den Tod zugezogen. Denn da i. J. 1541. die Pest
zu Constanz, so wie auch überall in der Eidgenoß=
schaft wüthete, manchen würdigen Mann hingeriffen hatte,
und täglich die Menge Menschen dahinstarben, so war
sie den Kranken ohne Ansehen der Person und ihrer Lage
so zu Hülfe geeilt, daß sie hernach, von gleichem Uebel
ergriffen, in ihren beßten Jahren sterben mußte.

Der Dichter dieses Lobliebs ist Antistes Gualtert von Zürch, damals noch ein junger Mann, und kurz vorher erwählter Pfarrherr zu St. Peter an des berühmten Leo Judä statt. Er gewann in seiner Jugend für die Dichtkunst eine ganz besondre Neigung, hatte sich aber vorzüglich in lateinischen Versen geübt, deren er einige aus der Fremde an seinen Gönner und Beschützer, den Antistes Bullinger sendete, und ihm zu Ehren drucken ließ. Nun versuchte er dieses Lied in der deutschen Sprache, die damals nur als eine Alltagssprache angesehen war, und in der man Aufsätze die gefallen sollten, selten schrieb. Dennoch wird man in diesem Gedichte starke Züge finden, und zur Ehre der Dichtkunst nur bedauern, daß der Mann theils seine Talente meistens in einer fremden Sprache angewandt, und, wenn er auch durch diesen Versuch auß gemuntert worden wäre, Mehreres und Stärkeres im Deutschen zu unternehmen, er von Berufsgeschäften schon frühe so beläßiget worden, daß die beßte Muse darunter erliegen mußte. Sonst hätte Zürch schon frühe einen Dichter innerhalb seinen Mauern gehabt, der bey ungebildeter Sprache sich wirklich außgenommen, oder dieselbe selbst zu bilden und gelenksamer zu machen sich unterstanden hätte. Wer mit der Lebensgeschichte der Blaarerin bekannter wäre, könnte alle Züge ihres Charakters, die in diesem Gedichte berührt sind, deutlich auseinandersetzen und bestimmen.

I.

Jn angst vnd not bin ich versenckt
Schier gar ertrenckt
Jch kans nit überwinden
Min schwachs blöds hertz hat viel zuo eng
Jn diesem treng
Vor jamer will jm geschwinden

All menschlich rath ꞊
Kompt mir viel ſpat
O Gott ich gilff
Zuo dir vm hilff
Laſſz mich din truſt bald finden.

2.

Schmertz ach vnd wee mit groſſer klag
Ich by mir trag
Vor laid möcht ich verbärben
Mit zittren bidmend marck vnd bain
Es wurdts nit thain
Wärts lang ich muoß drob ſtärben
Hyn iſt all muot
O ſchwöſter guot
Groß iſt min pyn
Das du biſt hyn
Vnd ich noch hie muoß ſerben.

3.

Lyblich auch ſeelich troſt vnd rath
Wir jmal engabt
Sampt ſchwöſterlichen trůwen
Damit du mich offt haſt ergetzt
Vnd zuo mir gſetzt
Ach ſollteſt mich nit rüwen
Von hertzen grund
O wee der ſtund
O tob wie hart
Ganz vngeſpart
Thuoſt all mein krefft durchplůwen.

4.

Die klag iſt auch nit min allain
Das laid iſt gmain
Hat manch from hertz verſeret
Din tob die gantzen kirch bedurt
Hat hertzlich trurt

Der zächren vil verreret
Dins glaubens frucht
Vnd Chriſtlich zucht
Jungkfrölich gmůt
Mit gnad verhůt
Hat ſy an dir verehret.

5.

Din liecht hat glůcht mit hellem ſchyn
Dann du biſt gſyn
Des glaubens recht exempel
Der durch die lieb ſyn wirckung hat
Und allweg bſtat
Du wårdt ain Gottestempel
Wol vßballiert
Mit tugend ziert
Grob ſůnd vnd ſchand
Kain platz da fand
Auch nit der Båpſtiſch grempel.

6.

Derſelb hat offt groß Hailgen gmacht
Mit ſtoltzem pracht
Vnd gſagt von wunderzaichen
Noch waiß ich das derſelben vyl
Dinr tugend zyl
Kains wegs möchtend erraichen
Dins glaubens krafft
Und zaiſtes ſafft
Leben vnd lehr
Auch anders mehr
Wän ſölltends nit erwaichen.

7.

Vom Gotz wort reddeſt du allzyt
Von dir was wyt
Fürwitz vnd ſpitzig klaffen
Darburch man zuo kainr beſſrung kumpt

Die zyt verfumpt
Vnd d'leüt nun macht zuo affen
Din wort was rund
Vß sattem grund
Wie man Gott truw
Den nächsten buw
Sich halt im creütz rechtschaffen.

8.

Gnadrych zuo tröften was din mund
Zuo aller ftund
All angefochtne hertzen
Es träf an guot, lyb, oder feel
In aller quel.
Mittlydig wärt on schertzen
Din hertz ift gfin
Ain edler schryn
Voll Gottes Wort
Das was din hort
Damit haft ghailt groß schmertzen.

9.

Du wärt auch nie in deiner fach
Btrübt oder schwach
Haft allwäg glychfam glachet
Din creütz nämpt auf mit lychtem muot
Was dir alls guot
Wies Gott ye mit dir machet
Und truogts mit buldt
In syner huldt
Das manchem wär
Gewefen zschwär.
Ein hertz hett jm drob krachet.

10.

Din rath fürfichtig was vnd weyß
Bedacht mit fleyß
In zwyfelichen Dingen

Darzuo din vrtail grad vnd schlecht.
Wol gründt' vnd recht
Gots willen nach thett ringen
In ernst vnd schimpff
Mit fuog vnd glimpff
In lieb und laid
Gabt guoten bschaid
Wär volgt, dem muoßt gelingen.

11.

Zum friden wärt auch sonder gnaigt
Hast damit zaigt
Dich sein ain Gottes kinde
Verworner sachen vil geschlicht
Und offt gericht
Die vormals warend funde
Du selbs voran
Hast yederman
Verzigen glych
Bewisen dich
Dem sind gantz milt vnd linde.

12.

Mit ernst bin straaff gantz bayffer was
Wil wüssend das
Wie du nach Gottes sitten
Muotwill vnd fräfler sünden laßt
Hast hart antascht
Din Wort hat scharpff geschnitten
Doch was baby
Die sanft Arzny
Der liebe salb
Vnd allenthalb
Schelten gemengt mit bitten.

13.

Ain sonder tugend was an dir
Die well auch mir

Der lieb Gott nit verſagen
Der ſünder nämpt dich trülich an
Kundſt yederman
Sein mengel helffen tragen
Dich daby gweert
Und beſſrung gleert
Obs glych faalt offt
Noch haſt guots ghofft
An kains hail wolltſt verjagen.

14.

Der aigen nuz all welt verfürt
Hat dich nie brürt
Reych wärt in Gottes ſegen
Spyß, tranck, och klaid, klainfüg ynd ſchlecht
Was dir alls recht
Gelt guot haſt ring gewegen
Ließts faren hin
Hettſts alls für gwyn
Was din milt hand
Ze gäben fand
Din träw iſt nie erlegen.

15.

Der armen kind haſt vyl erneert
Sy trülich gleert
Gotzforcht arbait vnd läſen
Darinn gehabt groß müy und flyß
Uff ſonder weyß
Das Chriſtlich wär ir wäſen
Vnd Gottes huß
Wurd buwen uß
Haſt gmeert ſin rych
Vnd biſt zuoglych
Jungkfrauw vnd fruchtbar gweſen.

16.

Dem nächſten wärt ergeben ganz
Schluogts alls in d'ſchanz

Din selbs was gar vergessen
Drum dich b'trübt, kranck, arm, hufen klagt
Dann wie man sagt
Zum spl bist yedem gsessen
Wär je din bgärt
Ward früntlich gwärt
Frü vnd auch spaat
Trost hilff vnd rath
Mit voller maaß hast gmessen.

17.

Vnd ob din glaub in Jesum Christ
Mit bluot nit ist
Bezügt in diesem leben
So bist du im doch worden glych
Diewyl du dich
Wie er in tod hast geben
Dem nechsten zguot
Mit freyem muot
Din lauf volbracht
Vnd allweg dacht
Durch crentz im nachzestreben.

18.

Gott suocht' uns haim hie zuo Costentz
Mit pestilentz
Din glaub ward offenbare
Den krancken sprengt mit trüwen zuo
On alle ruo
Gabst dich in todes fare
Des Herren hand
Dich wachend fand
In diesem stryt
Dins alters zyt
Was viertzg, schier siben jare.

19.

Morgens bald nach der vierden stund
Din gaist ward gsund

Ins vatters hend aufgeben
Des sterbens schuld plends verrust
Da ward vertuscht
Din tod an ewigs läben
Fünffzehen tag
Man zellen mag
Im wintermondt
Der hat dir glout
Vierzg ain jar zalt man äben.

20.

Din end ist gsyn on wee vnd ach
Kain vngemach
Tod teufel hast nie gsehen
Starck was din gmüt, frölich bin gstalt
Trost manigfalt
Mit warhait mag ich jechen
Gantz wol berait
Mit Christo belaidt
Fürt du davon
In Himels thron
O wie wol ist dir bschdchen.

21.

Das du yetz bist alls laids ergetzt
In fröud gesetzt
Alls creütz hast überhowen
Din ampel wol berait die brynt
Oel nit zerrynt
Mit den weysen jungkfrauwen
Wirst bald aufston
Vnd yngelon
On allen prest
Den brütgam ewig schowen.

22.

Diß alles vnd derglych vyl meer
Gott z'lob vnd ehr

Sol man jetz von dir sagen
Ob andren auch villicht wurd gach
Dir z'folgen nach
Wär besser dann lang klagen
Zwar mir wirst syn
Ain bildner fin
Der Tugend zier
Den ich bey mir
Byß in mein end wil tragen.

23.

Darnach hoff ich by dir zuo syn
Mit grossem gwyn
In unsers vatters reyche
Dahin ich dann mit senen tracht
All tag vnd nacht
Wies hie gang gilt mir gleiche
Nimpt bald ein ort
Allain din wort
Herr Gott blybt vest
Drum thuo das best
Das ich davon nit wyche.

24.

Mach mich zuo dinem trüwen knecht
Der wol vnd recht
Das wort der warhait schnyde
Mitt arbait, ernst, yfer vnd flyß
Din lob vnd pryß
Verkünd vnd gern drob lyde
S'creutz willig trag
Diß kurze tag
Din ehr betracht
Und gar nit acht
Ob mich die welt drum nyde.

25.

Gib das ich wandle dinen pfad
Vffrecht vnd grad

Allain din Wort laß walten
Erhalt din gmaind in dieser statt
Im glauben satt
Das sy nit werd gespalten
Minr schwöster glych
Dann die hat sich
In fründlichait
G'gaists ainigkeit
Im band des fridens ghalten.

26.

Von dinem huß hielt sy gantz hoch
Was allweg auch
Dem ghorsam s'globens gfangen
Wärs nit hielt mit der gsunden leer
Wollt etwas meer
Mit sündrung inher prangen
Was jr nit gmaint
Hat sich offt bschaint
In lieb vnd frid
Ists ain gsunds glid
Dem haupt vnd lyb anghangen.

27.

O Gott noch ist min hertz nit gstillt
Von grund aufquillt
Der sünfftzen vil on masse
Daß du vns sölchen schatz verruckst
Und gar hin zuckst
Fürst ju ain andre strasse
Sorg ist dabey
Daß damit sey
Glück hail verlorn
In dinem zorn
Ach daß er bald nachlasse.

28.

Wellst vns dinr gnad vnd güte groß
Bald machen gnoß

Nit mit der Welt verdammen
Straaff wie du wilt mit s'vatters ruot
Und mach vns guot ,
Das wirt ain eer dim nammen
Gib dinen gaist
Wie du wol waist
Durch Jesum Christ
In dem du bist
So wol zufriden, Amen.

III.

Ueber den obersten Grundsatz der Moral.

Wenn ich, ohne von der Bestimmung die der berühmte
Kant diesem Grundsatz gegeben hat, Notiz zu nehmen, die
Untersuchung, welche die Anhänger der Philosophie geendiget glauben müssen, von vorne anfange, so glaube ich
einer Entschuldigung zu bedürfen, die ich indeß lieber
nicht in den Kontext bringe, damit, wer will, sie ungele-
sen lassen kann *).

Daß

*) Nach Kants eigener Vorstellung von dem Resultate seiner Un-
tersuchung der Fundamente der menschlichen Erkenntniß ist durch
ihn der oberste Grundsatz der Sittlichkeit in dem Imperativ oder
practischen Satze gefunden, den er so ausdrückt: „Handle so,
„daß die Maxime deines Willens jederzeit als Prinzip der all-
„gemeinen Gesetzgebung gelten könne„. Dieser Grundsatz soll,
so zu reden, älter als alle seelische und geistige Natur, nicht Re-
sultat abstrakter Erkenntniß der Natur der freyen Handlungen,
sondern vor allen psychologischen Gesetzen gegeben seyn, und sich
dem Willen gleichsam als Norm aufdringen, ohne alle Bezie-
hung auf die Vollkommenheit oder Unvollkommenheit, die durch
menschliche Handlungen, als solche betrachtet, in unserm Zustand,
so fern wir empfindende und denkende Wesen sind, hervorge-

Daß der oberſte Grundſatz aller Sittlichkeit ein allge= meiner Grundſatz ſeyn müſſe, der nicht bloß Norm für

bracht wird. Er ſoll indeß für die ſpekulative Erkenntniß gar kein Zuwachs ſeyn, und keinen Beweis enthalten, daß es eine intelligible Welt gebe, zu welcher wir als freye Weſen gehören. Aber er iſt nach K. nichts deſto weniger der Schlüſſel zur Lö= ſung des Räthſels von Freyheit und Nothwendigkeit. Denn in= dem er unſern vernünftigen Willen als Geſetz lenkt, ſo daß wir als handelnde Weſen uns ſelbſt als höchſte Urſache beſtimmen, erkennen wir doch in unſern Handlungen als Einwohner der Sin= nenwelt, in allem was wir thun, einen Kauſalzuſammenhang mit dem Weltganzen, und erkennen uns den nothwendigen pſycholo= giſchen Geſetzen unterworfen. — Da mir aber dünkt, daß dieſe Beſtimmungen die Schwierigkeiten noch vermehren, und einen Widerſpruch in unſere Erkenntniß bringen, den doch die Philo= ſophie vielmehr heben ſollte, ſo kann ich nicht ſehen, wie der gemeine unmetaphyſiſche Wahrheitsforſcher in dieſer neuen Er= klärung das Licht ſollte finden können, das er in der von K. ſo verächtlich behandelten Schulphiloſophie nicht antrifft. Solche, die bisher ſich mit einer andern Philoſophie beholfen haben, müſ= ſen es überaus ſchwer finden, ſich eine ganz andere Ordnung zu denken anzugewöhnen, und ein Syſtem ſich eigen zu ma= chen, das die Wahrheit vom praktiſchen Intereſſe, die Objekte von der Erkenntniß, die Körper vom Raum, die Handlungen von der Zeit darinn ſie geſchehen, abhängig macht, und gleich= ſam die Ordnung der Natur auf den Kopf zu ſtellen ſcheint Der entſcheidende Ton, in dem auch der tiefſinnige Denker ſeine Meynungen ankündigt, der ſich ſogar nicht einfallen läßt, daß er irren könne, möchte auch denen eben nicht ſehr imponiren, die es aus der Erfahrung wiſſen: Daß man in erhabenen Spe= kulationen auf Irrwege gerathen kann, welche immer weniger das ſcheinen was ſie ſind, je länger man darauf fortgeht; und daß die Ueberzeugung gar ſehr von der Angewöhnung an gewiſſe Ideenverknüpfungen und unaufmerkſamer Verachtung aller he= terogeniſchen Verbindungen abhängt. Sie können denken, daß es ſehr möglich ſey, ſich eine ganz verkehrte Ordnung, um die

Menschenhandlungen werden könne, muß jedem einleuch-
ten, der bedenkt: Daß alle freyen Wesen auch sittliche

einfachsten Begriffe, die dem menschlichen Verstand gegeben sind,
zusammenzureihen, anzugewöhnen, und dann ein konsequen-
tes Ganzes von Formuln aufs Künstlichste zu kombiniren, das
freylich meistens eine gewisse innere Haltung zu haben scheint.
Soll aber die Kantische Philosophie sich als die wahre rechtfertigen, so muß von dieser Ordnung ein tüchtiger Grund angege-
ben, und die durchgängige innere Uebereinstimmung der Sätze
muß erwiesen, ihre Bedeutung firirt, und von allem schwanken-
den befreyt werden. Noch ein Wunsch! Da die Resultate der
Kantischen Philosophie (nach der Behauptung eines sehr war-
men Verehrers derselben *)), für die Menschheit so höchst wichtig seyn sollen, so muß der Welt daran gelegen seyn, daß sie deutlich, und zwar von dem der sie am Besten erklären kann, deutlich vorgetragen werden. Bis jetzt sollte man denken, daß es
darauf abgesehen wäre, dunkle Sachen durch die Art des Vor-
trags noch mehr zu verdunkeln. Welche Aussicht gewährt aber das
in Ansehung des Schicksals einer Philosophie für den von
Schulpedanterey freyen Denker? Man hört bis jetzt auf alle
Einwürfe der geübten philosophischen Köpfe von den Freunden
Kants immer die Antwort erschallen: Ihr versteht ihn nicht.
Diese Schwierigkeit aber, ihn zu verstehen, ist wahrlich seiner
Philosophie so wenig günstig, daß sie den zuversichtlichen Ton
ihrer Anhänger schlecht rechtfertigt. Undurchdringliche Dunkelheit
sah' man sonst immer für das Kriterium schwärmerscher oder so-
phistischer Lehrgebäude an, die in keinen Kopf passen, als in
den Kopf ihres Erfinders, und wenige ihm ähnlich organisirte
Köpfe, und welche nur mit Machtsprüchen und nicht mit Beweisen vertheidiget werden können. Ferne sey es von mir, eine
gehäßige Anwendung von diesem Satz auf Kants Lehrgebäude
machen zu wollen! Ich bin nicht so stolz, das, was ich nicht
verstehe, für an sich undurchdringlich dunkel ausgeben zu wollen.
Aber wie viel muß dem berühmten K. und allen die in den

*) Des Verf. der Briefe über die Kantische Philosophie.
S. Deutsch Merk. Jahrg. 1786. u. 87.

Wesen sind; also reine Geister eben sowohl als Menschen sittlichgute und sittlichböse Handlungen begehen können. Wenn man auch einräumen kann, daß wir nach Prinzipien der allgemeinen Wesenlehre auf den Begriff einer Substanz kommen können, die das Vermögen sich selbst zu verändern hat; und daß wir nebendem den Begriff der Vollkommenheit eines solchen Wesens schon aus seiner Idee zu entwickeln vermögend sind; so möchte der Grundsatz der Sittlichkeit wohl gewissermaaßen vor allen Gesetzen der Pneumatologie gefunden werden können. Doch müßte man die Notionen: Maxime, Gesetz, Handlung, in einem höchst allgemeinen Verstand nehmen. Dieser Grundsatz würde z. E. lauten: Strebe nach deiner eigenen Vollkommenheit. Leer, unfruchtbar und ganz unwirksam aber ist dieß so ausgedrückte Gesetz, für Individua der Geister- und Menschenwelt. Erst in Anwendung auf ihre Natur kann es Maxime werden, den Willen zu lenken.

Denn nach der Geisternatur modifizirt, heißt es: Wolle das, was deinen Zustand, als eines denkenden Wesens, vervollkommnet. Für den Menschen könnte es dann erst bestimmte Norm werden, wenn die Fähigkeit zu empfinden mit in Anschlag gebracht, und die Regel für gemischte Wesen brauchbar würde. Denn Menschenvollkommenheit ist, ohne Empfindung oder Gefühl der Uebereinstimmung seines Zustands mit seiner Bestimmung, nicht gedenkbar, und kann nur so bestimmt Grund werden, den Menschenwillen zu lenken. Laßt also

Geist seiner Philosophie eingedrungen sind, daran gelegen seyn, daß dieß Lehrgebäude vor der Nachwelt einst enthüllt da liege, und nicht mit Plotins und andrer finstrer Köpfe Systemen in Vergessenheit sinke, oder gleich Spinoza's System eine fatale Celebrität erhalte, und tausend ungereimter und gehässiger oder gefährlicher Auslegungen fähig werde!

den Grundsatz: Vervollkommne dich! immerhin a Priӧri erkennbar seyn; er wird doch erst, mit empirisch erkennbaren Modificationen vermehrt, Grundregel der Sittlichkeit für freye Wesen, und besonders für Menschen werden. Ich habe den Satz: Befördre deine Vollkommenheit! bis jetzt nur in der Hypothese geltend betrachtet; und ich halte dafür, daß er wirklich der oberste Grundsatz der Sittlichkeit für freye Wesen ist. Ich will von aller geistigen und seelischen Natur abstrahieren, und nur eine thätige Substanz annehmen. Denn für diese, als solche, wollen wir jetzt eine Norm, nach der sie sich selbst in ihren Veränderungen bestimmen soll, erfinden. Ist es natürlich, daß sie auf ihre Erhaltung oder auf ihre Vernichtung, auf Vermehrung oder auf Verminderung ihrer Realität losstrebe? Doch wohl auf jene. Ein Ding kann doch wohl den Grund seiner Vernichtung nicht in sich enthalten. Nun ist Realität eines Dings, in dem sich Uebereinstimmung des Mannigfaltigen gedenken läßt, (ein solches ist aber ein Ding das Kräfte besitzt,) allerdings Vollkommenheit. Also ein selbstthätiges Wesen muß auf Vervollkommnung seiner selbst losstreben. Und es widerspricht seiner Natur, daß es seine Unvollkommenheit befördere.

Laßt uns nun die Anwendung auf freythätige Wesen machen. Die Selbstthätigkeit denkender Wesen heißt Freyheit; und ihre Vollkommenheit, so fern sie von ihnen erkannt wird, heißt Glückseligkeit. Vollkommenheit, die durch jetzige Kräfte eines Geistes nicht erhältlich ist, wohl aber unter gewissen Bedingungen erhältlich werden könnte, wo nämlich die Kräfte ungehindert wirken könnten, oder wo höhere neue Kräfte hinzu kämen, kann nicht das Ziel gegenwärtiger Bestrebung des Geistes werden. Allein, in so weit der Geist ein Gut nicht wahrnehmen, nicht in seinem wahren Werth erkennen kann, oder in so fern er sich deſſen Erhältlichkeit durch eigene Beſtrebung nicht vorſtellt, beſitzt er auch keine hinreichende Kraft nach deſſen Beſitz oder Genuß zu ſtreben. Hieraus folgt ganz natürlich, daß, wenn freyes Streben nach einem Gut möglich werden ſoll, lebendige Erkenntniß deſſelben gegeben ſeyn müſſe. Da nun jeder Geiſt nach ſeiner individuellen Erkenntniß ſeine Glückſeligkeit befördert, ſo iſt klar, daß jeder Geiſt nach dem jedesmaligen Maaſſe ſeiner Kraft ſich vervollkommnet, ob er wohl oft nur ein Scheingut, die Glückſeligkeit eines Moments, ja ein wirkliches Uebel in Rückſicht auf ſeinen künftigen oder ganzen Zuſtand ſich zu verſchaffen ſtrebt. Alſo ſteht der Satz: Daß ein ſelbſtthätiges Weſen ſich vervollkommnen müſſe, mit der Wahrheit: Daß viele freye Weſen ſich elend machen, in keinem Widerſpruch. Dieſer Grundſatz: Strebe nach Vollkommenheit, iſt und bleibt Norm auch für freythätige Weſen. Sie befinden ſich in einer phyſiſchen Unmöglichkeit, nach einem andern Geſitze zu handeln. Alſo iſt's phyſiſch nothwendig, daß freye Weſen nach Glückſeligkeit ſtreben. Allein da es für ſie nur ein Zuſtand einer wahren Glückſeligkeit giebt, dagegen tauſend Zuſtände ſcheinbarer (ſo zu reden ſubjektiver) Glückſeligkeit in ihnen möglich ſind, ſo erfüllen ſie alsdann erſt ihre Beſtimmung, wenn ſie dieſe reelle Glückſeligkeit zum Ziel ihrer Bemühungen machen; wenn ſie ihre Kräfte in dem gröſſeſten ihnen möglichen Wirkungskreiſe gebrauchen, und die Vervollkommnung aller künftigen Zuſtände, das Wohl ihrer ganzen Exiſtenz, zum Gegenſtand ihrer Thätigkeit machen. Alsdann thun ſie dem Geſetz: Vervollkommne dich, nicht bloß im relativiſchen und ſubjektiven Verſtande genommen, ſondern in abſoluter und objektiver Bedeutung, Genüge. In dieſer letztern Bedeutung genommen, werden ſie nicht phyſiſch nothwendig beſtimmt, als freye Weſen dieß Geſetz zu erfüllen; ſondern es wird für

se moralische keinen physischen Zwang mit sich führende Maxime.

Wenn ein freyes Wesen seine wahre Vollkommenheit befödern soll, so muß es nothwendig in Harmonie mit dem Ganzen, dessen Theil es ist, stehen, und seine Bestimmung als Glied der grossen Wesenkette erfüllen. Je grösser seine Empfänglichkeit für die Einflüsse des Wesenalls, je mannigfaltiger seine Berührungspunkte mit demselben werden, und je mehr seine Kraft auf das All zu wirken sich erweitert, je gewisser wird es, daß seine Vervollkommnung von der Vollkommenheit des Alls unzertrennbar ist, und keineswegs durch Verhinderung oder Verminderung, sondern allein durch Beförderung und Vermehrung der letztern zu erreichen steht. Schon als Thier bestäthigt es ihm unwissend diese Wahrheit. Seine Instinkte werden nie gesättigt, ohne daß dadurch die Erhaltung seiner Art, oder einer andern Art von empfindenden Geschöpfen, direkt oder indirekt befödert wird. Als vernünftiges gesetzliges Wesen kann es seine Erhaltung auf keinen leichtern Weg als durch Ausübung der Pflichten der Gerechtigkeit befödern, und seine Wohlfahrt durch keine sicherern und schneller zum Zwecke führenden Mittel erzielen, als durch Gemeinnützigkeit oder Wohlwollen gegen andre. Ja wo es sein Selbstgefühl nicht vernachläßigt, und mit dem was wahre Ehre heißt nicht unbekannt bleibt; wo es von seiner Thätigkeit den edelsten Genuß haben will; wo es den Eindrücken, welche Leiden und Freuden anderer Wesen bewirken, offen steht, so findet es in uneigennützigen Bestrebungen andere glücklich zu machen eine Art von höherm Genusse seines Daseyns, von dem andre freylich keine Ahndung haben. Es verliert sein Privatwohl über dem Wohl des Ganzen aus den Augen, und findet sein Wohl gleichwohl eben darinn, daß es seine persönliche Wohlfahrt dem Beßten des Ganzen nachsetzt. Nichts ist

also gewisser, als: Daß Anderer Glückseligkeit befördern im erhabensten wahrsten Verstande des Worts seine
eigene Glückseligkeit beföbern heisse.

Alles bishergesagte soll dazu dienen, den Grundsatz
des Daseyns der Sittlichkeit, oder den objektiven Grund
satz der Sittenlehre zu bestimmen. Der Erkenntnißgrund
der Sittlichkeit, oder der subjektive Grundsatz der Moral, kann nicht in die Formel eingekleidet werden: Befördere deine Vollkommenheit. Er muß Beförderung
der Glückseligkeit anbefehlen. Denn was diese
ist, faßt jeder leicht. Und diese, nicht aber Lust oder
Vergnügen im gemeinen Sinne des Worts, müssen der
Gegenstand der Neigungen vernünftiger freyer Wesen seyn.
Lust oder Vergnügen bezieht sich bloß auf Genuß gegenwärtiger sowohl scheinbarer als wirklicher Güter.
Nicht bloß gegenwärtige, am wenigsten bloß scheinbare
Güter, müssen wir zu erlangen trachten. Wenn wir nun
geheissen werden Glückseligkeit zu beföbern, so ist es klar,
daß wir nicht geheissen werden, alle Güter, nach denen
wir trachten können, bloß nach gegenwärtiger Empfindung oder gar nach sinnlichem Genuß abzumessen. Wem
seine Vernunft sagt, daß er ein Vergnügen auf Kosten
seiner künftigen Zufriedenheit genießt, der ist nicht glück-
selig, und kann sich selbst nicht dafür halten. Wer ein
geringes Uebel leidet, und dadurch von künftigen grössern
Uebeln befreyt wird, der kann sich nicht für unglückselig
halten, wenn er dieses weiß. Also Glückseligkeit heißt,
diese höchste Maxime befördern. Aber wessen? Unsere eigene? So wahr es ist, daß wir in der That nur in Be-
ziehung auf unser Selbst handeln, und andrer Wohl beföbern können, wie oben erwiesen worden, so wenig
brauchbar ist dieser weitschichtige Begriff des Selbst,
welcher im objektiven Grundsatz vorkommen muß, in dem
subjektiven Prinzip, oder in der Regel die den Erkenntniß-

grund der Sittlichkeit enthält. Dieser Begriff meines Selbst hat selten einen so weitläuftigen Umfang, daß er alles das bezeichnet, was ich nach meinen natürlichen und erworbenen Bedürfnissen zu meiner Existenz rechne. Er bedeutet gewöhnlich nur meine Person, und die derselben eigenen Vorzüge, Rechte, auch intellektuellen Anlagen, Fertigkeiten und Kräfte. In dieser gemeinen Bedeutung genommen, würde das Geboth: Vervollkommne dich selbst, bloß für eigennützige Neigungen Norm werden können, und erste Vorschrift der Lebensklugheit seyn. Also ist es nothwendig, daß der Erkenntnißgrund ausdrücklich andrer Glückseligkeit befödern heisse. Soll er nun aber die Beföderung eigener Glückseligkeit als Zweck, die Beföderung fremder Glückseligkeit als Mittel vorstellen, oder umgekehrt? Soll er so lauten: Befödere die Glückseligkeit anderer dadurch, daß du die deinige befö-derst? oder: Befödere deine Glückseligkeit dadurch, daß du die Glückseligkeit anderer beföderst? Beyde Formuln können zu Irrthümern verleiten. Zwar ist es strenge wahr, daß der Tugendhafte beyde Regeln befolgt, und daß sie, richtig verstanden, einerley bedeuten. Fremde und eigene Glückseligkeit müssen einander zugeordnete Zwecke unsrer freyen Handlungen seyn. Jeder ist Mittel, wodurch der andere befödert wird. Allein es leuchtet dem gemeinen Verstande schwer ein, wie z. B. der, welcher in einem dunkeln Gefängnisse sich in Gedulb in den ihm auferlegten Leiden übt, auch da noch fremde Glückseligkeit befödere? Oder wie der, welcher fürs Vaterland stirbt, eigene Glückseligkeit befödere. Also ist es besser, diese beyden Zwecke als einander zugeordnet zu betrachten, wie sie das auch in der That sind.

Wenn ich den Erkenntnißgrund der Sittlichkeit so ausdrücken wollte: Befödere deine und andrer Wesen Glückseligkeit, so wäre nichts daran auszusetzen, als daß in dieser Formel kein Wink vorkömmt, in welchem Maaße und Verhältniß ich meine eigene befödern soll? Gemeiniglich geben wir in der Vorschrift fremder, und in der Praxis, eigener Glückseligkeit den Vorzug. Wer eines andern Wohl bey gleicher Würdigkeit, und so daß fürs Ganze nicht mehr Gutes daraus entsteht, als wo er anders handelte, seinem eigenen Wohl vorzieht, wird gelobt. Eine entgegengesetzte Art des Verhaltens wird entschuldigt, aber nie bewundert. Ist's Pflicht im Kollisionsfall, einem andern vor mir den Vorzug zu geben? Ich glaube, daß die Ursache, warum wir den, der sein Wohl, auch wo es für's Ganze so wichtig ist als fremdes, fremdem Wohl aufopfert, bewundern, nicht im Nützlichen seiner Handlung, also nicht in ihrer äusserlichen Güte, sondern in der Voraussetzung zu suchen sey, daß sie innerlich besser und edler sey, als die entgegensetzte. Wer sein Wohl befödert, kann durch unedle gemeine Gründe dazu bewogen werden. Aber wer fremdes Wohl dem seinigen vorzieht, muß durch edlere Triebfedern dazu getrieben werden, und zeigt, daß er den natürlichen Trieb der Selbstliebe dem höchsten Tugendgesetz, dessen Foderungen er für strenger hält, als sie an sich sind, untergeordnet habe. Das höchste Gesetz der Sittlichkeit befiehlt eigentlich nicht, fremdes Wohl, da wo das Ganze nichts dabey gewinnt, eigenem vorzuziehn. Dem ungeachtet kann es zur Uebung in tugendhafter Selbstüberwindung und zur Verstärkung der gemeinnützigen Neigungen nützlich, ja wohl gar nöthig seyn. Derjenige Mensch aber, dessen Tugend genug befestiget wäre, müßte, da es ihm an diesem Motiv fehlte sich zu bestimmen, nothwendig sein Bestes vorziehen, wenn anders fremdes Wohl ihm nicht wirklich mehr Vortheil oder Genuß als sein Privatwohl oder sein persönliches Wohl gewähren, und also sein Gefühl den Ausschlag geben würde. Bey einem hohen Grade von

Empfindsamkeit läßt sich das gedenken. Allein in einem solchen Fall wäre eigentlich der fremde Vortheil, oder das Vergnügen eines andern, wirklich das gröſſere Gut. Z. B. einigen Anachoreten in Syrien, die nach der Regel des H. Pachomius lebten, brachte einſt ein Mitbruder eine ſchöne Weintraube. Man gab ſie einem kranken Bruder, dieſer wieder einem andern, u. ſ. f. Jeder konnte die Traube genieſſen. Aber eine Probe von Ertödung der Sinne zu geben, und einen andern ſie genieſſen zu laſſen, ſchien jedem das gröſſere Gut. Ein Freund iſt geneigt für den andern zu ſterben; denn er kann ihm nicht überleben, ohne elend zu werden. Hier iſt Aufopferung ſeiner ſelbſt in dieſer Lage wirklich das gröſſere Gut, oder das geringere Uebel, wenn ſonſt nichts den Ausſchlag giebt. Der Tod des Freundes iſt ihm bitterer als ſein eigener, oder ſein Leben theurer als ſein eigenes. Solche Fälle ſind alſo wirklich von denen zu unterſcheiden, da die Summe des Guten den Ausſchlag nicht giebt.

Glückſeligkeit des Ganzen zu beſödern iſt alſo höchſtes Gebot der Sittlichkeit, das keiner Mißdeutung unterworfen iſt. Ich ſelbſt bin mit im Ganzen begriffen, und verpflichtet mein Beſtes zu beſödern, ſo fern ich zum Ganzen gehöre. Was iſt aber dieſe Glückſeligkeit, die ich bey mir und andern beſödern ſoll? Es iſt kein einziges Gut, welches der Menſch zu ſeiner Wohlfahrt je gerechnet, oder andern mitgetheilt und bey ihnen gemehrt hat, deſſen wegen nicht Zweifel entſtanden wären, ob es nicht entweder ein Scheingut, oder doch bloß Mittel ſey, zu einem wahren Gute zu gelangen? Wenn es wirklich unter allen Dingen, nach denen ich ſtreben kann, kein wahres Gut giebt, ſo kann auch die Neigung, andere in den Beſitz dieſer nichtswürdigen Dinge zu ſetzen, keines ſeyn. Iſt alſo Privatwohl, welches Gegenſtand der eigennü-

gigen Neigungen ist, ein Traum, oder an sich nichts
Schätzbares, so kann auch fremdes Wohl nichts schätzbares seyn, welches Gegenstand der mittheilenden Neigung
ist; und das Verdienst es zu befördern ist ein Wahn.
Diese abgeschmackte Folge fließt aus jener finstern Weisheit und schwärmerischen Moral, nach welcher Leben, sinnliche Freuden, Ehre und intellektuelle Thätigkeit, an sich
keinen Werth haben, und alle Erkenntniß und Wissenschaft
ebenfalls eitele Dinge sind. Da nun nichts übrig bleibt,
das ich andern mittheilen oder verschaffen könnte, da ich
selbst in den Besitz keines reellen Guts kommen kann, so
fällt ja aller Zweck jeder pflichtmäßigen Thätigkeit weg.
Es ist erstlich ein Irrthum, daß sinnliche Freuden, sowohl
thierische, als ästhetische Vergnügen bloß ein Mittel zu
einem Gut, und an sich kein Gut seyen. Allerdings hat
die Natur zahllose Classen von Geschöpfen hervorgebracht,
die keiner als jener erstern fähig sind. Sie hat also den
Genuß dieser Vergnügen zum Zwecke des Daseyns dieser
Geschöpfe gemacht. Er muß also doch wohl ein Gut
seyn. Ferner leben ganze Völker, und lebten in allen Zeiten und unter allen Völkern zahlreiche Menschenklassen,
die fast keiner als sinnlicher Freuden fähig sind, deren intellektuelle Thätigkeit nur so groß ist, als nöthig ist ihnen
solche zu verschaffen, übrigens einen sehr unbedeutenden
Theil ihres Lebensgenusses ausmacht. Sind diese Menschen umsonst da? Hat der Schöpfer den Pescherä, den
Patagonen, den Neuseeländer, den Esquimau vergeblich geschaffen? Oder hat er ihn zu einem gesitteten
Menschen, der nach den Grundsätzen der Schaftesbürischen Sittenlehre leben sollte, bestimmt, ihn aber in die
Unmöglichkeit gesetzt, diese Bestimmung zu erfüllen! Die
animalische Existenz ist an sich auch für den Menschen ein
Gut; um so viel mehr der Zustand der Verfeinerung sinnlicher Vergnügungen. Es ist wahr, der gebildete Mensch

muß sein animalisches Leben mit wie ein Mittel betrachten, als vernünftiges Wesen seine Bestimmung zu erfüllen.

Selkirch in seiner wüsten Insel, und jene vier rußischen Matrosen auf Spitzbergen, von denen le Roy uns Nachricht giebt, die alle Geistesthätigkeit, allen Muth unverdorbenen Menscher nur zur Erhaltung ihres Lebens anwenden, sind Schiffern gleich, die keinen Zweck haben, als den, das Schiff zu erhalten. Ein Mensch der keinen Zweck hat, als sein Leben zu verlängern, so fern seine Kräfte weiter reichen, macht (nothgedrungen oder freywillig) das zum Zwecke, was für ihn mehr Mittel als Zweck seyn sollte. Aber welches ist nun der höhere Zweck? Geisteskultur, und was zu ihr gehört; also Kenntnisse, und Geschicklichkeit sie zu gebrauchen, um wichtigere Kenntnisse zu erlangen; Uebung, sie reeller, fruchtbarer zu machen; Verbindung der Kenntnisse mit Empfindungen; Erhöhung des Werths der letztern durch jene. Also werden freylich weder Muth noch Arbeitsamkeit, noch Seelenstärke, noch Mäßigkeit, blosse Mittel zu wahren Vortheilen seyn. Denn sie gehören schon an sich zur Kultur des Geistes. Wahre Ehre bey andern, und Selbstachtung, ist so zu reden mitgetheilte oder selbsterworbene Kenntniß des Selbst, eines uns so wichtigen Gegenstands, und also an sich Zweck. Und welches sind also die Vorschriften für den Menschen, der seine höhere Bestimmung als vernünftiges und freyes Geschöpf erfüllen soll? Folgende: „Die gröbern sinnlichen Freuden gebrauche, so viel möglich, als Mittel, „dich zu bessern Vergnügungen geschickt zu machen. Ver„feinere sie, und wandle Vergnügungen der Sinne in „Vergnügungen der Einbildungskraft um. Vermehre „diese so viel du kannst; doch so daß Körper und Seele „dadurch nicht entnervt werden. Trachte nach Erkennt„niß. Kultiviere alle höhern Seelenvermögen. Befleisse „dich der Ordnung und Mäßigung in allen Dingen.

„Strebe darnach, daß du keine Seelenkraft vernachläßi=
„gest, zu der du Anlage hast. Strebe nach Kraft Uebeln
„zu widerstehen, oder sie, wo sie unvermeidlich sind, zu
„erdulden. Trachte darnach, anderer Achtung und deine
„eigene zu verdienen„. Alle diese Dinge sind Zweck der
menschlichen Existenz. Also zeugt es gewiß von schlechter
Einsicht in das Wesen der Dinge die zur menschlichen Be=
stimmung gehören, wenn man die Erkenntniß der Wahr=
heit bloß für ein Mittel zu einem höhern Zwecke hält,
und an sich nicht als Zweck gelten läßt; wenn man also
fragt: Wozu nützt diese oder jene Wissenschaft? und
damit so viel fragt: Bringt sie Vortheil in der Oe=
konomie? Befödert sie sinnliches Vergnügen? Zeigt
sie Mittel, das Leben und die Gesundheit zu erhal=
ten? Vermehrt sie die Triebfedern geselliger Nei=
gungen? Auch wenn eine Wissenschaft von alle diesem
nichts leisten würde, hätte sie dennoch einen Werth.

Die Algeber, auch ohne Anwendung auf Künste des
gemeinen Lebens, hat diesen Werth, daß sie gewisse und
deutliche Erkenntniß des Wahren gewährt.

Da die Erkenntniß der Wahrheit für unsere Bestim=
mung als Menschen so wichtig ist, so ist es Afterweis=
heit sie heruntersetzen wollen; so wie es Thorheit ist, die
Freuden der Sinne als Hindernisse der menschlichen Be=
stimmung betrachten. Sollte einst also eine Philosophie
die herrschende werden, welche die Sinnenwelt für Schein,
und die intellektuelle Welt für einen Traum erklärte, so
wäre sie der Sittlichkeit vielleicht nachtheiliger als keine
andere, indem sie den Zweck der menschlichen Existenz her=
abwürdigte, und alle Triebfedern der Tugend schwächen
müßte, wo sie Eingang fände. Laßt uns annehmen, ein
Philosoph lehre folgendes: „Die Sinnenwelt ist Schein
„und Täuschung. Wir wissen nicht, wie die Objekte
„selbst beschaffen sind, die wir empfinden. Unsere Vorstel=

„nalität selbst ist Täuschung. Die Mathematik und Phy-
„sik haben und behalten ihre Wahrheit, die ja nichts an-
„ders ist, als Zusammenhang theils leerer Begriffe, theils
„blosser Erscheinungen. Aber von unserer Seele und
„von Gott wissen wir nichts„. Diese Philosophie möchte
immerhin beyfügen: „Wir müssen unsre Handlungen
„nach einem solchen Gesetz einrichten, das für alle andre
„Wesen Gesetz werden kann; wir müssen gemeinnützig,
„gefällig seyn„. Immer würde doch der philosophische
Denker sich selbst verächtlich werden, und gar nicht wissen, worin denn nun eigentlich die höhere Menschenwür-
de bestehen soll. Die heilsame Ueberzeugung, daß die Gegenstände der Erkenntniß reell sind, flößt eigentlich den
Muth ein, nach Wissenschaft zu trachten, so ferne sie Wissenschaft ist. Die Betrachtung der Natur unsrer Seele,
unsers Cörpers, der Weltordnung, hat für den Denker
so viel Reitz, weil er in der That ein Ganzes von Ursachen und Wirkungen, Mitteln und Zwecken zu erkennen
glaubt. Nun kann er sich aber von der Vorstellung künftig nicht losmachen, daß alles das Schein sey. Er muß
sein Leben für einen Traum ansehen.

Der so herzerhebende, trostvolle, wenn gleich von diesen
Philosophen verächtlich behandelte Gedanke, daß diese Welt
die beste ist, verschwindet. Was für ein Gut bleibt also
übrig, darnach zu trachten, als die sinnlichen Freuden,
die wir nicht der Ueberzeugung verdanken, daß sie Wirkungen wahrer Objekte sind? Und was für Trost für den,
der sie nicht genießen kann, oder für den längst intellektuelle Vergnügungen allein oder doch vorzüglich noch Reitze
hatten? Wenn auch diese Philosophie die wahre wäre,
so könnten sich, dünkt mir, diejenigen glücklich preisen,
die diese niederschlagenden Wahrheiten nicht zu begreifen
im Stand sind. Und jeder müßte vor diesen Lehren Ohren und Herz verschliessen. Sollte es eine solche Philoso-

phie geben *), und ihre Anhänger sich mehren, so wäre,
meiner Meynung nach, die Platonische, selbst die verdor-
benste Neu-Platonische, ihr weit vorzuziehen, die das höchste Gut in der Erkenntniß der Wahrheit sezt, und uns
in der Zukunft beständiges Wachsthum dieser Freuden
verheißt. Sie raubt uns zwar die sinnlichen Freuden; dafür aber läßt sie uns die intellektuellen, und verbindet
diese selbst mit allerley selbsterschaffnen schwärmerschen Ge-
fühlen, die als eine Schadloshaltung für jene entrissenen
Menschenfreuden angesehen werden können. Hiezu kömmt,
daß sie uns Fortsetzung unserer Existenz nach dem Tode
verspricht, welche jene Philosophie ganz zweifelhaft lassen
würde.   Prof. Korrodi.

IV.

Analyse des Richtebriefs der Stadt Zürch, u. s. f.

(Fortsetzung S. Muf. III. Jahrg. IV. Heft.
S. 289, u. f.)

c.) Lebensmittel.

Nach den Sitten und der Moralität der Einwohner,
richtet der Gesetzgeber sein nächstes Augenmerk auf ihren
Erwerb und Unterhalt. Besonders in Ansehung der uns
entbehrlichsten Lebensmittel, gehen der Codex des Richte-

*) Die Meynung hat es nicht, daß es meines Wissens eine solche
Philosophie gebe, die nach der Vorstellung ihres Urhebers, und
derer die sie gehörig verstehen, jene oben erwähnten bedenklichen
Säze lehrete und empföhle. Ob es aber keine giebt, die nach
der Vorstellung derer, die sie nicht genug verstehen, wirklich
mit dieser Beschreibung übereinstimmt, das wäre wohl der Mühe
werth zu untersuchen.

briefs und andere Stadtsatzungen in einen rühmlichen Detail. Und in der That, was kann, nach unverdorbenen Begriffen, der Sorgfalt einer guten Regierung angelegener seyn, als: Daß es den Bürgern niemals an guter und wolfeiler Nahrung gebreche, und nicht etliche Mitglieder der Gemeinheit, auf Unkosten aller übrigen, von dem Handel und der Verarbeitung derselben einen übermäßigen Gewinnst ziehen? Auch der Fiscus selber sucht sich nicht mit übelverstandenem Eigennutze durch harte Foderungen zu wärmen.

Hieher gehöret der Titul am Richtebrief vom Immi, dieser leichten Fruchtabgabe, die der einheimische sowohl als der fremde Verkäufer, wie es scheint von undenklichen Zeiten her, der Stadt für den Schutz bezahlte, den dieselbe seinem nützlichen Gewerbe angedeihen läßt. Damals gehörte das hiesige Kornhaus noch der Herrschaft Oesterreich. Der Herzog Rudolf, des Kaisers Sohn, hatte es i. J. 1289. doch auf Wiederlösung, einem Edeln von Tiledorf, und Herzog Albrecht etliche Jahre nachher einem von Schwandegg um 100 Mark Silbers, hiesigen Gewichtes, verpfändet. — Aber die Stadt stuhnd vermuthlich mit den jeweiligen Besitzern in gewissen Verkommnissen, nach welchen diese letztern die Einkünfte des Kornmarktes nicht eigenwillig erhöhen konnten. Daher durfte der Richtebrief demjenigen, welcher zu Zürch das Immi sammlet, (dem Immiener) folgende Ordnung setzen:

1.) Von einer Roßlädi (was ein Roß trägt) soll er nehmen ein Immi. Führt einer minder als eine Lädi, davon giebt er nach der Maasse (nach Proportion.) 3.) Was einer ungefähr auf ihm trägt, (d. h. der kleine Vorrath den der Arme auf seinem Rücken zu Markte bringen kann) zahlt kein Immi. 4.) Auch was Getraides ein Bürger kauft, das er essen will, und welches der

Bauer

Bauer ihm ohne abstozzen (ohne abzuladen, unmittelbar)
in sein Haus führt, davon giebt man nichts; und eben so wenig von solchen Früchten, welche ein Pfaffe, Edelmann
oder Wib einem Bürger zu kaufen giebt, und gerade in sein
Haus bringt. Dieser Artikul sollte einerseits dem Bürger
seine Nahrung erleichtern, und anderseits wollte man die
arme Wittwe, den Adel und die Geistlichkeit nicht zwingen, ihrem Stand und Geschlecht zu Trutze, und mit
Abbruch ihres Berufes, den öffentlichen Markt zu besuchen. 5.) Swas ferner ein Bumann dem Bürger
Kornes an sin Gelt (d. h. an eine Schuld) bringet,
davon giebt man abermals nichts. 6.) Endlich wenn eines Burgers Lehenmann, der nit ein Kouffmann (Korn-
händler), auf einem Roß herführt 6. Viertel Kernen oder
Schmalsaat, oder 2. Mütt Haber oder Dinkel, davon
soll er nichts geben. Führt er aber mehr, davon giebt
er das Jmmi nach Proportion. 7.) So lange der Landmann sein Korn unverkauft in unsrer Stadt behält, giebt
er davon kein Jmmi; denn es ist möglich, daß er seinen
Vorrath unverkauft nach Haus führen muß. 8.) Hingegen zahlt der Köffeler (fremde Fürkäufer) von allem
das Jmmi nach der Maasse. 9.) Welcher Sammer
(Einsammler des Jmmi) aber mehr oder anders, als hier
geschrieben steht, die Leuthe beschwerte, und solches dem
Rath geklagt und beweret (bewiesen) würde, der giebt
der Stadt 10. ß. und dem Kläger eine Buße nach des
Raths Bescheidenheit (Befinden).

Von dem Kornfürkauf, der wegen seinem Einfluß auf
die Speisung des Fruchtmarkts in den neuern Tagen der
Regierung so viel Kummer und dem Partikular so viel
Noth verursachet, finden wir, das, was oben in der Satzung vom Jmmi vorkömmt, ausgenommen, in dem Richtebrief selber kein Wort; sondern erst, etwa um 1323.
einen Wink: „Man soll reden umb die Kornköffer in den

„Vorſtätten„; der aber, neben vielem andern, weiter ausgeführt wird in einem Rathsdecret, (dat. 11000. Jungfr. 1332.) und folgende Anſtalten enthält, welche jedoch für einmal nur auf ein Jahr gelten ſollten: „Es „ſoll nämlich (heißt es darinn) kein Kornkäufer noch „Kornmacher, (wir werden beyde unten näher kennen „lernen,) noch iemand anders auf keinerley Pfragen, „(d. i. eben Fürkauf) während beſagter Zeit weder Korn „noch Schmalſaat kaufen, innert Wollishofen, Alt= „ſtetten, Wipfingen, Oerlikon, Schwamendingen, „dem Zürchberg und Hirslanden„ (d. h. in dem Be= zirk einer halben Stunde rings um die Stadt) „ehe es „zu Markte kömmt; bey einer Buſſe von 4 ß. für iedes „Stuck, und 1. ß. für iedes Viertel bloſſen (ausgerelle= „ten) Kornes, das einer innert den vorgedachten Zihlen „auf Gewinn kaufet. — Dieſes ſollen Kornmacher und „Kornkäufer verhüten (d. i. halten) bey ihrem End, ſo= „wohl für ſich ſelber als für ihre Weiber und Geſinde; „und ſoll je einer den andern darum laiden„. — Ein andrer Artikul der nämlichen Ordnung (und wovon wir eben ſchon oben den Wink erhalten) führte ungefehr zu dem nämlichen Zwecke: „Kein Kornführer ſoll ſeine Frucht „eher abſtoſſen (abladen) als: Kömmt er durchs Nie= „derdorf über den (Wolfs=) Bach am Neumarkt *) her= „ein, beym Haus zum Pfauen; kömmt er durchs Ober= „dorf, auf dem Markte ſelber; und kömmt er durch „den Rennweg, bey Udorfsgaſſe, (Kuttel= oder Wid= „dergaſſe)„. Ohne Zweifel giengen damals an dieſen Orten die bewohnten Reviere der Stadt an, wo die Korn= führer fürchten mußten entdeckt zu werden, wenn ſie es wagten, obige Satzung wegen dem Immi und Fürkauf,

---

*) Es ſcheint, man wollte ſchon damals das enge eigentliche Nie= derdorf von den Kornfuhren entledigen.

und andre Marktsverordnungen zu übertretten. So viel
von dem Fruchtverkehr.

In Absicht auf diejenigen, welche die Früchte verarbei-
teten, die Pfister und Müller, wurde ein Vertrag, den
i. J. 1289. (U. Fr. Lichtmeß Abend) fünf beendigte Schiedsrichter *) auf Befehl des Raths, zwischen den Bürgern
die Mühlen besaßen, und ihren Müllern einerseits, und
den verburgerten sowohl als Land-Pfistern anderseits errichtet, von solcher Wichtigkeit befunden, daß man denselben zu einem stäten Gesetze an den Coder des Richtebriefs stellte. — Dieser Vertrag war folgenden substanz-
lichen Innhalts: 1.) Wer zu Zürch Korn mahlt in der
Aa (an den Müllistägen) oder bey der Sihl in der Burger Getwinge (d. i. soweit solche durch der Stadt Bann
läuft), dem soll man von einem Scheffel (halben Viertel) zu Lohn geben ein Immi an Korn und nicht an
Mehl: Bey ½. March Silber Buß für den Müller der
einen mehrern Lohn nihmt, oder für den Kundmann der einen andern Lohn giebt. Auch soll niemand den Pfistern,
bey der nämlichen Buße, enhein Wisunge geben,
weder mit Korne noch mit Pfenningen, (weder mit
Kerneneinschütten noch Vorausbezahlen um den Frucht-
schlag ein wagliches Spiel treiben). Und kurz: Der Pfister soll kein Händler, auch nicht einmal ein eigentlicher
Brodtverkäufer seyn, sondern lediglich andern ihre Früchte
um den Lohn verarbeiten. 2.) Kein Pfister soll eine
Mühle in Zins empfangen, bey ½. March Silbers Buße;
und selbst die, welche es schon gethan, solche wieder ab-
tretten. Man wollte die Vortheile dieser beyden Berufe
vielmehr sondern, als mit augenscheinlicher Gefahr für
das Publikum auf dem gleichen Kopfe vereinigen. 3.)

*) Rüdger Manneß, und Rudolf Müllner, die ältern, Jo-
   hann von Glarus, Ritter, Wernherr Biberlin und Johann Pilgerin.

Soll sich kein Pfister bey einem Müller zu mahlen vers
dingen, wie es bisher etwa gebräuchig war, abermals
bey der nämlichen Busse; sondern jeder vrilich (frey)
mahlen in welcher Mühle er will: Denn bey einem jeden
Einverständnisse der Wenigen, verlieren die Vielen. 4.)
Sollen die Müller nicht gebunden seyn den Pfistern ihre
Früchte zu oder von der Mühle zu fertigen, ausser in so
weit sie es gern thun wollen. 5.) Eine jede Mühle soll
künftig Einen Meister haben; einen einigen Mann oder
eine einige Frau, kurz, eine einige Hant (Hand); also,
künftig niemand in unserm Getwinge eine Mühle kaufen
selbst zweyt oder selbst dritte. 6.) Hinwieder soll auch niemand mehr als eine einzige Mühle empfangen, unter keinerley Vorwand, sie falle ihm dann erbs= oder vermächt-
nißweise heim; bey ½. March Busse. Diese beyden Fos
derungen des Gesetzes hatten den gleichen Endzweck:
Nämlich die Prävotenz einer und derselben Mahloffizin zu
verhüten. 7.) Mag zwar auch ein Pfister eine Mühle
erbsweise wohl übernehmen; er soll aber, so wenig als
andre Müller, die Pfister an sich zu ziehen suchen; weder
durch sich selbst noch andre, mit enheiner flath Dinge
(auf keinerley Weise); und ihm wirklich nicht mehr als
höchstens zwey derselben zu Kundleuthen anzunehmen ver-
gönnt seyn; bey mehrbemeldter Busse. Uebrige Burger
und Landleuthe aber mögen bey ihm mahlen wie anderswo. Ohne Zweifel wollte ihn das Gesetz durch jene erstere Einschränkung vermögen, sich des einen Gewerbes
zu begeben. Der Zweck übrigens des in diesem und dem
vorigen Artickel zum Vorschein kommenden Unterschieds
zwischen dem Mülligewerb der einem erbsweise zufällt,
und einem andern, den man kaufs= oder lehnsweis über-
nimmt, ist klar. Eine gewisse Nachsicht zu Gunsten des
erstern war nöthig, wenn man seinen Eigenthümer nicht
zwingen wollte, denselben mit unbilligem Schaden loszu-

schlagen. 8.) Wollen auch die Landleuthe, welche in unsern Getwingen Mühlen haben, diesen Einung befolgen, das ist uns lieb. Was sie aber auch (aktive) thun mögen, so sollen wenigstens alle unsre Burger, und die in der Stadt wohnen, (passive) daran gebunden seyn; alles bey der oberzählten Buss= für jede Uebertretung. So hoffte der Richtebrief auch den Landmüller in das Interesse der Stadt, und zur Befolgung ihrer bestgemeinten Ordnungen zu nöthigen. 9.) Wird den Müllern und Pfistern verboten: Ueber dise vorgeschribne Sachen, d. h. über obige Satzungen hinaus, oder gegen dieselben, endliche oder andre Einungen oder Gesellschaften unter sich selber von Mahlens und Mühlen wegen zu machen: Abermals bey ½. March Silbers Busse. 10.) Und endlich soll die jeden 12. Jenner angehnde Rathsrotte bey ihrem Eyde 3. Personen erwählen, welche zu den H.H. schweren, daß sie das Jahr durch diese Ordnung handhaben, und die Uebertreter laiden wollen; deren keinem der Rath die Busse nicht ablassen soll auf seinen Eyd.

In Ansehung der Pfister insbesonders, erhellet aus einem Raths= und zwey R. und B. Decreten von 1331. 32. u. 35. *) daß sie itzt, wie mich dünkt, den Begriffen des Richtebriefs zuwider, mit Kleinbrodt Gewerb treiben durften, das grosse oder Dochenzen=Brodt aber weiter lediglich um Lieblohn ihren Kundleuthen backen mußten. Aus der Etymologie des Wortes Dochenzes scheint zumal, daß solches, nach ganz andern mit den heutigen gerade umgekehrten Begriffen, Weißbrodt, das Feilbrodt hingegen schlechte und geringe Waáre bedeutete, die man um der Armen willen zu Kleinbrodt, d. i. in kleine Portionen, von dem Pfister auf Mehrschatz verarbeiten ließ.

*) Das erste ergieng auf einen Stotz (Rechtshandel) hin, welchen die Pfister selber unter sich über diesen Gegenstand hatten.

Nun in Ansehung des grössen oder Vochenzen-Brodtes,
drückt das Gesetz seinen Grundsatz, daß solches keine Kauf-
mannswaare des Pfisters seyn sollte, also aus: „Swele
„Vochenzis bachent, die suln niemanen kein Brot geben,
„wan (als dem) der iuen Kernen vorhin git„; und mußten
sie dem gemäß zu den Heiligen schwören: „Menglichem,
„der in ze bachen git, sin Korn„ (und zwar wie wir unten sehen, natürlich, an Quantität und Qualität) „an
„Brot wieder ze geben„. Indessen scheint es doch, daß
itzund, dem ersten Artickel des Vertrags von 1298. entgegen, eine Art Einschüttens bey den Pfistern nicht weiter
verboten war. Denn (heißt es): „Were ouch, daß in
„iemand Pfennig gebe, daz si im Kernen kouffen sollten„
(durch sie Kernen einkaufen liesse) „dem mögent si Brot
„geben nach dem Male so si den Kernen kouffent, und
„nit eer„, (d. h. nach dem Einkaufe der Frucht, aber
niemals zum voraus, damit der Kundmann wisse, was
er vor Brodt zu erwarten habe). „Doch mugen si ouch
„einem erbern Burger lichen zwen Mütt Kernen oder drye,
„ob ers bedarf, und nit einem Ußmann„ (keinem Fremden) als mit welchen män den Bürger in keine Händel
verwickeln, und dadurch seine Befreyung von fremden
Gerichten selbst vereiteln, vielleicht auch dadurch irgend
einer Art von Ueberlistung der Fruchtabgaben, oder dem
Fürkaufe, welcher tausenderley Gestalten annimmt, wehren wollte. „Und, swelet Pfister um diese Sache verlei-
„det wurde, mag sich der mit dem Eid entschuldigen für
„sich und sein Gesinde, ane Geverde, der sol den Rat
„benügen„. Den Backerlohn setzten A°. 1335. R. u. B.
auf 4. Pfenn. vom Mütte; welcher Pfister oder Pfisterin
aber mehr nimmt, die geben jedesmal 5. ß. zu Busse.
Diese Taxe aber sollte nur vom Frühlinge dieses Jahrs
bis zu Frohnleichnam gelten. In Ansehung des Feilge-
bäckes fodert das Gesetze: „Sweler Pfister Feiles ba-

„chet, der ensul es von sin eigen Korn tun„ (d. h. das
Anvertraute oder Eingeschüttete seiner Vochenzer-Kund-
leuthe niemals mit dem seinigen vermischen), „und dazu
„pfennewerdige (pfenningwerthe) Brot machen; und suln
„ouch Tische haben in der Brodtlouben„ (d. h. sie sollen
dort ihr Gebäck verkaufen, ein jeder auf seinem eigenen
Tische). Das Kleinbrodt behielt also bey theuern und
wolfeilen Zeiten den nämlichen Preiß, vielleicht auch das
gleiche Gewicht, und änderte wahrscheinlich vielmehr nach
dem Fruchtschlage an der Qualität. Es mußte öffentlich
ausgesetzt werden, um es dem Leser zu erschweren, den
Armen, für den solches eigentlich bestimmt war, mit un-
wahrschafter Waare zu drücken. — Von einer Brodtschau
übrigens finden wir in diesem frühesten Zeitalter noch keine Spur. Ein jeder Feilbecker endlich hatte seinen eigenen Tisch auf der Laube, damit man bey allfälliger Klage der Käufer wisse, an welchen Verkäufer man sich zu
halten habe.

Neben den Pfistern und Müllern thun verschiedene Gesetze dieses Zeitalters, noch der Kornmacher Erwähnung,
welche den Kernen durch Brechen zu einem Gemüß zu-
rüsteten. Daher der Titul am Richtebrief: Wie ein
Kornmacher-Knecht Meister werden soll: „Der Rat
„und die Burger (heißt es) sint gemeiniglich überein-
„kommen, der Stat zu Nuzze, mit der Kornmacher und
„der Pfister, die ze Zürich Korn machen, Willen und
„Rate„, (also gaben sich, neben besondern Personen,
auch die Pfister mit dieser Handthierung ab), „daß en-
„heiner an dem Antwerke Meister werden sul, wan der
„vier Jar zum minsten gelernet habe; und swenne er dar-
„über (darnach) Meister werden will, so sol er 1. ℔. geben
„dem Rate, und dem Antwerke 5 ß. und sol darüber sins
„eigenen Gutes 5 ℔. wert haben, als me„ (auf's mindeste,) um damit seine Kundleuthe für das Anvertraute

ſicher zu ſtellen. Welcher aber von ihnen es an dieſer Foderungen des Geſetzes ermangeln läſt, giebt 1. ℔. der Stadt zu Buſſe, und 5 ſ. dem Handwerke. Auch ſoll diejenige Rathsrotte, welche am 12. Jenner an die Regieruug kömmt, (denn vorher giengen etliche Wochen Rathsferien, wie noch heut zu Tag an dem Stadtgericht) fünfe aus dem Handwerke kieſen, welche zu den Heiligen ſchwören, das Jahr durch des Einungs zu pflegen, (d. h. auf die Beobachtung dieſer Ordnung ein wachſames Auge zu halten) und die Fehlbaren zu laiden. Man muß ſich indeſſen nicht vorſtellen, daß das Handwerk darum einige Judicatur über ſtraffällige Mitglieder behauptete. — Nichts weniger als dieſer Begriff lag in den Köpfen der Antebruniſchen Regierung, welche hingegen wohl nicht nur die Meiſter als Expertos zu Rathe zog, wenn es um eine Polizey-Verordnung zu thun war, die in ein Hand-werk einſchlug, ſondern bisweilen auch etlichen beeidigten Mitgliedern, wie in dem gegenwärtigen Falle, die Auf-ſicht über die Befolgung der obrigkeitlichen Verordnungen auftrug. — Eine andre Satzung von 1332. *) läſt uns noch tiefer in dieſen Gewerb des Kornmachens hineinſehen. „Um gut Korn ze machenne (heißt es), ſol man ze allen „den Waſſer-Rellen, den (welchen) die Burger ze gebie-„tenne hant, an allen den Mülleren ſo uf denſelben Mül-„lenen geſeſſen ſint„ (denn wir haben oben geſehn, daß die Landmüller in unſerm Getwinge der Stadtmüller Ord-nung nicht von Rechtes wegen unterwürfig waren), „ver-„ſehen und verhüten bi dem Eide, daß man allermang-„lichem, er ſi Burger oder Gaſt„ (Einheimiſch oder Fremd) „als dem das Rellen verboten iſt„ (dem Indi-viduo, der aus dem oder dieſem Grunde, wahrſcheinlich zumal Wohlfeile wegen, ſich lieber in der Mühle als bey

*) Es iſt die ſchon oben angeführte dieſes Jahrs auf der 10000.
   Jungfrauentag geſtellte.

dem Kornmacher mit Grütze versehen will), „wer er ist, „jedermann türres Korn *), und als (so) gutes mache, „als ob es mit der Hantrellen gemachet si ane Geverde: Und „soll derselben Müller jeder zu den H.H. schwören, daß er „das Korn so in seiner Müli gemachet ist, nicht us der „Müli lasse füren, ee daß die Schöwer die darzu ge- „sezzet sind, den Kernen besehen, ob er als gut si, als „ob er mit der Hantrellen gemachet were„. Bey 1. §. Buß von jedem Mülte. — Und wurden nämlich zu dem End, zufolge eben dieses Dekrets, vor Rath endliche Schauer in unbestimmter Anzahl gewählt, die, so oft es nöthig war, den Kernen in den Mühlen besichtigen, die Fehlbaren laiden, und die Bussen einziehen mußten. Bey einem flüchtigen Anblick scheint diese Satzung lediglich das Rellen, und unter den Kornmachern die Müller zu verstehen. In der That aber hat das Gesetze zur Absicht, den Müller dahin anzuhalten, daß er bey der ersten Zubereitung der Früchte durch das Rellen des Korns aus dem Fäsen nichts ermangeln lasse, was den ausgerelleten Kernen zu seiner fernern Zurüstung in Korngrütz tüchtig machen konnte. — Denn wie es scheint, hielt man sonst die Handrellen für diesen Endzweck geschickter: Darum heißt es oben: Der in den Mühlen gerellete Kernen soll so gut seyn, als ob er mit der Handrelle gemacht werde, und verbietet unser Dekret am Ende den eigentlichen Kornmachern und den Pfragern (fremden Fürkäufern), die vielleicht ebenfalls mit Kornmachen pfuschten: „Dekeinen (keinen oder nicht mehr) Vesen ze kouffen, „wann den si selber oder ir Gesinde mit der Handrellen „machen (zurüsten können); und suln si je keiner Wasser- „rellen ir Kernen machen„ (denselben nicht in den Wasser mühlen rellen lassen), „und ir Hantrellen bereit han, „die si han wellin, unz uff St. Martins-Tag. Und sol

*) S. unten.

„jederman den andern darum leiden, swa er vernimmt,
„daz es gebrochen wirt, bi dem Eide„. — Endlich scheint
aus dem Richtebrief zu erhellen, daß, wahrscheinlich eben
um dauerhafte Korngrütze zu erzielen, das Dörren der
Früchte, welches heut zu Tage so vielen Zweifeln und
Widerspruch unterworfen ist, damals für unentbehrlich
angesehen war. — Dagegen aber wurde es mit der Bur
ger und Pfaffheit gemeinen Willen zu einem ewigen Ge
setze angenommen: „Daß künfftig niemand, weder in den
„Vorstädten, noch sonst in der Stadt Getwinge keine
„Tarrun Korn ze terrene (Korndörre, bey uns Korn
„tare) haben noch machen soll, als wem solches beson
„ders erlaubt würde, bey 1. ℔. Buß; und soll man
„dem der es thut, das Werk niederbrechen. Nur allein
„die Gottshäuser zu St. Blasien, auf dem Zürchberg,
„am Oetenboch, im Selnau, (Sihlau; in der Ur
„kunde Seldennove), der Spithal und die Dürftigen
„an der Sihl, durften, jede dieser Stiftungen, Eine
„Korndörre halten; doch nur zu ihrem eigenen Gebrauche„.
— Offenbar glaubte die Polizey, welche in diesen schwa
chen Anfängen ihre Aufsicht nicht über die bewohnten Re
viere der Stadt hinaus erstrecken konnte, durch dieses Ver
bot der Korndörren ausser der Stadt, und selbst an den
entlegnern Orten innert derselben, oder doch durch ein
namhaftes Beschränken dieser Ehehaften, mancherley den
eigentlichen Brodtmangel erzeugende Mißbräuche, und ein
allzuwuchersches Aufschütten der Früchte erschweren zu
können.

Von dem Maasse der trockenen Früchte sagt uns
der ältere Richtebrief: „R. u. B. sind überein kommen
„eines ewigen Gesetzes: Daß man das Mäß mit der
„Umstreiche halten (d. i. bestriechen Mäß geben), und
„dasselbe empfehlen soll zu hüten je zu 4. Wochen um,
„so manchem Manne, und auf Art und Weise als den

„Rath gutdünken wird.„. D. h. kurz: Man soll zusehn,
ob gekochtene Mässe gebraucht werden?

V.

Der Nußbaum.

J. J. Rousseau erzählt uns in dem ersten Buch seiner
Geständnisse, daß er in seiner frühesten Jugend, mit ei-
nem Vetter, gleichen Alters, bey Herrn Lambercier,
Prediger zu Bossey, einem Dorfe, das ehemals unter
Genferscher, seither aber unter der Bothmäßigkeit von
Savoyen stand, an die Kost gegangen. Während seinem
Aufenthalt in diesem Dorfe, ließ der Prediger vor seinem
Hause einen Nußbaum pflanzen, um seiner Terrasse
Schatten zu geben. Die Einsetzung dieses Baums geschah
mit grosser Feyerlichkeit; die beyden jungen Kostgänger
waren Pathen, und jeder hielt mit der einen Hand unter
Jubelgesange den Baum, während daß man die Grube
zuschüttete. Man machte zur Erfrischung desselben rings-
herum eine vertiefte Einfassung; und täglich wurden die
eifrigen Knaben bey der Begiessung überzeugter, daß es
weit rühmlicher sey, einen Baum vor seinem Hause zu
pflanzen, als die Siegesfahne auf eine Schanze zu stecken.

Nachdem Rousseau im Verfolg auch einer Weide Erwähnung thut, die er und sein Vetter ebenfalls ganz allein pflanzen, und von einer Art Leitung, die sie zur
Wässerung derselben anlegen wollten, fährt er also fort:

„Diese Bäume, und die kleinen Geschichten die sich dar-
„auf beziehen, sind mir so im Gedächtniß geblieben, daß
„es einer meiner angenehmsten Vorsätze war, auf meiner
„Reise nach Genf i. J. 1754. auf Bossey zu gehn, um
„jene Denkmähler meiner Jugendfreuden, und besonders

„den lieben Nußbaum, der dazumal wohl den dritten
„Theil eines Jahrhunderts auf sich haben mochte, wieder
„zu besuchen. Allein ich war zu Genf ohne Aufhören so
„belagert, und so wenig mein eigener Herr, daß ich den
„Augenblick nicht finden konnte, meinen Wunsch zu be-
„friedigen; und es hat wenig Anschein, daß sich die Ge-
„legenheit je wieder finden werde. Indessen hab' ich wohl
„die Hoffnung, aber meinen Gelust noch bey weitem nicht,
„aufgegeben; und ich bin beynahe überzeugt, daß, wenn
„ich jemals wieder in jene lieben Gegenden gerathe, und
„meinen theuern Nußbaum noch stehend finde, ich densel-
„ben mit meinen Thränen benetzen werde,„.

Ein Engländer und grosser Verehrer des Genfer-
Philosophen, den die obige rührende Stelle, worinn Rousseau mit einer solchen Anmuth und ungezwungenen Einfalt die Geschichte jenes Baumes erzählt, entzückte, und
der sich öffenlich in dem Gentlemens-Magazine vom
Sept. 1786. nach demselben erkundigte, erhielt von einem
Schweizer, der mit eben dem Enthusiasm' für Jean Jea-
ques eingenommen ist, folgende Zuschrift:

Mein Herr!

Sie bewundern den grossen Rousseau; auch ich verehre
ihn mit dem aufrichtigsten Herzen. Diese Uebereinstimmung unsers Geschmackes, läßt auch eine gewisse Aehnlich-
keit unsers Characters vermuthen. Wir mögen daher in
Absicht auf unser Alter, unsern Stand, unser Vaterland,
unsere Glücksumstände so verschieden seyn als wir wollen,
so sind wir dennoch bestimmt, mit einander in Verbindung zu stehn. Ich anerbiete Ihnen also meine Freundschaft, weil ich sie Ihrer würdig halte; und ich bitte Sie
um die Ihrige, weil ich fühle, daß solche meinem Herzen
mangelt; und in der festen Ueberzeugung, daß Sie meinen Vorschlag annehmen werden, schreibe ich Ihnen mit

dem Zutrauen einer guten Seele, so wie ich an meinen vertrautesten Freund schreiben würde.

Sie wünschen Nachricht von dem Nußbaume zu haben, den Rousseau pflanzen geholfen. Ach! dieser Baum ist nicht mehr zu Bossey. Wie oft suchte ihn nicht schon daselbst mein lüsternes Auge. Mit eben der Andacht wär' ich zu demselben hingegangen, mit der ein Pilgrim heilige Oerter besucht; ich hätte, am Schatten seiner dichtbelaubten Aeste die unsterblichen Werke eines Homers, Sternes, und meines tugendhaften Lehrers, Rousseau's, gelesen. — Aber die Hand eines geschmacklos methodischen Menschen ließ ihn fällen, weil er das Ebenmaaß eines Höfes verunstaltete. O der elenden, kaltsinnigen Seele, welche die langweiligste Einförmigkeit der angenehmsten Erinnerung vorziehen konnte! Ich besitze ein so kleines Vermögen; und doch gäb' ich es ganz hin, um ihn wieder zu haben. Freund! Nur ein einziges, im Innersten der Seele empfundenes Gefühl, das uns erwärmt und belebt, und sollt' es auch nur einen unzertheilbaren Augenblick dauern, ist doch mehr werth, als ohne dasselbe ein sechzigjähriges Leben und alle Schätze von Indien. Was ich hier sage, würd' ich gewöhnlichen Menschen, und fruges consumere natis, freylich verschweigen; denn sie würden mich doch nicht verstehen. Ihnen aber wird diese Sprache nicht fremde seyn: Ihr Herz vermag sie zu empfinden; denn wie wär' es sonst möglich, daß Sie den Bürger von Genf lieben könnten?

Also: Der Nußbaum des Rousseau ist nicht mehr; dagegen aber befindet sich im Innersten der Alpen ein anderes für eine empfindsame Seele eben so schätzbares Stück: Eine Linde nämlich, bey der Peter von Pultinger Abt von Disentis, Hans Brunn Herr von Räzüns, und der Graf Hans von Sax i. J. 1424. das erste Bündf niß schlossen, welches das ganze Bündtnerland in Freyheit setzte. Sie stehet dicht vor dem Dorfe Trons, zwey Stunden von der Abtey Disentis. Diese Linde, im ganzen Thal die einzige von ihrer Grösse, verbreitet weit um sich her ihre zahlreichen Aeste. Bald wird sie fallen, unter der drückenden Last ihres Alters, untergraben durch den Hinfluß so vieler Jahrhunderte, deren Veränderungen sie zusehen mußte — und durch ihren Fall das ganze Land in Bestürzung setzen. Der Einwohner verehrt und hütet sie gleichsam mit heiliger Ehrfurcht; und wehe dem, dessen mörderische Hand sich an ihr vergreifen würde!

Ich besuchte diese ehrwürdige Linde .... umarmte sie, und setzte mich in ihren Schatten; eine heisse Thräne rollte über meine Wange, und meine Seele dachte sich wonnetrunken in die Vergangenheit zurück.

Sollt' ich einst heirathen, und einen Sohn bekommen, werd' ich ihn, so bald er zu denken und zu empfinden fähig ist, an den Fuß dieses Baums hinführen, und zu ihm sagen: „Küsse, mein Sohn, küsse dieses geheiligte „Land, das Land der Freyheit — ehemals betreten von „jenen berüchtigten Helden, deren Modell die sparsame „Natur auf immer scheint zertrümmert zu haben. Bey „deinem Eintritt in die grosse Welt wird dein recht= „schaffenes Herz trauern, wenn es weder Tugend, noch „Empfindung, noch Freyheit mehr darinn antrift; und „und sich von den einen verachtet, von den andern ge= „haßt, von allen verachtet fühlt. Aber, denkst du „denn zuweilen an die alte Linde von Trons, so wird „dein Herz Ruhe finden!„

Leben Sie inzwischen wohl, lieber Britte! und versetzen Sie sich in der Einbildung oft von den Ufern der Themse, in die reitzenden Gegenden des Genfer=Sees, wo ein Jüng-

ling wohnt, der stolz darauf seyn würde, es zu verdienen,
Ihr Freund zu heissen.

Lausanne, den 1. Febr. 1787.

Aus den Etrennes Helvetiennes vom Jahre 1789.

VI.

Salomon Geßners Hinschied.

Helvetiens bethränte Klagen
Erreichten selbst der Götter Ohr,
Als es in Geßners letzten Tagen
In lautem Schmerze sich verlohr.
Die gleiche Angst, das gleiche Beben
Das unser Herz zerriß, durchdrang
Der Götter Herz. „Er soll noch leben
„Der Harfner, der so schön uns sang!
„O Atropos! noch mußt du schonen!
„Apoll! Ach winn' ihn noch gesund!„
So flehte laut, von allen Thronen,
So flehte jeder Göttermund.

Er schwang sich hin, der Latonide,
Und schwebte ob des Sängers Haupt.
Schon brach sein Auge, schwer und müde,
Und seine Harfe schwieg bestaubt.
Jetzt blickt' Apoll des Landes Zähren,
Jetzt seines Lieblings Harfe an,
Jetzt hört er des Olymps Begehren;
Und schwerer immer Kampf begann.
Hart kämpft' er; Erd' und Himmel schrien:
Du Gott der Aerzte stell' ihn her!
Sein Herz rief: Gott der Melodien
Verlasse deinen Sohn nicht mehr!
Der letzte Blick zur Harfe siegte,
Die Zärtlichkeit bezwang die Pflicht.
„Ihr, die sein Sang' so oft vergnügte,

„Mißgönnt ihn nun den Göttern nicht.

„Er soll im Sphärenklang Uns singen,

„Soll Uns die goldne Harfe weyhn;

„Wird seiner Saiten Erste klingen

„So wird mir der Olymp verzeyhn.

„Sohn, eile! dein Gesang entzücke

„Noch heute aller Himmel Ohr!„

So sprach er, und Triumph im Blicke

Schwang er mit Geßnern sich empor.

Joh. Rud. Wyß.

Inhalt.